KB098001

영화와
사회

일러두기

• 한글 표기를 원칙으로 하되, 필요에 따라 외국어와 한자를 병기하였다.

• 한글 맞춤법은 '한글 맞춤법' 및 '표준어 규정'(1988), '표준어 모음'(1990)을 적용하였으나 혼란이 있는 경우
는 출판사의 원칙을 따랐다.

• 외래어의 우리말 표기는 개정된 '외래어 표기법'(1986)을 원칙으로 하되, 그중 일부는 현지 발음에 따랐다.

• 사용된 기호는 다음과 같다.

　영화, TV 프로그램, 잡지, 논문 등: 〈 〉

　책이름 등: 《 》

영화와 사회

김이석, 김성욱 외 지음

영화와 사회

지은이 | 김이석, 김성욱 외
기획 | 홍성남
펴낸이 | 한기철

편집인 | 이리라
편집 | 이여진, 이은혜
마케팅 | 조광재, 한나래

2012년 3월 20일 1판 1쇄 펴냄
2017년 3월 31일 1판 3쇄 펴냄

펴낸곳 | 한나래출판사
등록 | 1991. 2. 25 제22-80호
주소 | 서울시 마포구 토정로 222, 한국출판콘텐츠센터 309호
전화 | 02-738-5637 · 팩스 | 02-363-5637 · e-mail | hannarae91@naver.com
www.hannarae.net

ⓒ 2012 김이석, 김성욱, 홍성남 외
ISBN 978-89-5566-126-2 94680

* 이 도서의 국립중앙도서관 출판예정도서목록(CIP)은 서지정보유통지원시스템 홈페이지(http://seoji.nl.go.kr)
와 국가자료공동목록시스템(http://www.nl.go.kr/kolisnet)에서 이용하실 수 있습니다.
(CIP제어번호: CIP2012000684)

차례

프롤로그   6

01   영화와 모더니티
김이석   12

02   영화와 역사
정락길   46

03   영화와 정치
정지연   84

04   영화와 종교
최은   122

05   영화와 여성
홍소인   154

06   영화와 가족
김재희   186

07   영화와 스타
박진형   220

08   영화관의 사회학
김성욱   252

09   영화와 테크놀로지
정헌   282

10   산업으로서의 영화
김대희   324

에필로그   352

필자 소개   356
사진 출처   358
찾아보기   360

장 뤽 고다르에 따르면 20세기란 영화 없이는 사유될 수 없는 시대다. 영화의 역사는 한 세기를 조금 넘겼을 뿐이지만, 그 기간 동안 영화가 현대인들의 삶 속에 깊숙이 뿌리내렸음을 부인할 수 있는 사람은 없을 것이다. 이 책은 영화가 지난 한 세기 동안 걸어 온 발자취와 새로운 한 세기를 시작하는 영화의 현재 모습을 여러 사회 현상들과 관련지어 살펴보고 있다. 모든 예술이 일정 정도 그것이 생산된 사회의 모습을 반영하고 있으며 사회의 여러 현상들과 상관관계를 가지고 있지만, 영화는 본질적으로 시청각적 테크놀로지의 발전에 크게 빚지고 있다는 점에서, 또 어떤 예술 매체보다도 산업적인 성격을 강하게 띠고 있다는 점에서 그것이 생산된 사회와 밀접한 관련을 맺고 있다고 할 수 있다. 따라서 영화를 현대 사회의 주요한 문제들과 관련지어 설명하는 것은 영화라는 현대적 매체의 특성을 설명하는 데 있어서 유용하면서도 적절한 접근법이라고 할 수 있다.

제목에서도 짐작할 수 있는 것처럼 이 책은 거시적이고 총제적인 관점에서 영화를 조망함으로써 영화라는 매체가 가진 미적·사회적 가치를 재조명하고, 현대 사회에서 영화가 차지하는 위상을 고찰하는 것을 목적으로 하고 있다. 영화는 여가를 위한 오락물이자 동시에 정련된 예술 작품이며, 첨단 테크놀로지의 산물이자 동시에 고도의 정신적 사유의 결과물이기도 하고, 창작자의 고통스런 창작물이면서 거대 자본이 개입된 소비 상품이기도 하다. 이 책이 정치, 역사, 종교, 기술 등 다양한 주제를 동원해서 영화의 가치를 설명하고자 하는 이유는 이처럼 영화가 대단히 폭넓은 스펙트럼을 가진 매체이기 때문이다.

이 책은 총 10개의 장으로 구성되어 있으며, 각 장은 근대성, 정치, 역사, 종교, 여성, 가족, 스타, 영화관, 기술, 산업의 문제 등을 다룬다. 이 주제들은 크게 두 가지로 분류할 수 있다. 첫 번째는 정치, 역사, 종교, 여성, 가족처럼 예술 일반에 대한 연구에서는 이미 일반화된 주제들이다. 여기서는 이런 보편적이고 전통적인 주제들이 영화라는 현대적인 매체 속에 어떻게 투영되어 있는지를 살펴보고 있다. 두 번째로는 스타, 영화관, 테크놀로지, 산업처럼 영화의 영역에 고유하게 적용되거나 혹은 영화에서 그 중요성이 두드러지게 나타나는 문제들이다. 전통적인 예술 연구에서는 거의 다루어지지 않는 이런 주제들에 대한 논의는 영화가 다른 예술 매체와 구별되는 변별적 가치를 이해하는 데 도움이 될 것이다.

이 책에서 다루고 있는 10개의 주제는 그것 하나만으로도 한 권의 책을 쓸 수 있을 정도로 중량감 있는 주제들이다. 눈치가 빠른 독자들이라면 차례만 훑어 보고도 이 책이 전문적인 학술서라기보다는 일종의 개론서에 가까운 책이라는 사실을 짐작할 수 있을 것이다. 필자들이 집필 과정에서 염두에 둔 가상의 독자는 혼자 힘으로 영화의 세계를 좀더 깊이 탐색하기를 원하는 관객–독자들이었다. 필자들은 영화라는 미지의 영토를 여행하는 사람들을 위한 충실하고도 실질적인 안내서를 만들기 위해 노력하였는데, 무엇보다 먼저 독자들이 체감할 수 있는 편의성은 이 책이 국내 학자들이 직접 집필한 책이라는 점일 것이다. 기존의 영화 이론서들 상당수가 번역서인데, 이 경우 국내 독자의 수준과 관심사를 반영하기 어려울 뿐만 아니라 번역 자체가 잘못된 경우도 적지 않았다. 그런 점에서 국내 영화학자들이 우리말로 직접 쓴 이 책은 영화의 세계를 본격적으로 탐구하고자 하는 진지한 독자들이 좀더 용이하게 자신들이 원하는 목적지에 도달하는 데 기여할 수 있을 것이다.

필자의 성향이나 글의 주제에 따라 전문적이고 학술적인 성격이 강한 글도 있지만, 여기에 수록된 대부분의 글들은 영화나 예술 일반에 대한 전문 지식이 없는 독자들도 쉽게 이해할 수 있도록 기술되었다. 또한 각 장마다 주제와 관련된 참고 문헌, 참고 영화 목록, 심화 토론 주제 등을 첨부함으로써 독자들의 이해를 돕고자 하였다. 참고 문헌이나 참고 영화의 경우, 불가피한 경우를 제외하고는 가급적 국내에 출간된 서적이나 작품을 중심으로 선정하여 독자들이 조금 더 수월하게 영화에 대한 지적 갈증을 해소할 수 있도록 하였다.

이 책은 기본적으로는 개론서의 성격을 띠고 있지만 전문성 또한 소홀히 하지 않았다. "영화관의 사회학"처럼 국내 독자들에게는 생소하지만 영화에 대한 인식의 지평을 확대·심화시키는 데 기여할 수 있는 새로운 주제들이 포함되어 있는가 하면, 보편적이고 일반적인 주제들을 다루는 경우에도 새로운 영화사적 발견이나 기존의 견해를 뒤집는 미학적 시선 등을 최대한 반영하였다.

이 책에 수록된 글들은 각각 독립적인 가치를 지니고 있지만 상호 교차되고 중첩되는 부분들도 존재한다. 예를 들어 '근대성'의 문제는 별도의 장으로 다루어지고 있긴 하지만, 대부분의 글 속에서 반복적으로 정의되거나 언급되고 있다. 여러 필자들의 글속에서 반복해서 등장하는 작품이나 감독의 이름도 있다. 특히 뤼미에르 형제, 에디슨, 멜리에스, 에이젠슈타인, 베르토프 등 영화사 초기에 활동했던 인물들의 이름을 서로다른 주제를 다루고 있는 글 속에서 발견할 수 있는데, 이는 이 책의 필자들이 영화의발생 과정에 대한 고찰을 통해 영화의 역사를 재구성하고 현재의 영화가 가진 가치를재평가하려는 공통된 의도를 가지고 있기 때문이다. 이처럼 여러 필자들의 시선이 교차하고 중첩되는 지점들을 비교 분석해 본다면 개별 주제에 대한 이해를 넘어 영화의총체적인 모습을 파악하는 데도 도움이 될 것이다.

초기 영화사만큼이나 이 책에서 중요하게 다루어지고 있는 부분이 영화의 현재적인 양상이다. 영화의 탄생 이후 한 세기가 지나고 새로운 세기가 시작되었지만, 영화의 자기 변신은 여전히 현재 진행형이다. 영화의 영토는 지금 이 순간에도 변화하고 있으며, 그 변화의 속도 또한 매우 빠르다. 한국의 관객들은 1990년대 후반부터 나타난 한국 영화 산업의 비약적인 성장을 통해 영화의 역동성을 직접 체험할 수 있었다. 전 지구적으로도 20세기 후반에 급격히 발달된 통신 기술과 디지털 테크놀로지는 미학적인 측면뿐만 아니라 산업적인 측면, 즉 영화의 생산과 소비의 양상마저도 크게 바꾸어 놓았다. 이 책은 위기이자 기회로 인식되고 있는 디지털 기술의 발달, 점점 더 거대해지고 교묘해지는 영화 자본의 행태, 새로운 영화적 재현 양식에 담긴 정치·사회적 함의 등 영화의 영토에서 현재 진행형으로 나타나는 문제들에 대해서도 검토한다. 이런 동시대적 현상들에 대한 고찰이 독자들로 하여금 현재 영화가 당면한 문제를 이해하는 데 보탬이 될 뿐만 아니라 미래의 영화를 상상하고 예측하는 데에도 기여하기를 기대한다.

이 책이 기획되어 출간되기까지 1년 6개월 가까운 시간이 소요되었다. 짧지 않은 시간 동안 이 책의 출판을 위해 수고해 준 한나래출판사에 감사의 인사를 전한다. 국내 영화 산업이 비약적으로 성장하는 동안 영화에 대한 진지한 논의의 장은 오히려 더 위축되어 버린 역설적인 상황에서 여전히 좋은 책을 세상에 내놓기 위해 분투하고 있는 사람들이 있다는 것은 고마운 일이 아닐 수 없다.

끝으로 이 책의 기획 과정에서 핵심적인 역할을 담당하였으나 갑작스런 병고로 인하여 집필에 참여하지 못한 홍성남 선생에게 감사와 위로의 마음을 전한다. 하루 빨리 병상에서 일어나 예전처럼 활발한 집필 활동을 이어가기를 모든 필자와 함께 기원한다.

2012년 1월

필자들을 대신하여

김이석

01

영화와 모더니티

김이석

19세기 말 세상에 모습을 처음 드러낸 영화는 짧은 역사에도 불구하고 현대를 대표하는 예술 형식으로 인정받고 있다. 이 장은 영화의 출생지라고 할 수 있는 19세기 서구의 대도시에 대한 탐색에서부터 출발하여, 현대 사회의 변화된 정치, 사회적 풍경이 영화의 발명에 미친 영향을 살펴본다. 또한 당시 서구 도시에 유행했던 스펙터클과 영화와의 관계와 19세기 말, 시지각에 대한 인식론적 전환과 시각 예술 분야에 나타난 새로운 미적 경향성이 현대적 매체로서의 영화와 어떤 상관 관계를 갖고 있는지를 알아본다. 더불어 영화사 초기의 선구적이고 진취적인 영화인들의 작품과 생각을 통해 초기 영화들의 진정한 가치는 무엇이었으며, 그것이 오늘날 우리가 생산하고 향유하는 영화들과는 어떤 공통점과 차이점이 있는지를 생각해 보고자 한다.

혁명적 변화의 시기 19세기

헝가리 출신의 문화 사회학자 아놀드 하우저Arnold Hauser는 20세기를 "영화의 시대"라고 정의한다.[1] 비단 하우저뿐만 아니라 대부분의 예술사가들이 영화가 19세기에 태어나 20세기에 전성기를 맞이한 예술 혹은 대중 문화라는 사실에 동의를 표한다. 굳이 학자들의 말을 인용하지 않더라도 우리는 영화가 현대인들의 삶에 깊숙이 뿌리내리고 있음을 알고 있다. 영화는 우리들의 삶 도처에 자리 잡고 있으며, 영화적 경험은 우리들의 일상이 되고 있다. 그런 점에서 대다수의 현대인들은 "영화의 일상적 인간l'homme ordinaire du cinéma"[*]인 셈이다. 놀라운 것은 영화의 역사가 100여 년에 불과하다는 것이다. 과연 어떠한 속성을 가지고 있기에 영화는 이토록 빠른 시간에 현대 사회를 대표하는 예술 혹은 문화로 자리 잡을 수 있었을까? 혹은 역으로 현대 사회의 어떠한 속성이 영화가 현대를 대표하는 예술로 자리 잡는 데 영향을 미친 것일까? 이 질문에 대한 답을 찾기 위해 우리는 영화가 세상에 처음 모습을 드러냈던 19세기로 거슬러 올라가고자 한다.

　19세기는 서구에서 이른바 현대 사회가 성립되었던 시기다. 산업화가 본격적으로 진행되면서 대도시가 형성되고, '대중大衆'이라 불리는 새로운 인간군이 출현하게 된다. 과학 기술이 급격하게 발전하고, 새로운 지식이 빠른 속도로 확산되었으며, 예술 작품을 포함한 대부분의 생산물들이 시장市場을 통해 거래되었다는 것 또한 이전 세기와는 다른 현대적인 현상들이었다. 영화는 서구 도시의 현대화가 정점을 향해 치닫던 19세기 말에 세상에 모습을 처음 드러낸다. 그래서인지 영화에는 현대 사회가 가진 중요한 속성들이 내재화되어 있다. 경이로운 대중 동원력, 첨단 기술에 대한 높은 의존성, 집단적이지만 익명적이고 개인적인 관람 문화, 그리고 무엇보다도 기존 예술 양식과의 단절이라고 표현해도 무방할 정도의 형식적 새로움 등은 영화가 가진 현대성modernity을 인

★ 장 루이 셰퍼Jean-Louis Schefer에 따르면 '영화의 일상적 인간'이란 영화를 직업으로 삼고 있지 않은 평범한 관객을 가리킨다. 셰퍼는 《영화의 일상적 인간L'homme ordinaire du cinéma》에서 영화 이미지와 대면하는 평범한 관객의 영화 체험을 중심으로 영화라는 매체와 영화적 이미지에 대한 고찰을 시도한다.

정할 수밖에 없게 만드는 속성들이다.

영화와 현대성 사이의 상관관계를 설명하기 위해서는 먼저 영화의 출생지라고 할 수 있는 19세기 서구 사회의 정치 사회적 풍경을 대도시의 등장이라는 현상과 관련지어 살펴볼 필요가 있다. 19세기 말 파리의 시각 문화를 고찰한 바네사 R. 슈와르츠 Vanessa R. Schwartz는 모더니티란 "일련의 사회적·역사적 관계의 현대화"라고 정의한다.[2] 19세기는 정치 사회적 맥락에서 급격한 변화가 나타났던 시기며, 그 중심에는 대도시가 있었다. 도시의 삶이야말로 "가장 전형적인 근대적 삶이며, 가장 극화된 근대적 삶"[3]이다. 또한 대도시의 형성과 이로 인한 도시 대중의 등장은 19세기의 전형적인 현상이자 동시에 영화라는 대중 예술이 태어날 수 있었던 중요한 사회적 토대이기도 하다.

더불어 19세기 말 서구의 대도시에 유행했던 스펙터클 문화와 관련지어 영화의 현대적 속성을 살펴볼 것이다. 현대성, 즉 모더니티의 문제가 언급될 때마다 거의 빠지지 않고 등장하는 것이 보들레르적인 '산보자le flâneur' 개념이다. 여기서도 짐작할 수 있는 것처럼, 다양하고 새로운 구경거리는 19세기 현대 도시의 풍경을 이야기할 때 빼놓을 수 없는 요소다. 게오르그 짐멜Georg Simmel이나 발터 벤야민Walter Benjamin 등이 주목한 바와 같이 도시의 삶은 시각적이다.[4] 영화는 19세기의 가장 경이로운 구경거리 중 하나였으며, 그 자체로 하나의 구경거리였던 대도시의 중요한 구성 요소이기도 했다.

19세기는 정치·경제적인 분야뿐만 아니라 문화·예술 분야에서도 혁명적 변화가 나타났던 시기다. 특히 당대의 과학적 발견과 기술적 진보를 적극적으로 수용한 시각 예술 분야에서는 전 시대와는 비교할 수 없을 정도로 큰 변화가 나타난다. 인상파의 등장과 사진의 발명, 그리고 영화의 발명에 이르기까지 19세기는 시각 예술에 있어서 혁명적인 시기였던 셈이다. 또한 19세기는 생리학뿐만 아니라 인식론적인 측면에서 인간의 시각에 대한 새로운 발견이 이루어진 때이기도 하다. 이 장에서는 '보는 기관'뿐만 아니라 '보는 행위,' 더 나아가 '보는 주체'의 문제와 관련지어 영화의 현대성을 다루고

자 한다.

마지막 부분에서는 초기 영화들을 살펴본다. 뤼미에르 형제Louis & Auguste Lumiere 와 조르주 멜리에스Georges Méliès, 소비에트 혁명기의 감독들, 그 외에 몇몇 선구적이고 진취적인 영화인들의 작품과 생각을 통해 유년기의 영화가 간직하고 있던 무한한 가능성과 잠재성이 무엇이었는지를 알아본다. 그리고 이 영화들과 오늘날 우리가 생산하고 향유하는 영화들 사이의 유사성과 차이를 살펴봄으로써 영화와 현대성의 문제를 현재의 관점에서 다시 한 번 생각해 보고자 한다.

근대 사회의 형성과 대도시의 탄생

19세기는 두 혁명과 함께 왔다. 그 첫 번째는 시민 혁명이며, 두 번째는 산업 혁명이다. 계몽주의 사상을 토대로 한 시민 혁명의 결과로 귀족 사회가 막을 내리고 시민 계급이 새롭게 정치 권력의 핵심으로 등장한다. 18세기 중엽, 영국에서 시작되어 유럽 전역으로 확산된 산업 혁명은 인간의 생활 양태를 근본적으로 바꾸어 놓음으로써 서구 사회에 시민 혁명 못지않은 변화를 가져왔다. 하우저에 따르면 사회 질서, 경제적 토대, 예술 양식과 같은 19세기의 토대와 윤곽들이 형성된 것은 프랑스의 7월 왕조(1830~1948) 기간이다.[5] 은행가와 자본가들이 권력의 실세로 등장하고, 철도와 같은 전형적인 근대의 풍경이 유럽에 본격적으로 나타나기 시작한 것도 이 무렵이다.

이중의 혁명은 공간의 풍경만 바꾸어 놓은 것이 아니라 그 속에 살고 있는 인간들의 구성마저 바꾸어 놓았다. 산업 혁명이 유럽 전역으로 확대됨에 따라 농촌에서 도시로 대규모 인구 이동이 일어나면서 서구의 도시들은 급격하게 성장하게 된다. 특히 1850년을 기점으로 서구의 도시들은 비약적으로 팽창하기 시작하는데, 이 시기 런던,

파리, 비엔나, 베를린 등 당시 유럽 주요 도시의 인구는 거의 두 배 이상으로 늘어나게 된다.[6] 특히 벤야민이 "19세기의 수도"라고 불렀던 파리는 19세기에 나타난 모든 변화의 중심지 역할을 담당하고 있었다. 세계 각국에서 생산된 진기하고 기발한 상품들이 상점의 진열대를 채우고, 유럽 각지에서 온 지식인들과 예술가들이 거리를 메우던 19세기의 파리는 용광로처럼 뜨겁게 달아오르고 있었다. "반드시 모던할 것"이라는 랭보의 말은 당대 지식인들이 새로운 지식과 문화가 봇물처럼 쏟아져 나오던 현대 사회를 어떻게 인식하고 있었는지를 짐작하게 해준다.

하지만 모든 사회, 모든 시대가 그렇듯이 19세기가 낙관적인 시선만이 존재했던 시기는 아니었다. 현대는 "인간들에게 있어서 육체적, 정신적 건강을 향상시키고, 세계에 대한 이해와 다른 인간들에 대한 이해를 증가시켰다는 점에서 이전 시대보다 좋아진 시대이지만, 불행과 소외의 현대적인 형태를 발생시켰다는 점에서 이전 시대보다 불행해진 시대"[7]이다. 19세기는 인간과 세상에 대한 새로운 지식과 정보가 빠르게 갱신되었으며, 이런 새로운 지식이 특정 계층의 전유물로 머물지 않고 사회 구성원들의 일상적인 삶에 깊은 영향을 미치던 시기였다. 이처럼 지식과 정보가 인간과 세계에 대한 이해의 지평을 확대하는 데 기여하고, 과학과 기술의 발전이 인간의 삶에 풍요를 가져다주었다는 점은 19세기의 긍정적인 측면이라고 할 수 있다. 하지만 디킨스나 발자크의 문학 작품이나 마르크스나 짐멜과 같은 사회학 저서들이 지적하는 빈곤과 물상화 등은 당시 사회가 직면한 심각한 문제들이었다.

산업 혁명과 시민 혁명의 결과로 나타난 정치·경제적인 변화는 문화·예술의 영역에도 근본적인 변화를 가져왔다. 특히 예술 작품의 상품화와 더불어 "원자화되고 분산화된 고독한 무수한 개인들의 총체"[8]인 대중의 출현은 문학, 미술, 음악과 같은 전통 예술의 토대를 뒤흔든 중요한 현상이었다. 18세기까지 예술가들은 패트런patron이라고 불리는 후견인의 지원을 받아 창작 활동을 영위해 왔으며, 예술가에 대한 평가 또한 작품

폴리라마 판옵티크는 피에르 세켕Pierre Sequin이 발명한 시각적 장난감으로 1800년대 초기 프랑스 사회에서 유행했다. 다게르의 디오라마를 가정에서도 즐길 수 있도록 축소한 형태라고 할 수 있다. 1851년 폴리라마 판옵티크 슬라이드로 본 파리의 왕궁 풍경.

의 미적 가치보다는 후견인의 사회적 지위에 따라 결정되는 것이 일반적이었다.

그러나 시민 혁명의 결과로 귀족 계급이 몰락하게 되면서 더 이상 예술가들은 패트런의 지원을 받을 수 없는 상황에 처한다. 이 패트런의 자리를 익명의 대중이 대체하게 된다. 새로운 문화 소비자로 등장한 시민 계급은 과거의 귀족 후원자들만큼 부유하지는 않았지만, 작가의 생계에 지장이 없을 정도의 매출을 보장하기에는 충분한 숫자였다.[9] 문학의 경우, 기업형 출판사와 서적상들이 등장하면서 문학의 상품화가 본격적으로 진행된다. 이들은 작가와 독자 사이의 매개자 역할을 넘어 출판 산업에 막강한 영향력을 발휘하는데, 19세기 들어 독서 계층이 급격히 확대되면서 이들의 영향력은 더욱 막강해진다. 판권과 인세에 의존해야 했던 작가들이 저작권 개념을 내세워 창작의 권리를 지키고자 했던 것도 이 시기에 문학의 상품화가 본격적으로 진행되면서였다.

이 시기를 대표하는 문학 장르는 소설이라고 할 수 있다. 게오르크 루카치Georg Lukács는 소설이 번성한 이유를 소설의 산문성散文性 자체가 익명적이고 개인화된 산업 사회의 특징을 가장 잘 반영하기 때문이라고 설명한다. 미학적인 요인 외에 출판 산업을 둘러싼 환경적 변화에서도 소설이 번성한 이유를 찾을 수 있다. 이 당시는 인쇄술의 발달에 힘입어 정기 간행물들이 우후죽순처럼 쏟아져 나왔다. 연재 소설이 대중들의 인기를 끌자 신문 등은 판매 부수를 늘리기 위해 경쟁적으로 소설가들을 끌어들기 시작했고, 《삼총사》를 쓴 알렉상드르 뒤마처럼 아예 대필 작가를 고용하여 밀려드는 원고 청탁을 해결하는 작가들도 등장하게 된다. 이 연재 소설의 유행은 "문학의 유례없는 대중화, 독자 대중의 거의 완전한 평준화를 의미"[10]하는 현상이었다.

미술의 경우 역시 오랜 후원자였던 왕실과 귀족이 몰락하면서 화가들은 시장에서 작품의 가치를 평가받아야 하는 새로운 상황에 직면한다. 작품이 시장에서 거래됨에 따라 이를 중계하는 전문적인 화상畵商이 등장하고, 감식안이 부족한 구매자들을 돕는 전문적인 식견을 갖춘 비평가들이 등장한다. "비평가들이 아무리 우리를 욕한다 해도 그들 덕분에 우리의 존재가 세상에 알려진다"[11]는 들라크루아의 말은 당시 미술계의 분위기를 함축적으로 설명해 준다.

미술 작품의 거래 형태뿐만 아니라 감상 형태 또한 변화했다. 왕실과 귀족이 소유하던 작품들이 박물관으로 옮겨져 대중들에게 공개되기 시작한 것이다. 프랑스 혁명 직후인 1793년에는 루브르 박물관이 문을 열었고, 이에 자극을 받아 1819년에는 스페인의 프라도 미술관이 개관을 한다. 왕족과 귀족들에게만 공개되었던 러시아의 에르미타주 미술관도 1852년부터 일반에 공개되었다.

이처럼 미술 시장의 주도권이 왕족과 귀족에서 시민 계급으로 이전되면서 미술의 소재 또한 변화한다. 이전까지 종교와 신화에서 작품의 소재를 취했던 화가들은 시민들의 일상적인 삶에 시선을 돌리기 시작했다. 정치적, 사회적 권력을 장악한 시민 계급은 자신들의 일상을 사실적으로 묘사한 쿠르베와 같은 자연주의 화가들을 열렬히 지지하고 그들의 작품을 구매함으로써 자신들이 새로운 문화적 지배 세력임을 분명히 하였다.

미술 못지않게 패트런에 대한 의존도가 높았던 음악 역시 새로운 청중들의 귀를 만족시켜야 한다는 과제에 직면하게 되었다. 이전까지 교회나 왕실의 주문에 따라 작곡을 했던 음악가들은 이제 상업적인 연주회를 통해 대중들로부터 작품의 가치를 인정받아야 했다. 다양한 계층에 속한 구매자들의 기호를 충족시키기 위해 여러 형태의 연주회가 기획되었는데, 특히 환영받은 것은 대형 연주회장에 걸맞은 장대한 형식의 교향곡이나 협주곡이었다. 또한 오페라와 같은 시청각 요소가 어우러진 음악 장르 역시 19세기에 널리 사랑받았던 음악 장르였다. 이처럼 대형 공연이 유행하면서 음악은 이전 세기에는 알지 못했던 대중이라는 새로운 관객에 점점 익숙해지게 된다. 리스트나 파가니니처럼 현대의 대중 음악 스타가 부럽지 않은 인기를 누린 연주자들이 나타날 정도로 음악은 대중 예술로서의 위상을 정립해 나가고 있었다.

현대 사회는 전통 예술의 혁신을 촉발시켰을 뿐만 아니라 새로운 시대에 걸맞은 새로운 예술을 탄생시키기도 하였다. 사진과 영화가 바로 그것이다. 19세기는 과학과 기술의 시대이자 발명과 특허의 시대라고도 말할 수 있는데, 이 당시에 이루어진 과학과 기술의 발전은 문화와 예술 전반에도 심대한 영향을 미쳤다. 인쇄술의 발전은 문학이 일종의 산업으로 전환되는 데 큰 영향을 끼쳤으며, 인간의 시지각에 대한 과학적 발견은 인상주의를 비롯한 현대 회화의 발전에 깊은 영향을 미쳤다. 하지만 전통적인 예술 분야에 나타난 변화는 과학 기술 성과들이 사진과 영화에 미친 영향에 비하면 미미한 것이었다. 루이 자크 망데 다게르Louis Jacques Mandé Daguerre와 윌리엄 헨리 폭스 탤벗 William Hanry Fox Talbot의 사진 인화술이나 뤼미에르 형제와 토머스 에디슨의 카메라는 당대 과학 기술 발전의 총체적인 성과물이었기 때문이다. 특히 영화는 현대화의 산물이라고 할 수 있는 대중의 존재와 불가분 관계를 맺고 있다는 점에서 가장 현대적인 예술이라고 할 수 있다.

스펙터클의 시대

베르나르도 베르톨루치Bernardo Bertolucci의 영화 〈1900년Novecento〉(1976)은 주세페`베르디의 죽음을 알리는 목소리로 시작된다. 이 영화는 이탈리아의 파르마를 배경으로 지주의 아들과 소작농의 아들로 태어난 두 남자의 삶을 통해 20세기 서구 사회의 모습을 그린 작품으로, 여기서 베르톨루치는 오페라의 아버지라 불리는 베르디의 사망 소식을 19세기가 끝났음을 알리는 상징적인 사건으로 제시한다. 한 오페라 작곡가의 죽음이 한 세기의 종말을 의미할 수 있을 정도로 19세기에 오페라의 인기는 최고조에 달해 있었다. 그런데 19세기는 비단 오페라뿐만 아니라 온갖 종류의 스펙터클, 즉 구경거리가 넘쳐나던 시기이기도 하다. 시인 보들레르는 시각적 구경거리로 가득 찬 도시의 삶에 대해 다음과 같이 찬사를 보냈다.

> 인간은 일찍이 본 일이 없는, 그 엄청난 풍경의, 어렴풋하고 먼 이미지가, 오늘 아침에도 나를 매혹한다. 그리고 이 신비스러운 움직임들 위로, 영원한 고요가 감돌고 있었으니, 엄청난 새로움! 모두가 눈을 위한 것뿐, 귀를 위한 것은 하나도 없구나![12]

근대 도시는 새로운 구경거리를 제공하였다. 파노라마의 거대하고 사실적인 그림들은 부유한 부르주아 계층뿐만 아니라 노동자와 소시민들의 눈을 매료시켰다. 독일의 한 시골 장터에 파노라마를 보기 위해 몰려든 사람들을 그린 그림(F. Schlotterbeck, 1843).

　　근대 도시가 제공하는 새로운 풍경과 새로운 구경거리에 매료된 것은 분명 시인만이 아니었다. 부유한 부르주아 계층은 주말이면 자신의 눈을 매혹시킬 새로운 구경거리를 찾아서 도시 곳곳을 누비고 다녔다. 산업 혁명 직후 가혹한 노동 조건에 시달렸던 노동자와 소시민들 역시 18세기 중반 이후 주말과 공휴일이 보장되면서 여가를 즐기기 위해 거리로 나섰다.* 이전 세기에 비해 문화를 필요로 하는 사람들의 숫자가 엄청나게 늘어나면서 자연스럽게 문화를 거래하는 시장이 형성되었고, 그 규모나 종류 또한 급격하게 확대되었다. 시민들을 위한 박물관이나 대형 공연장이 들어서고, 파노라마 *Panorama*나 디오라마*Diorama*와 같은 다양한 구경거리들이 경쟁적으로 등장하였다. 프랑스 절대 왕정의 상징이었던 베르사이유 궁전은 시민 혁명 이후 역사 박물관으로 용도가 변경되었다가 이후 시민 계급의 구경거리이자 휴식 공간으로 이용되었다. 산업 혁명을 견인했던 철도는 여가 문화의 발달에도 영향을 미쳤다. 철도는 멀리 떨어진 관광지로 이동하기에 매우 유용했을 뿐만 아니라, 새로운 시각적 즐거움을 선사해 주기도 하였다. 사람들은 휴일이면 하릴없이 기차에 몸을 싣고 창밖으로 스쳐지나가는 풍경을 감상하면서 외지로 여행을 떠나기도 했다.

★ 노동자 계급에게의 여가 시간 제공은 가혹한 노동 조건을 개선하고자 하는 노동자들의 자각과 휴식을 제공함으로써 더 나은 생산력을 유지하려는 이해 관계가 맞아떨어졌기 때문이다.

과학과 발명의 시대답게 19세기는 엑스포Expo라 불리는 만국박람회가 열리기 시작한 시기이기도 하다. 1851년 런던에서 시작된 엑스포는 산업 혁명 이후 서구 기술 문명의 발전상을 한곳에서 확인할 수 있는 거대한 스펙터클이었다. 세계 각국에서 출품된 새로운 발명품들뿐만 아니라 전시장 자체를 포함한 각종 구조물 역시 사람들의 시선을 사로잡았는데, 1889년 파리 엑스포를 기념하여 건립된 에펠탑이 그 대표적인 예라고 할 수 있다.

특히 파리는 1855, 1867, 1878, 1889, 1900년에 엑스포를 개최하면서 관람객 수백만 명을 끌어 모으게 된다. 빈번한 엑스포 개최는 파리에 대한 관람객들의 인상을 바꾸어 놓게 된다. 파리는 단순히 박람회를 개최한 것이 아니라 파리 자체가 전람회장이 되었다.[13] 박람회가 열리지 않는 순간에도 근대 도시, 특히 파리와 같은 대도시는 그 자체로 하나의 구경거리가 되기에 충분했던 것이다. 벤야민을 열광시킨 파리의 아케이드는 거대한 상업적 공간이자 동시에 가장 흥미로운 구경거리를 제공하는 공간이기도 했다. 사람들은 쇼윈도에 전시된 세계 각국에서 수입되고 제작된 상품들을 시각적으로 소비하는 것만으로도 즐거움을 느꼈다.

스펙터클에 대한 수요가 늘자 새로운 구경거리를 개발함으로써 막대한 부를 축적하는 사람들도 많아졌다. 1882년 6월 5일, 파리에서 문을 연 그레뱅 박물관Musée Grévin의 경우가 대표적인데, 밀랍 인형 전시관으로 알려진 이곳은 일간지 〈르 골루아 Le Gaulois〉의 설립자인 아르튀르 마이어Arthur Meyer가 만들었다. 마이어는 자신의 신문에 실린 인물들을 동시에 3차원으로 보여 주려는 생각을 한다. 그는 사람들이 뉴스에 등장한 인물의 얼굴을 확인할 수 있는 공간을 만들기를 원했고, 이를 위해 데생 작가이자 무대 의상 담당이었던 알프레드 그레뱅Alfred Grévin을 끌어들인다.[14] 그레뱅 박물관은 스펙터클에 대한 욕망과 현실의 사실적 복제라는 가장 19세기적인 욕망을 매우 독창적이면서도 통속적인 아이디어로 구현시킨 사례라고 할 수 있다.

유명한 다게레오타입Daguerreotype의 발명가로 알려진 루이 다게르는 무대 제작자였던 자신의 경험을 살려 디오라마라는 새로운 구경거리를 개발하였다. 디오라마는 조명 효과를 활용하였다는 점에서 파노라마와 차이가 있다.

파노라마와 디오라마는 19세기를 대표하는 스펙터클이면서 동시에 얼마 후에 등장하게 될 영화의 선봉대 역할을 담당하였다는 점에서 주목할 만하다. 파노라마는 원형으로 펼쳐진 거대하면서도 사실적인 그림으로, 관객들은 이 원형 그림의 한가운데서 천장 틈새로 떨어지는 자연광을 통해 이 그림을 감상하게 된다. 파노라마는 높이가 6미터 이상이었고, 그 길이 또한 수 미터에서 때로는 수십 미터에 달했다. "커다란 그림 앞에 선 관객들은 화면 외부에 존재하는 모든 시각적 준거점을 잃어버리기 때문에 실제 크기나 거리를 판단할 수 없게 된다. [……] 시각적 착시로 준거점을 잃어버린 관객들은 파노라마를 단순히 현실의 재현이 아니라 현실의 대체로" 느끼게 된다.[15]

피에르 프레보Pierre Prévost의 두 제자 다게르와 샤를 마리 부통Charles Marie Bouton은 파노라마에 사실적인 조형물들과 조명 효과를 곁들인 디오라마라는 새로운 구경거리를 세상에 내놓는다. 사진의 발명가로 더 유명한 다게르는 무대 제작자였던 경험을 살려 연극적인 조명 효과를 살린 디오라마를 개발하여 찬사를 받게 된다.[16] 다게르의 디오라마는 조명 효과를 통해 시간의 경과를 표현함으로써 파노라마가 구현하지 못했던 새로운 시각 세계를 창조한다.

다양한 구경거리가 넘쳐나던 19세기의 서구 도시 풍경 가운데 가장 기이한 풍경 하나를 꼽으라면 시체를 보기 위해 길게 늘어선 군중들이라고 할 수 있다. 오늘날에도 파리나 로마에 남아 있는 지하 묘지가 유명한 관광지로 손꼽히고 있긴 하지만, 이 무렵 파리에서 구경거리가 되었던 것은 실제 시체였다. 프랑스어로 '모르그morgue'라고 불리던 시체 공시소는 원래 공공 장소에서 발견된 신원 미상의 시체를 보관하는 곳이었다. 하지만 19세기 들어서면서 이 모르그는 시체의 신원을 파악한다는 본래의 목적보다는 현실에서 보기 힘든 구경거리를 제공하는 장소로 더 유명세를 타게 된다. 유럽의 다른 도시에도 시체 공시소는 존재했지만 유일하게 파리에서만 사람들이 자유롭게 유리 진열장에 전시된 시체를 볼 수 있었기 때문에 모르그는 일반 공개가 금지되기 전까지 파

모르그는 19세기 파리에 넘쳐나던 다양한 구경거리들 중에서도 가장 기이한 것이라고 할 수 있다. 신원 파악을 목적으로 익사자 등의 시체를 전시하였는데, 사람들은 유리창을 통해 실제 인간의 시체를 구경할 수 있었다.

리의 관광 안내서에 실릴 정도로 유명한 구경거리가 되었다.[17]

이 기이한 구경거리가 사람들의 관심을 끌었던 이유는 단순하다. 그곳에 전시된 것이 밀랍이나 그림 등으로 복제된 것이 아니라 진짜 인간의 주검이었기 때문이다. 일간 신문은 모르그에 전시된 시체에 대한 확인되지 않은 이야기를 연일 생산해 냈고, 이는 다시 사람들의 입을 거치는 동안 몇 배로 증폭되곤 했다. 모르그를 둘러싼 현상은 "일상과 진부함이 충격적인 서사로 구체화"되는 것이다.[18]

모르그의 경우는 지나치게 극단적인 사례라고 할 수 있지만, 일반적인 스펙터클 역시 경쟁이 치열해지면서 점점 더 자극적이고 더 화려한 작품을 만들어 내기 위해 때로 작가들은 무모한 시도마저 두려워하지 않았다. 파노라마의 제작자로 알려진 샤를 랑글루아Charles Langlois는 나바리노 전투를 재현한 파노라마를 개장하면서 실제 프랑스 전함을 무대 위로 옮겨 놓는가 하면,[19] 피에르 프레보는 제임스 테일러의 주문을 받아 100미터가 넘는 길이의 장대한 파노라마를 제작하기도 했다.[20] 더욱 거대하고, 더욱 화려한 스펙터클을 만들어 내려는 시도는 하우저가 '벼락부자의 문화'라고 불렀던 7월 왕조와 제2제정기에도 이미 나타난 바 있다. 전통적인 오페라 형식에 발레 등 시각적 요소가 결합된 그랜드 오페라가 대표적인 사례이다. 이 거대한 공연물은 "무대의 매력들을 결합하고, 청각뿐 아니라 동시에 시각에 호소하는 음악과 노래와 춤의 이질적 혼합체를 창조하여 그 모든 요소가 관중을 현혹시키고 압도하는"[21] 그런 음악 장르였다.

하우저는 19세기에 나타난 대중 예술들이 '회화성,' '화려함,' '전시성'을 특징으로 한다고 말한다. 이 특징들은 곧 영화의 특징이기도 하다. 그렇기에 그는 서커스와 버라이어티 쇼 등이 본격적인 연극을 밀어내리라는 콩쿠르 형제의 예언에 영화를 덧붙임

피에르 프레보는 프랑스를 대표하는 파노라마 화가 중 한 사람으로 파리, 로마, 나폴리, 암스테르담 등 대도시를 소재로 한 파노라마를 여러 편 남겼다.

으로써 다음 세기를 대표할 대중 예술이 무엇인지를 분명히 밝혀 둔다.[22] 하우저가 정의한 19세기 대중 예술의 특징에 그레뱅 박물관의 통속성, 파노라마나 디오라마의 환영성, 만국박람회의 기술적 진보, 시체 공시소의 선정성 등을 덧붙여 보면 영화를 좀더 정확하게 특징지을 수 있다. 이런 특징은 영화가 긍정적 의미에서나 부정적 의미에서나 현대 사회의 산물일 수밖에 없음을 확인시켜 준다.

시각 혁명

흔히 영화는 그 출생일이 알려진 유일한 예술이라고들 한다. 대부분의 영화사映畵史에 영화의 출생일로 기록된 1895년 12월 28일은 뤼미에르 형제의 영화가 파리의 '그랑 카페'에서 상영된 날짜다. 영화의 역사는 발명가의 이름을 기록하고 있지만, 그것이 영화의 출생에 대한 모든 공로가 뤼미에르 형제나 에디슨과 같은 뛰어난 개인들의 몫이라는 의미는 아니다. 사진의 기원을 탐구하면서 제프리 배첸Geoffrey Batchen은 "누가 사진을 발명했느냐가 아니라 역사 속에서 어느 순간 사진을 향한 욕망이 나타났고 지속적으로 표명되었는지 질문해야 한다. 다시 말해 어느 순간 사진이 우연적이고 고립된 개인의 환상이 아니라 사회적으로 확산된 요구로 명시적으로 드러났느냐"에 주목해야 한다고 말한다.[23] 이것은 사진과 거의 비슷한 시기에 세상에 모습을 드러낸 영화의 경우에도 적용시킬 수 있는 문제 의식이다. 사진의 등장을 정치 사회 현상으로 이해하면서 그 기원을 추적한 존 탁John Tagg 역시 "카메라 옵스큐라에서 만들어진 영상을 고정시키는 수단으로서 기존의 과학적, 기술적 지식을 발전시키려는 동기는, 조직화된 산업이 전통적 생산을 대신하고 새로운 사회 질서의 근간이 세워지던 영국과 프랑스의 경제 발전 시기에 지배 계급으로 새롭게 등장한 중간 계급에서 일어난 이미지에 대한 전례 없는 요구에서 비롯되었다"[24]고 말한다.

여기서 19세기 말 파리에서 유행했던 한 스펙터클에 대한 묘사를 살펴보자.

첫째로 A는 실제 사건들과 사람들을 재현했다. [……] 둘째로 A는 기술에 대한 더 높은 관심을 바탕으로 현실을 재현했다. A의 다양한 재현 기술이 만들어 냈던 사실성은 실제 생활을 담아 내기 위해서, 현실의 단순한 재현이 아니라 현실을 재생산하는 데까지 나아가야 한다는 생각에 기반을 두고 있었다.[25]

여기서 A는 파노라마다. 하지만 우리는 이 묘사에서 파노라마를 디오라마나 사진 혹은 영화로 대치시켜도 무리가 없다는 사실을 알 수 있다. 표현 기법과 표현 장치의 차이에도 불구하고 19세기 서구 사회에 등장한 시각적 구경거리들이 유사한 목적을 가지고 있었다는 것은 이 시기에 이런 종류의 사실적 이미지에 대한 욕망 혹은 요구가 일반화되었다는 의미로 해석할 수 있다. 앞서 살펴본 19세기에 유행했던 수많은 스펙터클의 사례들은 이 시기에 새로운 볼거리, 새로운 이미지에 대한 욕망이 이미 표면화되어 있었으며, 이런 욕망을 구체화시켜 줄 수 있는 지식과 기술 또한 상당한 수준에 도달해 있었음을 입증해 준다.

근대 사회의 중요한 특징 중 하나는 새롭게 발견된 지식이 인간의 삶 전반에 실질적인 영향을 미쳤다는 점인데, 문화와 예술 분야 역시 예외가 아니었다. 사진과 영화의 기원을 탐구하는 많은 연구서들은 영화의 등장이 당대의 광학 기술 발전은 물론 시지각과 관련된 생리학 발전에 깊게 영향을 받았음을 밝힌다. 사진 혹은 영화와 당시 과학 기술 간의 상관 관계는 초기 사진사나 영화인들이 예술가들이기보다는 학자이거나 기술자 혹은 발명가들이었다는 사실을 통해서도 짐작할 수 있다. 이들은 당대의 과학 기술 성과들을 자신들의 작업에 적극적으로 수용하였으며, 이들의 업적은 그들의 계승자들에게 직간접적인 영향을 미치는 것이 일반적이었다.

사진의 등장으로 인해 새로운 미학적 목표를 찾아야 했던 회화 역시 당대의 과학 성과들에 깊은 영향을 받기는 마찬가지였다. 우리는 인상주의 회화의 아름다운 색채가 사실은 당대에 이루어진 인간의 시지각, 즉 눈에 대한 새로운 연구를 토대로 하고 있었다는 사실을 간과해서는 안 된다. 모네, 마네, 세잔 등의 인상주의 화가들이나 컨스터블, 코로 같은 화가들의 최종적인 목표는 아름다운 풍경화를 그리는 것이 아니라 사실상 인간의 눈이 지각하는 세계를 정확하게 재현하는 것이었다. 동일한 대상을 서로 다른 빛의 조건에 따라 실험적으로 표현한 모네의 〈루앙 성당〉 연작이나 시간의 경과에 따른 구름의 변화를 연구한 컨스터블의 스케치 등은 당시 회화의 목적이 어디에 있었는지를 이해하는 데 큰 도움을 준다.

19세기에는 생리학의 발전과 더불어 수동적인 기관으로만 인식되던 인간의 눈에 대한 새로운 사실들이 밝혀진다. 19세기 생리학의 진정한 가치는 "눈에 대한 새로운 지식과 더불어 시각 과정에 바탕을 둔 새로운 인식론의 형성에 기여했다는 점"[26]이다. 이런 새로운 인식론 속에서 인간은 "초월자에서 경험적인 존재로 변화"[27]하게 된다. 근대를 이야기할 때 빠지지 않는 보들레르의 '산보자' 개념 역시 당대에 나타난 시지각에 대한 새로운 지식들 및 바라보는 인간의 존재에 대한 인식론적 전환과 관련지어 이야기할 수 있다. 즉 "구경꾼들에게는 본다는 것 자체보다 '보는 위치'가 더 중요한 의미를 지녔다."[28]

흥미롭게도 다게르와 더불어 사진 연구의 선구자로 꼽히는 J. N. 니엡스J. N. Niepce 는 자신이 카메라를 이용해 만들어 내고자 하는 이미지를 '관점points de vue'이라고 불렀다.[29] 이 '관점'이라는 표현은 18세기와 19세기 초반에 활동했던 초기 사진사들 사이에 일종의 미학적 지표로 간주되었던 픽처레스크picturesque의 용어를 차용한 것이지만, 이 표현이 곧 '보는 위치'를 의미하고 있다는 점에 주목할 필요가 있다. 보들레르의 '산보자' 역시 보는 위치 혹은 보는 행위의 주체에 대한 문제를 담고 있다. 보들레르의 '산보자'는 당시의 부르주아지들 행위에 일치하는 존재이면서 결국은 시인의 관점을 받아들이는 존재라는 점에서 '이중적'인 의미를 가진다.[30] 이런 새로운 시선 혹은 '이중적인' 시선을 가진 존재들이 바로 현대인이며 현대의 예술가들이다.

현대 사회가 시민 혁명과 산업 혁명이라는 이중의 혁명을 통해 새로운 세기를 열었던 것처럼, 현대 예술 또한 일종의 혁명적 전환을 통해 이전 세대에 작별을 고하였다. 19세기 말 세상에 처음 모습을 드러낸 영화의 놀라운 현실 복제의 메커니즘은 현대인의 지적 호기심과 현대적 기술이 융합된 결과물이며, 새로운 이미지에 대한 현대 사회 구성원들의 보편적 욕망의 구현이었다. 특히 이 새로운 장치 혹은 새로운 매체는 이전 세대는 알지 못했던 경이로운 시각적 경험을 안겨 주었다. 그렇기에 우리는 영화를 19세기에 나타난 현대 예술의 시각적 혁명의 결정체라 말할 수 있다.

뤼미에르 형제나 에디슨에 앞서 프랑스의 생리학자인 에티엔 쥘 마레Etienne-Jules Marey는 크로노포토그라피La chronophotographie라고 이름 붙인 연속 사진을 착안하였으며, 1초에 평균 12장의 사진을 연속적으로 촬영할 수 있는 기계를 발명한다.[31] 이 기계는 사실상 뤼미에르 형제나 에디슨뿐만 아니라 현대의 영화 카메라와 원리상 다를 바가 없었다. 말하자면 마레는 에디슨이나 뤼미에르 형제에 앞서 영화의 발명자가 될 수도 있었던 것이다. 하지만 마레의 관심은 움직임을 재현하는 것이 아니라 분석하는 것이었다. 서로 정반대의 길을 걸었지만, 뤼미에르 형제, 에디슨 그리고 마레를 포함한 동시대의 연속 사진 연구자들은 인간의 눈을 대체하고 보완하는 기계를 통해 인간에게 새로운 시각적 경험을 선사하고, 인간의 시야를 확장시켰다는 점에서 동일한 중요성을 가지고 있다. 짚고 넘어가야 할 부분은 단순히 새로운 장치의 발명이 이런 혁명적 결과를 유발한 것이 아니라는 점이다. 망원경이나 현미경 같은 새로운 시각 장치의 발명이 세계를 바라보는 시각을 새롭게 한 것은 아니었기 때문이다.[32]

뤼미에르 형제의 영화는 대중을 상대로 한
유료 상영이었으며, 영사 방식도 오늘날 영화가
상영되는 방식과 마찬가지로 어두운 실내에서
영사기에서 나온 빛을 스크린에 투사하는 방식으로
이루어졌다. 뤼미에르 시네마토그라프 포스터.

영화가 태어나고, 그 출생이 환영받을 수 있었던 것은, 그 장치 자체의 혁신성보다
는 그 장치가 발명되던 그 시대에 보편화되어 있던 어떤 욕망 혹은 어떤 가치에 부합하
였기 때문이다. 또한 영화라는 장치 혹은 메커니즘이 시대가 어렴풋이 감지하던 미래
에 대한 전조를 구체화시켰기 때문이다. 그런 의미에서 뤼미에르의 영화를 다시 한 번
생각해 봐야 한다. 1895년 이전에도 영화는 상영되었다. 그럼에도 불구하고 많은 사람
들이 이날을 영화의 출생일로 기록하는 것은 그것이 전문가들이나 기술자들이 아닌
대중을 상대로 한 최초의 상영이었기 때문이다. 당시 뤼미에르 형제의 영화를 접한 대
중의 반응은 기대 이상이었다. 영화가 재현한 현실은 파노라마나 디오라마, 혹은 조에

원통형 드럼 안쪽에 단순한 동작의 그림을 이어 붙여서 연속 동작을 보는 듯한 효과를 내는 장치인 조에트로프.

트로프나 판타스마고리fantasmagorie, 심지어는 사진과 같은 영화의 선조들이 재현하였던 현실과는 차원이 다른 것이었다.

또한 뤼미에르 형제의 영화가 대중을 상대로 한 유료 상영이었으며, 영사 방식도 오늘날 영화가 상영되는 방식과 마찬가지로 어두운 실내에서 영사기에서 나온 빛을 스크린에 투사하는 방식으로 이루어졌다는 점도 1895년 12월 28일이 영화의 탄생일로 공인받게 된 중요한 이유였다. 에디슨이 뤼미에르 형제에 앞서 영화 카메라와 영사기를 발명하였음에도 불구하고, 영화의 아버지로 일반적인 인정을 받지 못하는 것은 그가 특허를 늦게 얻어서라기보다는 그의 영사기와 뤼미에르 형제의 영사기 사이에 존재하는 결정적인 차이 때문일 것이다.* 영사기 한 대로 많은 사람이 동시에 영화를 볼 수 있었던 뤼미에르 형제의 영사기와는 달리, 에디슨의 영사기 키네토스코프는 어두운 상자에 눈을 대고 한 번에 한 사람씩만 관람을 할 수 있도록 만들어진 장치였다. 따라서 에디슨의 영사기는 대중을 상대로 한 스펙터클이 되기에는 치명적인 약점을 가지고 있었다. 비록 영화의 발명자들은 인식하지 못했지만,** 뤼미에르 형제의 영화가 상영된 그 순간이 향후 100년 이상 영화가 누리게 될 대중 문화의 대표 자리가 예약되는 순간이었다.

★ 에디슨은 1891년 8월 24일, 키네토스코프와 키네토그라프에 대한 특허 서류를 제출하였고, 키네토스코프는 1893년 5월 14일, 키네토그라프는 1897년 8월 31일에 특허를 받게 된다. 에디슨은 유럽에는 자신의 카메라와 영사기에 대한 특허를 제출하지 않는데, 이를 뒤늦게 후회하게 된다(Mannoni, pp.365~366을 참조하라).
★★ 뤼미에르 형제의 아버지인 앙투완 뤼미에르의 회고에 따르면 그는 카메라를 팔 것을 요청한 멜리에스에게 다음과 같이 말했다고 한다. "젊은이, 내 발명품은 파는 것이 아니라네. 자네에게 이것은 쓸모가 없을 거라네. 내 발명품은 앞으로 과학적인 호기심으로만 잠시 활용될 수 있을 뿐, 그 외에 상업적으로는 미래가 없다네"(같은 책, p.426).

연속 사진의 선구자 머이브리지와 마레

머이브리지의 달리는 말
스냅 사진.

대부분의 영화사 첫 장에는 이드위어드 머이브리지Eadweard Muybridge와 에티엔 쥘 마레의 이름이 기록되어 있다. 이 두 사람은 모두 영화 카메라의 선조라고 할 수 있는 연속 사진을 발명한 사람들이다. 미국의 사진사인 머이브리지는 인류 최초로 연속 사진 촬영에 성공함으로써 영화의 발명에 큰 기여를 하였다. 영국에서 태어나 20대에 미국으로 건너간 머이브리지는 자신의 이름을 여러 번 바꾼 사실에서도 짐작할 수 있는 것처럼, 아내의 정부에게 권총을 쏜 혐의로 체포되는 등 상당히 극적인 삶을 살았다. 출판물 유통 등으로 생계를 유지하며 사진을 찍던 머이브리지는 30대 중반에 이르러서야 풍경 사진으로 명성을 얻는다. 1872년 그는 자기 생애를 바꾸어 놓을 결정적인 인물을 만나는데, 그가 바로 릴랜드 스탠포드Leland Stanford다. 미국 캘리포니아 주지사를 지낸 대부호 스탠포드는 상당한 경마광競馬狂으로, 특히 자신의 애마 '옥시던트'에 대해 대단한 자부심이 있었다. 어느 날 말이

달릴 때 네 발이 땅에 닿느냐의 문제로 논쟁이 붙었고, 당시 돈으로 2만 5000달러라는 거금을 건 내기가 성사되었다. 스탠포드는 자신의 가설을 입증하기 위해 머이브리지를 고용하고, 그에게 자신의 말 옥시던트를 촬영해 달라고 요청한다. 1872년 4월에 달리는 말의 스냅 사진을 촬영하는 데 성공한 머이브리지는 달리는 말의 연속 사진을 찍는 일에 도전한다. 스탠포드의 아낌없는 지원 속에 초고속 셔터가 만들어지고, 전기를 통해 셔터를 작동시키는 방법도 개발된다. 몇 차례 실험이 이어진 뒤, 마침내 1878년 6월 11일 머이브리지는 전자 셔터가 달린 카메라 열두 대를 통해 달리는 말의 연속 사진 촬영에 성공한다.

스탠포드가 머이브리지에게 지속적으로 투자를 했던 것은 단지 내기에 이기기 위해서만이 아니었다. 경마 애호가였던 그는 마레가 펴낸 동물의 움직임에 관한 연구서에 많은 관심을 가지고 있었다. 흥미로운 것은 마레의 생리학 연구가 머이브리지의 실험에 중요한 동기를 부여한 것처럼, 머이브리지의 실험 결과가 다시 마레가 연속 사진 연구를 재개하는 데 자극을 주었다는 사실이다. 파란만장한 삶을 살았던 머이브리지와 달리, 의과 대학 출신의 생리학자인 마레는 전형적인 학자의 삶을 살았던 사람이다. 머이브리지가 연속 사진 촬영에 성공했다는 소식을 전해 들은 마레는 다시 연속 사진 연구에 몰두한다. 머이브리지의 연속 사진은 카메라 열두 대를 사용하는 것이었기에, 이 장비를 개량할 필요가 있었다. 1890년 마레는 장총을 닮은 자신의 사진기로 연속 사진을 촬영하는 데 성공한다. 머이브리지와 달리 그는 카메라 한 대로 셀룰로이드 필름 위에 연속 사진을 촬영하였다. 영화 카메라의 기술은 이제 완성 단계에 도달한 것이다. 자신이 촬영한 연속 사진으로 부와 명성을 얻었던 머이브리지와 달리 마레는 자신의 실험실에서 자신의 관심 분야인 움직임의 분석에 몰두하였으며, 그의 연구는 상업적인 목적이 아닌 의학, 군사 목적으로 활용되었다.

영화의 시대

시네마토그라프. 경이로운 사진술寫眞術. 명백히 우리 시대의 가장 기이하지만 풍요로운 새로운
발명품이 어제 저녁 카푸신 대로 14번지에서 학자들과 교수들 그리고 사진사들로 구성된 관객
들 앞에서 공개되었다.[33]

이것은 1895년 12월 30일 프랑스의 신문 〈르 라디칼Le Radical〉에 실린 뤼미에르 형제
의 영화에 대한 기사이다. 이 기사의 반쪽 정도 분량에는 영화 이미지를 처음 대면한
인간의 경이가 생생하게 살아 있다. 인류 최초의 관객 중 한 사람이었던 기자는 대장간
굴뚝에서 피어오르는 연기, 길 위를 가는 전차, 일렁이는 파도에 시선을 빼앗긴다. 그의
마음을 사로잡은 것은 그 일상적인 오브제 자체가 아니라 그 일상적인 오브제의 재현,
그 일상적인 오브제들의 움직임이었다. "그 바다는 참으로 사실적이고, 참으로 넓고,
참으로 생기 있고, 참으로 활기차다"는 최초의 관객이 남긴 감탄에서 짐작할 수 있듯
이 최초의 영화는 동시대의 관객들에게 있어서, 아니 인류에게 있어서 경이로움 그 자
체였다.

　　1908년 이탈리아 출신의 이론가 리치오토 카누도Ricciotto Canudo는 영화를 새로운
예술이라고 명명하였다.★ 하지만 자크 오몽Jacques Aumont이 말한 것처럼 영화는 예술
의 영역 밖에서 "과학적 호기심"과 "대중적인 유흥 그리고 하나의 미디어"로서 태어났
다.[34] 영화가 예술 영역으로 편입되어, 창조적 도구가 된 것은 그 이후의 일이다. 뤼미에
르 형제라는 산파의 도움으로 세상에 모습을 드러내기는 했지만, 초기 영화는 한동안
수많은 가능성과 잠재성만을 간직한 상태로 머물러 있었다. 1895년 즈음, 영화에 대한
관심은 대부분 이 놀라운 장치 자체에 집중되어 있었다. 이는 초기 영화에 대한 기록들
이 대부분 영화 장치의 기술적인 요인에 집중되어 있다는 데서도 확인할 수 있다. 뤼미

★ 리치오토 카누도는 영화를 '제7의 예술'이라고 명명한 영화 이론가로 알려져 있다. 그는 1908년 이탈리아에서 발
표한 〈시네마토그라프의 승리〉에서 시, 건축, 조각, 회화, 음악에 이은 여섯 번째 예술의 자리에 영화를 위치시킨
다(Canudo, pp.186~198). 1911년 그는 앞서 이탈리아에서 발표한 글에 결론 부분을 보충한 〈제6의 예술의 탄생La
naissance d'un sixième art〉이라는 글을 프랑스어로 발표한다(같은 책, pp.198~199). 1923년 그는 전통적인 예술의 영역에
무용을 추가하고, 영화를 '제7의 예술'로 명명한다.

'과학적 호기심,'
'대중적인 유흥 그리고
하나의 미디어'로
태어난 영화.
뤼미에르의
〈열차의 도착〉.

에르 형제의 영화가 대중에게 공개되었던 그랑 카페의 포스터에는 상영작 목록과 함께
영화 상영 방식에 대한 다음과 같은 설명이 실려 있다.

오귀스트와 루이 뤼미에르가 발명한 이 기계는 일정 시간 동안 카메라 렌즈 앞에서 연속적으로
이루어진 모든 움직임들을 일련의 스냅 사진들로 기록할 수 있게 해주고, 이어서 그 이미지들을
방 전체에 마련된 스크린에 투사함으로써 대단히 자연스럽게 그 움직임들을 재현하도록 해준
다.[35]

뤼미에르 형제의 영화에 대한 〈라 포스트*La Poste*〉의 기사 역시 상영 당시의 상황
과 이 신기한 발명품이 어떤 방식으로 작동하며, 어떤 식으로 현실을 재현하는지를 상
세하게 설명한다. 흥미로운 것은 이 기사의 작성자가 예측하는 영화의 미래다.

이 발명품의 아름다움은 이 기계의 새로움과 기발함에 있다. [……] 이 기계가 사람들의 손에 들어가게 되면, 모든 사람들이 그들에게 소중한 존재들을 고정된 형태가 아니라 움직임과 행동과 그들의 친밀한 동작들 속에서 촬영할 수 있게 될 것이다.[36]

사람들의 관심이 기계 장치에서 촬영된 이미지와 그 이미지의 미적 가치로 옮겨간 것은 20세기에 접어들어서다. 영화의 선구자 중 한 사람인 조르주 멜리에스는 1907년에 발표된 글에서 영화 카메라로 표현 가능한 장르에 대한 구분을 시도한다. 로베르 우댕 극장주이자 스타 필름과 몽트뢰이유 스튜디오의 소유주였던 멜리에스는 이 무렵 벌써 500편에 달하는 단편 영화를 연출한 상태였다.

멜리에스에 따르면 영화는 '야외 장면les vues de plein air,' '과학적 시각les vues scientifiques,' '복합 주제les sujets composés,' '이른바 변형된 시각les vues dites a transformation'이라는 네 가지 표현 장르로 구분 가능하다.* 첫 번째 야외 장면은 이미 뤼미에르 형제나 에디슨의 영화에 의해 일반적으로 알려진 이미지들이며, 두 번째 경우는 마레와 같이 과학적인 목적을 위해 카메라를 이용하는 경우다. 세 번째 경우는 현재의 픽션과 유사한 형태로, 멜리에스는 이를 "연극에서처럼 준비된 행위를 배우들이 카메라 앞에서 연기하는 것"이라고 설명한다. 여기서 '복합 주제'라는 뜻은 어떤 상황이든지 연출을 통해 만들어 낼 수 있다는 의미로 이해할 수 있다. 그리고 멜리에스 자신이 고안한 것이라고 밝히고 있는 마지막 장르인 '이른바 변형된 시각'은 그의 작품 〈달나라 여행Le voyage dans la lune〉(1902)처럼 일종의 시각적 속임수가 결부된 이미지들을 가리킨다.[37] 기록에 따르면 멜리에스는 뤼미에르 형제의 영화를 처음 본 순간 이 카메라가 창작의 도구로서 가능성을 가지고 있음을 알아차렸다고 한다.

그러나 정작 영화의 아버지로 일컬어지는 뤼미에르 형제나 (적어도 영화의 역사에서는) 불운한 발명가 에디슨은 자신들이 발명한 기계의 미래를 그다지 밝게 보지 않았다. 뤼

★ 프랑스어 'vue'를 문맥에 따라 '장면' 혹은 '시각'으로 옮겼으나, 우리에게 친숙한 표현인 '이미지' 혹은 '상像'으로 해석해도 무방할 것으로 보인다.

미에르 박물관(리옹)에 남아 있는 입체 영상 카메라, 파노라마 카메라 등은 뤼미에르 형제가 자신들의 발명품인 시네마토그라프를 개량하고 대체하기 위해 많은 노력을 기울였다는 사실을 증명해 준다. 즉 좀더 재미있고, 좀더 아름다운 이미지를 만드는 일은 그들의 관심이 아니었던 것이다. 그렇기 때문에 뤼미에르 형제는 자신들이 촬영한 영상을 관람한 당대 관객들의 놀라운 반응을 목격하고서도 영화에 대해, 아니 좀더 정확히는 '시네마토그라프'라는 자신들의 발명품에 대해 "미래가 없는 발명"이라고 말했던 것이다.

영화의 잠재력은 발명가나 기술자가 아닌 예술가들에 의해 발견되고 실현된다. 마술사이자 극단의 운영자이며, 공연 기획자이기도 했던 멜리에스는 뤼미에르 형제의 발명품이 사람들의 호기심을 자극하기에 충분한 마술과 같은 도구가 될 수 있음을 알아차렸다. 20세기의 전위적 예술가들 중 혹자는 영화를 인간의 상상을 실재적인 이미지로 구현할 수 있는 최상의 매체로 인식하였으며, 혹자는 영화의 재현적 속성과는 상관없이 영화 이미지의 운동성 자체만으로도 예술적 이상을 표현하기에 충분하다고 인식하기도 했다. 또 특히 무성 영화 시기에 영화적 이미지의 상징성에 주목한 자들은 영화를 새로운 언어, '시각적인 에스페란토어'로 받아들이는 자들도 있었다.[38] D. W. 그리피스D. W. Griffith와 같은 위대한 서사 작가는 영화가 가진 서사적 매체로서의 가능성을 이미 1910년대에 훌륭히 입증하기도 하였다.

또 소비에트 혁명에 성공한 사회주의자들에게 있어서 영화는 새로운 시대에 걸맞은 새로운 예술로 평가받기도 하였다. 소비에트에서 영화가 가장 중요한 예술로 인정받게 된 것은 영화가 가진 프로파간다적 속성과 더불어, 영화가 소비에트의 출범과 가장 근접한 시기에 나타난, 다시 말해 구시대의 유산으로부터 가장 멀리 떨어진, 오염되지 않은 매체였기 때문이다. 이것은 소비에트의 권력 최상부에 자리 잡은 사람들만의 생각이 아니라, 혁명의 열기를 직간접적으로 체험한 혁명기 소련 영화인들의 공통적인 생

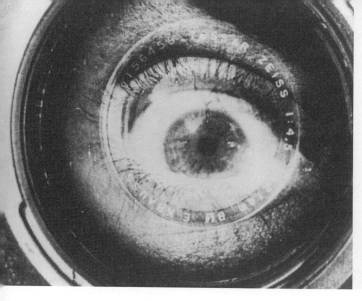

인간의 눈과 카메라 렌즈를
겹쳐놓은 〈카메라를 든 사나이〉의
마지막 장면은 베르토프의
'키노-아이' 이론을 상징적으로
표현하고 있다.

각이었다.

잘 알려진 것처럼 초기 소비에트 영화를 대표하는 감독인 알렉산드르 도브첸코
Aleksandr Dovzhenko, V. 푸도프킨V. Pudovkin, 레프 쿨레쇼프Lev Kuleshov, 세르게이 에이
젠슈타인Sergei Eisenstein, 지가 베르토프Dziga Vertov 등은 자신의 영화 이론과 창작 원
리를 정당화하기 위해 첨예하게 대립하곤 하였다. 하지만 이런 대립에도 불구하고 그들
의 작품에는 공통적으로 혁명에 대한 환희와 더불어 새로운 시대에 대한 낙관,새로운
예술에 대한 무한한 신뢰가 자리 잡고 있다. 특히 베르토프의 '키노-아이Kino-Eye' 이
론은 혁명기 소비에트 영화인들의 낙관과 신뢰를 확인시켜 주는 좋은 사례다.

나는 키노-아이(영화-눈)이다. 나는 건설자다. [……] 나는 키노-아이, 나는 아담보다 더 완벽
한 인간을 창조한다. [……] 나는 키노-아이. 나는 한 사람에게서 가장 강하고 기술적인 손을
취한다. 또 다른 사람에게서는 가장 **빠르고** 가장 균형 잡힌 다리를, 세 번째 사람으로부터는 가

장 아름답고 표정이 풍부한 머리를 취한다. 그런 다음 나는 몽타주를 통해 새롭고 완벽한 사람을 창조한다.[39]

베르토프의 키노–아이 이론은 일차적으로는 자신의 창작 원리에 대한 설명이지만, 이 담대하고 확신에 찬 선언 속에서 우리는 이 감독이 가지고 있었던 새로운 예술 양식에 대한 확신, 새로운 사회에 대한 낙관, 그리고 현대화의 산물인 과학 기술 문명에 대한 신뢰 등을 발견할 수 있다.

베르토프의 미학적 라이벌이었던 에이젠슈타인은 V. 마이어홀드V. Meyerhold의 전위적인 연극 이론과 당시로서는 가장 진보적인 사상으로 인정받던 사회주의 이론을 새로운 예술 매체인 영화 속에 구현시키고자 했다. 현대라는 시간적 개념으로만 한정하기에는 그 범주가 너무나 넓은 모던modern이라는 개념의 본질이 이전 세계와의 단절, 혁신적인 가치의 추구에 있다고 할 때 새로운 세상, 새로운 예술, 새로운 인간을 꿈꾸고 낙관하였던 혁명기 소비에트 영화인들이야말로 영화를 현대 예술modern art의 정수로 확신한 이들이었다고 할 수 있다.

다시 모더니티를 생각하며……

영화학자이자 실험 영화 감독인 클로딘 에이지크만Claudine Eizykman은 《영화의 쾌락 La jouissance du cinéma》에서 현재 우리가 접하는 대부분의 영화들을 NRI, 즉 서사적 narrative, 재현적représentative, 산업적industriel이라는 특징을 통해 정의할 수 있다고 말한다.[40] 에이지크만이 정의한 NRI 영화는 그리피스 이후 대세를 이룬다. 사실 이 영화의 NRI적 요소들은 영화가 20세기를 대표하는 대중 문화로 발전하는 데 있어서 대단히 중요한 역할을 담당했다. 영화는 서사를 구현하는 방법을 찾아냄으로써 시민 혁명 이후 승승장구해 왔던 소설의 자리를 대체하거나 적어도 그와 동등한 위치에 올라설 수 있었다. 만일 영화의 산업화가 조기에 이루어지지 않았다면 오늘날 영화는 어쩌면 소수 예술가들의 창작의 도구로만 그 명맥을 유지하고 있었을지도 모른다. 또한 영화가 현실을 완벽하게 재현할 수 있는 능력이 없었다면 영화라는 이름 자체가 인류의 역사에서 존재하지 않았을지도 모른다. 따라서 NRI적 요소들은 적어도 영화가 오늘날까지 그 영향력을 유지하면서 살아남는 데 있어서 필수불가결한 요소였다고 말할 수 있다. 하지만 에이지크만의 주장대로 이 NRI 영화들이 영화라는 현대적 매체가 가진 수많은 가능성들을 축소시킨 것 또한 사실이다. 그리고 영화와의 만남에 있어서 최초의 관객들에게 허락되었던 그 경이로운 체험의 기쁨을 반감시키는 것도 사실이다.

19세기 말 영화가 처음 세상에 모습을 드러냈을 때, 영화는 자신의 모든 가능성을 열어 놓고 있었다. 영화가 사람들의 관심을 끌 수 있었던 점은 아주 새로운 것이면서 동시에 아무것도 결정되어 있지 않은 것이기 때문이었다. 그리고 초기 영화의 그런 비정형적인 상태야말로 두 혁명 이후에 시작된 새로운 세기를 대표하기에 가장 적합한 매체이자 표현 양식으로 받아들여졌다.

하우저는 영화의 스타일은 현대 사회에 나타난 새로운 시간 개념과 완전히 일치하기에 마치 "현대 예술의 시간 범주가 영화의 정신에서 태어난 것처럼 느껴지며, [따라서] 현대 예술에서 영화가 비록 질적으로 가장 풍부한 장르는 못 되더라도 스타일 면에서 현대의 가장 대표적인 장르"[41]라고 말한 바 있다. 카누도는 영화가 전통 예술을 하나로 아우르는 종합적이면서도 새로운 시공간적 예술이 될 것이라고 기대했다. 발터 벤야민은 대량 복제를 통해 진품성眞品性이라는 전통적인 예술 작품에 대한 척도를 더 이상 의미 없는 것으로 만들어 버리는 영화야말로 자신이 "기술 복제 시대"라고 명명한 현대 사회를 대표하는 예술 형식이 될 것이라고 전망한다.[42] 또한 베르토프를 위시한 혁명기 영화인들은 영화야말로 구시대를 청산한 새로운 시대에 걸맞은 예술 형식이라고 확신하였다.

하지만 오늘날 영화는 이들 선구자들의 기대와는 전혀 다른 모습을 하고 있다. 영화가 하나의 종種이라면, 그 진화의 과정에서 영화는 선정성과 통속성 그리고 점점 더 막강해지는 대중적 영향력을 키우는 대신, 초기 영화들이 가졌던 전복성과 예술성 같은 긍정적 가치들을 퇴화시켰다. 따라서 적어도 20세기 초반까지 현대적인 예술이었던 영화는 더 이상 현대적이지도 예술적이지도 않은 모습으로 진화하였다. 회화가 그렇듯이, 혹은 구시대의 예술들이 그렇듯이 영화의 선구자들이 꿈꾸었던 영화는 지금 박물관에서, 혹은 시네마테크에서 그 명맥을 유지하고 있다. 그렇기 때문에 자크 오몽은 "과연 제2의 모더니티라는 것이 검토할 만한 것인가?"[43]라고 질문을 던진다. 그에 따르면 모더니티란 "새로운 것에 대한 믿음이자 동시에 미래에 대한 의식"이다.[44]

영화를 예술의 영역으로 편입시키고자 했던 20세기 초의 노력에 비해, 21세기를 관통하는 오늘날의 영화는 점점 더 그런 노력과 문제 의식에서 멀어지고 있는 것처럼 보인다. 만일 지금 다시 모더니티가 문제가 된다면 그것은 바로 지금 우리가 일상적으로 생산하고, 관람하고 있는 이 영화의 현재와 미래가 문제이기 때문이다.

주

1. 아놀드 하우저, 《문학과 예술의 사회사: 현대편》, 백낙청·염무웅 옮김, 창작과비평사, 1974, p.229[Arnold Hauser, *Sozialgeschichte der Kunst und Literatur*, München, 1953].

2. 베네사 R. 슈와르츠, 《구경꾼의 탄생: 세기말 파리, 시각 문화의 폭발》, 노명우·박성일 옮김, 마티, 2005, p.47[Vanessa R. Schwartz, *Spectacular Realities: Early Mass Culture in Fin–de–siècle Paris*, California: The University of California Press, 1997].

3. 김문환 외, 《19세기 문화의 상품화와 물신화》, 서울대학교 출판부, 1996, p.18.

4. 노명우는 슈와르츠의 책에 대한 해제에서 "공동체가 중심이 된 농촌은 전설, 신화, 뒷이야기, 험담으로 가득 찬 수다스러운 서사의 공간이며, 익명성에 의해 보호받는 군중의 공간인 대도시는 표면만을 바라보는 시각적 공간"이라고 말한다(슈와르츠, p.38).

5. 하우저, p.4.

6. 김문환 외, p.17.

7. 영화 비평가 장 미셸 프로동Jean-Michel Frodon이 *Horison cinéma*(Paris: Cahiers du cinéma, 2007, pp.15~16)에서 현대에 대해 평한 바를 참조하라.

8. 김문환 외, p.11.

9. 같은 책, pp.43~44.

10. 하우저, p.17.

11. 김문환 외, p.59에서 재인용.

12. 슈와르츠, p.37에서 재인용.

13. 같은 책, p.45.

14. http://www.grevin.com/histoire_grevin을 참조하라.

15. 슈와르츠, p.233.

16. Laurent Mannoni, *Le grand art de la lumière et de l'ombre: archéologie du cinéma*, Paris: Nathan, 1994, p.177.

17. 슈와르츠, pp.101~154를 참조하라.

18. 같은 책, p.55.

19. 같은 책, pp.237~238.

20. Mannoni, p.173.

21. 하우저, p.103.

22. 같은 책, p.102.

23. 제프리 배첸, 《사진의 고고학: 빛을 향한 열망과 근대의 탄생》, 김인 옮김, 이매진, 2006, p.63[Geoffrey Batchen, *Burning with Desire: The Conception of Photography*, Cambridge, Massachusetts, The MIT Press, 1997].

24. 같은 책, p.43에서 재인용.

25. 슈와르츠, p.242.

26. 배첸, p.118에서 재인용.

27. 같은 책, p.118.

28. 슈와르츠, p.54.

29. 배첸, pp.102~104를 참조하라.

30. Suzanne Liandrat-Guigues, *Esthétique du mouvement cinématographique*, Paris: Klincksieck, 2005, p.46.

31. Mannoni, p.308.

32. 배첸, p.89.

33. Daniel Banda & José Moure (ed.), *Le cinéma: Naissance d'un art 1895~1920*, Paris, Editions Flammarion, 2008, p.39에서 재인용.

34. Jacques Aumont, *Moderne?* Paris: Cahiers du cinéma, 2007, p.12.

35. Banda & Moure, p.38.

36. 같은 책, p.41.

37. Georges Méliès (1907), "Pensées en mouvement," Daniel Banda & José Moure (ed.), *Le cinéma: Naissance d'un art 1895~1920*, Paris: Editions Flammarion, 2008, pp.98~104를 참조하라.

38. Aumont, p.25.

39. 지가 베르토프, 《키노–아이, 영화의 혁명가 지가 베르토프》, 김영란 옮김, 이매진, 2005, pp.76~77.

40. Claudine Eizykman, *La jouissance du cinéma*, Paris: Union Générale d'Editions, 1976, pp.10~11.

41. 하우저, p.241.

42. 발터 벤야민, 《기술 복제 시대의 예술 작품 / 사진의 작은 역사 외》, 최성만 옮김, 도서출판 길, 2007[Walter Benjamin, *Das Kunstwerkim Zeitalter seiner technischen Reproduziebarkeit/Kleine Geschichte der Photographie*, 1930].

43. Aumont, p.119.

44. 같은 책, p.121.

＋ book

구경꾼의 탄생: 세기말 파리, 시각 문화의 폭발

바네사 R. 슈와르츠 | 노명우·박성일 옮김 | 마티 | 2005

'19세기의 수도'라고 불리던 파리에 유행했던 파노라마, 디오라마, 만국박람회, 밀랍 박물관, 시체공시소 등 다채롭고 진기한 스펙터클에 대한 공시적 고찰을 시도한 책으로 근대적인 시각 문화로서 영화에 대한 이해를 넓히는 데 도움을 준다.

문학과 예술의 사회사 4: 자연주의와 인상주의, 영화의 시대

아놀드 하우저 | 반성완 옮김 | 창작과비평사 | 2010

《문학과 예술의 사회사》는 선사 시대부터 현대에 이르기까지 방대한 예술사를 예술 사회학적 관점

에서 조망한 하우저의 대표작으로 국내 번역서는 총 4권으로 구성되어 있다. 영화는 19세기와 20세기의 예술사를 다루고 있는 4권에 수록되어 있다.

● 각 시대는 그 시대를 대표하는 예술 형식을 가지고 있었다. 영화는 '기계 복제의 시대' 혹은 '산업 사회'라고 부를 수 있는 20세기를 대표하는 예술 형식이다. 그렇다면 영화도 연극이나 소설이 그랬던 것처럼 가까운 미래에 역사의 뒤안길로 사라질 것인가?

● 프랑스의 영화 감독 장 뤽 고다르는 뤼미에르 형제를 가리켜 "최후의 인상주의 화가들"이라고 말했다. 과연 인상주의 화가들과 뤼미에르 형제 사이에는 어떤 공통점이 존재하는 것인가?

● 흔히 영화사는 2차 세계 대전을 기점으로 고전 영화와 현대 영화를 구분한다. 하지만 영화는 현대 사회가 성립된 이후인 19세기 말에야 세상에 처음으로 그 모습을 드러냈다. 그렇다면 100여 년에 불과한 짧은 역사를 가진 영화를 고전 영화와 현대 영화로 구분하고자 하는 일반적인 견해들은 과연 정당한 것일까?

● 에디슨은 뤼미에르 형제에 앞서 영화 카메라와 영사기를 발명하였다. 그럼에도 불구하고 대부분의 영화사는 뤼미에르 형제의 영화가 상영된 1895년 12월 28일을 영화가 발명된 날로 기록하고 있는 이유는 무엇일까?

02

영화와
역사

정락길

역사와 영화의 관계를 서술하는 방식에는 여러 가지가 있다. 하나는 '모더니티,' 즉 근대성의 관점에서 살펴보는 것이다. 또한 세계 영화사에 커다란 족적을 남긴 각국의 영화사적 흐름과 할리우드의 영화 산업 변화, 사회의 이데올로기 상황을 반영하고 있다는 특수 장르의 탄생/변천/소멸의 과정, 영화 미학을 둘러싼 논쟁과 변화의 과정, 다양한 작가들의 영화적 세계에 대해 역사적 고찰을 해볼 수 있다. 그리고 20세기라는 역사의 소용돌이 속에서 영화가 관여되고 관여한 흔적들에 대한 질문을 던질 수도 있다. 세 가지의 역사와 영화의 관계에 대한 중요한 쟁점들은 사실 서로 꼬리에 꼬리를 물고 얽혀 있으며 서로의 시선들의 관계적 성찰 속에 더욱 풍요로운 이해와 인식으로 나아갈 수 있다. 이 장에서는 크게 두 주제에 따라 역사와 영화의 관계를 질문하고 있다. 첫 번째 흐름은 이미지의 정치학이라는 주제이다. 두 번째 흐름은 영화 작품이 어떻게 하나의 역사 세계를 구축하고 있고 그 속에서 영화의 역사 재현을 둘러싼 쟁점이 무엇인가라는 질문과 연관되어 있다. 또한 〈히로시마 내 사랑〉과 〈알 포인트〉라는 구체적 작품을 통해 이 두 영화들이 과거의 사건을 현재 속에 어떻게 새롭게 드러내고 있는지를 살펴보면서 역사에 대한 영화적 재현 양상을 검토하도록 할 것이다.

들어가며: 영화와 역사의 관계에 대해 생각해 보기

역사와 영화의 관계를 서술하는 방식에는 여러 가지가 있다. 예를 들면 영화의 탄생이 서구의 실증주의로부터 비롯된 테크놀로지의 발전과 밀접히 연관되어 있다는 점에서 숨 가쁘게 전개된 20세기의 테크놀로지 변천사로부터 영화와 역사의 관계가 어떻게 형성되고 있었는가 하는 질문을 던질 수 있다. 이러한 방식은 '모더니티*modernity*,' 즉 근대성이라는 현대 사회를 이해하고 사유하는 쟁점적 화두와 밀접히 연관되어 있다. 그 하위 범주로서 영화의 테크놀로지가 단순히 과학 기술이 발전한 결과가 아니라 현대 이미지 문명이 변화하는 흐름이 반영되어 있는 좀더 복잡한 현상임을 인식하는 것으로 이는 현대 사회를 심도 깊게 이해하는 방법이기도 하다. 둘째로 현대 문화의 중요한 분야로서 영화만을 독립적으로 떼어 놓고 영화의 변천사를 이야기하는 방식이 있다. '세계 영화사'라는 이름의 대학 강좌에서 일반적으로 다루는 방식으로 세계 영화사에 커다란 족적을 남긴 각국의 영화사적 흐름을 개관하는 것이다. 예를 들면 할리우드의 영화 산업 변화, 사회의 이데올로기 상황을 반영하고 있다는 개별 장르의 탄생/변천/소멸 과정, 영화 미학을 둘러싼 논쟁과 변화 과정, 다양한 작가들의 영화적 세계에 대한 역사적 고찰 등이 그 속에서 다루어질 것이다. 마지막으로 20세기라는 역사의 소용돌이 속에서 영화가 관여한 흔적들에 대한 질문이 놓일 것이다. 20세기의 정치사와 사회사에서 영상은 어떠한 역할을 수행해 왔는가, 역사를 영화는 어떻게 재현해 왔는가가 마지막 질문에서 행해질 수 있다.

역사와 영화의 관계에 대한 위의 세 가지 중요한 쟁점들은 사실 서로 꼬리에 꼬리를 물고 얽혀 있으며, 각각의 관점들이 교차되는 지점에 더욱 풍부한 이해와 인식이 가능하다. 이러한 쟁점들은 이 책의 다른 장에서 설명하는 내용과 상당히 겹쳐져 있다. 예를 들면 "영화와 정치," "영화와 모더니티," "영화관의 사회학" 등의 장들은 20세기의 역사에 대한 기본적 인식과 영화 매체의 탄생으로부터 비롯된 영화 매체와 대중의 관계, 대중의 영화 수용을 둘러싼 역사적이자 문화 사회학적 복합성, 영화라는 산업적 · 문화적 제도를 둘러싸고 벌어지는 검열(의식적/무의식적), 위장, 선전의 복합적인 실천 과정에 대한 이해를 전제하고 있기 때문이다.

이 장에서는 크게 두 주제에 따라 역사와 영화의 관계를 질문하고 있다. 첫 번째 흐름은 이미지의 정치학이라는 주제이다. 이 주제를 이 장에서 새삼 강조하고자 하는 것은 20세기를 그 이전의 시기와 구분하는 중요한 역사적 차이가 이미지를 둘러싼 대중, 권력 그리고 자본 사이의 중층적이고 복합적인 정치 경제학에 기인하고 있다는 문제 의식 때문이다. 따라서 이 장에서도 불가피하게 비슷한 내용을 언급하게 될 것이다. 다만 가급적 반복되는 내용을 최소화하고자 이 장에서는 20세기 정치 권력에 이용된 영화 이미지의 이데올로기적 사용 문제를 간략히 짚고 넘어가려 한다. 사실 이미지의 정치학이란 문제는 어떤 정치 권력이 영화 이미지를 검열하고 자신의 정치 체제를 강화하는 데 이용했는가 하는 좁은 의미의 정치 권력과 이미지의 관계를 해명하는 차원을 넘어서는 일이다. 오히려 스타의 이미지(몸의 정치학), 근대적 일상에서 이미지의 역할, 그리고 테크놀로지의 발전을 통한 이미지의 변화 등 현대 사회를 이해하는 데 중요한 문제들 모두에서 관찰할 수 있는 대단히 광범위한 문제이다. 여기서는 정치적 권력에 의해 이용된 프로파간다의 역사에 한정해서 간단히 살펴보게 될 것이다. 하지만 새삼 다시 강조하는 이유는 무엇보다 이미지의 정치학이라는 주제가 20세기의 역사를 이해하는 데 대단히 중요한 문제라는 사실을 환기시키고자 하기 때문이다.

두 번째 흐름은 영화 작품이 어떻게 하나의 역사 세계를 구축하고 있고 그 속에서 영화의 역사 재현을 둘러싼 쟁점이 무엇인가라는 질문이다. 역사란 과거가 어떠했는가에 대한 인간의 궁금증을 만족시키는 단순한 호기심의 대상이 아니다. 많은 관객들은 역사를 소재로 한 영화에서 이미지를 통한 과거의 재현의 충실성에 관심을 표한다.

하지만 관객들이 기대하는 역사적 과거에 대한 충실성이란 〈쥬라기 공원Jurassic Park〉 (1993)에서 공룡 이미지의 생생함이 대표적으로 드러내듯이 외관상의 리얼리즘적 충실성은 아닐 것이다. 역사를 소재로 하는 영화의 가능성은 외관상의 리얼리즘적 충실성이나 많은 복고주의 경향의 영화들이 보여 주는 이상적 과거에 대한 회고적 퇴행 속에서 찾아지는 것이 아니다. 오히려 현재의 집착과 선입관 때문에 보지 못하고 듣지 못하는 새로운 과거이다. 그리고 망각으로부터 나와 다시 현재의 바로미터로 기능하는 그러한 가능성이기도 하다. 이것이 아마도 영화의 역사적 충실성의 진정한 의미일 것이다.

또한 이 장에서는 〈히로시마 내 사랑Hiroshima, mon amour〉(1959)과 〈알 포인트〉 (2004)를 통해 이 두 영화가 과거의 사건을 현재 속에 어떻게 새롭게 드러내고 있는지를 살펴보면서 역사에 대한 영화적 재현의 양상을 구체적으로 검토하도록 한다.

20세기 역사에서의 영화

이미지의 정치학

과거 통계에 따르면, 1929~1949년까지 전후 20년 동안 약 8000만에서 9000만 명의 미국인은 매주 영화를 보러 갔다. 이 수치는 당시 미국 인구가 1억 2000만 정도 된다는 점을 고려할 때 6세에서 60세의 연령층에 있는 거의 모든 미국인이 적어도 한 주에 한 번은 영화를 보러 갔다는 사실을 알려준다. 사실 영화에 대한 이러한 대중의 폭발적 관심은 영화라는 테크놀로지를 발명하고 개선시킨 사람들에게는 예상치 못했던 사건이기도 했다. 최초로 대중을 상대로 영화를 상영했던 뤼미에르 형제는 영화를 '미래 없는 발명품'으로 생각하였고 그래서 파테Pathé사에게 자신의 특허권을 인양하였다. 이런 영화사 초기의 일화들은 단순한 과학적 발명품이던 영화가 산업 체계의 합리화와 대중적 관심의 증대로 인해 점차 사회적·정치적(이데올로기적) 체제가 되었음을 보여 준다. 그로부터 이제 영화를 보러 가는 것은 학교·직장·교회를 가는 것과 마찬가지로 20세기 인간의 중요한 일상 행위가 되었다.

왜 이렇게 영화는 급속도로 대중의 매혹을 불러일으켰을까? 아마도 그 첫 번째 이유는 무엇보다도 이미지에 대한 인간의 근원적 관심 때문일 것이다. 동물에게는 자신의 유용한 가치를 떠나 버린 이미지는 관심과 유혹의 대상이 되지 않기 때문에 이미지의 환영성은 일회적이다. 그런데 인류는 유용성의 관점에서 볼 때 하등의 가치도 없는 이미지를 지속적으로 생산하고 소비해 왔다. 인간은 그림이나 영화가 이미지임을 알면서도 정기적으로 그 매혹에 빠져 이미지라는 상품에 시간과 돈을 지불한다. 많은 대중이 극장에서 정기적으로 자신의 소중한 시간을 유예시키며 이미지의 매혹에 기꺼이 동참하고 있다. 이러한 점에서 이미지는 인간과 동물을 나누는 경계이기도 하다. 프레드릭 제임슨Fredric Jameson은 20세기를 근대의 완성 시대라고 정의하는데, 특히 이러한 이미지의 마력을 체계적으로 완성한 것에 주목하며 다음과 같은 질문을 던진다. 인간의 본성이 1895년 12월 28일*경부터 바뀌었는가? 아니면 인간의 현실에서 영화적 차원은 선사 시대의 삶부터 있었으나 어느 정도 고도의 기술 문명에서 비로소 현실화되었던 것일까? 제임슨의 이러한 주장은 두 가지를 함의한다. 첫째는 영화로부터 본격화된 20세기의 이미지 문명이 근대인의 감각과 지각적 경험 세계와 밀접히 연관되어 있다는 것이다. 두 번째는 영화로부터 시작해 끊임없이 가속되는 매체의 테크놀로지적 변화가 소비 산업 사회의 끊임없는 욕망 창출의 상품 경제와 복합적으로 연관되어 있음을 주시하는 것이다. 이러한 주장으로부터 제임슨은 20세기 자본주의 사회에서의 이미지를 둘러싸고 벌어지는 복합적인 정치학을 피력하고 있다.

또한 프랑스의 영화 작가 장 뤽 고다르Jean-Luc Godard는 20세기의 역사는 영화 없이 사유될 수 없는 시대이고 그래서 영화는 바로 20세기의 예술이기도 하다고 이야기

★ 뤼미에르의 영화가 최초로 상영된 날이다.

한다. 고다르의 이러한 발언은 영화가 20세기 역사에서 20세기 대중의 감수성을 드러내는 매체이자 이미지를 통한 대중의 열광을 둘러싸고 벌어지는 산업적 / 정치적(이데올로기적) 전쟁터였음을 드러내는 것이기도 하다. 1930년대 모더니즘 시인 김기림은 식민지 시대의 명동 거리를 배회하면서 쇼윈도에 진열된 다채로운 상품들과 시선을 유혹하며 거리를 떠다니는 수많은 여인들이 교차되어 나타나는 근대 도시의 풍경들은 이전 시대에는 상상할 수 없었던 수많은 시선의 용광로이자 채워지지 않는 욕망의 아수라장이라고 묘사하고 있다. 이러한 새로운 충동과 욕망은 19세기부터 가속화된 근대화의 결과로서 이러한 경험의 자극성에 주목한 이는 비단 김기림만이 아니다. 근대의 변화를 전례없는 파국적 경험으로 묘사하는 프랑스 시인 샤를 보들레르와 발터 벤야민 등은 이미 도시의 탄생으로 등장하는 현대 인간의 역사적 경험의 변화를 밀도 있게 주목한 바 있다. 그들의 논의가 현대인들에게는 이미 일상화되고 진부화된 현상들에 대한 지난 시대의 퇴행적 저항의 몸짓으로 읽혀질지라도 대도시의 공간과 시간은 이전 시대에는 상상할 수 없었던 수많은 자극적 시선의 교차로로서 등장하게 된다. 그래서 아놀드 하우저는 이러한 대도시가 제공하는 20세기의 새로운 인간 경험이 공간의 확장과 시간의 압축을 특징으로 한다고 정의한 바 있다. 그리고 이러한 인간 지각 경험의 변화에 맞추어 영화라는 매체가 탄생했고, 그 때문에 영화가 근대 대중을 매혹시켰다고 통찰하고 있다.

20세기 근대 대중의 감각, 지각 경험과 영화가 제공하는 경험 사이에 근친성이 있다는 사실은 왜 영화가 그토록 급속도로 대중을 사로잡았는지를 쉽게 이해하게 한다. 여기에서부터 20세기 역사에서 이미지의 정치학의 중요성이 대두된다. 20세기의 역사에서 영화를 둘러싸고 벌어지는 이미지의 정치학을 살펴보는 것은 크게 두 가지의 흐름에서 파악할 수 있을 것이다. 첫째, 국가 권력에 의한 검열과 프로파간다의 문제가 그것이다. 박정희 시대의 반공 영화로 대표되는 국책 영화들이나 영화에 대한 폭압적이

1920년대 독일 영화 전성기에 활동했던 감독들의 작품.
프리츠 랑의 〈니벨룽겐의 반지*Die Nibelungen*〉(1924),
프리드리히 무르나우의 〈노스페라투*Nosferatu*〉(1922),
에른스트 루비치의 〈카르멘*Carmen*〉(1918).

UFA(Universum–Film Aktiengesellschaft)는 국가의 대의에 대중들을 복무시키려는 의도에서 1917
년 설립된 영화 단체로, 1차 세계 대전 때 독일 장군이자 초기 나치당의 주요 인물인 에리히 루덴도
르프Erich Ludendorff에 의해 착안되었다. 초기의 정치적 의도와는 달리 UFA는 독일 영화의 전성
기를 열기 시작하는데, 프리츠 랑Fritz Lang, 에른스트 루비치Ernst Lubitch, 프리드리히 무르나우
Friedrich Murnau 등이 1920년대에 활동했던 대표적인 감독들이다. 이들은 2차 세계 대전의 기운이
서서히 감도는 가운데 나치를 피해 1930년대에 미국으로 옮겨 할리우드에서 활동한다. 1933년 이후
UFA는 나치의 전체주의와 독일 대중의 게르만적 순수성을 옹호하는 이데올로기적 전략을 선전하
는 대표적 전진 기지가 된다.

고 까다로운 검열에 대해 독자들은 이미 잘 알고 있을 것이다. 하지만 두 번째 수많은 이미지들의 산업적 소비 과정에서 대중의 무의식을 점유하여 교묘한 이데올로기를 창출해 내는 이미지의 정치학은 좀더 복잡하고 어려운 문제이다. 이러한 이미지의 정치학은 계층적 대립, 성의 물신화, 매체에 대한 중독 메커니즘 등의 테크놀로지와 문화 산업적 전략이라는 복합적인 차원에서 존재하기 때문이다. 이러한 문제는 다른 장에서 다루고 있으므로 여기서는 20세기 전반 영화가 어떻게 전체주의적 권력과 밀착되어 있었는지를 살펴보도록 하자.

20세기 정치 권력과 영화

양차 세계 대전 그리고 냉전 시대와 베트남전 등 쉼 없이 이어지는 20세기 전쟁의 역사에서 영화는 국가의 조국애를 고무시키는 수단이자 대중 동원의 수단이었다. 즉 영화는 국가를 영광의 신화로서 찬미하는 수단이기도 하였다. 발터 벤야민이 나치에게서 '정치의 심미화' 현상을 비판적으로 주목하듯이 20세기 전반부는 영화 이미지를 통한 대중 조작의 위험성을 이야기할 때 빈번히 재성찰되는 쟁점적 시기이다. 특히 유태인 학살과 같은 대재앙이 일어난 독일에서 영화라는 매체가 비판적인 역사관을 지니지 못한 채 대중의 광기에 매몰되어 전체주의 이데올로기의 체계적 선전 도구로 쓰였다는 것은 영화 역사에서 빈번하게 거론되는 문제이다.

　　독일 나치의 히틀러와 그 정부의 선전 장관이었던 괴벨스에게 영화는 대중을 파시즘의 열렬한 신봉자로 만드는 이데올로기 선전의 최첨단 매체였다. 스스로 영화 예술의 열정적인 애호가이자 독일 영화의 보호자로 자칭하는 괴벨스에게서 영화는 가장 현대적인 대중 조작의 수단이었고 그 전초 기지는 UFA였다. 괴벨스의 체계적인 지원하에 할리우드에 버금가는 수많은 관객들이 독일 영화에 환호하게 되고 종전 후의 독일 영화의 풍경과 비교한다면 독일은 이 시기 유례없는 황금기를 구가하게 된다.★ 이 시기의

★ 유럽의 다른 국가와 비교한다면 1938년에 독일에는 5500개의 영화관과 200만 석의 좌석이 구비되어 있었고 거의 미국과 비교되는 영화 소비국으로 성장한다. 지금의 침체된 독일 영화 산업과 비교할 때 당시 독일 대중들이 얼마나 자국 영화에 열광하였는가를 알 수 있다.

레니 리펜슈탈

〈의지의 승리〉 촬영 당시
아돌프 히틀러와 레니 리펜슈탈.

1902년 8월 22일 베를린에서 출생한 레니 리펜슈탈Leni Riefenstahl은 배우, 영화 감독, 그리고 전후에는 사진 작가로 활동한 다재다능한 여인이다. 감독 및 주연한 〈푸른 빛Das blaue Licht〉(1932)으로 전 세계에 이름을 알린 그녀는 등산을 좋아했고 산의 풍경을 필름에 아름답게 담아 냈던 영화작가이기도 하였다. 히틀러 정권 시대에 뉘른베르크의 나치 전당 대회를 담은 기록 영화 〈의지의 승리Triumph des Willens〉(1935)와 베를린 올림픽 기록 영화 2부작 〈민족의 제전〉(1936), 〈미의 제전〉(1938)을 감독하였고, 히틀러 패망 후 나치 협력의 혐의로 옥고를 치르기도 하였다. 〈의지의 승리〉는 공중 촬영을 비롯한 다양한 각도로 촬영된 도시, 특히 앙각으로 촬영된 도시와 히틀러, 그리고 히틀러를 게르만 민족의 영웅으로 추앙하는 독일 대중들의 모습이 교차되어 보여진다. 지그프리트 크라카우어Siegfried Kracauer는 영화 도입부에 등장하는 장면을 분석하면서 뉘른베르크로 향하는 히틀러를 실은 비행기와 구름 위의 풍경이 교차되는 이미지를 통해 리펜슈탈이 구름 위의 숭고한 이미지처럼 죽음을 넘어 존재하는 절대적 힘으로서 히틀러의 모습을 형상화하고 있음을 주목하고 있다. 이 영화에서 히틀러는 독일 전체 대중의 열망을 흡수해 버리는 절대적 국가 이성으로 등장한다. 영화 전편에 빈번히 등장하는 베토벤과 바흐의 음악과 대중들의 함성, 한밤중에도 타오르는 불빛 등 전체주의의 신화화의 그 도약적 광기를 드러낸다. 프로파간다 영화라는 수많은 비판에도 불구하고 미학과 정치의 패러독스적 관계를 드러내는 이 영화는 〈전함 포템킨Bronenosets Potyomkin/Battleship Potemkin〉(1925)과 함께 이러한 유형의 대표 걸작으로 평가받기도 한다. 특히 괴벨스는 이 작품을 러시아의 프로파간다 영화와 비교되는 독일 문화의 중요한 업적으로 자랑하기도 하였다.

영화와 역사

독일은 한국의 〈대한뉴스〉(1994년에 폐지될 때까지 본 영화 상영 전 의무적으로 상영해야 했다) 같은 국가 시책의 선전 영화를 의무적으로 상영해야 했으며, 전쟁에 동원된 독일의 국가 이데올로기를 칭송하는 영화들(선악이 뚜렷이 구별된 독일군과 적군), 그리고 현실이 어둡고 힘들수록 더욱 예술은 인간 영혼을 위로하고 빛나게 해야 한다는 괴벨스의 교시에 따라 수많은 비정치적인 영화들이 뒤섞여 상영되었다. 한편으로는 전쟁의 상황을 알리는 다큐필름과 교묘히 편집된 영상을 통해 순수한 게르만 정신의 위대함을 주입시켰고 다른 한편으로는 다양한 오락 영화를 통해 독일 민중의 반전 의식을 희석시키는 탁월하고 영리한 영화 정책 속에 독일 영화는 1934년과 1935년에 연간 2억 5000만의 관객에서 5년 후 연간 10억에 달하는 관객을 동원하게 된다.

영화가 국가 지배 이데올로기의 주요한 수단으로 사용되었던 것은 비단 독일만이 아닌 전 세계적인 흐름이기도 하였다. 최초의 사회주의 혁명을 달성한 러시아에서 영화는 지가 베르토프, 세르게이 에이젠슈타인, V. 푸도프킨의 영화 미학적 성취와는 별개로 사회주의 혁명 이념의 이데올로기적 도구였고, 스탈린 집권 이후에 대중들의 교화와 독재 지배의 정당화를 위한 수단으로 기능하였다. 문맹률이 90%에 달했던 사회주의 혁명 시기의 러시아는 '모든 예술 중 가장 중요한 예술이 영화이다'라는 레닌의 교시에 따라 공산당 사회주의 이념의 중요한 프로파간다 수단이 된다. 특히 사회주의 리얼리즘이 공산당의 주요한 문화 정책의 원리로 채택된 스탈린 시기 러시아 영화는 1920년대의 다양한 영화 미학적 실험이 배제되고 스탈린에 대한 찬미와 교조적이고 천편일률적인 스토리 위주의 대중 교화 수단으로 전락해 버린다. 그 속에서 베르토프, 에이젠슈타인, 푸도프킨, 알렉산드르 도브첸코 등은 영화 현장으로부터 배제되고 스탈린주의에 반하는 어떠한 비판적 영화도 만들 수 없게 된다. 할리우드로 대표되는 미국 역시 1930년대 공화당 출신의 유력 정치인 윌리엄 헤이스William Hays를 회장으로 하는 헤이스 규약Hays Code에 따라 폭력과 성의 표현에 제한을 두는 자체 검열법을 두었다. 또한 레니 리펜슈탈의 〈의지의 승리〉에 자극을 받은 미국 정부는 자신들의 2차 세계 대전 참전의 이유를 자국민들에게 선전하는 영화를 프랭크 카프라Frank Capra에게 맡긴다. 카프라는 7편의 다큐멘터리 시리즈물인 〈왜 우리는 싸우는가Why We Fight〉를 만들었다. 또한 미국 군대의 우월성과 위대함을 선전하는 영화가 만들어지기도 하는데, 아마도 고전 영화 시기의 그 대표적 작품은 하워드 혹스Howard Hawks의 〈요크 상사Sergeant York〉(1941)일 것이다. 이러한 미국 영화의 특성은 베트남전까지 지속되며 현대에 이르기까지 미국은 자신들의 위기 때마다 국가적 정체성의 이데올로기를 국민들에게 선전하기 위해 영화를 적극적으로 활용한다. 어느 사회에서나 정치 지도자들은 영화가 어떤 기능을 수행할 수 있는지 알게 되면 곧 영화를 독차지하고 자신에게 봉사하도록 만들려고 노력해 왔다. 자본주의든 사회주의 이념이든 권력은 항상 영화를 자신에게 굴복시키고자 하여 왔다는 것이다.

하지만 영화는 지배적인 권력의 단순한 도구로서 기능하지만은 않는다. 영화 작품들은 정치적 조작에 의해 일방적으로 강요된 문화도 아니고 한 공동체의 일방적인 타락의 징후도 아니다. 또한 한 영화 작품에 대한 대중의 열광이 존재한다면 그것은 대중의 순전한 자발적 요구만으로 생성된 것도 아니다. 간단한 예로 살펴본 독일, 러시아,

영화는 사회주의 혁명의 중요한 프로파간다 수단이 되기도 했다. 에이젠슈타인의 〈10월〉.

미국 군대의 우월성과 위대함을 선전하는
고전 영화 시기의 대표적 작품 〈요크 상사〉.

미국 영화들에서 알 수 있듯이, 영화는 권력, 대중, 자본, 예술 등이 복잡한 방식으로
얽혀 있음을 상기할 필요가 있다. 결론적으로 이러한 역사적 사실들은 이미지를 둘러
싸고 복잡한 정치학이 존재한다는 것을 보여 줄 뿐만 아니라 예술이자 산업으로서 20
세기에 등장한 영화를 통해 이미지 정치학의 시대를 열었음을 알려 준다.

영화의 역사적 재현의 쟁점

팩션의 시대? 1990년대 이후 과거의 역사적 인물이나 사건들을 소재로 한 많은 작품이 문학, 영화, 연극, TV 등의 다양한 매체를 통해 쏟아져 나오고 있다. 1990년대 움베르토 에코Umberto Eco의 《장미의 이름》으로부터 2004년 출간되자마자 많은 대중의 관심을 끌었던 《다빈치 코드》에 이르기까지 이러한 경향의 작품들은 일일이 열거할 수 없을 정도이다. TV에서 거의 매일 시청자들은 역사를 소재로 한 드라마들을 볼 수 있다. 〈선덕여왕〉, 〈이산〉, 〈성균관 스캔들〉 등 많은 TV 드라마들은 역사를 주요한 드라마의 배경으로 삼으면서 현대적 감성의 코드로서 역사를 새롭게 전취하여 전시하고 있다.

영화 역시 이러한 흐름 속에 깊숙이 편승되어 있다. 공민왕과 노국공주 그리고 가상의 인물 홍림이 주요한 인물로 등장하는 〈쌍화점〉(유하, 2008)은 동성애 코드가 겹쳐진 삼각 관계 이야기에 당시 원과의 갈등을 포개어 놓고 있고, 《조선왕조실록》의 〈연산군 일기〉에 기록된 배우 공길의 한 줄 이야기에 착안해 당대 민초들의 고통과 불운했던 연산군의 삶을 겹쳐 놓은 〈왕의 남자〉(이준익, 2005)는 상영 당시 1000만 관객을 극장으로 끌어들인 작품이기도 하다. 또한 〈웰컴 투 동막골〉(박광현, 2005), 〈실미도〉(강우석, 2003), 〈화려한 휴가〉(김지훈, 2007) 등은 아직도 그 역사적 기억이 현재 우리에게 고스란히 남아 있고 각각의 텍스트들이 현대사적 의미와 해석에 따라 여전히 논란의 여지가 있는 비교적 최근의 사건들을 그 배경으로 하고 있다.

이렇게 문화계에서 다양하게 번져 가고 확대되는 작품 경향을 이른바 팩션*faction*이라고 부른다. 이 신조어는 사실*fact*과 허구*fiction*가 결합된 말이다. 팩션 작품들은 역사 속의 미스터리를 허구적 상상력으로 재구성하고 있을 뿐만 아니라 더 나아가 정통적, 혹은 지배적 역사가 간과하거나 은폐해 왔던 진실을 '허구'로써 폭로하고자 하며 사실을 이야기한다는 역사라는 학문이 어쩌면 체계적으로 거짓말을 해왔을 수도 있다며 새로운 역사 쓰기의 야망을 공공연히 주장하고 있다.

팩션에 대한 대중의 폭발적인 관심에 대해 역사가와 역사학계는 조심스러운 태도를 취하고 있다. 비판적 입장에 따르면 대부분의 팩션들이 사료가 지닌 다양한 의미 망을 무시한 채 특정한 측면을 과장하여 해석하면서 역사를 왜곡하고 있다는 점을 지적한다. 그리고 팩션의 역사 해석이 독자나 관객의 흥미 본위로 이루어지면서 역사에 대한 참다운 인식보다는 단편적이고 얄팍한 의식에 기반해 있다는 것이다. 하지만 팩션에 대한 긍정적 입장은 '역사'를 기존의 어렵고 딱딱한 접근에서 벗어나서 역사 교육의 대중화를 이끌고 있다는 점을 꼽는다. 또한 무엇보다도 역사에 대한 일원적 해석을 벗어나 지난날 간과되어 왔던 다양한 갈래의 미시사와 그 역사 속에 존재했지만 망각되어 왔던 말없는 민중들을 역사의 주인으로 등장시키고 있다는 점에서 긍정적으로 평가한다.

하지만 상당수의 팩션 영화들이 과거의 '역사'를 로맨스나 모험의 배경 정도로 사용하고 있을 뿐이다. 여기에서 우리는 '그렇다면 영화가 과거에 대해 단편적이고 일차적인 접근만을 해왔는가?'라는 질문을 던질 필요가 있다. 안타깝게도 팩션에 대한 대중적 열광과 이에 대한 논의는 역사적 사실과 영화적 상상력의 범위와 정도가 어디까지인가 하는 퍼즐 맞추기식 논의에 빠져 있는 듯하다. 오히려 현대의 역사가들이 동의하듯이, 과거는 항상 현재로부터 이해되고 해석되는 것이며, 역사란 과거의 망각으로부터 감추어진 무엇인가를 현재로부터 짜깁기해 내는 것이라면, 역사와 허구의 관계는 무엇이고, 역사가와 달리 영화는 과거를 어떻게 역사의 장에 드러내는가를 살펴보는 것이 오히려 중요한 문제일 것이다.

역사와 허구의 관계　　　　　일반적으로 역사를 생각할 때 역사는 상상력이 배제된 과거에 있었던 요지부동의 사실이나 진실로 여겨진다. 이러한 역사관은 역사에 대하여 도덕적 판단을 내리고 미래에 대해 예언하는 것을 배제하고 역사 서술의 목적을 '단순히 일어난 그대로' 정확하게 설명하는 것에 있음을 주장하는 실증적 역사관이라고 할 수 있다. 하지만 역사를 '단순히 일어난 그대로'의 사건을 탈주관적으로 서술할 수 있는가에 대해 현대의 역사학자들은 회의적이다. 역사 서술에는 필연적으로 망각이 존재한다. 개인의 삶이 끊임없는 망각 속에서 이루어지듯이 집단의 기억을 다루는 역사라는 장 역시 망각을 필연화한다. 이러한 망각은 모든 것을 기억할 수 있는 기록이 불충분하기 때문이기도 하지만 무엇보다 기록 자체의 한계 때문이기도 하다. 역사가 드러내는 진리는 역사가 항상 자신의 시대 속에 용인되는 사실만을 기억하고 한 사회가 두려워하거나 거부하는 사실들은 배제하고 삭제하여 왔다는 사실이다. 이러한 배제의 원인은 의식적인 것이기도 하고 무의식적인 것이기도 하다. '역사'는 그래서 이러한 망각으로부터 과거를 구출하는 방법을 구축하면서 학문을 정립해 왔다.

　'역사학의 세기'라 불려지는 19세기부터 역사학은 풍부한 사료의 수집과 고증 작업, 그리고 사료에 대한 비판적 작업 및 객관화를 통해 과거에 대한 모든 지식을 포함하는 거대한 구조물을 형성하여 왔다. 역사학에서 사료는 학문적 정체성을 보증하는 핵심일 뿐만 아니라 역사가가 끊임없이 존중하고 따라야 할 윤리적 지침이기도 하다. 아날학파의 대표적인 역사학자 마르크 블로흐Marc Bloch는 역사를 흔적을 통한 인식으로 정의한다. 이 흔적이란 역사가 자리 잡고 있는 자료들, 즉 사료들을 지칭하는데, 이 사료들은 과거의 여기저기에 무질서하게 산재해 있어서, 연구소에서 어떤 실험을 통해 그 결과를 획득하듯이 즉각적으로 역사의 텍스트로 전환되는 것이 아니다. 즉 인간의 역사는 결코 역사가에 의해 이 사료로부터 직접 포착되지 않는다는 것이다. 사료는 의도적으로 후세를 위해 남겨진 것일 수도 있지만 무의도적 혹은 무의식적인 사료들도 많이 존재하며 역사가의 시선을 통해 그 사료가 포함한 의미를 포착해 내어 역사적 텍스트 속에 새롭게 추가되기도 한다. 또한 사료는 거짓된 증거일 수도 있고 소문 혹은 유언비어에 근거할 수도 있으며 무엇보다도 지배 권력의 압력에 의해 일방적인 관점에 따라 구성될 수도 있다. 게다가 역사가 역시 그가 몸담고 있는 현재라는 커다란 이데올로기적 구조에 속해 있다. 모든 편견에서 벗어난 중립적 객관성의 담지자로서의 역사가나 역사의 기록이란 존재하지 않으며, 바로 이 지점에서 실증주의적 역사관과 대립되는 현대의 역사학적 입장이 주로 개진된다.

그래서 역사가는 선택적 작업과 추상적 작업을 통해 역사를 구축해 낸다. 여기에서 역사가의 시선이 개입되고 문제시된다. 그의 시선이 현재로부터 설명과 해석 작업을 통해 무질서한 사료들에 방향성을 잡고 질서를 부여한다면 역사가의 설명과 해석의 작업은 어떤 흔적들을 어떻게 바라보고, 어떻게 생각하며, 어떻게 기억하고, 어떤 의미를 두느냐에 달려 있다. 여기에서 역사가는 마치 소설가가 다양한 등장인물과 상황 그리고 이미지들을 하나의 플롯에 따라 텍스트를 구성하듯이 역사 텍스트를 구축하는 것이다. 그래서 미셸 드 세르토Michel de Certeau는 사료에 의해 산출된 실재는 그의 방법에 의해 구성된 허구이고 역사가의 작업 속에는 허구 자체가 내재되어 있음을 주목한다. 따라서 역사란 과거의 부동의 진리나 사실이 아니라 실재가 어디 있는가에 대한 물음이자 대화임을 역설한다.

이와 같이 역사와 허구는 일반적으로 생각하듯이 그리 대립적인 관계에 있는 것이 아님을 이해할 수 있다. 사실 18세기 서양에서 근대적 의미의 역사학이 탄생한 이후 역사는 끊임없이 거짓이라는 골칫거리와 싸워 왔다. 역사는 전설이나 신화와는 차별화되는 학문으로 자신의 정체성을 확립하여 왔고 이러한 의미에서 역사는 태생적으로 거짓과 상상력을 그 창조적 원천으로 하는 허구fiction와는 불구대천의 관계를 지니게 된 것이기도 하다. 하지만 역사와 허구 사이에는 공통점이 있다. 즉 그것은 다름 아닌 역사와 허구는 서사라는 좀더 커다란 범주에 묶인다는 점이다. 서사가 (지나간) 시간들을 기술하고 설명하고 다시 현재 속에 살아나게 하는 것이라면 역사 역시 서사물이라는 커다란 범주에 속하는 것이다. 여기서 주의해야 할 점은 역사적 서사와 허구적 서사물 사이에는 거짓을 대하는 태도 사이에 차이가 있다는 점이다. 그래서 많은 팩션에 의심의 눈길을 던지는 역사가들의 주장에 귀 기울일 필요도 있다. 역사와 허구와의 관계에서 역사에 대한 잠정적 결론을 도출해 보자. 역사는 어떤 출처 혹은 자료들로부터 역사가의 시점에 의해서 구성된 서사물이며 과거의 어떤 지점에서 또 다른 어떤 지점까지 고정되고 확증된 지속 시간의 불변의 진리라기보다는 과거에 대한 인간의 반성적 사유이자 역사가가 속한 하나의 공동체(사회)의 과학성의 장이 용인하는 방법에 의해 구성된 서사물이라는 사실이다.

역사적 재현물로서의 영화　　　　　　　　우리는 위에서 역사 텍스트가 사료로부터 역사가의 방법적 구성을 통해 만들어지는 서사물이라는 사실을 살펴보았다. 그래서 역사에서 사료란 근원적인 출처이자 역사학이라는 학문의 존립 근거이기도 하다. 특히 이러한 사료에서 문자로 쓰여진 글의 중요성은 새삼 강조하지 않아도 독자들은 쉽게 이해할 수 있을 것이다. 현대의 역사가들은 글 역시 역사적 작업을 수행하는 데 있어서 하나의 방법적 출처일 뿐이라는 사실에 동의한다. 즉 과거의 흔적들로부터 글은 하나의 가능성이라는 사실이다. 이러한 역사적 입장의 전환은 그리 오래된 것이 아니다. 특히 영화 이미지가 역사적 신뢰성을 획득하기 위해서는 여러 편견을 극복해야만 했다. 영화가 시간 때우기나 기분 전환용 오락이라는 지식인들의 오래된 편견, 현실과는 다른 꿈의 공장이라는 호칭, 거대 산업 자본의 쓰레기라는 오명, 그리고 영화 이미지 구성에 존재하는 다양한 조작 기술 등은 영화에 달라붙은 편견들의 대표적인 예들이다.

　　여기에서 사료로서의 영화 이미지에 대한 중요성을 언급한 마르크 페로Marc Ferro

의 이야기를 들어 보자.

> 이미지로부터 출발하자. 그러나 이미지로부터 예증, 확인, 혹은 문자화된 전통적 지식과의 모순 같은 것만을 찾는 데에 그치지는 말자. 이미지 그 자체를 살펴보되 그것들을 더 잘 파악하기 위해서 다른 지식들을 이용할 수도 있다. 이미 역사가들은 민속, 민중 예술, 관습 같은 민중 기원의 사료들 ― 문자화된 것뿐만이 아니라 문자화되지 않은 것까지 ― 을 이용하고 있다. 이제 남은 것은 영화를 연구하고 그것을 생산해 낸 세계와 연관시키는 것이다. 여기에서 우리의 가설은 무엇일까? 현실의 이미지이든 아니든, 다큐멘터리이든 픽션이든, 실제의 이야기이든 창작이든 간에 영화는 역사라는 것이다.[1]

영화가 창조해 내는 과거는 전통적인 역사가 제공하는 과거와 동일하지는 않다. 이미지는 언어와 같이 어떤 의미를 즉각적으로 전달하지 않는다. 하지만 하나의 몸짓이 하나의 문장이 될 수 있고 하나의 시선이 긴 이야기가 될 수도 있다. 한 여인의 웅얼거림, 어디론가 뛰어가는 대중과 같은 이미지는 우리가 문자 속에서 이해하는 역사와는 다른 새로운 역사의 모습, 혹은 사회에 대한 새로운 분석을 행하는 것이기도 하다. 화면 위의 역사는 지면 위의 역사와는 다른 방식으로 역사를 기술한다. 우리는 여기에서 역사적 재현물로서 영화의 특징을 두 가지로 정리해 볼 수 있을 것이다.

첫째는 자명한 사실로서, 영화는 생생한 시청각적 경험으로서 역사를 전달한다는 것이다. 숏의 변환을 통해, 다채로운 이미지(흑백, 컬러/프레임의 특이성 등등), 음악, 대사, 소음 등을 통해 때로는 낯선 시선으로 때로는 관객을 몰입시키면서 역사를 전달한다는 것이다. 거기에서 영화는 추상적인 문자로 표현할 수 없는 한 시대의 삶의 양태, 역사가 놓치기 쉬운 작은 사실들의 세계를 구체적으로 재현해 낸다는 사실이다. 둘째 역사적 재현물로서의 영화는 어떤 시선을 제공한다는 것이다. 그것은 지배 이데올로기에 복무

할 수도 있고, 혹은 저항적 시각을 담아낼 수도 있고, 혹은 전혀 새로운 시선을 담아낼 수도 있다. 로버트 A. 로젠스톤Robert A. Rosenstone은 이것을 시각vision으로서의 역사 영화로 정의한다.[2]

마지막으로 영화와 역사의 관계를 사유하는 데 있어서 유념해야 할 점이 있다. 영화 작품 속에서 역사를 사유할 때 많은 관객들이 빠져드는 함정은 영화 작품을 단순히 당시 시대상의 반영으로만 파악하려고 한다는 것이다. 좋은 영화 작품은 일차적으로는 지배적인 역사 해석에 저항하고 있는데, 역설적이게도 그러한 작품은 대개 그것이 생산된 시대적 계기와 가장 긴밀하고 복합적인 연관을 맺고 있다. 게다가 그 속에는 역사적 인과성을 넘어서는 고통이나 유토피아적 희망으로부터 비롯되는 초역사적인 무언가를 비밀과 같이 불가해하게 전한다는 것이다. 단순한 교양이나 교훈 이상의 무언가를 느끼는 것, 그것이야말로 역사의 궁극적 목적이자 영화의 궁극적 목적일 것이다. 이러한 예로서 이제 구체적으로 두 작품을 살펴보고자 한다. 하나는 알랭 레네 Alain Resnais의 〈히로시마 내 사랑〉(1959), 다른 하나는 공수창의 〈알 포인트〉(2004)이다.

구체적 작품을 통한 영화의 역사 재현 이해하기

역사가 자신의 모험을 구성하는 것은 바로 일상의 사람들을 통해서이다. [……] 그들은 재산과 화제 등으로부터 보호되어 있다. 하지만 그들은 역사로부터 보호되지 않고 있다. 그것이 역사가 보여 주는 사실이다. 그들에게 십자군 전쟁은 무엇이었을까? 혁명이란 도대체 무엇이었을까? 그들에게, 그리고 역사가들에게. 내가 흥미로운 것은 다음과 같은 것이다. 인간 속에서 일어나는 역사의 반향이라는 문제이다. 하지만 역사가들은 그것에 관심을 기울이지 않는다. 역사가들의 역사는 마치 옷가게와 같다. 모든 것은 분류되어 있고 정돈되어 있으며 가격표가 붙어 있다. 정치적, 군사적, 경제적, 법률적 소여들, 원인들, 결과들, 그리고 결과들의 결과들이 존재한다. 그리고 연결과 관계 등등이 존재한다. [……] 명확하지 않고 불투명하며 어렵게 다가서는 것은 역사 속의 인간이란 문제이다. 혹은 인간 속의 역사라는 문제일 것이다. 그때 존재해 있던 그 역사의 배우가 그 사건 속에 휘말리게 될 때, 우리는 그것을 잘 인지하지 못하게 된다. 그 배우는 자신만의 독특한 세세한 삶 속에서 역사의 잘 정돈된 아름다운 시선을 어지럽히고 괴롭히는 자이기 때문이다.[3]

〈히로시마 내 사랑〉: 집단의 역사와 개인의 기억

알랭 레네의 첫 장편 영화 〈히로시마 내 사랑〉은 그의 첫 장편 영화이자 누벨 바그 *Nouvelle Vague*의 대표작이다. 이 작품 이전에 레네는 자료 필름에 근거한 30분의 다큐멘터리 단편 영화 〈밤과 안개*Nuit et brouillard*〉(1955)를 제작한 바 있다. 이 영화는 2차 세계 대전 당시 독일 포로수용소의 유태인 학살의 문제를 다루고 있는데, 이는 2차 세계 대전의 유태인 참상을 이미지를 통해 대중에게 알린 최초의 영화이다. 영화는 유럽 각지에서 체포되어 어디론가 끌려가는 유태인들의 모습과 수용소의 비인간적인 환경을 보여 준다. 그리고 수용소를 구성하는 사람들의 모습이 자료 필름을 통해 소개된다. 수용소와 그 주변에 거주하는 독일 장교 가정, 독일군들, 수감인들 중에서 선출하여 그들을 감시하고 학대하던 카포Kapo, 매춘 여성 등의 수용소의 주요 구성원들이 소개되고 참혹한 수인들의 모습들이 교차되어 보여진다. 마치 소풍을 가듯이 수용 기차에 올라타던 그들의 모습은 비참하고 앙상하게 변해 있다. 관객은 수용소에서 히틀러에 의해 자행된 상상 불가능한 신체 실험과 집단 학살의 잔인함을 폭로하는 가스실 등을 보게 된다. 이들 이미지와 함께 장 카이롤Jean Cayrol의 외화면 음성이 더해지면서 관객은 상상 불가능한 과거의 역사 속으로 깊숙이 들어가게 된다. 죽음의 필연성이 인간의 당연한 운명임을 입증하듯이 영화의 후반부에서 관객은 마침내 눈을 돌리고 싶은 학살의 참상을 발견하게 된다. 시체더미들, 그리고 아마도 이러한 시체로부터 채취한 듯한 산더미처럼 쌓인 머리카락과 치아, 뼈, 그리고 희생자들의 유품이 어지럽게 화면 안에 펼쳐질 때 영화는 어떠한 이야기도 불가능한 지옥의 현장을 노출시키고 있다. 지금은 다니지 않는 철로를 따라 그리고 수용소 주변의 넓은 벌판을 따라 카메라는 트래킹되면서 아우슈비츠는 무엇이었고 그 역사가 살아남은 자에게 무엇을 남겼으며, 아우슈비츠 이후의 휴머니티는 무엇인가라는 질문을 던지며 영화는 끝이 난다.

레네의 〈히로시마 내 사랑〉은 우선 〈밤과 안개〉의 연관하에서 이해되고 다시 보아야 될 영화이다. 누보 로망의 대표적인 여성 작가 마그리트 뒤라스Marguerite Duras의 시나리오에 기반해 촬영된 영화 〈히로시마 내 사랑〉은 2차 세계 대전의 참상을 이야기하는 〈밤과 안개〉, 알제리 전쟁의 상처를 다루고 있는 〈뮤리엘Muriel ou le temps d'un retour〉(1963)과 함께 전쟁, 역사 그리고 기억과의 관계를 집요하게 파헤치고 있다.

〈히로시마 내 사랑〉은 평화에 대한 영화를 촬영하러 온 배우인 프랑스 여인과 히로시마에서 건축가로 일하는 일본인 남자 사이의 이틀간의 짧은 사랑이 서사의 중심이다.* 이 영화에서 두 명의 주인공은 그와 그녀라는 3인칭으로만 존재하며 이름이 주어지지 않고 있다. 그녀는 2차 세계 대전 당시 프랑스 느베르에서 점령군 독일인과 사랑에 빠진다. 독일의 패전 후 후퇴하던 그녀의 첫사랑은 총격에 죽게 되고, 그녀는 독일 병사와의 사랑 때문에 마을 사람들로부터 머리카락을 잘리는 등 집단적 박해를 당한다. 그녀의 아버지는 이를 수치스러워하며 딸을 지하실에 가두기까지 한다. 일본인 남자인 그는 2차 세계 대전 당시 군대에 징집되었다. 히로시마에 원폭 투하가 되었을 때 그는 가족 모두를 잃었으나 아이러니하게도 징집되었기에 자신만 살아남았다. 영화의 초반부가 포개진 두 남녀의 육체를 잡은 장면으로 시작되듯이 두 남녀는 어제 운명적으로 만났고 불같은 사랑을 시작했다. 관객은 그들이 그의 집에서 두 번째 사랑을 나눌 때, 그는 부인과 행복한 가정을 이루고 살고 있으며 그녀 역시 파리에 남편과 아이들을

★ 이 영화는 아르고Argo사의 요청에 따라 촬영된 영화이다.

두고 온 유부녀임을 알게 된다. 다음날 7시에 파리로 떠나야 하는 그녀는 미래 없는 그들의 금지된 사랑을 지속할 것인가를 고민하며 히로시마의 밤거리를 헤맨다. 영화는 그들의 불가능한 사랑을 2차 세계 대전으로 인한 그녀의 개인적 상처와 교차시키면서 개인의 기억과 집단의 역사적 사건을 함께 이야기하고 있다.

〈히로시마 내 사랑〉은 일본인 남자 그와 운명적으로 만나게 된 프랑스 여인, 그녀의 의식의 흐름을 따라가며 전개된다. 히로시마라는 현재의 공간은 끊임없이 그녀의 기억 속 느베르로 빠져들며 전개된다. 등장인물들의 상황과 사건의 연쇄로부터 결말로 향해 가는 전통적인 이야기 형식을 버리고 과거와 현재를 자유 연상으로 전개시키는 이러한 서사 방식은, 마르셀 프루스트와 제임스 조이스로부터 시작된 20세기 현대 소설의 경향을 계승한 누보 로망의 서사적 특징이기도 하다. 레네의 〈히로시마 내 사랑〉은 프랑스 여인의 보이스 오버를 통해 히로시마 원폭의 참혹한 영상, 사랑하는 두 남녀, 느베르에서의 상처 등이 파편적으로 미로처럼 얽혀서 전개된다.

영화에서 느리게 움직이는 레네의 유명한 카메라 워크는 히로시마라는 공간의 응축된 기억과 이야기되지 않은 어떤 과거가 있다는 사실을 관객에게 알리는 시적 요청이다. 현재의 그녀의 보이스 오버와 함께 펼쳐지는 히로시마 기록 영상, 현재와 과거, 기억으로의 움직임을 예비하는 카메라 워크, 플래시 백, 그리고 충돌적인 음악 삽입 등은 이 영화를 다른 영화와 구별시키는 형식적 특징이다. 예를 들어 영화의 후반부에서 압축적으로 보여 주듯이 히로시마의 네온 빛의 밤거리를 헤매는 그녀를 카메라가 뒤따르고, 이러한 숏은 느베르에서의 기억과 겹쳐지면서 영화는 전개된다.

그녀가 있는 현재는 히로시마이다. 히로시마는 2차 세계 대전 참상의 상징이자 세계가 기억해야 할 집단적 역사의 상징이기도 하다. 그런데 일본인 남자의 서투른 프랑스어는 느베르에서의 여인의 첫사랑 독일 남자를 상기시키는 것이기도 하다. 이 남자로부터 연관되는 느베르는 그녀가 감추고 있는 그리고 떠올리기 싫어하는 그녀 개인의 기억이 응축된 장소이기도 하다. 영화는 인류의 비극이 발생한 히로시마로부터 개인의 상처가 응축된 느베르에서의 기억으로 점차 나아간다. 영화의 초반부에 나오듯이 여인이 히로시마를 보았으며 그 공포를 기억한다고 말할 때, 남자는 "당신은 히로시마에서 어떤 것도 보지 못했어"라고 이야기한다. 우리가 집단적, 공식적 서사로서 기억하는 과거의 그 참상은 그 참혹한 죽음과 고통 자체가 누락되고 제거된 것으로, 〈밤과 안개〉에서 레네가 끊임없이 주장하듯이 극화 불가능한 재현 이미지이기도 하다. 하지만 그녀는 히로시마에서 "모든 것을 보았어"라고 답변한다. 이 답변은 그녀의 상처와 고통이 간단치 않음을 짐작하게 하는 것이기도 하다. 그래서 이 영화의 독특한 연출은 이 고통의 공체험共體驗을 어떻게 보여 줄 것인가 하는 문제와 밀접히 연관되어 있다.

역사와 기억은 과거라는 공통적 지평 위에 존재한다. 하지만 이 두 개념은 과거와 다르게 연관되어 있다. 일반적으로 기억이 개인의 개별 경험과 연관되어 있다면 역사가가 기억을 이야기할 때 이 기억은 주로 집단적 기억과 연관되어 있다. 개인적 기억은 회상을 이루고 있는 일련의 이미지이자 의식 작업을 통해 연속적 전후 관계를 부여 받기는 하지만 그것은 하나의 파편적 이미지로 존재하고, 그 안에 있었던 중요한 이야기들

전쟁, 역사 그리고 기억과의 관계를 집요하게 파헤치고 있는 영화 〈히로시마 내 사랑〉.

은 의식적 과정에 의해 혹은 무의식적 과정에 의해 망각되는 것이기도 하다. 그런데 인간에게 기억은 타인의 서사로서의 역사적 기억과 개인의 체험과 망각 속에서 이루어지는 개인적 기억이라는 두 가지 다른 구조가 포개짐으로써 이루어진다. 이러한 포개짐의 과정은 한국에서 1980년대를 살았던 사람들에게 있어서 타자들의 서사(그 현장에서 존재하지 않았던 사람들의 경우에)로서의 광주 항쟁이 1980년대의 삶과 포개져 형성되듯이 이루어지는 것과 흡사하다. 〈히로시마 내 사랑〉은 프랑스 여인이 기억하는 개인적 상처에서 역사로부터 무엇을 기억해야 할지를, 그리고 이 기억의 과정이 어떤 망각을 대가로 하고 있는지 보여 준다.

레네는 프랑스 여인 그녀를 통해 역사와 기억의 관계에 존재하는 집단 기억의 병리학적 측면을 보여 주기도 한다. 사랑의 상처가 너무나 크지만 그래도 생을 살아가야 할 여인이, 기억되어야 할 사건을 기억의 저장고 깊숙이 감추어 놓고 살아가듯이 레네는 그녀의 망각이 생을 이어나가기 위한 자기 방어 행위라고 역설한다. 유폐된 지하실에서 그녀의 머리카락이 점점 자라나듯이 이 새로운 기운은 독일 병사와의 기억도 희미해지고 있음을 말해 준다. 그런데 그녀가 14년 동안 잊어버리고 살았던 그 상처가 히로시마라는 공간과 일본인 남자를 통해 다시 의식의 표면으로 떠오르게 된다. 여기에서 히로시마가 역사적 상처를 상징한다면 일본 남자는 여인의 망각된 기억을 되살려 주는 매개체이기도 하다.

그녀의 기억이 들려주는 이야기는 그녀가 지하실에 갇혀 광기의 세월을 겪어 냈고, 그녀가 그 상처로부터 벗어날 수 있었던 것은 그녀의 사랑을 잊었기 때문이라는 역설이다. 프로이트는 커다란 상처(트라우마)에 휩싸인 환자는 의식적으로 그 사건을 지워버리고 무의식의 저편으로 깊숙이 숨긴다고 말한다. 트라우마에 시달리는 환자는 말을 조리 없이 횡설수설 늘어놓는다. 그것은 기억하고 싶지 않은 사건을 의식에 떠올리지 않으려는 삶의 노력이자 상처를 마주하고 싶지 않은 인간의 방어기제로부터 기인한다. 여기에서 뒤라스의 시나리오와 레네의 연출이 또 다른 문제로 배치해 둔 것은 상처의 치유 속에 일어나는 망각이 역사적 과정에도 필연적이라는 점이다. 그녀가 자신의 트라우마를 그에게 말할 수 있게 된 것은 그녀가 트라우마로부터 벗어났기 때문이다. 그녀는 거리화된 시선으로 그에게 그녀의 첫사랑을 고백하고 공유한다. 그녀가 이제 기억할 수 있다고 선언하는 종반부의 고백은 이제 그녀의 상처가 발설될 수 있음을, 그리고 그것이 하나의 이야기로 추억 가능한 무엇으로 변하였음을 말하는 것이다. 이는 역사가 기록될 수 있는 것은 어떤 망각을 통해서 가능하다는 역설이기도 하다. 자기 자신을 내러티브화할 수 있는 그녀는 그 역사적 상처로부터 탈출하였음을 보여 준다. 그 기억의 구체적인 사건들이 그녀의 현존하는 정신적 구도들 속으로 통합되는 것은 그 과정에서 희미해지는 기억처럼 구체적인 사건들이 지녔던 고통과 상처의 정서적 에너지들이 상실되었다는 것이다. 레네가 〈히로시마 내 사랑〉에서 두 남녀의 사랑 이야기를 중심축으로 전개하는 이야기의 중요한 핵심은 상처는 봉합되고, 그리고 진정한 역사는 망각되어 기록된다는 것이기도 하다.[4]

레네의 〈히로시마 내 사랑〉은 역사의 재현 속에 놓여 있는 고통의 트라우마로부터 벌어지는 망각과 기억의 다툼을 형상화하고 있다. 이러한 의미에서 그녀가 마지막에 일본인 남자 그에게 하는 대사는 살아남은 자의 부끄러움과 그 외설성을 드러내는 표현이기도 하다.

당신은 완전히 죽지 않았어요. 내가 우리 이야기를 했죠. 오늘밤 이 낯선 사람과 함께 난 당신을 배반했어요.

우리들의 이야기를 했죠.

당신도 알다시피, 그건 이야기할 수 있는 것이었어요.

14년 동안이나 떠올리지 않았어요…… 이룰 수 없었던 사랑의 경험을,

느베르 이후

내가 어떻게 당신을 잊는지 보세요.

보세요, 내가 어떻게 당신을 잊었는지를요.

나를 보라구요.

〈알 포인트〉: 장르적 비틀기를 통해 전해지는 베트남전의 역사

베트남의 역사는 외세 열강과의 투쟁으로 점철된 역사이다. 베트남은 중국과의 기나긴 갈등의 역사가 있었고, 19세기 본격화된 세계적인 제국주의 확산으로 프랑스의 식민지가 된다. 그리고 2차 세계 대전 중 일본에 의해 점령당하고 일본에게 패망했음에도 불구하고 베트남에 대한 야욕을 버리지 못한 프랑스는 1차 인도차이나 전쟁을 일으킨다. 이 전쟁의 결과가 1954년 프랑스의 퇴각이고, 베트남 북위 17도선을 경계로 한 북과 남의 분단이다. 그후 냉전 체제 아래 미국의 공산화 저지를 위한 국제 전략으로 베트남은 다시 미국의 지배를 받게 된다. 이러한 외세의 지배를 종식시키기 위해 베트남 민중은 민족 해방 운동을 전개한다. 2차 인도차이나 전쟁, 흔히 베트남전으로 불리는 이 전쟁은 미국이 소득 없이 퇴각하고 패배한 전쟁으로 1970년대 수많은 반전 운동의 모티브가 된다.

간단히 살펴본 베트남 민족의 전쟁사는 마치 거울 이미지와 같이 한국의 역사를 그대로 상기시킨다. 우리에게 많은 역사적 성찰을 안겨다 주는 베트남의 모습은 세계 사적으로 보자면 강대국과 제3세계 사이의 갈등과 모순을 가장 극적으로 드러내는 것이기도 하다. 그래서 수많은 영화들이 베트남의 역사를 다루고 있다. 대표적으로 요리스 이벤스Joris Ivens, 크리스 마르케Chris Marker, 알랭 레네, 장 뤽 고다르 등 여러 감독들이 함께 만든 〈머나먼 베트남*Loin du Vietnam*〉(1967)이 있다. 이 영화는 베트남전이 한창 진행되고 있을 때 전쟁의 종식을 적극적으로 영상화한 작품이다. 그렇다면 베트남에서 유례없는 폭격과 학살을 감행한 가해자인 미국에게 베트남전은 어떤 의미였을까? 전쟁 당사국인 미국 할리우드에서 베트남전의 형상화는 복잡하고 다양한 양상을 보여 준다. 최초로 베트남전을 다룬 〈그린 베레Green Berets〉(1968)는 미국 서부 영화의 상징적 배우인 존 웨인이 감독하고 출연한 영화로 베트콩이라는 악인과 싸우는 자유와 평화의 수호자로서의 미국의 모습을 그려 내고 있다. 이러한 보수적/반공적 시선의 영화들은 베트남전을 배경으로 레이건 시기의 미국적 팽창주의 이념을 선전하는 실베스타 스탤론 주연의 〈람보First Blood〉(1982)와 유사한 맥락으로 이해할 수 있다. 그리고 또 다른 경향의 미국 영화들이 있다. 마이클 치미노Michael Cimino의 〈디어 헌터The Deer Hunter〉(1978), 스탠리 큐브릭Stanley Kubrick의 〈풀 메탈 자켓Full Metal Jacket〉(1987), 프랜시스 포드 코폴라Francis Ford Coppola의 〈지옥의 묵시록Apocalypse Now〉(1979) 등은 명분 없는 전쟁의 광기 속에 이유 없이 죽어가는 미국 평민들의 고통을 형상화하고 있다. 많은 영화 평론가들이 이들 영화의 반전 메시지와 전쟁의 광폭함과 황폐함의 묘사에 대해 호평을 보내지만, 피해자로서의 베트남 민중의 아픔을 드러내지 못하는 한계도 함께 지적하고 있다.

그렇다면 한국 영화에서 베트남전은 어떻게 그려지고 있을까? 베트남전에 한국이 참전한 이유는 크게 두 가지였다. 하나는 전쟁을 통해 달러를 벌고자 하는 경제적 이유와 또 다른 하나는 북한과의 대립 속에 남한의 결속을 강화하려는 반공주의적 이데올로기가 그것이다. 그래서 베트남전은 당시 박정희 정권의 친미 반공주의 노선에 따른 명분 없는 참전이었고 역사가들은 이 전쟁에서 한국군을 미국의 용병이라 규정하고 있다. 더욱이 베트남은 미국의 기도와 달리 1975년 사회주의 정권으로 통일되었고 그래

할리우드에서 최초로
베트남전을 다룬 〈그린 베레〉.

서 1970년대와 1980년대의 반공을 국시로 했던 박정희, 전두환 정권의 독재 체제하에서 베트남전은 금지된 주제이기도 하였다. 이러한 이유 때문에 베트남전이 영화에서 심도 깊은 주제로 그려지기 시작한 것은 1992년 정지영의 〈하얀 전쟁〉 이후이다. 그 이후의 작품으로는 〈라이 따이한〉(서윤모, 1994), 〈알 포인트〉, 〈님은 먼곳에〉(이준익, 2008) 등이 있다.

　〈알 포인트〉는 베트남전이 거의 막바지에 이른 1972년 사이공 남부 150km에 위치한 로미오 포인트Romeo point라는 가상의 공간을 영화의 주요 무대로 하고 있다. 로미오 포인트의 의미는 줄리엣이 로미오를 은밀히 만나러 가는 데서 빌려온 허구적 군사 용어이다. 이 장소는 베트남전이 일어나기 전 중국군이 베트남인들을 학살한 현장이기도 하고, 프랑스군이 휴양지와 군병원을 설립했던 곳이기도 하다. 영화상에서 이곳은 1949년 호치민의 게릴라군과 교전 중이던 프랑스군 소대 12명이 원인 없이 실종된 장소로, 유령으로 등장하는 미군의 모습이 보여 주듯이 여러 명의 미군들 또한 이곳에서 죽은 것으로 나타난다. 영화는 6개월 전 작전명 '로미오 포인트'에서 사망한 것으로 추정되는 수색 대원 18명의 구조 요청에 따라 병사 9명이 투입되면서 본격적으로 전개된다. 흔적 없는 병사들의 생사를 확인할 수 있는 증거물을 확보하는 것이 목표다. 그들의 임무는 단순한 것이고 게다가 사라진 대원들의 증거물만 입수한다면 전쟁으로부터 벗어나 귀국하여 새로운 삶으로 돌아갈 수 있다.

　이 임무를 맡은 구성원은 최태인 중위(감우성)를 필두로 진창록 중사(손병호), 마원균 병장(박원상), 오규태 병장(손건호), 박재영 하사(이선균), 장영수 병장(오태경), 조병훈 상병(김병철), 변문섭 상병(문영동), 이재필 상병(정경호) 등이다. 그들이 로미오 포인트 지역의 폐허가 된 건물로 향하는 와중에 그들은 베트남 게릴라군의 공습을 받고, 이 영화의 모티브라 할 수 있는 '손에 피를 묻힌 자, 돌아가지 못한다'라는 글귀의 비석을 만나게 된다. 어찌 되었든 그들은 모두 폐허가 된 건물에 도착한다. 그리고 알 포인트에서의 생활을

〈알 포인트〉가 보여 주는 사실은 우리 사회, 우리 집단이
베트남전을 일종의 악몽으로 기억하고 있다는 것이다.

시작하고 다음 날부터 알 포인트 부근을 수색하기 시작한다. 카메라는 시종일관 수색하는 병사들의 모습을 유령적 시선으로 따라다니는데, 이러한 공포 영화 장르의 카메라 시선은 폐허가 된 건물에서 교차 편집되는 적외선 촬영 시점을 통해 그들이 누군가에 의해 지속적으로 조정되고 감시되고 있음을 노골적으로 드러낸다.

영화는 서서히 현실과 초현실의 경계, 산 자와 죽은 자의 경계를 무너뜨리며 영화의 공간을 공포의 공간으로 전환시킨다. 둘째 날 밤 미군들이 헬기로 왔다 가지만 그들은 이미 죽었던 자들임이 드러난다. 또한 동료 병사 중에 정 일병이라는 이미 죽은 부대원이 살그머니 끼어들어 있기도 하다. 게다가 무전 중 연락되어 그들 부대에 한번 놀러 오겠다고 한 프랑스군은 그들이 수색 중 발견하는 프랑스군 묘지 비석에 이름이 새겨진 이들이다. 부대원들은 이제 공포의 악령 속에 휘말리게 된다. 최태인 중위 앞에 나타난 흰 옷 입은 베트남 여인의 악령이 알 포인트 지역을 지배하고 있는 듯하다. 오규태 병장이 자신들이 설치한 부비트랩을 건드려 죽은 이후 차례로 병사들은 귀신에 씌인 듯 서로 죽이고 죽게 된다. 결국 최태인 중위와 이 영화에서의 유일한 생존자 장영수 병장만이 남게 된다. 최태인 중위는 자신이 귀신에게 빙의 당하자 장 병장에게 총을 쏘게 하여 자신을 사살하게 만들고 영화는 수류탄 파편에 눈을 다친 채 폐허의 건물 속에 떨고 있는 장 병장의 모습을 보여 주며 끝을 맺는다.

〈알 포인트〉의 주요 무대는 정글의 공간 속에 덩그러니 놓여 있는 프랑스식의 폐허의 공간이다. 이 공간은 베트남전에 참전한 어느 외국군에게도 작전상 중요한 곳이 아니다. 그런데 그 장소에서 프랑스군도 미국군도 원인 모를 죽음을 맞는다. 그리고 이 장소는 중국군에 의해 몰살된 베트남인들이 묻혀 있는 곳이기도 하다. 이 공간은 베트남을 둘러싸고 벌어졌던 잔인한 폭력의 역사가 응축적으로 구현된 곳이자 그 폭력의 원인 자체가 분명하게 드러나지 않는 모호한 공간이기도 하다. 이 공간이 드러내는 의미는 무엇일까? 만약 이 공간이 모호하다면, 그 이유는 한국의 시골에서 다문화 가정의 한 축을 이루는 베트남 어머니들의 모습에서 우리가 경험하게 되는 모호한 죄책감과 닮아 있는 것일까? 그녀들의 얼굴에는 조금 더 잘 살게 된 한국 자본의 폭력의 잔인함이 감추어져 있기도 하고 그 역사 자체가 현실의 급류 속에 묻혀 버렸기 때문이다. 〈알 포인트〉는 보이지 않는 적에 의해 죽임을 당하게 되는 그 이유조차 알 수 없는 상황으로 관객을 이끌고 있다. '공포 영화'라는 장르적 관습을 빌려 한편으로는 폐허의 공간에다 역사적 허구화를 행하고 있고, 다른 한편으로는 끊임없이 빙의되어 서로를 죽이게 되는 병사들의 운명을 통해 아직도 끝나지 않은 역사적 화해의 의미를 되묻고 있다.

그렇다면 〈알 포인트〉는 왜 공포 영화라는 장르를 통해 베트남전의 의미를 탐험하고 있을까? 무엇보다 〈알 포인트〉는 역사의 영화적 재현이라는 문제로 볼 때 복합적이고 모순적인 불균질의 텍스트를 형성하고 있다. 역사를 생각할 때 대부분의 사람들은 역사가 현실에 밀착해 있어야 한다는 강한 선입관을 가지고 있다. 그래서 과도한 상상력이 개입된 역사 재현 작품들을 역사가 지닌 무게와 진정성을 훼손하고 폄하하는 것으로 비판하여 왔다. 그래서 초현실주의적 영화들은 개인의 무의식이나 상상을 드러내는 역사와는 상관없는 비현실적, 비역사적 장르로서 여겨졌다. 하지만 역사와 영화적 재현 사이에는 모순적이자 복합적인 관계가 존재하고 또한 영화 장르와 역사 역시 중층적인 얽힘이 존재한다. 이러한 경향을 〈알 포인트〉에서도 확인할 수 있다. 흔히들 영화의 화면을 현실에 대한 망각, 현실로부터 벗어나는 달콤한 마취제로 이야기한다. 그리고 대부분의 관객은 달콤하기에 현실보다 더 강렬한 마취적 판타지의 세계를 영화의 화면으로부터 제공받기를 원한다. 그런데 공포 영화는 이러한 달콤한 꿈으로서의 영화적 관람 행위에 대한 이반으로부터 시작된 장르이다. 영화를 꿈이라고 할 때 이것을 악몽으로 만든다는 것은 영화적 관람 방식에 대한 전복적 성격(현실 도피에 대한 거부)이 일단 부여되는 것이기 때문이다. 그래서 공포 영화는 정상적인 사람들에게는 일종의 경멸적인 영화 관람 방식이지만, 공포 영화 마니아들에게는 정상성에 의문을 제기하는 독특한 취향이기도 하다. (물론 이러한 꿈과 악몽의 이분적 시도로부터 공포 영화 일반의 전복적 성격을 과대 포장할 필요는 없다. 악취미의 전형으로 나타나는 공포 영화적 취향의 특이성 자체는 대중 문화 지평이 형성하는 복합적인 관계망의 틀 속에서 정상/비정상의 구분이 무효화되는 좀더 세세한 취향의 분석이 요구되기 때문이다.)

그렇다면 다시 〈알 포인트〉라는 공포 영화로 베트남전이 다시 소환되는 이유는 무엇일까? 하는 질문으로 되돌아가 보자. 이 질문은 다시 왜 악몽으로서 한국은 베트남전을 소환하고 있는가 하는 질문이기도 하다. 프로이트가 꿈이 현실의 억압으로부터 벗어난 개인의 환상의 표현이라고 말한 이래 영화 이론가나 비평가들은 영화를 꿈의 현상과 밀접히 연관되어 있음을 주목한 바 있다. 특히 그들은 영화가 일종의 집단 환상에 가깝다고 이야기한다. 〈알 포인트〉가 보여 주는 사실은 우리 사회, 우리 집단이 베트남전을 일종의 악몽으로 기억하고 있다는 것이다. 이 영화의 공간은 적과 아군이 구별 불가능한 곳이다. 많은 전쟁 영화가 병사들의 죽음이라는 비극적 파토스를 적이라는 형상을 통해 카타르시스화한다면 〈알 포인트〉가 그려내는 병사들의 죽음은 우선 그 죽음 자체가 환각과 환청 등 초자연적인 현상과 결부되어 있어, 그 집단 환각의 아비규환은 모든 공포의 메커니즘이 그러하듯이 대상의 부재를 그 특징으로 하고 있다. 그래서 한편으로 〈알 포인트〉가 공포 영화라는 장르를 활용해 역사에 던지는 질문은 베트남전 참전에서 죽어간 병사들에게 적은 존재하지 않았으며 그들의 참전 동기인 자본과 반공 이데올로기 자체가 일종의 유령 같은 허상, 거짓의 존재라는 사실이다. 적에 맞서 싸워야 하는 것은 이러한 적이 우리의 생존권과 존엄권을 침범하고 있기 때문이다. 하지만 그들에게 이 적은 존재하지 않으며, 그래서 그들은 베트남전이 지니는 역사적 허구에 아무 이유 없이 희생당한 사람들이기도 하다. 여기에서 이 영화가 그리는 일차적 의미의 악몽이 드러난다.

〈알 포인트〉가 그려내는 악몽의 좀더 복합적인 의미로 나아가 보자. 악몽은 역사와 현실을 있는 그대로 드러내는 정직한 표현 방식이 아니다. 프로이트는 꿈 혹은 악몽이 현실 속에서 해석되기 위해서는 그 속에 담겨 있는 응축되고 전치된 이미지의 의미를 천천히 해석해야만 그 꿈의 진정한 의미가 드러나게 된다고 이야기한다. 〈알 포인트〉역시 영화 속 악몽이 지닌 여러 위장의 메커니즘을 역사와의 관계에서 차근차근 이해하고 해석할 필요가 있다. 베트남전이 한편으로는 미국의 세계 질서 아래 편입된 한국의 어쩔 수 없는 선택이라는 점이 부각된다면 베트남전에서 미국의 용병으로서의 한국군은 일종의 피해자가 된다. 하지만 베트남 민중의 시선에서 본다면 한국군은 이유 없이 자신들의 영토에 들어와 베트남 민중을 살해한 가해자이기도 하다. 그래서 최태인 중위의 주위를 끊임없이 배회하는 흰 옷 입은 베트남 여인은 그의 모호한 죄의식의 반영이다. 가장 지식인적 인물에 가깝다는 점에서 〈하얀 전쟁〉의 한기주(안성기)의 분신이기도 한 최태인 중위는 피해자이기도 하고 가해자이기도 한 한국군의 어정쩡한 위치를 드러내며 그래서 그의 죄의식은 모호한 성격을 띠다 결국 자살에 이르게 된다. 여기에서 최태인이 표상하는 전쟁의 의미와 〈하얀 전쟁〉의 한기주가 표상하는 전쟁의 의미 사이에는 미세한 차이가 있다. 〈하얀 전쟁〉에서 한기주는 전쟁이라는 참상을 고발하는 어떤 의미에서 우리 민중의 보편적 목격자이다. 그래서 그가 지속적으로 관찰하면서 역사 속에 드러내는 사실은 전쟁의 후유증으로 고통받는 피해자 변진수(이경영)의 전쟁 이후의 삶이다. 하지만 최태인의 모호한 죄의식은 피해자의 시선을 넘어서 있다.

〈알 포인트〉는 〈월하의 공동묘지〉 이래로 우리 영화에 빈번히 나타나는 여자 귀신이 주요 주인공으로 등장하는 공포 영화의 계보와 연결되는 영화이다. 여기서 괴물이나 귀신, 악령 등은 정상 혹은 일상성에 불안을 야기하는 그리고 그 질서를 교란하는 형상으로서 등장한다. 그리고 괴물은 현실의 모순, 응어리들을 하나의 형상 속에 집약적으로 응축시켜 놓은 대리물이자 우리의 찌꺼기, 배설물, 쓰레기이기도 하다. 그런데 〈알 포인트〉에서 여자 귀신은 어떠한 행위도 하지 않는다. 그녀는 그저 폐허가 된 건물에 거주한 자들을 바라볼 뿐이다. 그녀는 원한을 갚기 위해 산 자에게 어떠한 적극적 의미의 복수 행위도 하지 않고, 자신의 억울한 죽음에 대해 양심을 가진 살아 있는 사람에게 억울함을 호소하지도 않는다. 그래서 〈알 포인트〉는 전통적인 귀신 공포 영화와 미묘하게 차별된다. 그녀는 이 영화에서 철저히 수동적이다. 마치 그녀는 무엇인가를 고백하기를 바라는 자이다. 그녀의 무심한 시선 아래 병사들은 이유 없는 전쟁에 말려든 죄로 인해, 그리고 전쟁의 와중에 경험하는 죄책감에 의해 일종의 연쇄 자살에 말려든다. 최태인 중위가 자살이라고밖에 할 수 없는 선택을 하게 된 근원적 이유는 무엇일까? 그것은 이미 돌이킬 수 없는 루비콘 강을 건너 버린 무기력한 지식인의 베트남전에 대한 때늦은 고백을 말하는 것일까? 이제는 주변에서 쉽게 만나게 되는 베트남 여성들처럼 역사의 화해와는 상관없이 세상은 잔인하게 굴러가고 있음을 보여 주는 현실의 무기력함을 드러내는 것일까? 어쩌면 공포 영화로밖에 에둘러 베트남전을 이야기할 수밖에 없는 너무 늦어 버린 베트남전의 가해자로서의 우리의 죄악을 고백하는 것일까? 〈알 포인트〉는 스탠리 큐브릭의 〈풀 메탈 자켓〉의 마지막 장면, 주검이 되어 바라보는 대답하지 않는 여성의 시선처럼, 우리가 반드시 반성하고 대답해야 할 어떤 시선을 우리에게 다시 보내고 있다.

주

1. 마르크 페로, 《역사와 영화》, 주경철 옮김, 까치, 1999, p.37.

2. 로버트 A. 로젠스톤, 《영화, 역사》, 김지혜 옮김, 소나무, 2002, p.17.

3. Georges Hyvernaud, *La Peau et les os*, Paris: Le pilettante, 1987.

4. 마이클 로스, "히로시마 내 사랑," 로젠스톤, 같은 책, p.159.

＋film

엠 *M*

dir. Fritz Lang | cast. Peter Lorre, Ellen Widmann | 1931 | 117min | b&w | Sweden

독일에서 나치즘의 등장과 그 광기에 대해 생각게 하는 영화.

학이 난다 *Letyat zhuravli*

dir. Mikhail Kalatozov | cast. Tatyana Samojlova, Aleksey Batalov | 1957 | 97min | b&w | Russia

러시아 해빙기의 대표적 영화.

소이 쿠바 *Soy Cuba*

dir. Mikhail Kalatozov | cast. Sergio Corrieri, Salvador Wood | 1964 | 141min | b&w | Cuba

오랫동안 잊혀졌던 영화, 쿠바 혁명에 대한 이야기.

바보들의 행진

dir. 하길종 | cast. 하재영, 이영옥 | 1975 | 117min | 한국

1970년대 유신의 억압적 시대를 보여 주는 영화.

디어 헌터 *The Deer Hunter*

dir. Michael Cimino | cast. Robert De Niro, Christopher Walken | 1978 | 182min | color | USA

베트남 전쟁의 기억을 다룬 걸작.

쇼아 *Shoah*

dir. Claude Lanzmann | cast. Simon Srebnik, Michael Podchlebnik | 1985 | 544min | color | France

유태인 학살에 관한 대표적인 다큐멘터리.

하얀 전쟁

dir. 정지영 | cast. 안성기, 이경영 | 1992 | 124min | color | 한국 | 대일필름

베트남전에 대한 최초의 진지한 성찰을 담은 영화.

꽃잎

dir. 장선우 | cast. 문성근, 이정현 | 1996 | 101min | color | 한국 | 미라신코리아

광주의 상처를 다룬 영화.

+ book

베트남에서 레이건까지

로빈 우드 | 이순진 옮김 | 시각과언어 | 1994

미국이 베트남에 폭격하던 날부터 레이건 정권기까지의 할리우드 영화를 분석하고 있다.

역사와 영화

마르크 페로 | 주경철 옮김 | 까치 | 1999

영화를 역사를 구성하는 주체로 보고 영화가 역사에 미치는 영향을 분석한다.

영화, 역사

로버트 A. 로젠스톤 | 김지혜 옮김 | 소나무 | 2002

영화에서 역사를 어떻게 읽을지, 영화가 역사를 표현하는 방식은 무엇인지 역사 영화가 관객에게 던지는 의미를 탐구한다.

영화는 역사다

강성률 | 살림터 | 2010

영화는 과거를 현재화시키고, 또 역사를 그대로 반영하며 과거와 현재, 미래를 소통하는 매개체라고

이야기한다.

지정학적 미학

프레드릭 제임슨 | 조성훈 옮김 | 현대미학사 | 2007

세계 체제에서의 영화와 공간에 대하여 다양한 이론을 넘나들며 서술한다.

● 추천 영화를 보고 프로파간다와 영화의 관계에 대해 이야기해 보자.

● 영화가 보여 주는 역사적 충실성이란 무엇인가 생각해 보자.

● 우리의 현대사적 사건을 다룬 영화들을 보고 역사적 재현의 방식에 대해 토론해 보자. 가령 광주 항쟁를 다

룬 영화는 어떤 영화가 있고 그 영화들은 어떻게 광주 항쟁을 역사화하고 있는가?

03

영화와 정치

정지연

1895년을 기점으로 본격화되는 영화의 역사는 매우 상업적인 방식으로 재편되어 왔지만 동시에 예술과 정치적 특성 역시 함께해 왔다. 그렇다면 영화에 있어서 정치적인 것이란 무엇인가? 그것은 얼핏 소재적인 차원에서 정치적 이슈를 다루고 있는가로 한정될 것 같지만, 실제로 영화의 역사 및 이론들을 살펴보면 정치적인 것들은 영화의 상업적 속성 및 미학적 형식과 복잡하게 얽혀 있다. 따라서 이 장에서는 우리가 가장 쉽게 접하게 되는 할리우드의 지배적 형식이 왜 정치적인 형식인가로부터 시작해, 그러한 지배적 형식들에 저항하는 영화들의 역사적 사례들을 살피고자 한다. 이를테면 1920년대 소비에트의 몽타주 영화와 1940년대 이탈리아의 네오리얼리즘 영화, 그리고 1960년대 유럽의 정치적 모더니즘 영화와 중남미의 해방 영화, 그리고 오늘날까지 이어지고 있는 비디오 액티비즘 및 다큐멘터리 영화들이 여기에 해당한다.

영화 역사와 정치

일반 대중들이 영화에 대해 가지는 가장 큰 통념 내지 오해는 영화의 존재가 명확하게 구분되고 분류될 수 있다고 믿는 것이다. 가령 대중들이 접할 수 있는 거의 모든 영화는 상업 영화이며 이러한 영화들에 대한 평가의 가장 큰 준거점은 오락적 재미와 흥행력이다. 예술 영화 혹은 정치 영화는 아주 특별한 방식으로 존재하며, 따라서 이러한 분류 기준은 주제나 소재적 측면 혹은 영화제 출품 여부인 경우가 일반적이다. 그러나 과연 이러한 분류와 정의가 타당할까? 이를테면 미국의 최고 흥행 감독이자 제작자인 스티븐 스필버그Steven Spielberg의 〈우주 전쟁*War of the Worlds*〉(2005)은 단순히 흥행을 목적으로 한 블록버스터급 SF 상업 영화로만 평가될 수 있을 것인가? 문제는 그리 단순하지 않다. 평론가에 따라 이 영화는 '포스트 9·11'에 관한 미국적 불안과 트라우마를 반영하는 최고의 정치적 텍스트일 수 있으며, 혹은 미국적 가족주의와 남성성의 위기에 관한 스필버그의 작가적 텍스트일 수도 있다.

그렇다면 이 지점에서 영화에 관한 가장 일반적 통념 혹은 오해를 하나 풀고 가야한다. 영화는 매우 복잡하고 중층적인 산물로서 그 존재론적 지위가 단순히 상업적, 오락적, 예술적 그리고 정치적 측면으로 쉽게 분류되거나 정의 내려지지 않는다. 영화학자 제프리 노웰 스미스Geoffrey Nowell-Smith는 영화의 존재론 혹은 영화의 역사를 이해할 때 고려해야 하는 것은 매 시기, 매 지역에서 영화를 둘러싸고 작용했던 모든 사회적, 경제적, 정치적, 대중적, 제도적 힘들의 총체성이라 정리한 바 있다.

우리가 일반적으로 통칭하는 '영화'라는 것은 단순하고 우연적인 오락이나 상업적 형식으로만 이해돼서는 안 된다. 오늘날 우리가 보게 되는 영화는 철저하게 영화를 지배해 온 역사적 힘들의 결과이며, 그리고 미래의 영화 역시 영화를 지배하는 산업적, 정치적, 담론적 힘에 의해 결정되어 갈 것이다. 그렇다면 여기서 짚고 넘어가야 할 중요한 문제가 하나 제기된다. 바로 이 장의 주제이기도 한 '영화와 정치'에 관한 문제이다. 영화에 있어서 무엇이 정치적인 것인가? 영화와 정치는 어떤 상관관계가 있는가?

무엇이 정치적인 것인가?

현대 영화의 아버지라 불리는 영화 감독 장 뤽 고다르의 오래된 테제를 빌리자면, "모든 영화는 정치적이다." 1960년대의 형식주의 영화 운동의 흐름 속에서 표명된 이 말은 무엇이 정치적인 영화인가에 관한 오랜 통념, 즉 영화가 다루는 소재나 주제적 차원으로만 정치적인 것을 한정할 수 없다는 것이다. 가령 미국 영화의 존 F. 케네디의 암살극을 다룬 〈JFK〉(올리버 스톤, 1991)는 명백히 정치적 스캔들을 다룬 정치 영화다. 제3세계에서의 정치적 암살극을 다룬 코스타 가브라스Costa Gavras의 〈제트Z〉(1969) 역시 정치 영화다. 그러나 영화의 정치학이라는 것은 이러한 정치적 소재주의만이 아니라 보다 심층적이고 이론적인 문제로 확장될 수 있다. 예를 들면 1960년대 태동했던 영화의 정치학 이론은 마르크스주의와 기호학, 정신분석학이 결합되면서 영화의 형식 언어(내러티브, 촬영과 편집 스타일 등)가 어떻게 자본주의라는 체제적 이데올로기 및 영화를 관람하는 관객의 심리적 과정과 연루되는지 연구했다. 이때 분석과 비판의 주된 대상은 주류 할리우드에서 제작되는 지배적 스타일의 모든 영화가 될 수 있다. 다소 단순하게 적용시켜 보자. 줄리아 로버츠와 리처드 기어의 멋진 로맨스를 다룬 〈귀여운 여인Pretty Woman〉(게리 마샬, 1990)은 기업 인수합병을 전문으로 하는 남자와 거리에서 몸을 파는 매춘 여성의 불가능할 것 같은 사랑을 신데렐라식의 해피엔딩으로 다루고 있다. 이 영화를 관람할 때 관객들은 부지불식간에 그리고 자연스럽게 남녀 주인공의 시선과 자신의 시선을 일치시키며 이들의 사상을 응시하고 지지하며 바라본다. 그러나 다소 거리를 두고 생각한다면 이 영화는 계급, 성, 인종에 대한 이분법적 편견과 이데올로기 속에서 현실적 갈등과 모순들을 낭만적 사랑이라는 이상과 해피엔딩의 판타지로 봉합한다. 뿐만 아니라 만남–사랑–위기와 갈등–화해와 결합이라는 기승전결의 내러티브적 형식 구조는 물론이고 카메라의 움직임을 통해 안내되는 관객의 시선은 영화 속 남성주의적 응시와 이데올로기에 철저히 종속된다. 미국 영화의 정치적 이데올로기는 단순히 소재적 차원에서만이 아니라 영화적 구조와 형식 스타일을 통해서 부지불식간에 관객에게 자명하고 절대적인 방식으로 각인되는 것이다. 그렇다면 일반 관객에게는 너무도 자연스럽고 익숙한 이러한 미국 영화의 지배적 이데올로기의 형식 스타일은 어떻게 공고화되기 시작한 것일까?

초기 영화의 자율성

이 문제를 이해하기 위해서는 간략하게나마 초기 영화*early cinema*의 다양하고 급진적인 시절까지 역사를 거슬러 올라가야 한다. 많은 역사가들에게 공인되는 영화의 역사는 프랑스의 발명가이자 자본가였던 뤼미에르 형제의 역사적 이벤트로부터 시작된다. 이들은 1895년 프랑스 파리에 위치한 그랑 카페 지하에서, 무언가 특별한 볼거리를 보고자 했던 호기심 많은 관객 33명 앞에서 이른바 세계 최초의 영화라고 공인된 〈열차의 도착*L'arrivée d'un train*〉을 상영했던 것이다.* 이후 뤼미에르의 이 역사적 기록과 이것을 가능케 한 최초의 카메라 시네마토그라프는 전 세계적인 돌풍을 일으켰고 영화는 탄생 이후 불과 10여 년 만에 유럽과 미국은 물론이고 아시아까지 놀라운 파급력을 보여주며 발전하게 된다.

　　그러나 이 당시 영화 관람은 비싼 관람료를 지불할 수 있는 중산 계급으로 한정돼 있었다. 영화 관람의 계급적이고 정치적인 변화는 1905년을 기점으로 시작된다. 미국에서 먼저 시작된 이러한 변화는 일명 '5센트 극장'이라 불리는 '니켈로디온*nickelodeon*'의 등장과 상관된다. 니켈로디온은 도시 변두리, 공장 지대와 노동자 거주지를 중심으로 저렴한 값에 노동자들이 그들의 가벼운 지갑을 열기에 충분한 가격으로 영화를 상

★ 〈열차의 도착〉은 프랑스 시오타 기차역에 열차가 도착해 승객들이 타고 내리는 장면을 기록한 불과 50여 초에 불과한 영상이다. 당시 관객들은 기차가 역에 들어서는 순간 혼비백산하여 뒤로 달아났다고 전해진다. 이때 뤼미에르가 관객들에게 영화를 상영하며 받은 관람료는 1프랑이었고, 관객 대부분은 중산 계급 이상이었다. 영화의 역사가 시작되던 시기에 영화는 노동 계급이나 군중을 위한 것이 아니었다. 그것은 뤼미에르 형제보다 2년 정도 앞서 움직이는 이미지, 영화를 발명했던 미국의 에디슨도 마찬가지였다. 그는 1893년, 키네토스코프*kinetoscope*라는 요지경 기계를 만들어 공개한다. 10초 정도의 영상이 10여 개 연이어 보이는 이 기계적 스펙터클의 관람료 역시 25센트 이상이었다. 19세기 말 중산 계급이 영화라는 새로운 매체를 경험하면서 보고자 했던 것은 당연히 이국적이거나 신기한 볼거리들이었다.

영한 최초의 영화 전용 극장이었다. 니켈로디온은 하루의 피곤과 빈곤의 악순환이라는 현실적 괴로움을 잊고, 영화라는 환영과 판타지로 노동자들을 안내하기에 충분한 것이었다. 이 시기 상영됐던 영화는 더 이상 단순히 현실의 일상적 풍경을 기록한 뉴스릴적 이미지가 아니라 일정 정도의 상영 시간과 이야기성을 갖춘 형태로 발전해 간다. 노동자들은 슬랩스틱 희극이나 진기한 스펙터클에 열광했다. 자연스레 영화가 노동자 계급에게 끼치는 영향력은 점점 커지고 있었다.

그러나 이후 새로운 계급적, 문화적 공간으로서 니켈로디온은 1910년대 중반부터 진행된 호화 극장에서의 관객 행위 길들이기에 자리를 내주게 된다. 이러한 길들이기 과정은 1910년대부터 본격화된 메이저 스튜디오 시스템과 관련 있다. 워너, MGM, 유니버설, 파라마운트 등의 메이저 영화 스튜디오들은 1910년대 후반, 이미 전 세계 영화 시장의 70%를 장악할 정도로 파급력을 키워나간다. 자체 제작과 배급 시스템까지 갖춘 이들은 스타, 장르 등의 체계를 완성했을 뿐만 아니라, 전 세계를 상대로 하는 엄청난 수요를 감당할 수 있는 분업화된 제작 시스템(컨베이어벨트 생산 라인처럼 영화를 대량 생산해 낼 수 있는 시스템)을 갖추게 된다. 이 시기의 영화적 특성을 연구하는 학자들은 할리우드가 영화를 단순하게 대량 생산해 냈을 뿐만 아니라, 상업적이고 이데올로기적으로 공고화할 수 있는 형식적 체계, 이른바 '제도적 재현 양식the mode of institutional representation'을 완성해 간다고 본다. 제도적 재현 양식에는 내러티브를 중심으로 한 이야기적 체계, 촬영과 편집 방식, 소재와 주제, 배우와 연기 등 모든 것이 포함되는 것으로서 무엇보다도 관객들이 카메라와 주인공의 시점에 동일화함으로써 영화적 이야기와 형식을 자연스럽고 옳은 것으로 받아들이게 하는 형식적 원리이다.

많은 역사가들이 이러한 초창기 영화사에 주목하는 가장 큰 이유 중 하나는 당대 영화가 사회랑 맺는 정치적 관계들 때문이다. 이때 영화를 둘러싼 산업적, 정치적, 문화적 관계들은 영화의 형식과 내용을 규정하는 데 있어서 주요한 외적 요인으로 작용한

니켈로디온

니켈로디온은 싼 입장료로
중산층에게만 전유되던 관람 문화를
노동자, 이민자, 여성 등으로 확산시켰다.
사진은 니켈로디온 매표소 앞.

니켈로디온의 등장과 확장은 영화 초창기 비싼 입장료로 인해 중산층에게만 전유되던 볼거리 문화를 노동자 계급의 문화로 확장시키는 데 일조했고, 더 나아가 이민 노동자, 빈곤층, 다양한 종교를 가진 사람들이 영화 관객이라는 공동체로 변화되는 사회학적 공간으로 발전한다. 서로 다른 인종적, 민족적, 계급적 배경을 가진 많은 미국인들이 처음으로 같은 영화를 보았고, 보이지 않은 집단 공동체로서의 집단 경험을 공유했다. 1913년 니켈로디온을 방문한 한 기자는 극장 경험에 대해 흥미로운 글을 남겼다 "종족적, 사회적, 경제적으로 다양한 관객들이 일단 극장에 자리를 잡고 나면 은막에 비친 꿈같은 이미지에 사로잡힌 단일한 군중의 일부가 되었다."[1]

　　니켈로디온이 영화 관람 문화를 중산층은 물론이고 노동자, 이민자, 여성 등으로 급격히 확산시키면서 이러한 현상을 불온시한 보수적 관료나 언론들은 니켈로디온을 윤리적, 사회적으로 불온한 공간으로 규정하고자 했고, 실제로 법적 조치들을 취하게 된다. J. A. 린드스트롬과 같은 학자는 당시 니켈로디온과 같은 극장에 대해, 여가 시간과 오락이 시의 통제와 계급 투쟁의 한 가지 양상으로 떠오르면서 영화관이 구획 정리와 규제의 새로운 체계를 촉발시켰다는 점을 발견하기도 하였다.[2]

다. 먼저 영화를 둘러싼 외적 요인으로서 안정적 수익을 보장하는 상업적 결정 요인들 (극장의 상영 회전율을 보장하는 데 적합한 러닝타임, 몰입과 동일시를 유발하는 관람 방식, 스타, 기승전결의 해 피엔딩 내러티브, 제작 여건 등)은 물론이고, 시 당국 등에 의해 주도됐던 검열과 법률적 문제, 영화 제작에 있어서 결정적이었던 금융 자본과의 관계 문제 그리고 1920년대로 넘어 가면서 시작된 대공황 시대의 노동 계급을 안정시킬 필요가 있었던 이데올로기적 갈등 과 협력들이 초창기 영화에 다양한 방식으로 영향력을 행사했다.

내용 차원에서 본다면, 1895년만 해도 영화는 일상적인 풍경들을 기록(다큐멘트)한 뉴스릴적 형식이었다. 그러나 점점 시간이 지나면서 관객들은 일상적인 풍경이 아니라 이국적이거나 극적인 것을 요구하기 시작했다. 결국 20세기 초, 관객들에게 가장 큰 인 기를 끌었던 것은 코끼리를 전기 감전시켜 죽이는 풍경이나, 프랑스 대혁명을 재연한 단두대에서의 루이 16세의 처형과 같은 극적이고 폭력적인 이미지들이었다. 새로운 볼 거리에 대한 갈망과 움직이는 이미지에 대한 이야기적 속성이 주는 쾌락과 몰입의 요 인은 영화의 내러티브적 특성을 강화하게 만들었고 이러한 형식과 내용을 주도한 것은 메이저 스튜디오들이었다. 그리고 1930년 즈음에 이르면 이미 거대 기업들로 성장한 할리우드의 메이저 스튜디오들은 미국의 지배적 가치와 이데올로기에 입각한 영화의 대량 생산 시스템을 완성하는데, 이를 통해 만들어지는 영화의 지배적 스타일이 바로 '제도적 재현 양식' 혹은 '규범적 스타일'의 영화인 것이다. 미국 영화사의 고전기(1930 ~1960)란 바로 이러한 기틀의 영화로부터 시작되며, 할리우드 영화에 대한 정치적 비판 은 그러한 스타일이 내재하고 있는 미국적이고 자본주의적 이데올로기에 대한 저항과 도전에서 시작된다.

물론 초창기 미국 영화가 모두 천편일률적으로 할리우드의 메이저 스튜디오 시스 템의 지배적 스타일에 종속되어 갔던 것은 아니었다. 가령 이미지의 핍진성(현실을 그대로 재현하는 듯한 유사성)과 충격(현실에서 쉽게 목격할 수 없는 극적 이미지)을 급진적이고 정치적으로 받아들이기 시작한 것은 먼저, 1905~1917년까지의 노동 계급 영화들(*working stiff film, labor film, radical film*)에서 찾아볼 수 있다. 19세기 후반부터 거대화되는 미국의 기업들과 이민 노동자들의 유입 등은 도시화, 빈곤, 계급 갈등, 민족 갈등, 여성 문제 등을 낳기 시작했고, 이와 함께 노동 조합, 각종 길드 등이 조직화되기 시작했다. 이러한 이슈들은 일군의 독립 영화 제작자들에 의해 마르크스주의적 관점, 혹은 아나키스트적 관점 등을 통해 다양하게 다뤄지기 시작했다. 그러나 이러한 영화의 정치적 투쟁은 1차 세계 대전의 발발, 대공황, 러시아 혁명의 성공이 주는 레드 콤플렉스 등이 본격화된 1920년대 급속히 줄어든다. 보수화된 사회적 분위기와 검열이 영화 전반에 작동하기 시작한 것이다.[3]

예술의 정치화 vs 정치의 예술화

1936년, 독일의 철학자 발터 벤야민은 자신의 시대를 예민하게 분석한 논문 〈기술 복제 시대의 예술 작품The Work of Art of Mechanical Reproduction〉[4]을 발표한다. 이 논문에서 그는 새로운 테크놀로지의 발전이 동시대와 미래에 어떤 영향을 미치게 될 것인가의 문제를 예술 정치학의 관점에서 분석한 바 있다. 특히 그는 영화의 출현에 예민한 관심을 보였는데 고전적이고 전통적인 유럽의 고급 예술과 달리 영화는 예술성과 상업성 그리고 대중성을 모두 가진, 그야말로 기술 복제 시대의 예술 작품이었던 것이다. 그는 이러한 영화적 특징에 주목하면서 영화의 공공성(극장이라는 대중의 공간에서 집단적으로 관람하는 형식)과 예술로서의 특징, 그리고 정치 수단으로서의 영화적 가능성을 포괄하면서 새로운 '영화 정치학'을 제시하게 된다. 이 영화 정치학을 통해 벤야민은 영화라는 매체가 지닌 정치적 양면성을 정확히 지적한다. 즉 대중의 의식을 개혁하고 선도할 수 있는 탁

월한 의식적 매체로서의 영화적 진보성과 더불어, 이와는 반대로 영화가 독재자(특히 파시즘)에 의해 대중의 의식을 조작하는 선전 선동의 수단으로 사용될 수 있는 부정적 가능성이 그것이었다.

벤야민이 영화의 진보적 가능성을 목도하게 된 것은 1920년대, 혁명 이후 소비에트 국가에서 실행된 영화 정책과 일련의 작품들을 통해서였다. V. 푸도프킨, 세르게이 에이젠슈타인 등으로 대표되는 당시의 사회주의 영화는 초기 영화의 뛰어난 실험성과 정치성은 물론이고 미학적인 경지를 개척한 수작이었다. 이러한 영화들 속에서 벤야민은 영화 예술이 그 시대가 처해 있는 사회적, 정치적, 경제적 관계들의 모순을 대중에게 설명하고 대안을 모색하도록 선도할 수 있는 새로운 기술 매체라는 것을 깨닫게 된다. 이러한 영화들로부터 그는 "예술의 정치화"라는 개념을 이끌어 낸다. 즉 미적인 아름다움으로 승화된 예술은 동시에 정치적 올바름과 지향을 가지고 있다고 본 것이다. 그러나 이와는 반대로 대응하는 개념이 있었다. "정치의 예술화"는 사회주의 국가에서 실험되었던 영화 미학과는 달리, 권력적인 정치 체계가 자신의 이데올로기와 주장을 미학적으로 치장하거나 은폐하는 방식이었다. 이러한 대표적인 사례를 그는 1930년대 파시스트의 주도하에 만들어진 영화들에서 발견하게 된다.

20세기 초, 영화에 대한 이러한 예술의 정치화 비전은 사실 이론보다 앞서 다양하게 실현되고 있었다. 1910년대 이미 유럽 시장을 장악해 들어오는 할리우드 영화에 대한 거부와 저항을 먼저 시작한 것은 유럽의 예술가들이었다. 이들은 할리우드의 지배적이고 상업적인 스타일이 아니라, 새로운 예술 매체로서 영화의 가능성에 주목했다. 특히 19세기 후반의 유럽 예술의 주된 사조였던 인상파들과 초현실주의자들은 영화의 기계적 형식이 인간의 꿈과 무의식을 표현하는 주요한 수단이 될 수 있다는 데 주목했다. 이른바 전위 영화, 혹은 아방가르드 영화라고 불리는 1920년대 프랑스 영화 예술가 집단은 아벨 강스Abel Gance, 루이 델뤽Louis Delluc, 장 엡스탱Jean Epstein 등이 주도했

인상주의 영화 감독 아벨 강스의 〈나폴레옹〉은
영화의 중반부에 3개의 영사기로 3면 분할 화면이 재현되는 실험작이다.

으며 이들은 영화가 지닌 예술적 가능성을 증언하기 위해 영화만의 독특한 시각적 미
학 형식에 주목했다. 이들은 영화가 여타의 다른 예술들과 견줄 만한 예술이라고 선언
하였고 영화도 그 자체만의 독창적인 언어를 가져야 한다고 주장했다. 그중에서도 특히
인상주의자들은 영화가 "예술가의 감정을 표현하는 예술"이라고 보았다. 따라서 이들
에게 중요한 것은 '인상'이나 '감정'이었고 그것을 표현하는 새로운 형식으로서의 영화
를 주장하게 된다.

　　그러나 이들의 전위성의 한계를 비판한 것은 사회주의 혁명에 성공한 소비에트의
영화인들이었다. 그중에서도 세르게이 에이젠슈타인은 프랑스의 전위 영화적 실험에
대해 "기계가 가진 사진술의 가능성들을 그냥 활용하기만 하는 아이들의 장난감"[5]일
뿐만 아니라 예술에 대한 부르주아적 관념을 나타내는 것에 불과하다고 비판했다. 이
들은 전혀 다른 방식으로 영화야말로 혁명 시대 최고의 예술이자 프로파간다 정치일
수 있음에 주목했다.

영화와 초현실주의

욕망의 전능한 힘에 대한 과시이자
꿈의 공개적 재현인 〈안달루시아의 개〉.

1920년대 인상주의자들은 등장인물의 꿈이나 환상 정신 상태를 집요하게 묘사하길 좋아했으며, 주관적인 시점 숏들을 사용하였다. 대표적인 감독이 아벨 강스인데, 그는 〈나폴레옹*Napoléon*〉(1927)을 촬영할 때 인물의 격렬한 감정을 자유롭게 묘사하기 위해 그네에 카메라를 매달아 흔들거나 수레에 올려놓고 밀면서 촬영하기도 하였다. 이러한 방식은 오늘날 '핸드 헬드'(들고 찍기) 기법과 유사한 효과를 만들었다.

그러나 이들보다 더 나아간 이들은 '초현실주의자'들이었다. 그들은 문학과 회화에서의 초현실주의 기법을 영화에 적용하고자 하였으며, 영화를 통해 관객에게 당혹감과 충격을 주고자 했다. 앙드레 브르통André Breton은 "초현실주의는 꿈의 전능함에 대한 믿음, 즉 통제되지 않은 자유로운 사고와 연상 행위에 대한 것이다"라고 선언했다. 이들은 프로이트의 영향을 받고 있었다. 따라서 그들은 기묘하고 비논리적인 이미지들을 연속시키거나 이성적인 설명이 불가능한 것들을 추구했다.

당시 대표적인 감독은 스페인 출신의 거장 루이스 부뉴엘Luis Buñuel이었다. 그는 1928년 〈안달루시아의 개*Un chien andalou*〉라는 작품을 찍는데, 도저히 줄거리가 설명되지 않는 이 영화에 대해 그는 '욕망의 전능한 힘에 대한 과시이자 꿈의 공개적인 재현'이라고 말했다. 이 영화가 개봉되었을 때 무엇보다도 많은 논란과 사고가 일어났던 것은 영화의 초반부에 나오는 눈의 절개 장면 때문이었다. 영화가 시작되자마자, 둥근 달을 가르며 흐르는 구름이 보여지고 그다음 한 이발사가 여자의 눈을 벌려 동공을 절단하는 장면이 나온다. 당시 이 장면을 본 관객들은 그것이 실제로 벌어진 일이라 생각하여 모두 비명을 지르며 극장을 뛰쳐나갔는데, 그것은 계란의 흰자를 이용한 촬영이었다. 그러나 이러한 도발적이고 발랄한 실험 역시 1930년대 유럽에 몰아친 나치 정권에 의해 정치적으로 억압받으며 점차 와해되기에 이른다.

예술의 정치화

1917년, 사회주의 혁명에 성공한 러시아는 영화야말로 모든 예술적 형식 중 가장 중요하다고 인식하게 된다. 혁명은 성공하기도 힘들지만, 성공한 혁명 정신을 지속시키는 것이 더 어려운 일이라는 것을 잘 알았던 레닌은 영화 산업을 국유화하여, 당시 문맹률이 70%에 육박했던 소비에트 민중들이 영화를 통해 혁명의 이념과 가치를 이해하고 공감하길 바랐다. 이른바 선전 영화*propaganda film*로서의 영화적 힘을 인식한 이들은 미국과 유럽 영화가 지닌 조형적인 원칙들을 분석하고 비판함으로써, 변증법적인 영화 이론을 집대성하게 된다.

당시 소비에트 혁명 영화의 미학과 정치학을 대변하는 개념은 편집의 원리라 할 수 있는 몽타주*montage* 이론이었다. '몽타주'에 관한 이들의 작업은 지가 베르토프의 작업으로부터 시작된다. 〈키노 프라우다*Kino Pravda*〉(1922), 〈카메라를 든 사나이*Chelovek s kino-apparatom/Man with the Movie Camera*〉(1929) 등의 작품을 통해 영화적 숏들이 지닌 다양함과 전능성에 주목했던 베르토프는 영화가 비록 실재 이미지를 기록한 것이긴 하지만, 편집이라는 조형 원칙에 의해 그 의미는 실재와 달리 얼마든지 변형되고 창조될 수 있음을 간파했다. 가령, 거리에서 헐벗고 굶주린 아이의 숏과 황제의 화려한 만찬 숏을 붙였을 경우 이 두 가지 이미지는 단순히 지시적 의미를 넘어 '러시아 황제의 호의호식 속에서 민중들은 굶주리고 있다'는 의미가 형성되는 것이다. 그러나 같은 황제의 만찬 숏이라 하더라도, 굶주리는 아이가 아니라 주변 국가 왕의 소박한 식사 장면과 붙는다면, 이 장면은 '러시아 황실의 권세가 다른 국가보다 뛰어나다'라는 식의 의미 형성도 가능해진다. 즉 베르토프가 창안하고 주목했던 것은 편집에 의해 영화적 숏이 지시적 대상이 담긴 시간과 공간으로부터 벗어나 얼마든지 다른 의미를 만들어 낼 수 있다

〈키노 프라우다〉를 촬영중인 지가 베르토프.

는 점이었으며, 이것이야말로 몽타주가 지닌 영화 형식의 중요한 의미였다.

이러한 발견은 이후 푸도프킨과 에이젠슈타인 등에 영향을 미치게 되는데, 특히 세르게이 에이젠슈타인은 오늘날까지의 영화사를 통틀어 가장 중요하고 위대한 업적을 남긴 천재적 이론가이자 감독이었다. 에이젠슈타인은 베르토프가 고안한 숏과 숏의 유기적 연결을 넘어, 그 연결 속에서 발생할 수 있는 '충돌' 효과에 주목했다. 이른바 변증법적 몽타주로 대변되는 그의 개념은 숏 A와 숏 B가 만났을 때, 단순히 숏 AB가 되는 것이 아니라, C라는 변증법적 의미로 도약시킬 수 있다는 것이었다. 그리고 이러한 과정에서 중요한 것은 관객의 지적 개입이었다. 그는 관객이 변증법적 몽타주 영화를 볼 때 영화가 제시하는 다양한 충돌 효과들을 통해 러시아 사회의 당면한 모순과 폭력에 분노하고 항거하며 의식적으로 각성할 것을 촉구한 셈이었다. 따라서 에이젠슈타인에게 숏과 숏의 연결이 갖는 사실적 재현은 중요하지 않았으며, 대신 그 연결 사이에서 발생하는 충돌이 어떠한 해석을 가능케 할 것이며 그것은 어떠한 감정을 촉발시킬 수 있을 것인가가 관건이었다. 나아가 에이젠슈타인의 충돌 이론은 단지 숏과 숏 사이에서만이 아니라 숏 내부의 회화적인 충돌이나 규모, 질량, 부피, 깊이, 어둠과 밝기, 초점의 또렷함과 희미함 등 감독이 만들어 낼 수 있는 모든 요소들 사이의 충돌의 종류들을 구분하고 제시했다.★ 이러한 에이젠슈타인 몽타주가 집대성된 최고의 작품은 1925년에 연출한 〈전함 포템킨〉이다.

오늘날의 관객에게도 충격적으로 다가오는 이 작품은 폭압적인 러시아 군대에 저항하는 수병들과 오데사 민중들의 투쟁을 기록하고 있다. 그중에서도 영화 중반에 나오는 '오데사 계단신'은 영화사상 최고의 명장면으로 기록된 아름답고도 혁명적이며 천재적인 장면이다. 에이젠슈타인이 고안한 여러 몽타주 장치들을 거의 집대성한 이 장면은 선상 반란을 일으킨 수병들이 오데사 항구에 들어오고, 그들을 반기는 시민들의 환호로 시작된다. 그러나 이내, 코사크의 병사들이 진압해 들어오고 민중들에 대한 학

★ 에이젠슈타인의 몽타주는 대상 이미지의 회화적인 충돌, 규모, 구성, 질량, 부피, 깊이, 빛, 초점, 크기 등 모든 것들을 고려하여 고안되었고, 이에 따른 충돌의 종류와 효과도 구분되었다. 그 결과 에이젠슈타인은 궁극적으로 다섯 가지 몽타주 방법을 제시하게 되었다. 그 다섯 가지 몽타주란, 운율의metric 몽타주, 율동적rhythmic 몽타주, 톤의tonal 몽타주, 배음의overtone 몽타주, 그리고 지적intellectual 몽타주다.

살이 시작된다. 이 장면에서 에이젠슈타인은 학살당하는 민중들은 개개인을 강조해 개별적으로 그들의 비극 하나하나에 초점을 맞추는 반면, 학살자인 코사크의 병사들은 집단적인 모습으로만 보여 준다. 이러한 배치는 학살이 개인과 개인의 사적 감정이나 원한이 아닌, 국가라는 거대 권력이 일개인에게 행하는 폭력이라는 특징을 강조하기 위한 것이었다. 뿐만 아니라 학살자의 잔혹함은 여러 장치들을 통해 시각적으로 묘사되는데, 수평으로 길게 이어진 계단과 그것을 사선으로 파괴하며 내려오는 코사크 병사들의 총부리와 긴 그림자는 관객에게 이 장면의 위기와 긴장감을 고조시킨다. 한 아이가 혼란스런 와중에 계단에 넘어지고 사람들에게 짓밟혀 크게 다친다. 그러자 그것을 본 아이의 엄마가 놀라 아이를 안고 코사크의 병사들 발아래로 다가가, 아이가 다쳤으니 도와달라고 호소한다. 그러나 병사들의 위압적인 그림자는 아이를 품에 안은 엄마의 가련함을 덮쳐 버리고 결국 아이와 엄마에 대한 발포가 이루어진다. 이어지는 장면은 서정적인 음악과 함께 오데사 계단의 아비규환을 묘사한다. 이때 주목해야 하는 것이 유모차다. 영화사상 가장 아름다우며 슬픈 장면으로 뽑히는 이 장면은, 유모차를 밀던 젊은 엄마가 총을 맞아 쓰러지며 유모차를 놓치자, 유모차가 위태롭게 계단을 구르는 장면을 보여 준다. 극단적인 공포의 상황과 아이라는 순결한 대상이 죽음으로 치닫는 상황의 조마조마함과 긴장을 에이젠슈타인은 편집의 속도와 숏의 크기로 묘사한다. 즉 유모차가 계단 아래로 내려갈수록 편집이 빨라지면서 긴장감과 심장 박동 역시 빨라지고, 그와 동시에 그것을 지켜보는 민중의 경악하는 얼굴로 다가간 앵글이 점차 익스트림 클로즈업으로 연결되는 것이다.

　에이젠슈타인이 집대성한 이러한 몽타주 원리는 단지 소비에트의 혁명 영화뿐만 아니라 이후 유럽은 물론이고 할리우드의 편집자들에게도 지대한 영향을 미쳤다. 편집에 관한 다큐멘터리 〈최첨단 편집 — 영화 편집의 마술The Cutting Edge — The Magic of Movie Editing〉(2004)에서 미국의 저명한 편집자들이 표현한 것처럼, 20세기 초 러시아는

<전함 포템킨> 중 오데사 계단에서의 학살을 대표하는 장면.

정치적인 혁명에 성공한 것만이 아니라 영화사에 있어서도 혁명을 일으킨 셈이었다. 물론 이들에 대한 평가에 있어서 이후 과도한 형식주의 내지는 정치적 프로파간다라는 비판에 직면하기도 했으나, 무엇보다도 몽타주 이론은 영화가 지닌 숏의 역능함 그리고 영화가 시대와 역사에 행할 수 있는 정치적 실천력에 관한 중요한 사례가 된다.

정치의 예술화

1930년대가 시작되고 유럽 영화계에도 격동이 시작된다. 1920년대 황금기를 이루었던 소비에트의 몽타주 영화는 1930년대를 지나면서 스탈린의 집권 및 예술 정책의 재편과 함께 위기에 놓인다. 스탈린 치하의 예술 정책은 '사회주의적 리얼리즘'으로서 에이젠슈타인의 형식주의 영화 이론은 무수한 비판과 억압적 상황에 놓이게 된다. 그러나 더 무서운 변화는 나치의 등장과 함께 전 유럽에서 시작되고 있었다.

1933년 '나치Nazis'로 알려진 파시즘적 독일 민족사회주의노동자당이 의회를 장악하고 아돌프 히틀러가 수상이 되었다. 그러나 정권을 장악하고 1년이 지나는 동안 나치에 대한 국제 사회에 대한 인식은 아직 미미하였다. 일찍이 러시아의 레닌 못지 않게 영화의 대중력과 선전 선동력 그리고 예술과 오락성의 파워를 실감하고 있었던 히틀러와 파울 괴벨스는 뉘렌베르크에서 일주일간 거대한 규모의 전당대회를 개최하고 그것을 영화화하기로 한다. 이에 히틀러는 당시 〈푸른 빛〉이라는 데뷔작으로 주목받고 있었던 영화 감독 레니 리펜슈탈을 불러들였다. 그리고 그녀에게 무제한의 예산과 기술자 130여 명, 카메라맨 90여 명, 그리고 엑스트라 100만 명을 지원한다는 조건으로 나치에 관한 위대한 기록 영화를 제작할 것을 요청한다.[6] 레니 리펜슈탈은 기꺼이 동의하였고, 촬영 이후 편집에만 무려 2년의 시간을 투자한 결과, 영화사의 '저주받은 걸작' 〈의지의 승리〉를 완성한다. 레니 리펜슈탈의 증언에 의하면, 당대회를 위한 준비는 카메라 워크를 위한 준비와 협력하에 갖추어졌다. 즉 거대한 대중 집회를 위해서뿐만 아니라 웅장한 선전 영화를 위한 모든 정확한 작업을 위해 계획한 것이다. 홀과 스타디움의 건축은 촬영의 편의를 위해 설계되었다.[7]

철저히 영화를 위해 기획된 이 전당대회와 작품은 무려 100만 명이 넘는 독일 병사와 시민들이 히틀러를 연호하며 뉘렌베르크의 전당대회장으로 향하는 모습을 공중에서 포착하는 숏으로 시작된다. 어마어마한 인파가 만들어 내는 위압적인 모습과 절대적 지도자에 대한 열정은 히틀러를 신적 위대함으로 묘사하고 있으며, 특히 영화의 중반 히틀러가 뉘렌베르크 전당대회장을 걸어 들어가는 순간의 정적과 긴장감, 시선을 잡아끄는 거대한 휘장, 당대 최고의 건축가였던 알베르트 슈페어Albert Speer가 만들어 낸 대회장의 건축 구조 및 휴고 보스Hugo Boss가 디자인한 군복 등은 이 불온한 영화에 거부할 수 없는 매력을 불어넣는다. 당시 〈의지의 승리〉는 당대 할리우드에서 최대 규모로 만들어졌던 D. W. 그리피스의 〈인톨러런스Intolerance〉나 〈클레오파트라Cleopatra〉의 규모와 예산을 넘어서는 야심찬 기획이었다. 이것은 단순히 규모의 문제에서뿐만 아니라, 고도로 계산된 형식 미학과 사운드 그리고 정치적 이데올로기가 결합된 파시즘의 예술적 극단화라는 형식으로 나타나게 된 것이다.

그리고 몇 년 후, 또 하나의 기념비적 작품이라 할 수 있는 〈올림피아Olympia〉(1938)가 완성된다. 〈올림피아〉는 제3제국을 세계적으로 홍보하기 위한 또 다른 이벤트였던 1936년의 베를린 올림픽을 기록한 다큐멘터리로, 제3제국의 이념과 정신을 고대 그리스의 지배적인 이념에 빗댄 작품이다. 그리스 조각상에 비견될 만한 운동선수들의 아름다운 육체성 및 대결 의지를 시적 감수성으로 포착하는 이 영화의 후반부는 올림픽의 피날레인 마라톤을 집요하게 담아낸다. 특히 당시 금메달리스트였던 손기정 선수의 고독한 질주를 추적하는 시적 숏들은 심리적 감흥과 더불어 완전한 육체성 및 승리에 대한 오마주라 할 만하다.

이 영화 두 편만으로도 레니 리펜슈탈은 세계 영화사에서 가장 주목할 만한 여성

히틀러를 신적 위대함으로 묘사하는 웅장한 선전 영화 〈의지의 승리〉.

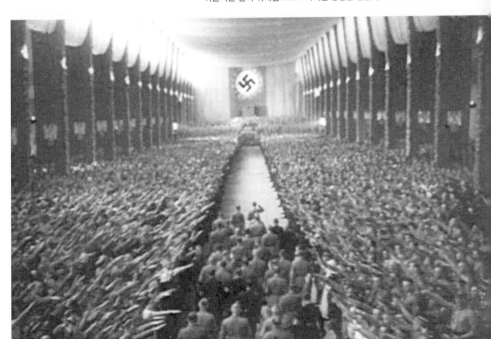

베를린 올림픽을 기록한
다큐멘터리로, 제3제국의 이념과
정신을 고대 그리스의 지배적인
이념에 빗댄 〈올림피아〉.

감독의 반열에 오를 수 있었다. 그러나 그녀의 운명은 그렇게 순탄하지만은 않았다. 전
범 재판에도 회부되었던 그녀는 이후 무수한 인터뷰에서 그녀가 파시즘에 연루되었다
는 사실을 부정하였지만, 후대의 영화 연구가들이나 비평가들은 이 작품이 담고 있는
파시즘과의 이데올로기적 공모의 문제로 인해 작품 자체를 외면하거나 폄하해 왔다.

정치적인 영화를 향하여

이탈리아 영화인들의 계급적 실천, 네오리얼리즘

유럽이 파시즘의 몸살을 앓을 동안 할리우드는 놀랍게도 수혜를 입고 있었다. 나치 치
하에서 작업을 할 수 없었던 많은 영화인들이 미국으로 망명을 가게 되었고, 그 결과
할리우드 시스템에 놀라운 미학적, 기술적 재능을 헌신했기 때문이었다. 그사이 유럽
영화는 파시즘 치하의 선전 영화나 할리우드의 상업적 로맨스 영화 등이 장악했다. 그
러나 2차 세계 대전이 끝나자 유럽의 영화계에도 새로운 바람이 불기 시작한다. 가장

놀라운 변화는 이탈리아의 진보적 실천 속에서 시작되었다. 이른바 '네오리얼리즘Neo-realism'이라 불리는 영화 미학의 지평이 열린 것이다.

사실 전쟁 기간 동안 이탈리아 영화계는 무솔리니 치하에서 강력한 통제와 검열이 자행되었고 따라서 선전 영화, 그리고 할리우드 로맨스를 흉내 내는 백색 전화 영화 등이 대부분이었다. 하지만 새로운 실험도 모색되었다. 1945년 영화 감독 로베르토 로셀리니Roberto Rossellini는 파시즘에 저항하는 레지스탕스 투쟁의 연대기적 기록을 담은 영화 〈무방비 도시Roma, cittá aperta/Rome, Open City〉를 완성한다. 정치적 혼란과 빈곤 속에서 만들어진 이 영화는 기존의 이탈리아 상업 영화들과는 내용과 형식 모두에서 차별적이었다. 인공적 스튜디오 세트와 전문 배우가 아니라 전쟁으로 폐허가 된 이탈리아의 생생한 공간들과 비직업 배우, 자연광에 의존한 야외 촬영과 뉴스릴 필름 등을 활용하며, 당시 이탈리아가 직면하고 있는 동시대적 문제들을 끌어들이고 있었다. 이 영화의 낯설지만 생생한 현실 효과는 동시대 이탈리아의 진보적인 감독들을 고무시켰고, 결국 로셀리니의 영화적 방법론들은 당시 이탈리아의 좌파적 감독들에게 하나의 영화론으로 이론화되기 시작하였다. 〈구두닦이Sciuscià/Shoeshine〉(1946), 〈자전거 도둑Ladri Di Biciclette/Bicycle Thieves〉(1948) 등을 연출한 비토리오 데 시카Vittorio De Sica와 〈강박관념Ossessione/Obsession〉(1943), 〈흔들리는 대지La terra trema/The Earth Trembles〉(1948) 등을 연출한 루키노 비스콘티Luchino Visconti 등이 대표적이었으며, 무엇보다도 이들은 당시

파시즘에 저항하는 레지스탕스 투쟁의 연대기적 기록을 담은 로셀리니의 〈무방비 도시〉.

이탈리아가 직면한 빈곤, 실업, 파시즘, 매춘 등의 문제를 현실적인 방식으로 다루었다. 이러한 방식의 네오리얼리즘의 형식과 이념을 성문화한 것은 비토리오 데 시카와 함께 작업했던 시나리오 작가 체사레 자바티니Cesare Zavattini였다. 그는 네오리얼리즘의 목적에 대해 "이제 현실은 굉장히 풍부할 뿐만 아니라, 그것을 직접 바라볼 수 있다는 것으로 충분하다. 그리고 예술가의 과업은 은유적인 상황들에서 사람들을 감동시키거나 화나게 하는 것이 아니라, 실재하는 것들을 관객들이 숙고하게(혹은 분노하게) 만드는 것이라는 사실이다"라고 정리한 바 있다.

그러나 1950년대에 이르자 네오리얼리즘 경향의 영화들은 점차 줄어들기 시작한다. 무엇보다도 로마 가톨릭 교회와 이탈리아 정부는 사회적인 문제를 다루는 영화들의 제작을 억압하고 수출을 감소시켰을 뿐만 아니라 감독들 역시 사회적이고 정치적인 영화들에서부터 점차 심리적이고 주관적인 영화들(실존주의)로 관심을 이동해 갔다. 그러나 이탈리아 네오리얼리즘의 영화적 미학과 정신은 이후 프랑스의 누벨 바그와 시네마 베리테Cinema Verite 운동, 압바스 키아로스타미Abbas Kiarostami 등으로 대변되는 1990년대의 이란 영화들, 1980년대 한국의 민중 영화 운동 및 제3영화 운동에 지대한 영향을 미치게 된다.

당시 이탈리아가 직면한 사회 문제를 사실적으로 그려낸 비스콘티의 〈강박관념〉.

68혁명과 정치적 모더니즘의 영화들

전쟁이 끝나고 1960년대가 시작되자 유럽의 영화인들은 정치적 논쟁에 격렬하게 빠져든다. 이론 투쟁도 여기에 가세했다. 중국의 문화대혁명과 마오이즘, 알제리 전쟁, 미국의 베트남 전쟁과 같은 역사적 격변은 1960년대의 새로운 세대들로 하여금 기성세대의 가치와 체계에 대한 전면적인 도전 및 저항을 불러일으켰다. 제국주의와 인종주의, 전쟁과 학살, 여성주의와 생태주의, 반전 평화 운동 등이 새로운 세대의 중요한 담론장이 되었다. 기성세대와 타협하지 않는 실험과 저항 정신이야말로 이 시대의 모토였다.

이 시기 영화 이론의 주된 흐름은 형식주의에 기반하고 있었다. 19세기 페르디낭 드 소쉬르Ferdinand de Saussure의 구조주의 언어학이 일으킨 인문학적 사유의 전환은 철학, 미학, 정치학, 심리학 등 광범위한 영향을 미쳤는데 이들은 무엇보다도 사유의 형식(언어적 형식)이 내용을 결정한다고 보았다. 이러한 관점하에서 장 뤽 코몰리Jean-Luc Comolli와 장 나르보니Jean Narboni의 〈시네마 / 이데올로기 / 비평 cinema/ideology/criticism〉[8]은 영화에 대한 혁명적 실천이 무엇인지 그리고 그 비평의 기준이 무엇인지를 형식과 내용의 측면에서 상세하게 밝힌 대표적 논문이다. 그들은 무엇보다도 할리우드의 지배적인 영화들, 즉 내용과 형식면에서 제도적 재현 양식의 이데올로기를 고스란히 반영하는 영화들을 비판했다. 심지어 그것이 내용면에서 진보적인 정치 주제를 담고 있다 할지라도 그 형식 스타일이 변혁적이지 못하다면 체제에 부응하는 영화로 단죄했다. 이들에게 있어서 가장 급진적이며 실천적인 영화들은 형식과 내용 모두에서 기존의 리얼리즘의 형식 또는 이데올로기적 형식과 결별하는 영화들이었다. 대항적이며 유물론적인 언어를 창출하는 것만이 자본주의에 균열을 가할 수 있는 정치 언어이자 미학적 수행이 될 수 있다고 본 것이다. 따라서 그들에게 남은 문제는 대항 영화의 수사학, 즉 새로운 급진적 영화 언어들을 구축해 가는 것이 되었으며 이것은 곧 영화의 형식에 관한 문제로 귀결되었다. 고다르의 테제인 '모든 영화가 정치적이다'는 바로 이러한 상황을 대변하는 것이었다.

그러나 무엇보다도 이 시기 정치적 모더니즘 영화들을 폭발시켰던 것은 이른바 '프랑스 68혁명'과 같은 정치적이고 역사적인 사건들이었다. 특히 68혁명에는 영화인들의 직접적인 참여와 투쟁이 대거 결합되는데, 그 전초는 같은 해 2월에 벌어진 앙리 랑글루아 사건에서부터 시작된다. 1968년 2월 초, 프랑스 정부는 영화인들로부터 많은 신망을 받고 있었던 시네마테크의 책임자 앙리 랑글루아Henri Langlois를 해임한다. 이에 영화인 총동맹하에 소속된 영화 감독, 영화 기술인, 비평가, 교수, 학생들은 랑글루아의 복직과 문화 변혁의 구호들을 외치며 거리 시위를 조직하게 되는데, 이는 이후 5월에 벌어지게 되는 68혁명의 '참여'적 양상을 다양한 계급으로 확산하는 기폭제가 된 것으로 평가되고 있다. 결국 프랑스 정부는 격렬한 1968년 5월을 거치고 난 8월에 이르러 랑글루아를 다시 복직시키며 함께 제기되었던 영화인들의 여러 요구들을 수용하게 된다. 이러한 유럽 영화인들의 정치적이고 문화적인 싸움들은 보다 다양한 영화 실험들을 가능하게 하는 토대가 된 셈이었는데, 이러한 변혁적 실험의 한가운데에는 바로 현대 영화의 아버지라 불리는 장 뤽 고다르와 그의 절친한 동지였던 장 피에르 고랭 Jean–Pierre Gorin도 있었다.

1968년부터 1973년까지 고다르와 고랭은 '지가 베르토프 집단Dziga Vertov Group'을 결성하며 혁명적 영화에 대한 기획에 참가하였다. 이 시기에 고다르와 그의 동지였던 고랭은 기존의 영화 제작 방식 및 영화 언어와는 결별한 총 9편의 영화들을 제작하게 되는데, 이것은 철저히 정치적인 용어들로 사고되고 표현되는 것이었다. 이른바 지가 베르토프 집단은 누벨 바그가 지지했던 작가주의Auteurism의 개인적 영화 제작이 아닌 집단적 영화 제작 방식과 그리고 자본을 거부한 저예산 영화 (때문에 이 시기 영화에는 16mm 비디오 작업이 영화의 영역에 침투하기 시작한다) 그리고 배급에 있어서도 철저히 비상업적인 경로를 고수함으로써 모든 자본의 권력과 이데올로기를 거부하고 그들의 급진적 사고를 영화를 통해 표출하기 시작하였다.

'지가 베르토프'라는 그들의 명칭은, 〈카메라를 든 사나이〉, 〈키노 프라우다〉 등을 연출한 1920년대 소비에트 영화 감독 지가 베르토프에 대한 존경의 오마주이자 1923년에 베르토프가 〈레프〉지에 했던 선언을 계승한다는 의미를 담고 있다. 베르토프는 '인간의 의식과 눈으로부터 카메라를 해방시킬 것'을 주장하며 동시대 현실에서 벌어지는 사회 모순과 약자들을 위한 카메라 뉴스릴 작업(키노 프라우다 시리즈) 등 다큐멘터리 작업을 고수하였다. 이러한 베르토프의 영화 선언을 계승한 고다르의 '지가 베르토프 집단'은 거기에 덧붙여 '정치적인 영화는 정치적으로 만들어야 한다'라는 선언을 하게 되는데 이것은 독일의 극작가였던 베르톨트 브레히트Bertolt Brecht가 관객의 수동성과 물신적 환영주의에 맞서기 위해 구사했던 서사극의 방법론과 조응하는 것이었다. 결국 이것은 고다르에 있어서 '유물론적이고 변증법적이며 그리고 혁명적인 영화'에 대한 추구로 연결된다.

이 시기 '지가 베르토프' 집단에 의해 만들어진 영화들(〈동풍Le vent d'est〉(1970), 〈영국 소리British Sounds〉, 〈원 플러스 원One Plus One〉(1968), 〈프라우다Pravda〉(1970), 〈블라디미르와 로자Vladimir et Rosa〉(1971) 등)은 주로 정치적 폭력, 소비 사회 자본주의에 대한 비판과 조소, 제3세계에 대한 제국주의, 성, 매스 미디어의 이데올로기 등의 급진적 주제를 다룰 뿐만 아니라 영화적 형식 역시 사운드와 이미지의 불일치, 수평 트래킹 등의 형식 스타일을 구사한다. 특히 브레히트가 〈마하고니시의 흥망성쇠Aufstieg und Fall der Stadt Mahagonny〉에서 밝힌 리얼리즘에 반대하는 12가지 서사극 양식을 그대로 영화적으로 흡수해 제작한 영화 〈만사형통Tout va bien〉(1972)은 영화 제작의 상업적 시스템, 68혁명 이후의 지식인들의 좌절과 변절, 공장 파업에서 드러나는 노동자와 자본가의 대립 등이 매우 실험적인 방식으로 구사되는 영화이다. 이러한 고다르의 영화적 형식 실험들은 결코 단순한 영화적 트릭이나 테크닉이 아니라 철저히 영화적 인식론과 정치성 그리고 미학적인 전화를 이루어 내며 영화의 영역을 확장시킨 시도로 평가되고 있다.

그러나 당시의 이러한 급진적 실험들(형식주의에 기반한 정치적 모더니즘, 아방가르드 영화)은 당대 대중 및 이후 비평 진영에서 몇 가지 문제점들을 들어 비판을 받게 된다. 비판론 자들의 논지는 첫째, 그의 작품이 대중적으로 광범위하게 소통되지 못하였다는 점이다. 그러나 이는 고다르를 비롯한 당대의 급진적 영화들이 상업적인 배급망을 의도적으로 배격하고 노조나 운동 단체 등을 중심으로 영화를 상영했기 때문에 생긴 문제이기도 했다. 그러나 더 중요한 문제는 고다르 스스로가 인정했듯이 지적 난해함의 문제였다. 고다르는 "혁명적 지식인이 되는 길은 지식인이길 포기하는 것이다"라고 말한 바있으나 그는 결코 지식인임을 포기한 적이 없었다. 고다르 영화의 패러독스는 그의 정치성이 기득권 부르주아에 대한 통렬한 비판임에도 불구하고, 그것이 결코 프롤레타리아 대중을 향한 수사학이 아니었다는 데 있었다. 그러나 한편으로 그러한 형식주의적 혁신과 실험은 당대 주요한 좌파 지식인들이 행하는 실천의 방식으로 인정되기도 하였다. 당대 가장 논쟁적인 잡지 중 하나였던 〈텔켈*Tel Quel*〉의 편집장인 필립 솔레르스 Philippe Sollers가 모든 형식적 실험가들에게 바친 옹호의 변은 "아방가르드의 난해함마저도 저항의 형식으로 읽어야 한다는 것"이었다.

고다르는 〈만사형통〉에서 파업 중인 공장을 묘사하는 데
세트를 전면적으로 드러내는 전경화 기법을 사용한다.

중남미 해방 영화

1960년대 유럽에서 전개된 좌파적 영화 운동들은 주로 지식인들에 의한 형식주의 운동(정치적 모더니즘과 아방가르드)에 기반하고 있었다. 물론 1968년 혁명 당시, 영화인 총동맹 소속하의 영화인들이 '생산적 파업'이라는 명목하에 주류 영화의 제작을 전면 중단한 채 카메라를 들고 거리로 나가 68혁명의 양상을 생생히 기록하는 다큐멘터리들을 제작하는 조직적 운동에 참여했음을 간과할 수는 없을 것이다. 그러나 혁명적 다큐멘터리 투쟁이라고 할 때, 다른 어떤 곳에서 벌어진 실천과도 비견할 수 없는 놀라운 성취와 결과를 보여 준 것은 1960년대 라틴 아메리카에서였다. 당시 라틴 아메리카를 위시한 제3세계에서는 미국의 폭력적 제국주의에 맞선 해방 투쟁이 한창이었는데 바로 이러한 혁명적 투쟁에 영화가 결합한 것이었다.

1960~1970년대 라틴 아메리카를 중심으로 한 제3세계 국가들의 진보적 지식인과 영화인들은 영화가 중요한 혁명적 무기이자 계급 실천의 도구임을 깨달으며, 이른바 '해방 영화'를 선언하였다. 이들은 영화의 예술성과 미학은 추상적 아름다움이 아니라 당대 그들 사회가 직면한 역사적 현실 속에서 민중적 관점과 계급적 실천에 동조하는 영화들 속에서 성취될 수 있다고 보았다.

그들 중 제3영화의 전형으로 손꼽히며 가장 전투적이면서도 시적인 아름다움을 가지는 아르헨티나의 다큐멘터리인 〈불타는 시간의 연대기*La hora de los hornos/The Hour of the Furnaces*〉(1970)를 연출했던 페르난도 솔라나스Fernando Solanas와 옥타비오 헤티노 Octavio Getino가 공동 집필한 소논문 〈제3영화를 향하여Towards the Third Cinema〉[9]는 라틴 아메리카를 휩쓸던 영화 운동의 중요한 이론적 기반을 제시하고 있다. 솔라나스와 헤티노에 의하면 할리우드의 소비적이고 오락적인 영화를 제1영화, 유럽의 개인 중심적

라틴 아메리카 기록 영화 중
최고 걸작으로 꼽히는
〈불타는 시간의 연대기〉.

인 작가주의 영화를 제2영화, 그리고 이 두 영화적 흐름을 탈피하면서 혁명적 수단으로서 실천하는 영화를 제3영화라고 구분 지었다. 그들은 특히 제3영화의 두 가지 대안적 방법론을 지적하는데, 하나는 체제의 필요성에서 벗어난, 즉 체제가 결코 동화시킬 수 없는 영화를 만드는 것이며 다른 하나는 직접적이고 노골적으로 체제와의 싸움에 나서는 영화를 만드는 것이라 주장한다. 그리고 혁명적 영화란 무엇인가에 대해서 다음과 같이 정의내리고 있다.

혁명적 영화는 근본적으로 상황을 설명하고, 기록하고, 수동적으로 설정하는 영화가 아니다. 혁명적 영화는 상황을 변혁하는 요소로서, 상황에 개입하기를 모색하는 영화인 것이다. 다시 얘기하면, 혁명적 영화는 변혁을 통하여 발견에 다다르는 영화이다.

이러한 영화의 새로운 정의는 라틴 아메리카의 민족 해방 운동의 새로운 수단으로 민중적 시선과 밀착함으로써 당시의 제국주의 수탈에 저항하고 진실을 기록하고 추동하는 중요한 계기로서 작용한다. 이들은 각 나라의 정치적 상황과 지형에 맞춰 영화 집단을 형성되고 게릴라식 영화 제작과 상영을 중심으로 활동하게 되는데 아르헨티나의 정치적 영화 감독 집단인 '시네 리베라시온Cine liberacion,' 볼리비아의 젊고 진보적 지식인이 중심이된 '우카마우 영화집단Ukamau Film,' 브라질의 '시네마 노보Cinema Novo' 등이 바로 여기에 해당한다. 그리고 쿠바에 이어 민중 혁명을 달성한 국가 칠레에서 활동한 미겔 에르네스토 리틴Migeuel Ernesto Littin이나 아옌데 정권에 관한 기념비적 다큐멘터리 〈칠레 전투The Battle of Chile: The Struggle of a people without arms〉를 제작한 파트리시오 구즈만Patricio Guzman 역시 바로 제3영화의 대표 주자들이라 할 수 있다.

칠레 전투: 비무장한 민중들의 봉기

〈칠레 전투〉(1977)는 칠레에서 진행된 제3영화의 대표작이자 1970년대 칠레에서 벌어졌던, 그야말로 영화의 부제가 말하듯 '비무장한 민중의 봉기'에 대한 생생한 역사적 증언이다. 파트리시오 구즈만을 비롯한 5명의 영화 집단 청년들에 의해 제작된 이 작품은 1973년 3월부터 시작해 9월 11일 피노체트 군부의 무력 쿠데타와 당시 민중 정권의 대통령이었던 살바도르 아옌데 대통령 살해, 이후 자행된 10월 민중 학살 등, 총 8개월 동안 촬영된 내용을 바탕으로 제작되었다. 당시 이들에게 촬영 장비는 16mm 카메라 한 대와 외국의 후원자들이 보내 준 필름이 전부였다. 그나마 이들은 아옌데 정부가 무너진 후 촬영을 중단하고 그동안 촬영했던 테이프들을 해외로 안전하게 반출하기 위한 목숨을 건 탈출을 시도한다. 그리하여 이들이 도착한 곳은 혁명에 성공한 쿠바의 국립 영화 산업 기구 ICAIC이었다. 이곳의 도움을 받아 무려 6년여에 걸친 기나긴 편집 이후 총 287분에 달하는 3부작, 〈칠레 전투〉가 완성된다. 이 작품은 이후 칸 영화제에서 처음으로 공개되면서 서구(제1세계)의 평론계에 의해 '새로운 변증법적 해방 영화의 전형을 창출한 위대한 기념비'라는 평가를 받으며 세계의 주목을 받게 되었다.

영화 〈칠레 전투〉는 세계 역사상 최초로 민주적 선거를 통해 완성된 칠레 사회주의 민중 연합 정부인 살바도르 아옌데Salvador Allende 정권의 점진적 사회주의 혁명의 좌절당한 꿈에 대하여 기록하고 있다. 1부 '부르주아지의 봉기'에서는 아옌데 정권의 급진적 체제 변혁과 이에 대해 총공세로 위협하는 부르주아 및 미 제국주의자들 그리고 파시스트의 폭력에 대한 기록이다. 2부 '쿠데타'는 1973년 6월부터 군부를 앞세워 시작된 반민중 세력들의 내란의 소요와 쿠데타의 과정을 보여 주고 있으며, 3부 '민중의 힘'

〈칠레 전투〉. 피노체트 군부는 쿠데타를 일으키고 칠레의 대통령궁인 모네다를 전투기로 폭격하며 당시 대통령이었던 아옌데에게 망명을 회유한다. 그러나 아옌데는 모네다궁을 떠나길 거부하고, 최후의 순간까지 쿠데타 세력에 맞서 싸우다 결국 살해당한다.

은 아옌데의 민중 정권을 지켜내고자 했던 노동자 계급의 저항과 투쟁을 담고 있다.

이 영화는 전반적으로 시네마 베리테와 유사한 역동적 카메라 워크 그리고 감독의 직접적 설명보다는 당시 진행되는 상황에 존재하는 사람들과의 생생한 인터뷰를 통해 정치적 혼란기를 냉철한 마르크스주의자적 관점에서 해석해 낼 수 있도록 요구하고 있다. 이른바 분석적 다큐멘터리*analytic documentary*의 형식을 띠는 이 작품은 관객으로 하여금 반민중 세력에 대해 감정적으로 분노하기보다는 당시의 혁명이 어떠한 정세에서 그러한 결과로 귀결될 수밖에 없었는가에 대한 냉엄한 역사적 판단을 요구한다. 특히 영화는 변증법적 내레이션 스타일(내레이터가 최소한의 필수적인 배경 정보만을 전달하고 대부분의 분석은 영화가 기록하는 사건에 참여했던 사람들에게 직접 말하여지는 방식)을 유지하므로 관객이 스스로의 힘으로 당시의 시대적 모순을 이해하도록 요구한다.

그럼에도 불구하고 〈칠레 전투〉는 관객으로 하여금 반민중적 수탈에 대한 소름끼치는 전율과 충격을 던져 준다. 특히 1부의 마지막 장면은 1973년 6월, 도심에 진출한 군부를 촬영하는 카메라맨을 향해 조준 사격을 가하는 군인과 결국 자신의 죽음의 순간을 기록하게 된 카메라맨의 마지막 충격적인 영상이 그대로 담겨져 있다.

그리고 2부는 쿠데타가 시작되면서 해외 도피를 단호히 거절하고 끝까지 대통령궁에 남아 단 40여 명의 민간인들과 함께 미국에서 원조 받은 엄청난 군수 물자로 대통령궁에 퍼부어 대는 폭탄 세례에 저항했던 아옌데 대통령의 최후의 육성 메시지와 죽음의 순간을 담고 있다. 최후의 순간까지 자신의 신념을 굽히지 않고 자신의 죽음으로 민중의 권력을 지켜내고자 했으며 그들에게 보답하고자 했던 혁명가의 장엄한 최후는 관객에게 민중의 역사란 과연 무엇인가 하는 숙연한 질문을 던진다.

그들은 힘으로 우리를 지배하는 것처럼 보이지만 무력이나 범죄 행위로도 사회 변혁을 멈추게 할 순 없습니다. 역사는 우리의 것이며 민중이 이루어 내는 것입니다. 언젠가는 자유롭게 걷고 더 나은 사회를 건설할 역사의 큰 길을 민중의 손으로 열게 될 것입니다. 역사의 전환점에서 나는 인민의 신뢰에 대해 내 목숨을 바쳐 보답합니다. 우리가 수많은 칠레 인민들의 가슴에 뿌린 씨앗은 반드시 싹을 틔우게 될 것입니다. 칠레 만세! 칠레 인민 만세! 칠레 노동자 만세!

— 1973년 9월 11일 살바도르 아옌데 대통령의 최후의 육성 메시지, 〈칠레 전투〉에서 발췌

이 영화는 피노체트 군부의 쿠데타 이후 23년 동안 칠레에서 상영되지 못했다. 그러나 쿠데타 이후 칠레에서는 단지 영화 상영만 금지된 것이 아니었다. 아옌데를 지지했던 사람들뿐만 아니라 자신의 계급에 투철했던 무수한 민중들에 대한 대대적인 학살에 들어간다. 쿠데타 직후 진보적인 인사들과 지식인 그리고 노동조합원들은 체육관에 몰려 총살당하는가 하면 이후 17년간 3000여 명이 살해되고, 1200여 명이 실종되었으며, 구금과 고문에 15만 명이 시달렸고 망명자만 20만 명에 달했다. 〈칠레 전투〉를 촬영했던 카메라맨 역시 실종되어 살해되었으며 감독인 파트리시오 구즈만은 구사일생으로 탈출하여 이후 스페인에 망명하였다.

그리고 1997년 파트리시오 구즈만은 〈칠레 전투〉 이후, 칠레에 대한 — 아옌데 정권의 좌절당한 혁명에 대한 회고적인 다큐멘터리를 발표하였다. 〈칠레, 잊을 수 없는 기억 Chile, la memoria Obstinada/Chile, Obstinate Memory〉은 1973년 쿠데타 이후 23년이 지난 시점에서 감독 자신이 다시금 칠레로 돌아가 혁명을 체험한 사람들의 기억과 그리고 혁명을 체험하지 않은 20대 초반의 젊은 세대에게 당시의 피와 민중의 노력으로 진행되었던 칠레 혁명과 피노체트의 반혁명이 어떻게 남아 있는가를 되묻고 있다. 그러나 암흑의 시대를 보낸 사람들은 모두 숨죽이고 있으며, 혁명을 말살당한 채 역사를 모르고 자란 20대 초반의 대학생들은 자신의 부모 세대에 어떤 일이 벌어졌는지 모른다. 비밀리에 〈칠레 전투〉를 본 학생들은 흐느끼며, 이제 자신들의 세대에게로 넘겨진 혁명에 관한 숙제를 어떻게 풀 것인가에 관해 숙고하기 시작한다. 〈칠레 전투〉와 더불어 이 작

품은 혁명과 반혁명, 기억과 망각, 제국주의 폭력과 노동 계급의 목숨 건 저항에 관한 가장 논쟁적이고도 성찰적인 다큐멘터리로서 영화사에 남아 있다.

비디오 액티비즘에서 마이클 무어까지

라틴 아메리카의 놀라운 성취였던 해방 영화 운동은 1970년대에 이르면서 이후 전개된 역사적 퇴보(군사 쿠데타와 미국의 개입 등)에 의해 폭력적으로 억압된다. 그러나 그 노선과 정신을 계승하는 현실 참여적이고 정치적인 다큐멘터리는 1980년대를 거치면서 미국과 캐나다 등을 중심으로 다양한 입장의 영화들로 발전한다고 보아도 무방할 것이다. 무엇보다도 이 시대를 지나면서 다큐멘터리는 세상을 보여 주는 단지 투명한 창이 아니라 세상을 해석하고 분해할 수 있는 '프리즘'으로서 인식되기 시작한다. 여기서 특히 주목해야 하는 것은 1980년대 이후, 영화는 더 이상 필름에 국한되지 않고 보다 가볍고 경제적이며 대중적인 비디오의 시대로 들어선다는 것이다. 1960~1970년대를 거쳐 유럽과 중남미 등에서 벌어졌던 진보적 다큐멘터리 영화 운동은 1980년대 비디오 매체의 발달로 인해 보다 다양해지고 대중화되었다. 바로 이러한 흐름 속에서 다큐멘터리의 또 다른 신기원이라 할 수 있는 '비디오 액티비즘video activism'이 태동한다.

그러나 비디오 액티비스트와 관련한 몇 가지 개념들이 있다. 이를테면 '퍼블릭 엑서스public access'나 '독립 영화independent film' 등이 이것인데, 모두 미디어(영화)의 사회적 변혁 운동과 중요한 상관관계를 가지는 간과할 수 없는 개념으로서 '제작의 양식mode of production'을 중심으로 차별화된다. 먼저 퍼블릭 엑서스는 대중의 미디어에 대한 접근의 권리rights of access, 즉 참여적 권리를 포괄하는 개념이다. 캐나다에서 처음 제기된 액서스의 권리와 운동은 애초에는 옴부즈맨 프로그램과 같이 시청자가 비평이나 모니터 같은 수동적인 참여의 방식이었으나 비디오의 등장과 더불어 보다 적극적인 다큐멘터리 제작 운동으로 발전하였다. 특히 미국의 경우 특유의 지역주의localism 방송 시스템이 존재하면서 이에 따른 미디어 참여 운동이 다양하게 모색되고 시도된다. 따라서 이러한 양상은 주로 시민 운동과 같은 광범위한 풀뿌리 민주주의 운동에서부터 급진적이고 정치적인 액티비즘까지 다양하게 나타난다.

이와 관련해서 주목해야 하는 개념이 바로 사회적 변혁 지향의 영화들 혹은 대안적 미디어 운동들을 포괄하는 '독립 영화'이다. 이러한 영화들은 작품의 생산–소통은 물론이고 그 형식과 내용에 있어서도 보다 정치적이고 사회적인 메시지를 강조하며 상업적 소비 공간 외에 대중 조직이나 학교, 운동 단체 등과의 연대를 기반으로 하기도 한다. 대부분 다큐멘터리 형식으로 제작되는 이러한 독립 영화들은 영화학자 빌 니콜스Bill Nichols의 표현대로 수정과 전복, 반란을 빼놓고는 언급할 수 없을 만큼 기존의 영화나 TV의 존재론과는 차별적인 것이었다. 이들이 차별적이라는 것은 그만큼 비디오 매체를 통한 변혁의 표현이 새로운 투쟁의 지점들을 만들어 가며(생산과 배급, 그리고 자신만의 독자적인 매체 언어) 발전해 오고 때로는 한계를 노정해 왔다는 것을 의미한다.[10]

이렇듯 1980년대부터 등장한 비디오 액티비스트들의 작업들은 여러 우여곡절을 겪으면서도 1990년대에 이르러 굉장히 다양한 방식으로 전 세계에 확장되었는데, 1989년 〈로저와 나Roger & Me〉를 연출하며 세계적인 주목을 받은 마이클 무어Michael Moore의 작업은 그 방법론적 찬반에도 불구하고 미국 사회가 직면한 정치적 이슈에 대한 열띤 논쟁을 불러일으키고 있다. 이후 마이클 무어는 미국 컬럼바인 고등학교의 총기 난사 사건을 통해 미국 사회의 폭력과 정치적 문제를 다룬 〈볼링 포 컬럼바인Bowling for Columbine〉(2002), 9·11과 이후 벌어진 이라크 전쟁의 문제를 다룬 〈화씨 9/11Fahrenheit 9/11〉(2004), 미국 의료 보험 체계의 문제를 지적한 〈식코Sicko〉(2007), 세계 금융 위기의 문제를 추적한 〈자본주의 러브 스토리Capitalism: A Love Story〉(2009) 등을 연출했는데, 모든 논란에도 불구하고 그의 작업들은 다큐멘터리 영화를 통한 정치적 소통의 가능성과 새로운 매체의 미학적 가능성을 동시에 보여 준 대표적인 사례로 언급할 수 있다.

특히 미국의 9·11 테러와 이후 발생한 이라크전을 추적한 〈화씨 9/11〉은 이 모든 상황을 미국의 정의로운 반테러리즘이 아니라, 석유를 둘러싼 부시 일가와 공화당의 이권주의가 이라크를 침탈하게 만들었다는 논쟁적인 이슈를 제기하고 있다. 이 영화로 마이클 무어는 칸 영화제 사상 처음으로 다큐멘터리로서 황금종려상을 수상하는 영예를 안는다. 칸 영화제가 그간 세계 영화의 예술적 성취에 주목해 왔던 영화제였다는 점을 감안한다면, 이 수상이 말하는 바는 예술의 정점에는 '정치적 올바름'에 관한 윤리가 있다는 것을 인정하는 것이었다. 즉 그 어떤 미학적 실험보다도 사회적 진실, 삶의 진실이야말로 영화의 핵심임을 다시 한 번 일깨우는 것이었다.

정치적인 영화를 위하여

1895년을 영화사 원년으로 삼는다면 영화의 역사는 어느덧 한 세기를 훌쩍 넘겼다. 지난 시간 동안 영화의 존재론은 어떤 하나의 무엇으로 정의내려지기보다는 매 시기, 매 지역과 국가에 따라 다른 양태로 존재해 왔다. 영화의 존재론에 관한 대표적인 에세이를 남긴 프랑스 영화 평론가 앙드레 바쟁André Bazin은 〈사진적 영상의 존재론을 위하여〉의 말미에, "영화는 아직 채 발명되지 않았다"라고 쓰고 있다. 1950년대 쓰여진 이 문장은 영화가 정말로 그 시기에 완전한 형태를 갖추지 못했다라는 의미이기보다는, 영화라는 존재 자체가 끊임없이 변화의 과정에 놓인다는 것을 의미한다.

이러한 상황 속에서 영화와 정치는 어떠한 관계 속에 놓이는가? 고다르의 테제처럼 모든 영화는 정치적인 형식으로 발언한다. 그것이 남녀 간의 사랑을 다룬 로맨스이건, 사이코패스의 잔혹한 연쇄살인을 다룬 스릴러이건, 최근 한국 사회를 들끓게 한 실화를 영화화한 것이건 말이다. 영화는 형식과 내용을 통해 그 사회의 이데올로기와 공모하거나 저항한다. 그렇다면 영화에서 왜 정치적인 것이 중요한가? 이 말은 '영화가 왜 예술인가?'라는 질문과 결국 같은 의미일지도 모른다. 예술은 단순이 예쁘거나 난해한 것이 아니라, 그 창작자와 창착물이 존재하는 세계와 어떤 관계를 맺는가에 따라 더 중요한 가치를 획득한다. 시대와 역사, 공동체와 사람을 외면한 작품은 예술의 진정성을 담보하기 힘들다. 결국 시대와 공동체와 함께 호흡한다는 것은 예술 작품이 혹은 영화가 어떠한 방식으로 그 사회에, 시대에 존재하고 기능하는가라는 질문으로 이어진다. 벤야민은 예술가의 사명이란 날카로운 시선으로 시대를 직시하는 것이라고 이야기한 바 있다. 결국 '영화와 정치'에서 정치란, 단순히 의회나 민주주의 등으로 대변되는 어떤 거대한 담론으로 한정되는 것이 아니라, 영화를 둘러싼 혹은 영화가 이야기하는 세계의 삶에 대해 다양한 방식과 시선, 형식 등으로('정치적 올바름'을 포함하여) 이야기하는 것이라 할 수 있을 것이다. 이때 시네필의 태도는 무엇이 좋은 영화인가, 어떠한 정치적 시선에 동의할 것인가를 고민하는 것에서 시작된다. 영화사 100주년이 되었던 1995년을 전후해, 한국 사회 영화 담론에서 가장 유행했던 화두인 '어떤 영화를 지지할 것인가?' '영화를 어떻게 읽을 것인가?' 등의 문제는 그래서 지금도 유효하다.

주

1. 존 벨튼, 《미국 영화, 미국 문화》, 이형석 옮김, 한신문화사, 2000, pp.8~9.

2. 이에 대한 자세한 내용은 다음의 글을 참고하라. 톰 거닝, "초기 미국 영화," 존 힐 엮음, 《세계 영화 연구》, 안정효 옮김, 현암사, 2004.

3. 1920년대 미국 노동자 영화에 관한 글은 다음 책을 참고하라. 프리즘 엮음, 《영화 운동의 역사》, 서울출판미디어, 2002.

4. 발터 벤야민, "기술 복제 시대의 예술 작품,"《발터 벤야민의 문예 이론》, 반성완 옮김, 민음사, 1992.

5. 이언 크리스티, "1930년대 이전의 유럽 영화와 전위파,"《세계 영화 연구》, 안정효 옮김, 현암사, 2002, p.516.

6. 아모스 보겔,《전위 영화의 세계》, 권중운 옮김, 예진사, 1996, p.276.

7. 같은 책, pp.281~282.

8. Jean Luc Comolli & Jean Narboni, "cinema/ideology/criticism," Bill Nichols (ed.), *Movies and Methods*, University of California Press, 1976.

9. Fernando Solanas & Octavio Getino, "Towards a Third Cinema," Bill Nichols (ed.), *Movies and Methods*, University of California Press, 1976.

10. 정치적인 다큐멘터리 운동 및 비디오 액티비즘에 관해서는 김명준 등이 엮은 다음 책을 참고하라. 프리즘 엮음,《영화 운동의 역사》, 서울출판미디어, 2002.

+film

전함 포템킨 *Bronenosets Potyomkin/Battleship Potemkin*
dir. Sergei M. Eisenstein | cast. Aleksandr Antonov, Vladimir Barsky | 1925 | 75min | b&w | Soviet Union

　　1920년대 소비에트 몽타주 영화의 미학을 단적으로 보여 주는 영화사의 걸작이다. 특히 영화의 중반에 등장하는 오데사 계단의 학살 장면은 브라이언 드 팔마의 〈언터처블*The Untouchables*〉, 테리 길리엄Terry Gilliam의 〈브라질*Brazil*〉 등에서 고스란히 오마주된다.

독일 0년 *Germania anno zero/Germany Year Zero*

dir. Roberto Rossellini | cast. Edmund Moeschke, Ernst Pittschau | 1948 | 78min | b&w |

Italy | Produzione Salvo D'Angelo, Tevere Film

어린 소년의 눈높이에서 본 전쟁의 비극을 조명하고 있는 로셀리니의 걸작. 종전 직후 빈곤의 나라로 전락한 한 가족과 그 가족을 부양해야만 하는 어린 소년의 위악스러운 생존과 죽음에 관한 작품이다. 특히 실제 폐허의 공간들과 인공광이 아닌 자연광. 소년의 일상을 기록하는 카메라 워크 등은 이후 네오리얼리즘의 대표적 미학으로 손꼽힌다.

자전거 도둑 *Ladri di biciclette/Bicycle Thieves*

dir. Vittorio De Sica | cast. Lamberto Maggiorani, Enzo Staiola | 1948 | 93min | b&w | Italy

| Produzioni De Sica

가족의 유일한 생계 수단인 자전거를 도둑맞은 아버지가 어린 아들과 함께 자신의 자전거를 찾아 헤맨다. 그러나 전쟁으로 혼란스러워진 도시의 풍경 속에서 자전거를 찾기란 쉽지 않다. 절망에 빠진 아버지는 결국 다른 이의 자전거를 훔치려 하지만 이내 붙들려 사람들의 몰매를 맞는다. 이 모든 과정을 아들에게 들켜 버린 아버지와 그 어린 아들의 슬픔을 절절하게 그리고 있다. 비토리오 데 시카의 대표작.

만사형통 *Tout va bien*

dir. Jean-Luc Godard, Jean-Pierre Gorin | cast. Yves Montand, Jane Fonda | 1972 | 95min.

| color | France | Anouchka Films, Vieco Films, Empire Films

고다르의 가장 정치적인 영화 중 한 편. 68혁명의 실패가 지식인들에게 어떤 상처와 회한, 배반과 타협을 낳았는가를 성찰하는 작품이다. 특히 이 시기 고다르의 트레이드마크라 할 만한 전경화 장면들(파업 중인 공장신)과 수평 트래킹, 롱 테이크 등 카메라를 통해 어떻게 정치적 사유를

할 수 있는지 보여 주는 대표작이다.

칠레 전투 *La batalla de Chile/The Battle of Chile*

dir. Patricio Guzmán | 1975 | 191min | color | Venezuelas

다큐멘터리 영화사상 가장 위대하고 전율할 만한 작품. 민중들의 지지에 기반해 선거로 대통령이 된 살바도르 아옌데의 사회주의 실험과 이에 저항하는 부르주아 및 반동들의 반란을 오랜 시간 동안 기록한 작품이다. 특히 성찰적 다큐멘터리라는 형식은 이 영화를 통해 관객이 영화 속 인물들의 토론과 논쟁에 참여하여 관객 스스로 질문과 정답을 찾도록 안내한다.

로저와 나 *Roger & Me*

dir. Michael Moore | cast. Michael Moore, James Blanchard | 1989 | 91min | color | USA | Dog Eat Dog Films, Warner Bros. Pictures

화씨 9/11 *Fahrenheit 9/11*

dir. Michael Moore | cast. Michael Moore, George W. Bush | 2004 | 122min | color | USA | Fellowship Adventure Group, Dog Eat Dog Films, Miramax Films

비디오 액티비스트로 시작하여 칸 영화제에서 황금종려상까지 거머쥔 마이클 무어의 대표작들이다. 특히 〈로저와 나〉는 그의 첫 장편 영화로서 미국 GM사의 노동자 대량 해고 이후 벌어진 살풍경들을 1년여 동안 추적 기록하고 있으며, 그의 가장 논쟁적 작품이기도 한 〈화씨 9/11〉은 미국의 이라크 전쟁이 감추고 있는 참혹한 진실에 대해 파헤친다.

영화 운동의 역사

프리즘 엮음 | 서울출판미디어 | 2002

영화의 탄생과 초기에서부터 최근까지, 주류 영화사에서 자주 언급되지 않는 영화의 정치적이고 계급적인 실천의 사례들을 지역별, 작품별, 사건별로 잘 정리하고 있다.

● 영화가 현실에 대해 발언하고 개입하는 것이 어떤 의미가 있다고 생각하는가?

● 러시아 몽타주 영화가 이룬 미학적이고 정치적인 성취 혹은 한계에 대해 비판하라.

● 1940년대 이탈리아 네오리얼리즘 영화가 지닌 방법론(스타일과 내용)이 이후 현대 영화에 끼친 영향과 중요성은 무엇이라 생각하는가?

● 영화 정치학에 있어서 영화가 무엇을 다루는가(소재적 측면)와 어떻게 다루는가(형식 스타일)는 어떤 차이와 의미가 있는가?

● 마이클 무어의 다큐멘터리 방법론에 대한 찬반이 격렬하다. 혹자는 미국 사회가 숙고해야 할 중요하고 정치적인 사안에 대해 풍부한 성찰과 논쟁을 담고 있다고 지지하는가 하면, 또 다른 이들은 그의 방식이 과장되고 조작적이며 센세이셔널리즘에 기반하고 있다며 비난한다. 이에 대해 어떻게 생각하는가?

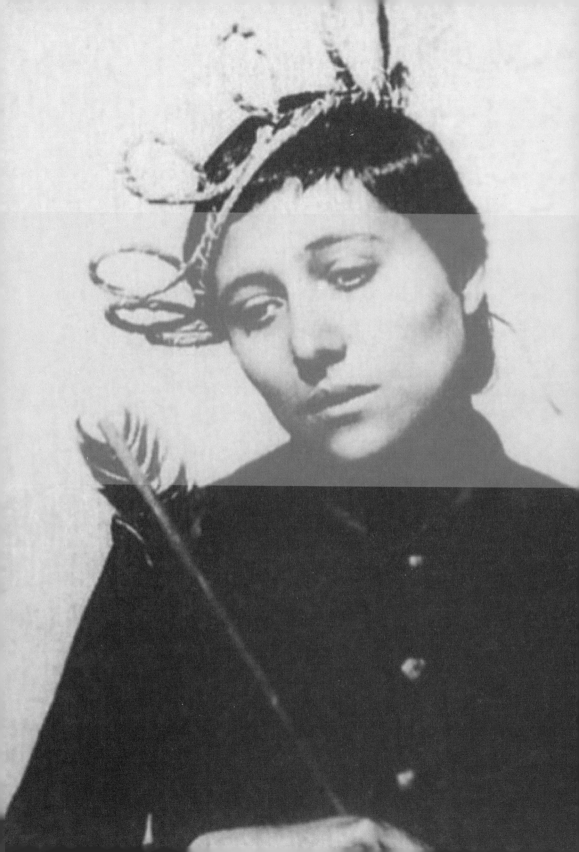

04

영화와 종교

최은

영화 역사상 영화와 종교의 만남은 늘 문제적이었다. 초월적인 것을 세속적인 이미지로 표현해야 하는 재현의 어려움은 특히 초월적인 것과 종교 자체에 대한 거부감이 대중적인 정서로 표출되고 있는 오늘날 더 큰 장벽을 만난 것처럼 보인다. 이 장에서는 과거 종교가 영화에 상상력과 권위를 제공해 주면서 상대적으로 긍정적인 만남을 보이던 시기에서부터 부정 신학을 토대로 부정에서 긍정으로 향하던 방향을 거쳐 신 없는 세상의 절망에 초점을 둔 최근 영화들을 차례로 살펴본다. 흥미로운 것은 영화와 종교가 가장 문제적으로 만나는 것으로 보이는 최근 영화들에서 오히려 구원에의 희구가 물리적인 감각으로 생생하게 다가오는 것을 발견하게 된다는 점이다.

약호화된 기호로서의 기독교 이미지

"너나 잘하세요."

영화가 기독교에게 말한다. 〈친절한 금자씨〉(박찬욱, 2005)에서 교도소에서 갓 나온 금자 씨(이영애)가 카메라를 똑바로 쳐다보며 무표정한 얼굴로 내뱉는 이 말은 동시대 한국 사회 혹은 한국 영화가 기독교를 바라보는 냉소적인 시각을 압축적으로 보여 준다.

금자 씨뿐만이 아니다. 〈파괴된 사나이〉(우민호, 2010)의 주영수 목사(김명민)는 유괴된 딸을 오래도록 찾지 못하자 가운을 벗어던지고 강대상에서 내려오며 이렇게 중얼거린다. "좆 까고 있네." 그것은 바로 자신의 입으로 "너희 원수를 사랑할지어다! 너희를 박해하는 자를 위해 기도할지어다!"라는 강렬한 메시지를 던지고 난 직후였다. 그는 또 성경을 읽다가 북북 찢어 버리기도 한다. 〈그놈 목소리〉(박진표, 2007)의 엄마(김남주)도 그랬다. 유괴된 아들을 찾기 위해 홀로 이리 뛰고 저리 뛰던 엄마는 절박한 심정으로 절규하며 기도한다. 그리고 그 모든 노력이 수포로 돌아가자 성경책을 찢어 내기에 이른다. 과거 박해의 표상(즉 굳건한 믿음에 대한 방증)이었던 성경책을 찢는 행위가 근래에는 이처럼 회의와 절망의 표현으로 애용되고 있는 셈이다.

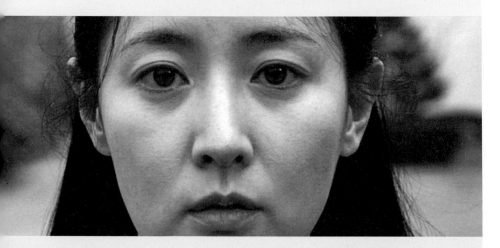

"너나 잘하세요." 교도소에서 갓 나온 금자 씨(이영애)가 단발머리 전도사에게 무표정한 얼굴로 건네는 이 말은 기독교를 향한 동시대 한국 영화의 냉소를 압축적으로 보여 준다. 〈친절한 금자씨〉.

특히 2000년대 중후반 한국 영화에서 이러한 예는 일일이 열거하기도 힘들 만큼 많다. 반드시 정성스러운 묘사나 심각한 논쟁거리가 아니어도 될 것이다. 어떤 인물이 구제 불능의 악덕 기업주임을 보이기 위해서는 노동자를 박대하고 난 후 그가 '심지어' 교회도 다닌다는 점을 강조하면 된다. 그가 집사나 장로임을 보이는 것도 좋겠고, 기도하거나 예배하는 장면, 그도 아니면 집안 거실에 걸린 성화나 십자가상을 노출시키는 방식도 효과적일 것이다. 또 어떤 사람이 대단히 위선적이라는 이야기를 하고 싶으면 못된 언행을 하고 나서 성경책을 옆구리에 끼고 새벽기도 하러 가는 모습을 보여 주면 그만이다. 〈오아시스〉(이창동, 2002), 〈그때 그 사람들〉(임상수, 2004), 〈천하장사 마돈나〉(이해준, 2006), 〈우리들의 행복한 시간〉(송해성, 2006), 〈타짜〉(최동훈, 2006), 〈황해〉(나홍진, 2010) 등 다수의 한국 영화들이 그러한 방식으로 종교, 특히 개신교의 이미지를 소비해 왔다.

이상 언급된 작품들이 모두 특정 종교에 대해 비판적이거나 반감을 보이는 영화라고 이야기하는 것은 물론 아니다. 또한 이것은 어떤 기독교인들이 우려하듯이 작금의 영화가 유래 없이 반기독교적 이미지를 유포한다는 견해와도 다른 문제이다. 중요한 것은 이러한 이미지들이 재현을 넘어 이미 일종의 '관습적인 약호'로 기능한다는 사실이다. 이 영화들은 동시대 관객들에게 특별한 부연 설명이나 악의의 표출 없이도 자연스럽게 의미를 생산해 내고 또 전달할 수 있다. 예컨대 악덕 기업주가 두 손을 모으고 질끈 눈 감고 기도하는 모습과 옆구리에 끼고 있는 성경책의 이미지는 이른바 '개독교'에 대한 수많은 추문scandal들에 의해 그 '자연스러움'을 획득하게 된다. 위험하니 가지 말라는 곳에 굳이 신도들을 내몰아 결국 죽음을 맞게 한 아프가니스탄 피랍 사건의 기독교, 타 종교의 사찰에까지 가서 사탄을 쫓아내겠다고 오지랖을 넓히는 무례한 기독교, 요즘 같은 다원주의 시대에 '예수 천당 불신 지옥'을 외치며 길은 하나뿐이라고 주장하는 시대착오적이고 오만한 기독교, 공의와 사랑을 외치지만 정작 세를 불리고 건물을 짓고 부를 쌓는 데 급급한 비윤리적인 기독교에 대한 수많은 스캔들 말이다.

영화에서의 관습적인 약호

롤랑 바르트Roland Barthes는 《신화학Mythologies》(1957)에서 문학뿐 아니라 광고와 기사와 사진 등의 대중 문화에서 얼핏 보아 '자연스럽게' 재현된 것들에 대해 꼼꼼하게 문제를 제기하는 방식의 읽기를 시도한다. 한 시대가 '자연스러운' 것이라고 묘사하는 것은 사실 '역사적인 것(즉 시대와 문화에 따라 다르게 읽힐 수 있는 것)'이라는 것이 그의 주장의 핵심이다.

바르트에게 이런 종류의 자연스러움이 문제가 되는 것은 그것이 기정사실화되거나 이데올로기화되어 지배 계급의 이익에 봉사하는 가치로 수용될 수 있다는 점이었다. 바르트는 한 흑인 병사가 프랑스 군복을 입고 프랑스의 국기에 거수 경례를 하는 한 잡지의 이미지를 예로 들었다. 어디서나 흔히 볼 수 있는 자연스러운 이미지인 것 같지만, 이것은 피부색에 관계없이 모든 이들에게 충성을 받을 만큼 프랑스는 위대한 제국이라는 점을 강하게 주장하고 있으며, 더 나아가 압제자에게 충성하는 청년의 이미지를 통해 제국주의를 반대하는 이들에게 무언의 압박과 비난을 가하고 있다는 점에서 일종의 신화로 작용한다.[1]

그는 이 자연스러움이란 언어들이 관습적으로 결합되어 있는 약호code들의 체계에서 발생하는 것이라고 보고 이것을 깨는 것이 주체적인 독자들이 할 일이라고 보았다. "규칙 아래서 남용을 발견하라"는 브레히트의 주제를 따라 그는 "자연스러움 아래에서 역사를, 자연스럽지 않은 것, 즉 남용을 발견하라"고 말한다.[2] 바르트는 자신의 이러한 읽기 방식을 대표적인 리얼리즘 계열의 소설인 발자크의 《사라진느Sarasine》(1830)를 분석한 《S/Z》(1970)에서 구체적으로 적용했다.

영화에서 우리는 일상적인 이미지로 제시되는 많은 것들에 대해 이와 유사한 주의를 기울일 수 있다. 여기서는 기독교적인 이미지가 영화에서 반복적으로, 즉 관습적으로 사용될 때 그것이 단지 일상적이고 자연스러운 재현이 아니라, 사회적이고 역사적인 맥락을 갖는다는 점을 파악하는 것으로 충분할 것이다. 예를 들어 다수의 영화들에서 특정 종교에 대한 이미지가 유사한 패턴으로 재현될 때, 그 종교가 실제로 그렇다고 쉽게 단정하거나, 특히 부정적인 이미지의 경우 그와 같은 이미지를 영화가 유포(또는 조장)한다고 발끈하고 말 일만은 아니다. 말하자면 그것 역시 사회적이고 역사적으로 해독되어야 할 일종의 '약호'이다.

관심의 범위를 한국 영화계로 좁혀 보아도 기독교는 빈번히 스캔들의 중심에 등장해 왔다. 2006년 〈다빈치 코드*Da Vinch Code*〉(론 하워드)의 개봉에 대해 한기총(한국기독교총연합회)이 집단 시위를 하고 개신교의 한 목사가 상영 금지 가처분 신청을 냈던 것이 대표적 사건이다. 이에 앞서 2002년과 2004년에는 〈그리스도 최후의 유혹*The Last Temptation of Christ*〉(마틴 스콜세지, 1988)과 〈패션 오브 크라이스트*The Passion of the Christ*〉(멜 깁슨, 2004)의 국내 상영을 앞두고 유사한 일이 벌어졌다. 르네 지라르René Girard는 '기독교라는 스캔들'에 대해 이야기하며 스캔들은 그리스어 '스캔들론*Skandalon*(걸림돌)'★을 어원으로 한다고 지적했다.[3] 오늘날 기독교는 단지 스캔들을 양산할 뿐 아니라 그야말로 그 어원적 의미에서 제대로 '스캔들'로서 기능할 기회를 맞고 있는 것인지도 모르겠다. 이 장에서는 이러한 문제 의식을 바탕으로 종교와 구원에 대한 고민이 사회적 정서와 어떻게 상호 작용하는지를 가톨릭과 개신교를 포함하는 기독교적 영성과 구원을 다룬 영화들에서부터 이야기를 풀어나가고자 한다.

문제적인 종교, 문제적인 영화: 왜 기독교인가?

그런데 문제를 본격적으로 다루기 전에 이건 좀 짚고 넘어가야 할 것 같다. 왜 하필 기독교인가? 첫 번째 이유는 비교적 단순하다. 영화 역사상 가장 많이 가장 적극적으로 다루어져 온 종교이기 때문이다. 이는 영화가 기독교 정신을 유산으로 지닌 서구 사회에서 먼저 시작되었다는 역사적 사실에 기인하는 것이기도 하다. 두 번째는 앞서 언급했듯이 기독교는 오늘날 가장 문제적인 종교로 보이기 때문이다.

그렇다면 우리는 다시 물어야 할 것이다. 왜 기독교가 그렇게 문제적인가? 많은 사람들이 기독교를 혐오하는 현실이나 기독교의 폐단에 대한 질문이 아니다. 지라르는 사실 그럴 수밖에 없다고 말한다.[4] 그는 신약성서가 여러 곳에서 그리스도를 '스캔들'로 칭하고 있음에 주목한다. 기독교가 시대의 스캔들이 되는 것은 어쩌면 십자가★★라

★ 각자가 다른 사람에 대해 느끼는 공허한 야망, 적대감, 상호적 공격성.
★★ 그리스-로마 시대 십자가형은 주로 종들과 천민, 저급한 범죄자와 반역자를 처형하는 극형이었다. 인류의 구원을 위해 왕으로 왔다는 그리스도가 십자가형이라는 가장 수치스러운 모습으로 죽음을 맞게 된 것은 여러모로 실망스러웠고 심지어 조롱거리였으나, 기독교는 이를 그리스도가 보여 준 최고의 겸손이자 사랑으로 기념한다.

구약성서에 근거한 서사 영화 중 하나인 〈십계〉.

는 당대 최고의 형벌을 구속의 조건으로 삼은 이 종교의 태생적 운명일 것이다.★ 폴 코츠Paul Coates는 여기서 더 나아가 특히 기독교적 소재를 다루는 영화들은 서로 다른 두 가지 영역을 아울러야 하므로 문제적일 수밖에 없다는 점을 지적한다. 그 둘은 각기 종교라는 제도적이고 집단적인 영역과 영성이라는 개인적인 경험의 영역을 말한다. 그것은 또한 8세기 이래 종교계의 오랜 논쟁거리였던 '성聖과 속俗'의 문제이기도 하다. 이를테면 가장 초월적인 영역을 다루되 당대 가장 '세속적'인 것으로 꼽히는 영화라는 매체를 통해 재현한다는 점에서 종교와 영화는 문제적으로 만날 수밖에 없다.5

기독교 이미지 재현의 문제적 성격에 대한 코츠의 통찰을 거울삼아, 종교와 영화의 관계를 다룰 때 우리는 크게 두 갈래의 방향을 추적할 수 있다. 이른바 '종교' 영화라고 부를 수 있는 범주와 '종교적인' 영화라고 칭할 수 있는 범주다. 성서의 인물들을

★ "유대인은 표적을 요구하고, 그리스인들은 지혜를 찾습니다. 하지만 우리는 그리스도께서 십자가에 못 박히셨다고 전합니다. 이것이 유대들에게는 <u>걸려 넘어지게 하는 것</u>이요, 이방인들에게는 어리석은 것이지만……[……], but we preach Christ crucified: <u>a stumbling block</u> to Jews and foolishness to Gentiles[……]" (고린도전서 1:22~23, 《쉬운 성경/NIV》, 아가페, 2007, 밑줄 필자 강조.)

지라르는 사탄이 '스캔들론'인 것처럼 그리스도 자신이 '스캔들론'으로 세상에 왔음을 지적했다. 그는 이 점을 들어 희생양의 무고함을 주장하고 만장일치의 폭력성을 폭로한 유일한 희생양 메커니즘으로서 기독교를 옹호한다.

직접적인 테마로 삼은 영화나 1950년대 유행처럼 제작된 〈벤허*Ben-Hur*〉(1959), 〈십계*Ten Commandments*〉(1956)와 같은 서사 영화가 '종교' 영화라 할 수 있다면 칼 드레이어Karl Dreyer, 로베르 브레송Robert Bresson, 잉마르 베리만Ingmar Bergman과 같은 감독의 영화는 '종교적' 영화라고 볼 수 있다. 코츠는 이 두 계열이 각각 할리우드를 중심으로 한 대작 영화와 유럽을 중심으로 한 작은 영화들에 상응하는 구도를 이루며 발전해 왔다고 지적한다. 우리는 여기에 어느 정도는 두 번째 범주에서 파생된 것으로 보이는 또 다른 범주를 추가할 수 있다. 그것은 우리에게 보다 익숙한 양식으로 '땅 아래 발 딛고 있는' 현실의 고민들을 다루되 궁극적으로는 '종교적' 성찰을 요청하는 작품들이 될 것이다.

'성'과 '속'의 만남으로서의 종교와 영화

성서가 제공한 스펙터클과 회심의 드라마

할리우드가 성서의 이야기를 스크린에 도입하기 시작한 것은 상당히 오랜 역사를 지닌다. D. W. 그리피스의 1916년작 〈인톨러런스〉에서는 서로 다른 네 시대의 이야기를 각각 다루고 있는데 그중 한 에피소드를 초창기 예수의 생애에 할애하고 있다. 이 당시 이미 적지 않은 성서 이야기들이 영화로 만들어졌는데, 예컨대 세실 B. 드밀Cecil B. DeMille의 〈왕 중 왕*The King of Kings*〉(1927) 이전에 이미 그리스도를 그린 영화들이 최소

그리스도의 전기적 요소에 기반한 영화 중 하나인 〈왕 중 왕〉.

한 39편에 이르렀을 정도이다. 할리우드의 스튜디오 시스템이 정점을 맞은 1940년대와 1950년대에 이르면 이러한 서사 영화들은 컬러나 시네마스코프, 특수 효과와 같은 할리우드의 신기술과 거대한 자본과 스타 파워를 바탕으로 점점 더 화려한 영상을 자랑하게 되는데, 그중 상당수의 영화들은 무성 영화 시대에 성공한 서사 영화의 리메이크 작들이었다.

브루스 바빙턴Bruce Babington과 피터 윌리엄 에반스Peter William Evans는 이와 같은 성서적 서사 영화를 다음의 세 가지 하위 장르로 구분한다.[6] 첫째는 구약성서에 근거한 서사 영화로 〈십계〉(1956), 〈삼손과 데릴라Samson and Delilah〉(1949), 〈다윗과 밧세바David and Bathsheba〉(1951), 〈소돔과 고모라Sodom and Gomorrah〉(1962)와 같은 영화들이다. 둘째는 로마–기독교적 서사 영화로 주로 신약 시대, 특히 초창기 기독교인들을 다룬 작품들이 이에 해당한다. 잘 알려진 작품으로는 〈벤허〉(1959), 〈쿠오바디스Quo Vadis〉(1951), 〈성의The Robe〉(1953)와 같은 영화들이 있다. 마지막은 그리스도를 묘사한 영화들로 전기적인 요소들에 기반을 두고 그리스도의 생애를 조망한 작품들이다. 〈왕 중 왕〉(1927), 〈마태복음Il vangelo secondo Matteo〉(피에르 파올로 파졸리니, 1964) 등이 있다. 물론 재현의 성격은 현저히 다르지만, 서사 유형상으로는 〈그리스도 최후의 유혹〉(1988)이나 〈패션 오브 크라이스트〉(2004)와 같은 최근의 문제적인 작품들도 여기에 포함된다.

스튜디오 시대의 성서 영화들 중 상당수는 상업적으로 크게 성공하고 대중적 인기를 누렸지만 이 영화들에 대한 역사적 평가는 그다지 곱지만은 않다. 일례로 윌리엄 R. 텔포드William R. Telford는 영화가 아직 신기한 볼거리나 저급한 오락 양식이라는 인식이 지배적이었던 시기에 그리스도와 성서의 인물들이 영화라는 초보 예술에 자신들의 권위를 빌려주었다고 평가한다. 당대의 비평 역시 대스타들을 기용하고 화려한 스펙터클과 섹스와 폭력을 다룬 이 영화들이 자신들의 저급한 취향을 종교적인 진지함으로 위장한다고 종종 비판했다. 학문적으로는 박해받는 초기 그리스도인들에게 미국

SF 영화와 종교적 상상력

인류의 종말을 다룬 많은 SF 영화들은 사실상 여러 모로 스튜디오 시대 할리우드의 종교적 서사 영화의 계보를 잇고 있는 것처럼 보인다. 예컨대 〈매트릭스*The Matrix*〉 시리즈(1999~2003)에서 우리는 평생 자신의 정체성을 모르고 살아온 주인공이 인류를 구할 구원자로 부름 받는 과정을 목격할 수 있고, '시온'이나 '트리니티,' '느부갓네살'과 같은 성서적인 이름들을 발견하는가 하면, 노아의 방주나 유월절의 어린양 피, 절대자, 모세나 사제직을 수행하는 종교 지도자를 상징하는 이미지 등을 수없이 찾아낼 수 있다. 뿐만 아니라 그 옛날 관객들이 〈십계〉에서 2단계 테크니컬러를 처음 보고 놀라고 〈성의〉의 시네마스코프와 〈벤허〉의 전차 신에 현혹되었듯이 오늘날 관객들은 〈매트릭스〉의 '불릿 타임'에 놀라고 〈아바타*Avatar*〉의 3D 기술에 그렇게 매혹되었다.

다만 〈매트릭스〉에서 우리가 발견할 수 있는 종교적 모티프가 기독교적인 것만이 아니라는 점은 기억해 둘 만하다. 유대교의 시오니즘과 메시아 사상과 더불어 기독교로서는 이교도적인 헬레니즘의 요소들도 혼재되어 나타나고 있으며, 종교적이고 철학적인 배경뿐 아니라 홍콩 액션 영화와 일본의 애니메이션 전통과 같은 '세속적인' 홍밋거리 역시 나름의 진지한 방식으로 관객들을 유혹하고 있다. 그리하여 〈아바타*Avatar*〉(2009)에 이르면 한 편의 영화를 두고 어떤 기독교인은 기독교적 방식으로, 또 원불교도와 천도교도나 생태주의학자들이나 반제국주의자, 민족주의자들은 또 자신들의 방식으로 영화를 읽는 기현상이 극대화되어 나타나게 된다.

이처럼 포스트모던 시대에도 종교는 여전히 할리우드에 상상력을 제공하고 철학적인 외양을 입히는 데 중요한 기능을 하고 있는 것처럼 보인다. 단, 그야말로 '포스트모던한' 방식으로 그렇게 한다. 어느 한 종교에 치우치지 않고 어떤 세속적인 것이라도 너무 가볍거나 하찮게 다루지 않으려고 애쓰면서 말이다. 그래서 그 모든 것이 가벼운 오락거리로 즐기고 말 것이 될 수도 있고, 하려고만 들면 그 모든 것이 진지한 해석과 사유의 대상이 될 수도 있다. 오늘날 할리우드는 그렇게 대중과 철학자와 신학자들까지도 모두 자신의 영역으로 포섭하는 데 성공하고 있다.

인의 이미지를 투사함으로써 자유와 종교적 진리에 대한 전후 미국의 보수적인 이데올로기와 신화를 공고히 했다는 분석이 설득력을 얻고 있다.[7]

그러나 기독교에 대한 곱지 않은 시선을 내비치는 오늘날 영화들의 재현 방식과 비교하여 그 시절엔 종교와 영화의 관계가 긍정적이었다고 섣불리 단언할 일만은 아니다. 〈패션 오브 크라이스트〉의 전 세계적인 성공을 계기로 미국 메이저 영화사들이 다시금 〈벤허〉 시절의 영예를 꿈꾸게 되었다는 점은 시사하는 바가 크다. 다름 아니라 이 영화는 할리우드에 한동안 주춤했던 '기독교인으로 이루어진 시장'*에 대한 자각을 다시 불러일으켰던 것이다. 그러므로 이러한 범주의 영화들에서 조우하는 '성'과 '속'이란 각기 성서적인 테마와 자본과 권력의 논리가 될 터이다. 그런 점에서 이들은 오늘날 인류의 종말이라는 묵시록 테마를 반복하는 '아마겟돈** 류'의 SF나 블록버스터 재난 영화들로 변주되어 여전히 그 맥을 이어오고 있는지도 모른다.

한국 영화사에도 이른바 '기독교 영화의 황금기'가 있었다. 1970년대에서 1980년대 한국 영화는 〈저 높은 곳을 향하여〉(임원식, 1977)나 〈낮은 데로 임하소서〉(이장호, 1982), 〈나는 할렐루야 아줌마였다〉(김수형, 1982), 〈죽으면 살리라〉(강대진, 1982)와 같은 성직자들의 전기 영화가 쏟아져 나오게 된다. 여기에 〈상한 갈대〉(유현목, 1984)와 〈석양의 10번가(빛을 마셔라)〉(강대진, 1979)와 같은 건달 회심기들과 〈하늘 가는 밝은 길〉(김성호, 1982) 등의 기독교 반공 영화가 가세하여 대중적 인기를 끌었다. 1950년대와 1960년대에는 주로 전통에 대립되는 '모던'한 이미지의 신여성을 그리거나 교육받은 중산층 가정의 이미지를 그리는 데 기독교 이미지가 배경처럼 사용되었던 반면 이 시기에는 이러한 소재가 비교적 전면에 나서게 된 것이다.***

★ 2006년 이십세기 폭스사는 자회사 'FoxFaith'를 설립하고 매년 10편 이상의 '기독교 영화'를 제작하겠다고 발표했다. "기독교인으로 이루어진 시장은 콘텐츠에 목말라 있다"고 폭스 홈엔터테인먼트 사업부의 책임자 사이먼 스워트 Simon Swart는 말했다. 이는 선교나 전도용 영화를 의미하는 것이 아니며, 논란의 여지가 있는 낙태나 동성애와 같은 소재가 등장하지 않는 영화들이 될 것이라고 그는 덧붙였다.[8]

★★ 성서 〈요한계시록〉(16:16)에 나오는 장소로, 인류의 마지막 전쟁이 일어나리라고 예언된 곳을 가리킨다.

★★★ "미국 영화에 대한 양가적 태도: 〈비오는 날의 오후 세시〉를 중심으로"라는 글에서 조영정은 1950년대 한국 사회는 미국이라는 나라에 대해 '혈맹으로서의 미국과 일본에 이은 또 다른 약탈자로서의 미국'이라는 양면적인 시각을 보였다고 진술한다.[9] 흥미로운 것은 기독교의 이미지를 차용한 1950, 1960년대 영화들에서도 이러한 양가적인 정서가 발견되는 것을 확인할 수 있다는 점이다. 이 시기 영화들은 표면적으로 기독교를 서양적인 것이나 선진적인 것과 동일시해서 대체로 긍정적인 모습을 보이고 있지만, 종종 지식인이자 기독교인으로 설정된 남성 인물들을 우유부단한 모습으로 묘사하면서 이러한 시각에 미묘한 균열을 남긴다. 〈김약국의 딸들〉(1963)과 같은 경우가 대표적인 예이다.

그러나 할리우드 성서 영화의 경우와 마찬가지로 1970, 1980년대 한국 영화의 기독교 영화 제작 붐 역시 어떤 역사적 맥락을 갖는다는 점을 염두에 둘 필요가 있다. 1980년대는 경제 성장과 1970년대 후반 부흥 대성회 같은 대형 집회들의 영향으로 한국 개신교가 대형 교회들을 중심으로 양적 성장을 이루면서 그리스도교인 천만 시대를 열게 되는 시기이다. 따라서 우선 한국 사회에서뿐 아니라 한국 영화의 잠재 관객으로서도 그리스도교인들은 무시할 수 없는 위치에 서게 되었다는 점을 지적할 수 있다. 여기에 오랜 군사 독재 역시 '기독교 영화'들을 반가워했을 것이다. 비행 청소년인 얄개들을 모범생으로 탈바꿈시켰던 1970년대의 시리즈 영화들처럼 1980년대의 회심 영화나 기독교 인물을 다루면서 감성에 호소하는 전기 영화들은 대중의 '순화'에 기여할 수 있었을 것이기 때문이다.[10] 실제로 1960년대에서 1980년대까지의 시기는 군사 정권의 검열과 통제로 인해 영화 소재에 있어서 제한을 받을 수밖에 없었고, 상대적으로 고소득이 보장되는 외화의 수입권을 할당받기 위해서 제작사들은 국책 영화나 우수 영화[*] 제작에 힘쓰던 실정이었다.[11]

요컨대, 역사상 기독교와 영화가 가장 행복한 모양으로 만난 것처럼 보이는 그 순간에 실상 종교라는 가장 개인적이고 내밀한 체험 양식은 일종의 가장 잘 팔리는 대중적 이미지로 소비되고 있었다. 시대의 스캔들을 자처하는 기독교는, 과연 그때 그 시절을 '좋았던 옛날*old good days*'로 추모해야 할까.

초월적인 것을 사실적인 이미지로 담아내기: 드레이어, 브레송, 타르코프스키

할리우드에서 애초부터 기독교 영화가 상품으로서의 위치를 확인해 왔다면, 비슷한 시기 영화라는 새로운 양식에 초월적이고 영적인 이미지를 담아내려는 또 다른 시도들이 유럽의 영화 감독들을 중심으로 행해지고 있었다. 칼 드레이어와 로베르 브레송과 같은 감독들은 영화의 사진적인 이미지(즉 '속')가 어떻게 영성이라는 내적인 진실('성')을

[*] 박정희 정권이 규정한 국책 영화는 "민족사관 정립, 반공 및 국가 안보, 그 밖에 당면한 국가 시책 등 유신 이념 구현을 주제로 해서 4000만 원 이상의 제작비를 투입한 대작"이었고, 전두환 정권은 우수 영화를 "예술성을 지니고 많은 사람들이 보고 즐길 수 있으며 관객에게 감명을 주고 사회의 계도성과 교양성을 갖춘 독창적인 작품"으로 새로이 규정했다.

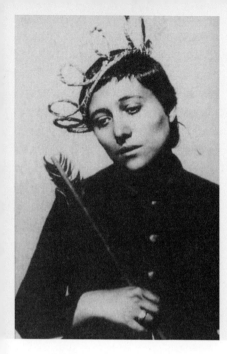

칼 드레이어의 〈잔 다르크의 수난〉.
가시관을 쓴 잔의 얼굴 이미지와 눈물은 평면 안에
갇혀 있지만 그 자체로 영혼의 깊이를 지닌다.

담아낼 수 있을 것인지 고민하며 자신들만의 독특한 영화적 스타일을 남긴 것으로 유명하다. 덴마크 감독 드레이어의 〈잔 다르크의 수난*La passion de Jeanne d'Arc / The Passion of Joan of Arc*〉(1928)은 할리우드식으로라면 응당 거대한 스펙터클을 동반한 서사시의 영웅으로 등장할 만한 잔 다르크라는 역사적인 인물을 성직자와 재판관들의 질문에 답할 힘조차 없어 보이는 지치고 순수한 문맹 처자로 그려 냈다.* 그럼에도 불구하고 그가 충분히 강직하고 성스러운 인물로 보인다면 그것은 드레이어가 오로지 마리아 팔코네티라는 배우로부터 범접 못할 고뇌와 성스러운 기운을 최대한 뽑아냈기 때문일 것이다. 드레이어는 이를 위해 인물에 대한 분장이나 일체의 장식을 제거하고 싶어 했다. 이 영화에서는 또한 시간과 장소를 규정하는 전경들마저도 화면에서 철저히 배제된다. 평론가 앙드레 바쟁은 드레이어가 이러한 방식으로 신비주의와 리얼리즘을 동시에 만족

★ 1895년 단편 〈잔 다르크*Joan of Arc*〉를 시작으로 지금까지 제작된 잔 다르크에 대한 영화는 전 세계적으로 스무 편이 넘는 것으로 알려져 있다. 극장 상영 장편 영화에 한정해도 열 편을 훌쩍 넘는다. 드레이어의 영화 외에 빅터 플레밍 Victor Fleming의 〈잔 다르크*Joan of Arc*〉(1948), 브레송의 〈잔 다르크의 재판*Procès de Jeanne d'Arc*〉(1962), 자크 리베트 Jacques Rivette의 〈잔 다르크 I– 전쟁*Jeanne la Pucelle I – Les batailles*〉(1994)과 〈잔 다르크 II – 재판*Jeanne la Pucelle II – Les prisons*〉(1994), 뤽 베송Luc Besson의 〈잔 다르크*The Messenger: The Story of Joan of Arc*〉(1999) 등이 유명하다.

스펙터클이나 서사보다는 초월적인 존재에 대한 사유가 중심이 되는 영화를 만든 로베르 브레송의 〈시골 사제의 일기〉.

시키면서 영혼들의 순수한 투쟁을 포착했으며, 이는 "영혼을 직접 번역"해 낸 것이라고 평가했다.[12]

드레이어의 클로즈 업은 종종 브레송의 그것과 나란히 언급된다. 브레송 역시 드레이어처럼 클로즈 업을 즐겼고 스펙터클이나 서사보다는 초월적인 존재에 대한 사유가 중심이 되는 영화들을 만들려고 애썼던 감독이다. 다만 드레이어의 스타일이 '깊이'를 추구했다면 브레송의 영화들은 '평면감'을 중요시했다는 점에서 비잔틴 회화 양식에 비견되곤 한다.★ 그는 절제된 화면을 선호했고 무표정하고 가공되지 않은 연기를 선호한 나머지 비전문 배우만을 기용하거나 심지어 당나귀를 주인공으로 삼기까지 했다 (〈당나귀 발타자르Au hasard Balthazard〉(1966)). 시각이 외부로 향하는 반면 청각은 내부로 향하는 움직임을 만들어 낸다고 보고, 그는 시각적인 것보다 청각적인 것을 우위에 두었다. 젊은 신부의 일기를 시각적이고 문자적으로 보여 주면서 동시에 그것을 읽는 음성을 들려주는 〈시골 사제의 일기Journal d'un curé de campagne〉(1951)나 그 어떤 대사나 화면의 역동성보다 뛰어나게 탈출 행위와 수용소의 긴장을 미세한 음향으로 들려주었던

★ 플롯을 최소화하고 엄격한 시각적 양식을 고집한 브레송의 스타일은 《시네마토그래프에 대한 단상Notes sur le Cinématographe》(Paris: Gallimard, 1975[《시네마토그래프에 대한 단상》, 오일환·김경은 옮김, 동문선, 2003])이라는 그의 책에 잘 집약되어 있다. '시네마'와 '시네마토그래프'를 구분하면서 브레송은 '시네마'를 기만적인 리얼리즘과 비속함의 영역에 있는 것으로 보고, 그가 지향하는 '시네마토그래프'는 추상화와 정밀함, 음악과 회화와 관련되는 체계로 설명하고 있다.

〈저항Un condammé à mort s'est echappé〉(1956)은 그의 스타일의 정점을 보이는 작품들이다.

드레이어와 브레송은 이처럼 전체로부터 분리된 부분들을 통해 내면을 통찰하는 데 관심이 있었다. 그런데 그들이 영적인 것을 표현하는 데 있어서 물질성과 지극히 인간적인 것을 기반으로 했다는 점은 대단히 중요하다. 예컨대 잔 다르크의 성스러움은 계시를 받은 성녀로서 흔들림 없는 용맹에서라기보다는 차라리 흐느끼고 두려움에 떠는 눈빛과 고뇌에서부터 비롯된 것으로 보인다. "모든 것이 은총이다"라고 마침내 고백하며 죽어 가는 브레송의 젊은 사제는 파리하고 창백한 얼굴빛으로 인해 더 인간적이다. 따지고 보면 죄가 은폐되어 있고 배타적인 시골 마을에 병든 몸으로 부임해 고충을 겪는 가련한 초보 신부였을 뿐 그는 그 어떤 성자의 이름도 얻어 내지 못했다. 그러므로 드레이어와 브레송의 영화에서 고난과 박해를 뛰어넘는 신비로운 영성에 대한 고찰은 어쩌면 영웅적인 인물에 대한 거부에서부터 시작되었다고 보아야 할지도 모른다.

러시아의 감독 안드레이 타르코프스키Andrei Tarkovsky를 평생 동안 붙들었던 것은 시와 같은 영화 이미지의 힘이었다. 드레이어나 브레송과 달리 그는 사물이나 사람들의 얼굴에 가까이 다가가는 것을 최대한 자제한다. 그의 유작 〈희생Offret / The Sacrifice〉(1986)은 죽은 나무를 심는 아버지와 아들을 멀찍이서 보여 주는 것으로 이야기를 시작한다. 아버지 알렉산더의 목소리는 3년 동안 죽은 나무에 물을 주는 수도승과 제자의 사연을 들려주고 있는데, 우리가 그들의 얼굴을 확인하게 되는 것은 영화가 10분 이상이 흐르고 난 시점에서이다. 그마저도 미디엄이나 클로즈 숏은 물론 아니다. 타르코프스키는 "사물을 본다는 것은 마치 삶을 겸손하고 욕심 없이 관조하는 것과 흡사하다"고 말한 바 있다. 그래서 그는 몽타주가 영화의 고유한 특성이라는 데 동의하지 않는다. 그것은 즉각 그것을 만든 이(의 의도)를 연상시키면서 관객에게서 특별하고 주체적인

타르코프스키의 〈희생〉. 죽은 나무에 물을 주는 알렉산더와 아들 고센. 알렉산더는 3년 동안 죽은 나무에 물을 주어 꽃을 피운 수도승과 제자의 이야기를 들려준다.

영화 관람 체험을 빼앗아 버린다고 믿기 때문이다. 그는 관객들이 자신의 영화를 거울로 자기 모습을 보듯이 보아 주기를 요청했다. 이러한 관조나 들여다봄을 통해 타르코프스키는 관객들이 종교적이고 영적인 체험을 할 수 있다고 믿었다.[13]

결국 서로 다른 스타일로 영화라는 매체에 접근했지만 이 세 감독이 추구했던 것은 동일한 것이었음을 우리는 알 수 있다. 그것은 예술적 체험은 종교적이고 영적인 것이며, 그것은 그 어떤 서사 구조나 대사보다 영화 관람 경험 자체로 가장 잘 전달될 수 있다는 믿음이었다. 그들은 자신들이 경험한 종교적인 고민과 영적 체험을 관객들과 나누고 싶었을 것이다. 중요한 것은 그들이 '믿는다'는 것이 그렇게 만만한 일이 아니라는 것을 한결같이 고백하고 있는 것처럼 보인다는 점이다. 거기에는 인간의 이성과 언어가 포착할 수 없는 어떤 영역이 있음을 그들은 인정한다. 그리하여 우리는 영화사를 가로질러 여러 감독들이 유사하게 경유했던 '부정 신학'의 테마와 만나게 된다.

부정 신학: 부정을 통해 긍정에 이르는 길

전통적으로 기독교 신학은 크게 두 방향을 통해 신에 대한 지식에 도달할 수 있다고 믿어 왔다. 하나는 계시 신학theologia revelata으로, 위로부터 주어진 계시에 의해 신을 파악할 수 있다는 일종의 긍정 신학이다. 다른 하나는 인간 편에서 지성을 통해 신에게 상향적 접근이 가능하다고 믿는 신학인데, 이는 다시 자연 신학theologia naturale과 부정 신학theologia negativa으로 나뉠 수 있다. 자연 신학이 다양한 신 존재 증명을 통해 신에 대해 긍정적으로 서술해 가므로 긍정 신학적인 측면이 있는 반면, 부정 신학은 인간의 지성과 언어로는 신에 도달하는 것이 불가능하다는 점을 인정하는 신학이다.[14] 이를테면 신의 존재를 설명하는 것이 신을 경험과 언어의 한계에 가둘 위험이 있다고 보고, 신의 비존재를 정의함으로써 나머지 전체를 열어두는 것이 오히려 신의 속성을 더 잘 드러낸다고 본다.★ 부정 신학의 전제는 신의 무한성과 인간의 유한성인 셈이다. 그래서

★ 계시 신학을 중심으로 하는 개신교 신학은 일반적으로 부정 신학을 수용하지 않는 입장을 취한다. 부정 신학의 신은 반드시 성서의 하나님을 말하는 것이라기보다는 일반적인 절대자 개념을 뜻한다고 보기 때문이다. 이러한 입장을 고수한 파스칼은 "철학자의 신은 아브라함과 이삭과 야곱의 하나님은 아니다"라고 말했다.[15]

부정 신학에는 종종 신비주의적인 요소들이 결합된다. 인간의 불완전한 이성이 신에 도달하기 위해서는 반드시 신과의 초월적 합일이라는 영적이고 신비적인 체험을 경유해야 한다고 믿기 때문이다.

신적인 초월성을 담아내는 데 감독에 의해 의도된 몽타주의 조합이나 연극적 장치로 충분하지 않다고 믿었던 드레이어와 브레송과 타르코프스키는 우선 스타일상으로도 부정 신학적인 테제를 구현하고 있다고 볼 수 있다. 그러나 그보다 더 명료한 것은 그들의 작품에 자주 두려움과 불안에 처한 연약한 인간들이 등장하고 그들이 어떤 계기를 통해 마침내 신비로운 영성에 도달하게 된다는 점일 것이다.

특별히 타르코프스키가 인간의 연약함에서 성스러움을 끌어내는 방식에 주목해 보자. 〈희생〉의 경우, 신의 존재를 부정했던 지식인 알렉산더(그는 전직 연극 배우이자 평론가이자 대학 교수였다)는 세계의 종말이 될지도 모르는 전쟁 소식에 다시 평온한 아침을 맞게 해주신다면 자신의 모든 것, 즉 가족과 집과 언어까지도 내어 놓겠다고 간절히 기도한다. 그리고 그는 마침내 자신의 집을 불태우는 희생 제의로 그 약속을 지킨다. 그에게 있어 그 집은 비참한 삶을 지탱해 나갈 유일한 희망이었는데, 그 아침에 자신의 집을 불태우고 정신 병원 간호사들로부터 도망하는 알렉산더의 모습은 확실히 광인의 이미지였다. 아내의 부정이나 아들의 아픔과 같은 현실의 고통 앞에 좀처럼 동요하지 않았던 대단히 냉철하고 이성적인 애초의 그와는 전혀 다른 모습이다. 그렇다면 그에게 무슨 일이 있었는가?

꿈인지 현실인지 알 수 없는 전날 밤 우편배달부 오토가 그를 찾아와 말했다. 가정부 마리아와 동침해야 이 모든 위기를 끝낼 수 있다고. 그리고 알렉산더는 그의 지시대로 밤중에 그녀를 찾아가 흐느끼고 절규한다. 타르코프스키는 이 장면을 여느 영화들의 정사 장면처럼 처리하지 않았다. 동침 이전에 이미 그들의 몸은 겹친 이미지로 제시되고 있으며, 동침은 허공을 향해 떠오르는 남녀의 몸으로 표현되었는데, 그것은 그야

<삼위일체>, <블라디미르 성모> 등의 성화를 그린
15세기 러시아의 유명한 화가 안드레이 루블료프를 다룬 <안드레이 루블료프>.

말로 부정 신학의 신비주의적 테마인 '신적인 합일'이었다.

타르코프스키의 <안드레이 루블료프*Andrey Rublov*>(1966)에 나타난 부정 신학을 논하면서 유영소는 14~15세기에 등장한 러시아 정교의 '유로비지'에 대해 언급한다. '바보 성자' 혹은 '성스러운 바보' 등으로 번역되기도 하는 이 말은 그리스도의 고행과 금욕, 무소유를 실천하기 위해 때로 헐벗은 채 정상적 행동을 거부하고 각지를 떠돌며 광기에 휩싸여 자기 비하의 모습으로 드러나기도 했다.[16] <희생>에서 설명 불가한 마리아의 존재와 광기에 사로잡힌 듯한 알렉산더의 모습은 바로 이 '유로비지'의 또 다른 형태일 것이다.

우리는 이러한 예를 타르코프스키의 다른 영화 <향수*Nostalghia*>(1983)와 드레이어의 <오데트*Odett*>(1955)나 브레송의 <무셰트*Mouchette*>(1967), <당나귀 발타자르>와 같은 영화들에서도 찾아볼 수 있다. 그런데 이 '유로비지'의 행위를 관통하는 기본 사상은

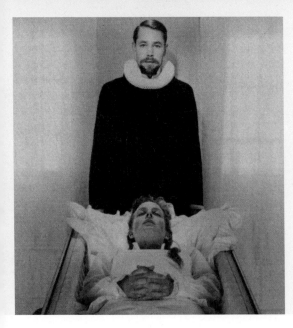

엄격한 기독교도인 남자와
그의 가족에 대한 이야기 〈오데트〉.

'자기 비움'의 영성, 즉 '케노시스kenosis'이다. 기독교 신학에서 케노시스의 정점은 그리스도의 '성육신(成肉身 incarnation)'★이라는 점을 기억하면, 〈오데트〉의 예언자 요하네스나 자기 비움의 극치로서의 죽음을 택한 이들이나 타인의 고통을 잠잠히 받아 내거나 심지어 사람이기를 포기한 당나귀와 같은 이들이 그리스도적인 인물들로 해석되는 것이 가능해진다.[17] 따라서 재앙이 멈추거나 죽은 이가 살아나는 것과 같은, 그들을 둘러싼 신비로운 일들이 나름의 의미를 부여받게 되는 것이다.

드레이어와 브레송과 타르코프스키의 인물들은 그래서, 구원받았는가? 신만이 그 답을 알겠으나, 분명한 건 적어도 그들이 '은총 속에' 있다는 확신을 갖고 죽음을 맞았고(〈잔 다르크의 수난〉, 〈시골 사제의 일기〉), 언어를 되찾았으며, 조만간 죽은 나무에 꽃을 피울 것이라는 점이다(〈희생〉). 이처럼 전통적인 부정 신학은 부정과 회의 자체를 목적으로 삼는 것은 아니었다. 그것은 '긍정'에 이르는 한 길로 정의될 수 있다.

★ 무한한 존재로서 신인 예수 그리스도가 유한한 인간의 육체를 입고 세상에 온 것을 지칭하는 말. 그리스도의 '자기 비움'은 사도 바울의 편지 〈빌립보서〉(2:6~8)에 잘 나타나 있다.

영화에서 은총과 구원이라는 형이상학적인 테마를 죄와 죄책감의 문제, 인간 관계에서의 상처나 폭력과 같이, 이 땅에 발 닿고 있는 구체적인 현실의 테마로 끌어오는 데 가장 크게 공헌한 이가 있다면 그는 아마도 스웨덴의 감독 잉마르 베리만일 것이다. 브레송과 드레이어가 비록 고뇌하는 모습을 보이지만 결국은 예정론적인 신의 섭리를 인정하는 그리스도적 인물들을 다루었다면 철저하게 인간의 편에 선 베리만의 인물들은 계속해서 질문을 던지며 신적 가치에 도전한다.

신은 어디에?: 침묵하는 절대자와 회의하는 그들

영화가 철학적일 수도 있다는 점을 대중적으로 각인시킨 작품이면서 베리만에게 영화예술가의 지위를 안겨 준 〈제7의 봉인*Det sjunde inseglet / The Seventh Seal*〉(1957)은 '신의 영광을 위해' 십자군 전쟁에 참가한 후 귀향하는 기사 안토니우스의 이야기이다. 잔인하고 참혹한 전쟁에서 막 벗어나 돌아온 고향은 그에게 전쟁 못지않게 여전히 고통스러운 현실의 공간이었다. 페스트가 창궐해서 남녀노소를 막론하고 무차별적인 죽음을 맞고 있었기 때문이다. 그는 신에게 자꾸 묻는다. "듣고 계십니까?" 그리고 죽음과 체스를 두는 동안 죽음을 유예 받은 안토니우스는 단 한 번이라도 의미 있는 일을 하고 죽고 싶다고 말한다. 그것은 귀향길에 만난 광대 가족의 생명을 살리는 일이었다. 이는 곧 지금까지 그가 신의 이름으로 행했던 일들과 지난 삶을 부정하는 선언이기도 하다.

　　역시 신의 침묵과 인간의 고통에 대해 질문하는 〈겨울빛*Nattvardsgästena / Winter Light*〉(1963)에서 베리만은 고뇌하는 성직자를 주인공으로 삼았다. 부모의 뜻에 따라 성

잉마르 베리만의
〈제7의 봉인〉.
십자군 전쟁에서
돌아온 기사
안토니우스가 죽음과
벌이는 체스 게임에는
광대 가족의 생명이
걸려 있다.

직자의 길을 가기로 결심했던 토마스 에릭손(그러니까 그의 이름은 예수의 의심 많은 제자 '도마 Thomas'이다)은 목사가 되기까지 한 번도 '세상'에 살아 본 적이 없었다. 그는 그저 완벽한 신의 세계에 머물렀을 뿐이라고 말한다. 그러다가 후에 경험하게 된 세상이 너무 두렵고 절망스러워 토마스는 신앙과 삶에 회의하기 시작한다. 매주 의미 없는 예배를 이끌어오기를 그렇게 수년째. 그의 신도들이 하나씩 그를 찾아와 신앙과 실존에 관한 질문들을 던지는데 '신이 없는(듯이 보이는)' 세계에 대한 불안과 공포로 고통 중인 요나스 페르손(막스 폰 시도)에게 토마스는 마침내 자신의 고뇌에도 방점을 찍는 비수를 날린다. "조물주는 없네." 토마스는 요나스에게 말한다. 신앙의 문제로 고뇌하는 신도에게 과연 목사가 할 말이던가라고 묻는다면 베리만은 그럴 수 있다고 답할 것이다. 그것이 정직한 고백이라고. 그러나 그 정직함의 대가는 너무도 가혹한 것이어서 요나스는 차디찬 겨울 강가에서 자신의 머리에 총을 겨누고 만다. 그리고 더 잔인하게도 이제 토마스는 그의 죽음에 대한 죄책감까지 떠안고 살게 될 예정이다. 이는 베리만의 다른 영화들에서 자주 변주되어 나타나는 결말이기도 하다. 이국땅의 낯선 호텔방에서 죽어가는 여인의 이야기인 〈침묵 *Tystnaden / The Silence*〉(1963)은 "신은 과연 침묵하고 있다"는 대사로 끝이 나고 〈거울을 통해 어렴풋이 *Såsom i en spegel / Through a Glass Darkly*〉(1961)에서 종교적 광신의 모습을 한 정신분열증 누나 카린과 동침한 후 아들 미너스는 마지막에 이렇게 말한다. "아빠! 이야기하고 싶어요."

그런데 베리만에게 있어서 문제는 침묵하는 신에게만 있는 것은 아니다. 그의 고뇌는 그 신을 파악하거나 전적으로 믿을 수도, 완전히 버릴 수도 없는 인간의 나약함으로 인해 더욱 심각한 모순에 봉착한다는 점에서 특히 부정 신학적 테마를 계승하고 있다. 다만 그는 좀처럼 신비적인 결합으로 문제를 '초월'하려 들지 않는다.★ 딸의 강간범에게 복수를 한 후 서둘러 죄를 고하고 용서를 약속받았던 〈처녀의 샘 *Jungfrukällan / The Virgin Spring*〉(1960)과 같은 예외가 없는 것은 아니나, 대부분 영화들에서 그의 인물들은 모순

★ 베리만에게 신의 침묵은 다양한 인간 관계에서 변주되어 나타나는 평생의 테마였으며 대단히 현실적이고 구체적인 아픔이었던 것으로 보인다. 아마도 신의 이미지는 그에게 엄격한 루터파 목사였던 아버지의 모습 그대로였을 것이기 때문이다. 〈산딸기 *Smultronstället / Wild Strawberries*〉(1957)를 두고 그는 "아버지에게 보내는 처절한 메시지"였다고 말한 바 있으며, 마지막 극장용 필름 영화로 그의 공식적인 은퇴작이자 가장 자전적인 작품으로 알려져 있는 〈화니와 알렉산더 *Fanny och Alexander*〉(1957)에서는 의붓아버지인 루터파 목사가 끝내 아이들과 화해하지 못한 채 죽음을 맞는다.

된 현실의 문제를 고통 속에서 그대로 끌어안고 살아가기로 결심한 것처럼 보인다. 7년 만에 상봉해 한바탕 다툼과 화해를 하지만 하루도 더 못 견디고 다시 각자의 영역으로 도피하는 〈가을 소나타Höstsonaten/Autumn Sonata〉(1978)의 모녀나 역시 하룻밤 증오와 갈등을 표출한 후 눈물로 화해하고 나서도 달라진 것이 전혀 없어 보이는 〈외침과 속삭임 Viskningar och rop/Cries and Whispers〉(1972)에서 두 자매의 관계가 보여 주는 것이 바로 그러한 예이다. 삶의 고통이라는 것이 어디 그리 한바탕 '굿'으로 쉬이 해결되는 것이더냐고 베리만은 묻는다. 그 와중에 예술의 형태로든 환영으로든 죽은 자는 산 자와 공존하고(〈외침과 속삭임〉) 새 생명은 어김없이 태어난다고(〈산딸기〉, 〈화니와 알렉산더〉), 삶은 그렇게 이어지는 거라고 말하고 싶었는지 모르겠다. 그것이야말로 신 없는 시대에 고통과 절망 중에 있는 인간이 묻고 또 묻다 결국은 스스로 찾아낸 답이라고.

폭력과 범죄로부터의(혹은 그를 통한) 구원을 갈망함

베리만이 줄곧 다루어 온 인간의 고통이 주로 신이나 인간과의 관계에서 드러나는 내적인 유형의 것이라면, 현대의 다른 많은 영화들은 이 부정 신학의 테마들을 외적인 고통의 원인과 연합시켜 다루기를 즐겨 왔다. 인간의 시각으로는 불가해한 폭력과 '절대악'과 같은 문제 의식이 종종 신체적 억압이나 살인, 강간과 같은 범죄 행위와 관련되어 제시된다는 점에서 이러한 테마는 특히 갱스터 영화나 범죄 스릴러와 같은 대중적 장르 영화들과 비교적 자연스럽게 만나게 된다. 마틴 스콜세지Martin Scorsese는 이에 대해, 사람들이 더 이상 죽은 다음에 이루어질 신의 징벌이나 '삼지창을 가진' 악마의 존재를 믿지 않는 이 세대에 인간의 존재에 대한 질문이 육체적인 고통에 집중되는 것은 당연한 일이라고 말한다.[18] 그리고 오늘날 영화는 그 점을 놓치지 않는다. 초월적 세계로 향하는 길에 있어서 그 자체로 '스캔들(장애물)'이기도 하고 영적이거나 신앙적인 것과는 상극인 것으로 자주 다루어지는 이러한 소재들이 많은 경우 신의 침묵과 인간의 고통에 대한 신학적인 물음을 지니고 있다는 역설에 우리는 주목해야 한다.

데이비드 존 그레이엄David John Graham은 스콜세지의 영화들에서 스스로를 구원하는 수단으로서의 폭력을 발견했다.[19] 〈성난 황소Raging Bull〉(1980)에서 전설의 권투 선수 제이크 라모타를 연기한 로버트 드 니로는 젊은 아내를 만난 이후 끊임없이 의처증과 망상에 시달리며 아내와 형제에게까지 무차별적인 폭력을 휘두르게 되고 마침내 스스로 파멸할 위기에 처해 있다. 그레이엄은 제이슨이 숙적 로빈슨에게 무참히 얻어맞는 장면은 그가 스스로에게 부과하는 속죄 행위로서 일종의 '고행'을 행하는 것이라고 해석한다. 그레이엄이 적절히 지적하고 있듯이, 자신에게 가하는 폭력과 고행을 통해 구원에 이르려는 시도는 무조건적인 용서와 은총이라는 개신교적인 구원의 의미에서 보면 오히려 '반신학anti thdology'일 수 있다. 그러나 스티그마타stigmata★ 운동이라는 가톨릭 신학과 만날 때 그것은 여전히 '기독교적인' 구속 행위의 자장 안에 있다고 볼 수 있다.

폭력 이외에는 달리 자신을 표현하거나 소통할 방법을 알지 못하는 인물들은 데뷔작 〈악어〉(1996) 이래 김기덕의 영화를 관통하는 한 축이 되어 왔다. 예컨대 〈나쁜 남자〉(2001) 한기(조재현)의 이유 없는 폭력은 세상과 소통하는 방식을 모르는 '괴물 같은' 한 남성이 구원을 추구하는 (즉 '구원'으로서의 여성에 접근하는) 방식으로 읽힐 수 있다. 그의 폭력은 내러티브상으로나 심리적으로 결코 동기화되지도 동의되지도 않는다는 점에서 인간 내면의 근원적인 악의 문제를 돌아보게 하는 장치가 되기 때문이다. 한기가 혹 말을 할 수 있다면, '인간이 원래 그렇다' '나도 당신도 다르지 않다'는 것이 아마도 그(그리고 김기덕)의 항변일 것이다. 그런데 우리가 이미 다루었듯이, 기독교적 믿음에서 인간의 자기 한계와 죄성에 대한 자각은 인간으로 하여금 신을 찾게 하는 출발점이다. 그리하여 스스로를 구원할 수 없는 그는 희생양을 필요로 한다. 대개는 구원자이자 희생양으로서의 여성. 모양새는 각기 다르지만 〈파란 대문〉(1998)과 〈섬〉(2000)과 〈사마리아〉(2003)와 〈해안선〉(2002)과 〈숨〉(2007)의 여성들은 그렇게 아낌없이 내어 주는 성처녀의

★ 그리스도의 고난의 징표로서의 '성흔.'

144

이미지로 스크린에 소환되었다. 어쩌면 부정 신학의 테마를 충실히 재현하고 있는 김기덕의 영화들이 타르코프스키의 〈희생〉과 다른 점은 아마도 구원을 갈망하고 추구하는 그의 '나쁜' 태도에 있을지 모른다. 〈봄, 여름, 가을, 겨울 그리고 봄〉(2003) 이래 다소 유해지기는 했으나 기본적으로 김기덕의 인물들은 〈희생〉의 알렉산더처럼 나를 구원해 달라고 부르짖지도 매달리지도, 속죄의 맹세를 하지도 않는다. 무엇보다 그들에게 '희생양'은 은총으로 주어진 것이 아니라 철저히 고립되어 출구 없는 인간이 스스로 포획한 사냥감이었다. 더욱이 그들을 '유로비지'라고 보기에는 심하게 원초적이며, 구원을 갈구하는 순간에조차 뻔뻔하고 뻣뻣하다. 그런 면에서 같은 인간이 보기에도 한심하게 구제불능이다. 그렇다면 신의 관점에서는? 그것이 바로 김기덕의 '안팎으로 잔인한' 영화들이 던지는 질문이다.

한편 박찬욱 영화에서의 폭력과 구원은 복수와 응징의 외양을 띤다는 점에서 훨씬 더 문제적이다. 그는 애초부터 폭력의 응징자나 세상의 폭력으로부터 인간들을 보호하고 구원해 줄 존재로서의 절대자에 대한 기대를 배제하고 이야기를 시작하는 것처럼 보인다. 그의 '복수 3부작'을 여는 〈복수는 나의 것〉(2001)은 구약성서 신명기(32:35)에서 그 제목을 빌려 왔으나, 〈복수는 나의 것〉에서부터 〈박쥐〉(2009)에 이르기까지, 박찬욱의 인물들은 오히려 "스스로를 구원하라"(잠언 6:5)에 더 경도되어 있는 인물들이다. 그러나 그들은 그 폭력을 통해 구원에 이르기보다는 오히려 허탈해지고 또 다른 폭력의 희생이 되는 경향이 있다는 점에서 모순에 빠져 있다. 그러니 박찬욱에게 신의 이미지는 그 모든 것을 팔짱을 낀 채 지켜보고 서 있다가 "그러니까, 그건 나에게 맡겨 두라고 했잖아"라고 덤덤히 혹은 얄밉게 말하는 신이 아닌가, 우리는 되물을 수 있다.

이와 유사한 질문이 최근의 다른 영화들에도 가능하다. 마치 〈올드보이〉의 최민식이 그랬듯이, 〈추격자〉(나홍진, 2008)의 김윤석, 〈아저씨〉(이정범, 2010)의 원빈, 〈파괴된 사나이〉(우민호, 2010)의 김명민, 〈악마를 보았다〉(김지운, 2010)의 이병헌이 그렇게 예외 없이

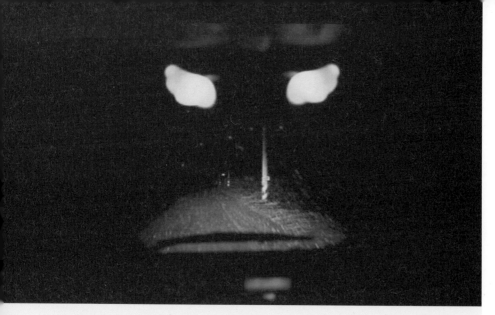

<악마를 보았다>의 오프닝에 나오는 살인마의 차 내부. 백미러를 끌어안은 형광 빛의 날개는 악마의 눈이기도 하고 천사의 날개이기도 하다. 그리고 웃는 카 오디오의 입. 이 영화에서 선과 악은 이처럼 모호한 경계를 두고 만난다.

'악마'가 되어 가는 것을 우리는 내내 목격해 왔다. 이를테면 범죄자와 응징자, 그들은 서로 '짝패double'*이다. 그런데 그들의 '짝패성'은 외부로부터 주어진 어떤 힘에 의해서 라기보다는 자기 내부의 악마적 본성이 서서히 일깨워지는 과정에서 발견된다는 점에서 대단히 성찰적이자 심지어 종교적이다. 그러므로 피의 보복을 갓 마친 그들 자신은 물론 숨을 죽이며 시종일관 그 폭력에 압도되어 왔던 관객들에게도 그들의 복수가 마냥 통쾌하지는 않은 것은 어쩌면 당연한 일이다. 반드시 갈수록 더해 가는 잔인성의 정도 때문만은 아닐 것이다. 그것은 사건이 해결되었다는 안도감보다는 폭력의 결과로 인해 전보다 더한 불안과 상처가 남기 때문이다. 지라르 식으로 말하자면 이는 초석적 폭력(즉 그리스도의 희생)을 모방한 '모방 폭력'이 갖는 한계이기도 하고, 성서적으로 표현하자면 본성상 죄인에게 죄의 응징을 맡긴 데서 오는 필연적인 모순이라고 보아야 한다.

★ '짝패'에 대해 르네 지라르는 두 주역들이 교대로 같은 역할을 반복하는 동안 욕망, 폭력, 전략뿐 아니라 교대되는 승리와 패배, 흥분과 절망 모두가 쌍방에게 동일하게 나타난다고 말한다. 이 짝패 이미지는 공동체의 위기가 심해질수록 빈번해지는데, 정작 그들 자신은 비상호적인 순간에 살고 있으므로 스스로를 자신만이 예외라고 느끼는 것이 당연하다. 즉 내부에서는 차이만 보일 뿐, 외부에서 보아야 그들의 동질성이 두드러진다는 것이다.[20] 영화는 (특히 편집의 힘을 빌어) 주인공들이 비상호적으로 공존하는 세계를 상호성을 전제로 한 외부의 시각으로 관찰할 수 있도록 한다. 따라서 영화 관객은 이 '짝패'를 발견하기에 가장 유리한 위치에 초대되어 있다.

폭력의 순환을 벗어나는 길만이 진짜 구원이다

그런 점에서 보았을 때, 어떤 영화들은 이 모순에 대한 동시대의 영화적인 답변을 시도하고 있는 것처럼 보인다. 〈김복남 살인사건의 전말〉(장철수, 2010)과 〈시〉(이창동, 2010)는 각기 다른 방식이기는 하지만 인간의 고통과 구원에 관하여 유사한 결론에 이르고 있다. 그것은 구원을 위해 죄의 대가를 지불해야 하는 것은 당연하지만 복수나 죄의 응징 자체로는 충분하지 않다는 점이다.

이창동 감독은 전작 〈밀양〉(2007)에서 탐구했던 구원과 용서의 문제를 〈시〉에서 한층 집요하게 파고들고 있다. 〈밀양〉에서 신애(전도연)를 가장 큰 절망과 분노로 이끌었던 것은 아들의 죽음도 살인이라는 폭력 자체도 침묵하는 신도 아니었다. 그것은 절대자와의 일 대 일 관계가 이웃과의 관계로까지 이어지지 못하는 기독교인들의 자폐성과 무례에 대한 분노이기도 했겠지만, 보다 근본적으로는 ─ 전적으로 신의 주권에서 비롯된 '은총'의 영역에 있으므로 ─ 피해자에게 용서라는 지고의 가치를 주도할 기회마저도 주지 않는 기독교적 구원 자체에 대한 절망이자 도전으로 보아야 할 것이다. 〈시〉에서도 여전히 문제가 되는 것은 죄의 대가이다. 그런데 감독은 이번에는 이 문제를 절대자의 입장에서 생각해 보기로 했던 모양이다. 이혼한 딸의 아들을 혼자 돌보고 있는 할머니 미자(윤정희)는 한 소녀의 죽음에 손자가 깊이 연루되어 있다는 것을 알게 된다.

다음 생을 위해 기꺼이 짓밟히는 살구 열매처럼 자신을 '비우기를kenosis' 결심한다는 점에서, 죄와 구원의 문제에 대해 〈시〉가 제시한 해답은 기독교적 구원의 의미에 근접해 있다.

손자는 씻을 수 없는 '죄'를 저질렀고 그 대가는 반드시 치러야 한다. 엄마가 아닌 할머니여서, 손자에 대한 미자의 사랑은 한층 복잡한 양상을 띠게 되는데, 자신의 딸의 고통이 개입되어 있기 때문이다. 그러나 다른 한편으로는 할머니이기 때문에 미자는 더 현명하고 냉철하게 이 문제에 접근할 수 있었을 것이다. 그는 언제까지나 철없는 손자의 뒷바라지를 하며 살 수는 없는 늙은 몸인데다가 설상가상으로 병으로 곧 기억을 잃게 될 운명에 처해 있다. 아들의 죄(와 더불어 자신의 오랜 죄책감)를 은폐해야만 했던 엄마 김혜자(〈마더〉(봉준호, 2009))는 허벅지에 침을 놓아 가며 망각을 꿈꾸었지만, 할머니 미자는 그것을 오래도록 기억할 만한 흔적을 남기기를 원했다. 사랑하는 손자에게도 딸에게도 그리고 무엇보다 '죽은 사람은 할 수 없고, 이 아이들(소녀를 강간한 소년들)이라도 살려야 하지 않겠느냐' 묻는 지극히 '합리적인' 이 사회에도. 그래서 그녀는 시를 쓴다. 제 엄마 손에 안전하게 양도하는 대신 아이를 형사에게 보내 놓고, 다음 생을 위해 기꺼이 짓밟히는 살구 열매처럼, 그렇게 미자는 — 중풍 노인(김희라)에게 몸을 내어 주는 것으로, 또 죽음으로 — 자신을 '비우기를kenosis' 결심한다. 이제 그것을 기억하는 것은 시를 읽는, 즉 한 편의 시 같은 이창동의 영화를 보는 관객의 몫으로 남겨지게 된다. 이처럼 구원의 문제에 대해 〈시〉가 제시한 해답은 전작 〈밀양〉보다 기독교적 의미에 한층 근접해 있다.

인간의 고통과 복수를 다룬 잔혹한 영화들의 대열에서 〈김복남 살인사건의 전말〉을 특별하게 만드는 지점도 이와 유사하게 고통과 범죄를 기억하라는 영화의 메시지이다. '김복남이 죽는' 이야기이기도 하고 '김복남이 일으킨' 살인 사건 이야기이기도 한 이 영화는 여느 영화들처럼 '김복남의 악마되기(영화의 영어 제목은 'Bedeveled'이다)'에서 끝나지 않는다. 그것은 결국 타인의 고통을 모른 체하며 사는 데 익숙한 한 여인을 증인으로 부르는 이야기이다. 어릴 적 친구 복남(서영희)의 거듭되는 초청에도 불구하고 오랫동안 섬을 찾지 않던 해원(지성원)이 배를 타기로 결심한 것은 그가 서울에서 한 살인

〈김복남 살인사건의 전말〉의 죽어가는 복남(서영희)과 유일한 목격자인 해원.
해원이 건네받은 부러진 피리는 결국 진실을 '불라'는 요청이다.

사건에 휘말리게 되었기 때문이다. 그런데 고통과 폭력은 이 땅 어디에나 있는 것이어서, 도심 한복판에서 목격한 살인 사건에 대해 '증인되기'를 피해서 떠난 땅 끝에서 그는 그보다 엄청난, 원초적인 폭력과 범죄에 마주하게 된다. 그리고 어쩌면 신의 대리인 자격으로 응징을 수행한 복남마저 무참히 죽고 난 후, 사건의 전말을 모른 척할 것인가 증언할 것인가의 문제는 오롯이 그녀의 몫으로 남았다. 그러므로 복남이 죽어 가며 쥐어 준 피리와 "불어!"라는 그의 메시지는 어릴 적 추억이자 순수의 상징인 피리 불기를 넘어서서, '진실을 불어'라는 강력한 요청인 셈이다. 그리고 이것은 이 모든 폭력의 현장에 해원과 함께 있었던 관객들을 향한 동일한 요구이자, 구원을 경험한 모든 이들에게 기독교가 요청하는 '증인되기,' 즉 제자도의 삶*에 다름 아니다.

★ "성령이 너희에게 오시면, 너희는 권능을 받아 예루살렘과 온 유대와 사마리아와 그리고 땅끝까지 가서 내 증인이 될 것이다"(사도행전1:8)《쉬운성경/NIV》, 아가페, 2007.

영화는 21세기를 구원할 수 있을까

장 뤽 고다르는 〈영화사(들)Histore(s) du Cinéma〉(1998)에서 "소리와 신과 잠이 사라진 20세기를 영화가 구원했다"고 말했다. 또 타르코프스키는 "한 예술가가 이야기하는 세계가 절망적이면 절망적일수록 그는 아마도 이 희망 없는 세계와 대치되는 이상을 그만큼 더 분명하게 드러낼 수 있을 것"이라고 말한다.[21] 타르코프스키처럼 문인이었으며 한 편의 시 같은 영화로 시의 힘을 노래했던 이창동 역시 같은 꿈을 꾸었을 것이다. 절망뿐인 이 시대의 대표적인 예술 양식으로서, 영화가 무언가 할 수 있지 않을까. 이를테면 이들이 생각하는 영화는 폭력 앞에 침묵했던 부끄러운 과거를 재생해 내고, 보고 싶지 않은 현실을 보게 함으로써 역사와 현실 너머의 것을 꿈꾸게 하는 어떤 것일 터이다.

그리하여 영화는 21세기를 구원할 수 있을까? 어쩌면. 그러나 그것은 영화 편에서 이루어야 할, 혹은 이룰 수 있는 과업은 아닐 것이다. 혹 가능하다면 영화는 그저 질문을 던지는 것으로 만족해야 할지 모른다. 반면 구원에의 추구는 영화에서 진지한 질문들을 추려 내는 관객의 편에서 시도될 일이다. 자신의 한계와 현실의 절망을 인식하는 것 자체가 곧 구원으로의 길을 보장해 주지는 않기 때문이다. 더욱이, 모순의 21세기 아니던가. 의문투성이의 삶을 살면서도 답을 제시하려 드는 일체의 행위에 대해서는 사람들이 얼마나 싫어하는지 우리는 매일같이 보고 들으며 살고 있다. 그러니 어딘가에서 여전히 답을 찾아 헤매는 누군가를 진심으로 지지하고 싶거든 열심히 그리고 집요하게 되묻는 길밖에.

주

1. 롤랑 바르트, 《현대의 신화》, 이화여자대학교 기호학연구소 옮김, 동문선, 1997, p.274.

2. 롤랑 바르트, 《텍스트의 즐거움》, 김희영 옮김, 동문선, 1997, p.197.

3. 르네 지라르, 《문화의 기원》, 김진석 옮김, 기파랑, 2006, p.143.

4. 같은 책, pp.108~146.

5. Coates, *Cinemam, Religion and the Romantic Legacy*, UK: Ashgate, 2003, pp.5~7.

6. 클라이브 마쉬·가이 오르티즈 엮음, 《영화관에서 만나는 기독교 영성》, 김도훈 옮김, 살림, 2007, pp.215~221.

7. 같은 책, pp.208~214.

8. 김현정, "이십세기 폭스, 기독교 영화 본격 제작," 〈씨네21〉(2006. 9. 27). Lorenza Munoz, "Fox Puts Faith in Christ Films," *Los Angeles Times*, 2006. 9. 16.

9. 조영정, "미국 영화에 대한 양가적 태도: 〈비오는 날의 오후 세시〉를 중심으로," 김소연 외,《매혹과 혼돈의 시대: 50년대의 한국 영화》, 소도, 2003, p.102

10. 최은, "한국 영화에 나타난 기독교 이미지史를 보다," 〈목회와 신학〉, 2008년 1월호, 통권 223호, 두란노, 2008, pp.71~74.

11. 박지연, "영화법 제정에서 제4차 개정기까지의 영화 정책(1961~1984)," 김동호 외,《한국 영화 정책사》, 나남, 2005, pp.240, 260.

12. 홍성남·유운성 엮음,《칼 드레이어》, 한나래, 2003, pp.229~230.

13. 안드레이 타르코프스키,《봉인된 시간: 영화 예술의 미학과 시학》, 김창우 옮김, 분도출판사, 2007, pp.216~236.

14. 전광식, "Theologia Negativa: 부정 신학의 역사와 의미," 〈석당논총〉 45집, 동아대학교 석당학술원, 2009, p.35.

15. 같은 글, p.65.

16. 유영소, "안드레이 타르코프스키의 예술관과 부정 신학," 〈미학〉 제63집, 2010, pp.53~54.

17. Lloyd Baugh, *Imaging the Divine: Jesus and Christ–fiqures in Film,* Maryland: Rowman & Littlefield Publishers, 1997, pp.185~233.

18. 마쉬·오르티즈, p.163.

19. 같은 책, p.158.

20. 지라르, p.237.

21. 타르코프스키, p.242.

그리스도 최후의 유혹 *The Last Temptation of Christ*

dir. Martin Scorsese | cast. Willem Dafoe, Harvey Keitel | 1988 | 164min | color | USA |

Universal Pictures

패션 오브 크라이스트 *The Passion of the Christ*

dir. Mel Gibson | cast. James Caviezel, Monica Bellucci | 2004 | 127min | color | USA | Icon

Productions

예수의 생애와 죽음을 '문제적으로' 다룬 두 작품. 상반되는 두 가지 접근 방식을 비교하면서 보면 흥미롭다. 멜 깁슨의 작품이 일종의 영적 체험에 대한 신앙 고백이라면, 스콜세지의 작품은 예수의 신성과 인성에 대해 영화적 상상력을 동원하여 도전하고 질문하는 유형이다.

시

dir. 이창동 | cast. 윤정희, 김희라 | 2010 | 139min | color | 한국 | 파인하우스필름

실상 충격적인 것이지만 이 시대에 이미 일상이 되어 버린 폭력과 그 폭력에 너무 쉽게 무심해지는 현대인에게 가능성은 있는지 영화는 묻는다. 그 폭력과 범죄의 고리를 끊기 위해 스스로 희생 제물이 되고 '시'가 되기로 한 할머니의 이야기.

영화관에서 만나는 기독교 영성

클라이브 마쉬·가이 오르티즈 엮음 | 김도훈 옮김 | 살림 | 2007

'영화와 신학의 진지한 대화를 향하여'라는 부제에 충실하게, 신학적 주제를 다룬 영화에서부터 영화를 신학적으로 사용하는 문제까지 영화와 신학의 접점을 다양한 필자들의 글을 통해 다룬다.

영화와 영성

로버트 존스톤 | 전의우 옮김 | IVP | 2003

영화와 종교에 대해 균형 잡힌 시각을 전제로, 선입견과 종교적 기준을 먼저 작동하는 대신 영화에 대한 심미적인 이해에서부터 출발해서 신학적인 관점에 이르는 영화 보기를 제안한다.

폭력과 성스러움

르네 지라르 | 김진식·박무호 옮김 | 민음사 | 2005

인류를 지속시키고 문화를 만들어 낸 근원을 지라르는 희생제의의 원리로 설명한다. 무고한 희생물에 대한 폭력을 묘사하는 현대의 영화들이 구원 혹은 구원에의 갈망과 연결되는 과정을 이해하는 데 있어서 유용한 관점과 논의들이 다수 포함되어 있다.

● 종교와 영화는 왜 문제적으로 만날 수밖에 없을까?

● 한국 영화에서 재현된 기독교의 이미지가 변화해 온 양상을 추적해 보자. 그것은 한국 사회의 문화, 역사와 어떤 관계를 맺고 있는 것으로 보이는가?

● 과거 할리우드에서 스튜디오 시대에 활발히 제작되었던 〈십계〉나 〈벤허〉와 같은 성서적 서사 영화들과 〈매트릭스〉나 〈아바타〉와 같이 오늘날 지구 종말을 소재로 한 SF 영화들은 어떤 점에서 유사하고 또 어떤 점에서 다른가?

● 드레이어, 브레송, 타르코프스키와 같은 감독들이 영화에서 절대자와 구원의 문제를 다루기 위해 사용한 영화적인 스타일은 각기 어떤 것들이었는가?

● 오늘날 복수와 폭력을 테마로 한 한국 영화들에서 혹 종교적 모티프와 절대자의 이미지를 떠올릴 수 있다면 어떤 모습일까?

● 그들은 종교와 구원의 테마에 대해 어떤 질문들을 던지고 있을까?

05

영화와 여성

홍소인

이 장은 '영화에서 우리는 어떤 여성을 만나는가?' '여성들은 영화와 어떻게 만나는가?'라는 질문으로부터 출발한다. 최초의 극영화인 조르주 멜리에스의 〈달나라 여행〉(1902)에서 우리는 달세계로 탐험을 떠나는 일군을 남성 과학자들을 본다. 그 옆에는 짧은 핫팬츠 차림의 여성들이 이 모험을 축하하기 위해 길게 늘어서 있다. 최초의 판타지 영화에서 남성들은 모험을 떠나고, 여성들은 그들을 배웅하는 역할만을 부여받는다. 이처럼 영화가 세계를 재현해 온 초기 시절부터 영화적 서사와 시각화 양식은 성별화되어 왔다.

다양한 서사 영화에서 여성들은 남성을 유혹하는 신체로 전시되어 에로틱한 볼거리가 되거나, 폭력에 희생되는 약자로서 재현되어 왔다. 다른 경우, 강력한 성애와 위반적 섹슈얼리티를 추구하는 여성들은 종종 괴물로 형상화되거나 서사상에서 강력한 처벌을 받아 왔다. 여성의 섹슈얼리티를 괴물화하고 처벌하는 이러한 장르 영화는 그녀들의 섹슈얼리티를 통제하려고 시도하지만, 동시에 스크린 위에 그녀들의 강력한 욕망의 미장센을 펼쳐놓는다. 그 간극 사이에서 여성 관객은 그녀들의 욕망을 엿보기도 하고, 그 가운데 쾌락을 느끼기도 하며, 그녀들을 둘러싼 삶의 모순을 인식하기도 한다. 다양한 영화에서 성별 재현의 방식을 살펴보고, 이러한 조건하에서 우리는 어떤 쾌락을 추구할 수 있을지를 모색해 보자.

이미지로서의 여성, 시선의 담지자로서의 남성

영화 발명 초창기, 움직임을 시각적으로 포착한 머이브리지의 연속 사진 가운데 가장 인기가 있었던 것은 옷을 벗은 여인네들의 모습을 담은 사진이었다. 계단을 내려오는 여인의 나신, 나체로 물동이를 이고 물을 나르는 여인, 나신의 여인과 어린 아이. 영화 발명 이전 서구 예술사를 보더라도, 전형적인 여성의 누드화를 흔히 볼 수 있다. 그 누드화에서 피사체들은 주로 누군가가 그녀들을 바라보고 있다는 전제하에 포즈를 취하고 있고, 이때 그녀들을 바라보는 이는 남성 화가이거나 남성 미술품 소장자일 거라고 쉽게 추측할 수 있다. 비교적 최근까지 대부분의 예술품 수집가들은 남성이었기 때문에, 많은 회화 작품들은 남성적 응시gaze*를 담고 있으며, 고전적 영상 전통에서 남성은 행동하는 주체로 그려진 반면 여성은 보여지는 대상으로 묘사되어 왔다.¹ '누가 시선의 권력을 쥐고 있는가?' '누가 그 시선에 의해 포착되는가?'의 문제는 성적 권력 관계와 밀접한 관련이 있다.

이처럼 예술사로부터 영화의 발명기를 거쳐 오늘날에 이르기까지 영화적 바라보기의 성별화는 훨씬 더 복합적인 양상을 띠고 오늘날까지 이어지고 있다. 1975년 로라 멀비Laura Mulvey는 〈시각적 쾌락과 서사 영화Visual Pleasure And Narrative Cinema〉라는 논문을 통해 영화에서 바라보기가 남성 편향적인 시각적 쾌락을 제공하고 있으며, 대중 영화의 시각적 쾌락은 관음증적인 보기의 방식들과 연관된다고 주장했다.² 여기에서 '관음증voyeurism'은 상대방이 보여지고 있다는 것을 모르는 상태에서 다른 사람의 행위를 보며 느끼는 쾌락이다. 이때 보는 행위는 타인을 하나의 시각적 대상으로 취급하면서 호기심 어린 시선으로 타자를 지배하려는 행위와 연관된다. 상당수의 포르노그래피가 몰래카메라로 촬영한 것과 같은 미장센을 보여 주며, 실제 몰래카메라가 포르노그래피처럼 유통되는 것만 보아도, 다른 사람을 대상으로 바라보며 얻는 쾌락이 기

★ 응시는 주의 집중하여 한 곳을 바라본다는 뜻으로, 주로 영화에서 발생하는 시선의 교환을 의미한다.

초적인 성애로 존재해 왔음을 확인할 수 있다.

알프레드 히치콕Alfred Hitchcock의 영화들이 관음증적 시각화의 대표적 사례를 보여 준다. 그의 영화에서 남성 주인공들은 시각 쾌락적 에로티시즘을 통해 여성의 이미지에 사로잡히고, 그녀를 보고자 하는 욕망은 그녀를 파악하고, 통제하고자 하는 욕망으로, 혹은 살해 충동으로 이어진다. 〈사이코Psycho〉(1960)에서 노먼 베이츠(앤터니 퍼킨스)가 벽에 난 구멍을 통해 발가벗은 여성을 훔쳐보는 장면과 〈이창Rear Window〉(1954)에서 제프리(제임스 스튜어트)가 휠체어에 앉아 망원 렌즈로 맞은편 아파트를 훔쳐보는 장면이 대표적인 예이다. 〈현기증Vertigo〉(1958)에서 역시 '본다'는 행위는 플롯의 중심이 되며, 남자 주인공은 여성 인물(주디)에 대한 관음증적 매혹에 사로잡혀 있다. 내러티브는 남자 주인공이 보는 것과 보지 못한 것들을 중심으로 짜여 있으며, 남성 인물을 따라가는 주관적 카메라의 사용은 관객들이 남자 주인공의 입장에 강력하게 동일화하도록 함으로써 여성에 대한 에로티즘적 강박관념을 공유하도록 한다.

이러한 훔쳐보기의 욕망은 영화 관람의 조건과도 연결된다. 어두컴컴한 극장에 앉아 영화를 보는 관객들은 관음증자와 같이 다른 사람들에게 들키지 않는 상태에서 스

관음증적 시각화의 대표적인 영화로 꼽히는 히치콕의 〈이창〉.

크린 위의 사람들이 하는 일을 지켜보는 관람 주체가 된다. 이때 애초에 연기를 촬영한 카메라는 관음증과 사디즘의 도구가 되며, 연기자 혹은 캐릭터는 훔쳐보는 응시의 대상이 된다. 이 경우 영화적 플롯 속에서 시선의 대상이 되는 것은 대체로 여성이며, 그녀를 바라보는 시선은 남성의 것으로 맥락화되어 있다. 이렇게 조직된 영화적 보기가 문제가 되는 것은 이러한 보기의 방식들이 관객들로 하여금 선택의 여지없이 서사상에서 남성 인물과 동일시하도록 하고, 남성 인물과 공모하여 여성 등장인물을 대상화하도록 한다는 점이다. 그리고 이것이 스크린 안팎에 존재하는 여성의 응시를 희생한 대가로서 가능해진 것이라는 점은 분명하다. 이 관점에서 보면, 남성은 응시를 통해 여성을 고정시키고 관음증적으로 그녀의 육체를 소유한다. 그녀는 그의 시선과 감시의 대상으로서 그에 의해 의미가 부여된다. 전통적 영화의 시각화 방식에서 남자는 여자를 지켜보고 여자는 그가 자신을 보고 있다는 것을 알 수도, 모를 수도 있다. 그러나 그녀는 응시를 되돌려 보낼 수 없다. 응시를 행할 수 있는 주체는 그이기 때문이다. 이처럼 영화 속에서 여성은 보여지고, 진열되면서, 보여지는 쾌락을 내면화한 것처럼 여겨진다. 영화 속에서 '유혹하는 여성'은 에로틱한 볼거리의 주된 요소이다. 영화뿐만 아니라 음반 산업, 광고 등 문화 전반에서 유혹하는 10대 소녀들이 사실상은 '성적 대상으로 진열된 여성'의 이미지라는 비판이 가능한 것처럼, 영화 서사 속에 끼워 넣은 '유혹하는 여성'의 이미지가 그녀들의 욕망을 적극적으로 표현하기 위해서가 아니라, 그녀들의 신체를 시각적으로 전시하기 위한 시각적 장치라는 점은 분명하다.

예를 들어, 〈작업의 정석〉(오기환, 2005)은 작업계(?)의 대표 선수인 민준(송일국)과 지원(손예진)이 서로를 떠보며 작업 대결을 펼치다가 진정한 사랑을 발견하게 된다는 이야기이다. 영화 전반부에서는 지원이 친구 수진(현영)과 함께 클럽에서 술을 마시는 장면이 나온다. 클럽에서는 섹시 댄스 대결이 펼쳐지고, 그 우승자에게 유럽 왕복 항공권이 주어진다. 댄스 대결을 비웃던 지원은 항공권이 탐이 나서 대결에 나서고, 섹시한 댄스와 퍼포먼스로 좌중을 압도한다. 이때 카메라워크와 편집은 이미지에 화려함을 더하고, 다리와 가슴 등 여성 신체의 성애화된 부분은 클로즈업으로 담기거나, 카메라에 의해 돋보이도록 찍혀 있다. 이때 여성의 신체를 훑는 카메라의 시선, 여성의 신체를 파편화해 강조하는 시선 등은 그녀의 무대를 바라보는 클럽 내 관객의 시선으로 영화 관객의 시선을 통합함과 동시에, 클럽에 뒤늦게 나타나 그녀의 공연을 보는 남성 인물의 시선으로 통합된다. 이처럼 가끔 영화는 바나 나이트클럽 장면을 연출함으로써 여성 신체의 전시를 스토리 속에 통합한다. 영화가 그녀를 댄서로서 춤추게 하는 것은 그녀의 몸을 에로틱하게 보여 주는 것을 정당화한다. 마찬가지로 정사 장면에서의 누드 신, 샤워 신, 혹은 수영장 장면 등은 여성의 몸에 대한 관심을 유지할 서사적 구실이 된다. 이때 여성은 두 가지 차원에서 기능하는데, 하나는 영화 스토리에서 등장인물을 위한 에로틱한 대상으로서, 두 번째로는 극장의 관객을 위한 에로틱한 대상으로서 기능한다. 마찬가지로, 〈님은 먼곳에〉(이준익, 2008)에서 쇼걸이라는 장치(위문 공연단의 보컬 '써니'로서 순이의 공연)는 어떤 손상도 입히지 않고 여성 신체의 에로틱한 전시와 이를 바라보는 관객의 시선을 서사에 통합하기 위해서 고안되었다. 그리고 이 공연을 보는 한국군 남성 관객들은 말 그대로 그녀의 공연에 열광한다. 이처럼 여성은 서사 속에서 전시되어지고, 관객의 시선과 남성 등장인물의 시선은 서사의 그럴듯함을 깨지 않은 채 탄탄하게 결합된다.

폭력에 희생되거나 구원받는 여성

공포 영화에서 여성들은 연약한 희생자이거나 엄청난 육체적, 정신적 대가를 치르고 살아남은 유일한 생존자였다. 최초의 뱀파이어 영화이자 독일 표현주의의 대표작인

〈노스페라투*Nosferatu*〉(F. W. 무르나우, 1922)에서부터 1930년대 전성기를 맞게 된 할리우드의 고전 공포 영화들 — 예를 들어 〈드라큘라*Dracula*〉(토드 브라우닝, 1931), 〈프랑켄슈타인*Frankenstein*〉(제임스 웨일, 1931), 〈킹콩*King Kong*〉(메리언 C. 쿠퍼, 1933) — 에서 여성은 관객을 흥분시키고 경악하게끔 하는 가녀린 희생자로 등장했다. 거대한 킹콩의 손바닥 위에서 절규하는 아름다운 여성이 그 전형적인 사례(〈킹콩〉)로, 여기에서 유발되는 공포는 성적 욕망과 분리될 수 없는 것이다. 이런 작품들 안에서 작고 무력한 여성이 함의하는 육체적인 연약성은 여성이 보호받아야 하는 대상이라는 사회적 통념을 강화함으로써 수동적 여성 섹슈얼리티를 구성할 뿐만 아니라, 그녀가 겪는 엄청난 고통과 공포는 관객들을 최대한으로 자극한다. 아름다운 그녀가 반쯤 벌려진 입술로 내지르는 신음 소리와 괴성, 공포로 정신이 혼미해진 듯 보이는 여성 희생자의 눈동자와 얼굴 표정은 성적 오르가즘을 연상시키도록 표현되어 있기 때문이다.

1930년대 고전 할리우드 영화가 주로 '드라큘라'나 '프랑켄슈타인'처럼 신체 변형이 가해진 남성 괴물을 등장시켰다면, 1970년대 후반과 1980년대 새로운 전성기를 맞이한 할리우드 공포 영화는 섹스하는 10대들만을 골라 살해하는 미치광이 연쇄살인

거대한 킹콩의 손바닥 위에서 절규하는 아름다운 여성의 모습은
에로시티즘과 결합한 공포 영화의 전형적인 사례를 보여 준다. 메리언 C. 쿠퍼의 〈킹콩〉.

할리우드 고전 공포 영화들을 보면, 여성은 관객을 흥분시키고 경악하게끔 하는 가녀린 희생자로 등장했다. 〈드라큘라〉와 〈프랑켄슈타인〉 포스터.

범을 등장시켰다(〈할로윈*Halloween*〉(존 카펜터, 1978), 〈13일의 금요일*Friday The 13th*〉(숀 S. 커닝엄, 1980)). '난도질 영화*slasher movie*'라고도 불리는 이런 종류의 공포 영화들은 섹스와 마약에 중독된 부도덕한 10대들이 미치광이 살인자의 손에 한사람씩 끔찍하게 죽어 간다는 서사 구조를 취하며, 성적으로 난잡한 청소년, 특히 여성에 대한 피의 보복을 그린다. 여성 희생자의 살해 장면이 더욱 처참하게, 과도하게, 그리고 오랫동안 이미지화되는 것 역시 공포 영화 관객에게 익숙한 시각화 방식이다.

　이 영화들에서 최후의 생존자는 여성이며, 특히 성적으로 순결한 여성이 대부분이다. 이 영화들은 여성들을 두 부류, 즉 성적으로 순결한 존재와 과잉된 성욕의 주체로 이분화하며, 성에 대해 자유분방한 여성은 폭력에 희생되어도 좋을 여성들로, 순결한 여성은 구원해야 할 여성으로 의미화한다. 난도질 영화의 관습을 노골적으로 패러디하고 비틀었던 〈스크림*Scream*〉(웨스 크레이븐, 1996)에서 이성애 커플들은 섹스 후 잔인하게

살인마가 타깃으로 설정한 주요 살해 대상은 여성 인물로, 그녀는 영화가 전개되는 내내 끊임없이 살해 위협을 느끼며 공포에 떠는 영화적 공포와 긴장감의 중심축을 형성한다. 존 카펜터의 〈할로윈〉.

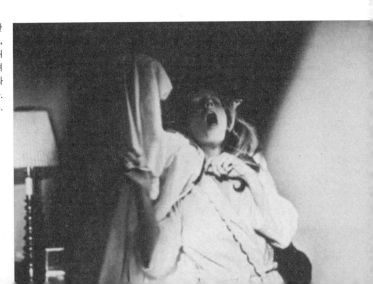

게 살해되고, 10대들의 성적 긴장감이 폭발 직전에 달한 파티장에서는 가장 잔혹한 무차별 살인이 벌어진다. 여주인공 시드니는 성폭행 후 살해된 엄마에 대한 트라우마로 인해 남성과의 성적 접촉을 터부시한다. 섹스를 원하는 남자 친구의 요구를 계속 거절해 오다가, 시드니가 자신의 원칙을 접고 "Yes"라고 말하는 순간 남자 친구는 살인마로 돌변하고 시드니는 죽음의 위기를 맞이한다. 이러한 재현은 여성 스스로가 여성들을 파괴하는 폭력에 대해서 책임이 있다는 태도로 표현된다는 점에서 문제적이다. 여성의 부주의(경계하고 스스로 알아서 조심하는 태도에 대한 방기), 혹은 여성의 과잉된 섹슈얼리티가 그런 폭력을 불러일으킨 것처럼 제시되기 때문이다. 이때 성적으로 문란한 여성에 대한 처벌이 이루어지고, 정숙한 그녀만이 살아남는 난도질 영화의 서사는 여성 섹슈얼리티를 단속하고 통제하고자 하는 보수주의 이데올로기와 만난다.

2000년대 중후반을 지나며 한국 공포 영화 제작이 주춤해진 반면, 제작과 관객몰이 양쪽 측면에서 범죄 스릴러 영화가 대세를 이뤘다. 〈살인의 추억〉(봉준호, 2003), 〈추격자〉, 〈아저씨〉, 〈악마를 보았다〉 등의 스릴러 영화에서 볼 수 있듯이, 2000년대 후반 한국 영화 스크린은 감정이 메마른 사이코 킬러에 의해 잔인하게 살해당하는 여성들, 강간당하고 유기된 여성 신체, 잔혹한 폭력에 희생되는 여성들로 넘쳐난다. 이런 재현의 증가는 여성을 대상으로 한 연쇄 살인의 증가와 성폭력 사건의 가시화, 사회적 불안감의 증대와 궤를 같이한다. 이 영화들이 여성에게 가하는 폭력의 묘사가 지나치게 잔인하고 과잉되어 있다는 점, 거의 여성 학대에 가깝다는 점 역시 문제지만, 가장 문제가 되는 부분은 이 영화들에서 여성에 대한 폭력의 묘사가 언제나 남성들의 시선으로 전개된다는 점이다. 폭력의 서사는 폭력 가해자와 피해 여성 사이의 문제가 아니라, 여성을 가해하는 범죄 남성과 그 여성을 지켜야 할, 그러나 지키지 못한 남성 사이의 문제로 치환된다. 즉 여기에서 폭력은 남성과 남성 사이의 문제가 되며, 폭력에 희생되는 여성은 이 두 남성의 대결을 매개하고 사라지는 하나의 매개항으로서만 기능한다.

〈살인의 추억〉에서는 여성들을 성폭행한 후 살인하는 연쇄살인범과 약한 시민(여성)을 지켜야 할 국가 장치이자 남성 조직으로서 경찰의 대결 구도를 따라 서사가 진행된다. 〈추격자〉는 자신이 운영하던 성매매 업소의 출장 안마사였던 미진(서영희)이 사라진 이후, 그녀를 납치한 것으로 추정되는 살인마(하정우)를 쫓는 남성 인물(김윤석)의 시선으로 전개된다. 〈악마를 보았다〉의 서사는 사이코 연쇄살인범과 그 살인범의 손에 약혼녀를 잃은 남성의 대결 구도로 구조화되어 있다. 여기에서 폭력에 희생되는 여성들은 극 초반에 남성들의 대결을 매개하고 사라져 버리거나(〈악마를 보았다〉), 초반 상황 설정을 위해 등장한 이후 영화가 진행되는 내내 보이지 않다가 영화 종결부에서 다시 한 번 살인범의 잔학성을 전시함으로써 폭력에 대한 폭력적 응징을 정당화하고 살인범을 쫓는 남성 인물에게로의 관객의 동일시를 강화하기 위해서만 등장한다(〈추격자〉).

영화적 플롯의 구성뿐만 아니라, '카메라가 누구의 시선에서 폭력을 시각화하느냐'의 문제 역시 남성 가해자의 응시를 따르고 있다는 점에서 문제적이다. 그리고 이러한 시선은 종종 피해 여성의 신체에 대한 관음증적 성애화와 겹쳐진다. 가해자의 폭력으로 찢겨진 여성의 옷가지와 란제리 차림으로 몸매를 다 드러낸 채 미친 듯이 도망가는 여성의 모습, 그 여성의 신체를 훑어보는 가해자의 시선 등은 성적 함의를 담고 있기에 충분해 보인다.

카메라가 폭력의 문제를 어떻게 남성과 남성 간의 문제로 전치시켜 보여 주는지, 〈살인의 추억〉을 예로 들어 살펴보도록 하자. 〈살인의 추억〉에서 여중생 살해 장면은 숲길을 걸어가는 곽설영(전미선)을 언덕 위에서 내려다보는 하이 앵글로 시작한다. 곽설영을 하이 앵글로 뒤쫓던 카메라는 언덕 위에서 아래를 내려다보는 남성의 뒷모습을 보여 주며 이후에 이어질 카메라의 시선이 이 남성, 즉 살해 대상을 물색하는 범인의 시선임을 암시한다. 범인은 조심스레 곽설영을 따라가고, 카메라 역시 하이 앵글로 그녀의 뒤를 따른다. 그녀가 그 길 위에서 여중생과 마주치며 시선을 교환하는 짧은 아이레

벨 앵글 이후 카메라는 다시 하이 앵글로 전환된다. 이 지점에서 카메라는 곽설영과 교복을 입은 여중생 사이를 갈 지之 자로 번갈아 보여 주는데, 이 시선은 두 사람 가운데 누구를 범행 대상으로 점찍을지를 고민하는 범인의 시선이다. 카메라의 시선은 이내 여중생의 뒷모습을 따라가고 곧이어 범행이 일어난다. 이 장면에서 카메라의 시선은 철저하게 가해자의 것으로 구조화되어 있다. 범행 발생 이후, 우리는 사건 현장을 찾은 형사 서태윤(김상경)을 보게 된다. 카메라는 또 다른 여성의 희생을 막지 못했다는 죄책감과 희생된 여성에 대한 안타까움으로 범인에 대한 분노가 증폭하는 형사의 얼굴을 클로즈업해 보여 주며, 관객으로 하여금 그의 감정에 동일시하도록 한다. 폭력의 처참한 결과를 대면하는 것은 이처럼 또 다른 남성이다. 〈추격자〉에서 역시 처참한 살인의 결과(어항 속에 버려진 목 잘린 미진의 얼굴)를 확인하는 이는 그녀의 포주였던, 그러나 그녀를 살리기 위해 동분서주했던 남성이며, 이때 눈이 감겨진 그녀의 얼굴은 그에게 시선을 되돌려 줄 수 없다. 어디에서도 폭력의 피해를 경험하는 여성의 시선은 찾아볼 수 없다.

괴물이 되는 여성 섹슈얼리티

여성이 늘 폭력의 희생자로서만 재현되어 온 것은 아니다. 공포 영화의 역사는 '괴물로서의 여성'이 또 하나의 중심적 이미지였음을 보여 준다. 바바라 크리드Barbara Creed는 할리우드 공포 영화에서 어머니, 마녀, 뱀파이어, 거세자로 등장하는 여성 괴물의 재현이 여성의 생물학적 특성 및 재생산 능력, 그리고 여성 섹슈얼리티에 대한 두려움으로부터 기인한다고 주장한다.[3] 앞서도 언급한 것처럼 공포 영화는 에로티시즘과 일정한 관계망 속에 놓여 있다. 희생되는 여성들의 유약함과 절망적 몸짓이 은유적으로 에로티시즘을 불러일으킨다면, 괴물이 되는 여성들은 과잉된 성욕의 주체이거나 위반적 섹슈얼리티를 지닌 이들이다. 〈사이코〉(알프레드 히치콕, 1960)와 〈드레스드 투 킬*Dressed To Kill*〉(브라이언 드 팔마, 1980) 등의 공포 영화들은 독립적인 여성이 '성욕을 불러 일으킨다'는 이유로 죽음에 이르게 된다는 것을 보여 준다.

〈캐리*Carrie*〉(브라이언 드 팔마, 1976)에서는 남성과는 다른 여성의 섹슈얼리티와 육체성 그 자체가 위협적이거나 부정적인 것으로 묘사된다. 이 영화는 생리로 상징되는 여성의 육체성과 이로부터 기인하는 공포를 영화의 출발점으로 삼고 있다. 캐리는 생리가 시작되는 순간부터 염동 작용(마음의 힘으로 사물을 움직이는 초현실적인 능력)을 일으키게 되면서 괴물이 되어 간다. 영화의 클라이막스 부분은 상급생 파티에서 온몸에 돼지피를 뒤집어쓰고 학생들로부터 놀림거리가 되는 캐리를 보여 준다. 마치 온몸으로 생리를 하듯이 전신에 피를 덮어쓴 캐리는 막강한 힘으로 파티장의 모든 사람을 죽음으로 몰아넣는다. 캐리의 생리를 성적 타락으로 독해하고 딸을 죽이려는 그녀의 어머니처럼, 생리는 여성의 육체성과 재생산성, 그리고 여성 섹슈얼리티에 대한 하나의 은유로서 공포스러운 것으로 규정된다.

〈캣 피플*Cat People*〉(폴 슈레이더, 1982)에서 역시 여성 성애는 위협적인 것으로 그려진다. 이 영화는 섹스를 하는 도중 표범으로 변하여 파트너를 잡아먹는 여성에 대한 환상적인 공포 서사물로 읽힐 수 있다. 이러한 서사는 한편으로는 1970년대 성해방 담론과 페미니즘을 통해 여성이 보다 확장된 섹슈얼리티를 획득했다는 사실에 대한 반증이다. 그리고 이처럼 '고삐 풀린' 여성 섹슈얼리티를 다시금 억압하려는 시도를 보여 준다. 즉

상급생 파티에서 온몸에 돼지피를 뒤집어쓴 캐리.
〈캐리〉에서 생리는 여성 섹슈얼리티에 대한
은유로서 공포스러운 것으로 규정된다.

이 영화에서 여성의 성적 에너지는 폭력적인 동물성으로 이어지고, 이는 남성에 대한 위협을 표상한다. 따라서 이러한 성적 에너지는 통제되어야만 하는 것이다. 여성 '동물' 은 밧줄로 침대에 묶여 통제 당하고, 결국에는 동물원 우리에 갇혀 그녀가 사랑했던 파트너에 의해 사육되는 운명을 맞는다. 관객은 그녀에게 이런 처벌이 적절하다고 느끼게 되는데, 그녀의 위협적인 성애가 남성 신체에 대한 직접적인 공격으로 표상되어 왔기 때문이다.

멜로드라마와 여성 관객성

영화에서의 여성 재현을 이야기할 때 빼놓을 수 없는 장르가 멜로드라마이다. 여성을 주변화하는 다른 장르들과 달리, 멜로드라마에서 서사의 중심에 있는 것은 여성들이다. 대부분의 멜로드라마는 여주인공이 개인적 욕망을 인식하는 것으로부터 출발해, 자신의 개인적 욕망과 가부장제가 요구하는 역할 사이에서 갈등을 경험하고 결국 다시 가족이 요구하는 역할(아내/어머니)로 되돌아가는 서사 구조를 취한다. 멜로드라마는 로맨스에 대한 사적 욕망, 혹은 가족 관계라는 주제를 중심으로 구성되기 때문에, 사회적 변화에 따른 가족의 의미 변화, 가족 내에서 여성의 위치를 연구할 수 있는 흥미로운 장르이다. 여성 관객들이 멜로드라마를 보는 이유도 여기에 있다. 비록 로맨스가 이루어지지 못하거나, 그 욕망의 발현으로 인해 처벌받을지라도 여성 캐릭터의 욕망이 스크린 위에 펼쳐지는 미장센은 여성 관객들에게 충분히 매혹적이며, 영화 속 여성 캐릭터가 당면한 갈등 상황과 모순은 여성 관객에게 여성 자신들의 경험의 서사를 제공한다. 이러한 영화적 서사는 여성의 욕망을 주제화하고, 그에 따라 여성의 주체성을 산출하는 잠재적 힘을 지닌다고 볼 수 있다. 물론 이 장르는 결국 그 때문에 여성을 파멸시킨다. 여성은 어머니/아내라는 가부장제의 합법적 위치로 재각인되고, 일탈에 대한 처벌 역시 뒤따르게 된다. 이처럼 멜로드라마의 결론이 여성들을 가부장제적 구조에 귀속시키고, 그렇지 않을 경우 처벌받거나 파멸할 것이라고 위협하고 있으므로, 초기 페미니즘 영화 분석에서는 멜로드라마가 여성 욕망을 억압하고 여성을 재생산 영역에 한정시키는 억압적 기제로 작동한다고 비판했다.

그러나 멜로드라마가 단순히 여성을 억압하는 문화적 기능을 담당한다고 본다면, 왜 영화 역사상 오랜 기간 동안 다수의 여성 관객들이 멜로드라마를 소비해 왔는지를 설명할 수 없게 된다. 그 긴 장르적 수용의 역사를 보면 멜로드라마가 여성 관객들에게 주는 쾌락이 분명히 존재했음을 인정하지 않을 수 없다. 또한 멜로드라마를 보는 여성 관객들이 가정 영역으로 되돌아가는 여주인공에 단순히 동일시하는 것도, 가부장제를 강화하는 결론에 동의하는 것도 아니다.

〈해피엔드〉(정지우, 1999)를 예로 들어보자. 〈해피엔드〉는 IMF 시기를 배경으로, 실직한 남편과 일하는 아내라는 성역할 전도를 보여 준다.[*] 이 영화에서 여주인공 최보라(전도연)는 영화의 첫 장면에서부터 이미 가정을 벗어나 있다. 영화가 시작되고 15분이 지나도록 우리는 이 여주인공이 가정주부라고는 생각할 수 없다. 영화는 여주인공이 (남편이 아닌) 남자 친구(주진모)의 아파트로 향하는 기나긴 복도를 당당히 걷는 것으로 시작해, 남자 친구와 열정적인 정사를 나누는 장면으로 이어진다. 여주인공은 전통적인 멜로드라마의 양식화를 벗어나, 성공한 커리어우먼으로서 한 가정의 경제권을 쥐고 있으며 자신의 욕망 추구에 조금도 주저함이 없는 모습을 보여 준다.[**] 스릴러 장르로 바뀐 영화의 후반부는 부인의 불륜을 눈치 챈 남편의 입장에서 전개되며, 관객을 남편에게 동일시시키면서 바람난 여자를 잔인하게 처벌한다. 따라서 〈해피엔드〉는 치밀하고 끔찍한 '마누라 죽이기'라는 점에서 철저하게 반여성적이라는 반발을 불러왔다. 가부장제가 용납하지 않는 욕망 추구의 대가로 처벌받는 여성들을 보여 주는 여느 멜로

[*] 1990년대와 2000년대 초반 〈정사〉(이재용, 1998), 〈해피엔드〉, 〈결혼은 미친 짓이다〉(유하, 2001) 등의 한국 멜로드라마에서 성역할은 유동적이 되었고, 결혼 제도는 위기에 봉착했으며 가부장제는 흔들리게 된다.
[**] 대부분의 멜로드라마가 ① 권태로울지언정 안정적인 결혼 생활로부터 출발하여, ② 여주인공이 남편 이외의 남자를 만나 혼외 관계를 갖고, ③ 가정과 새로운 사랑 앞에서 고민하다가 ④ 결국 자신의 욕망을 포기하고 가정으로 돌아가거나 결혼 생활의 파국을 맞는 서사와 비교해 본다면 이 영화의 서사는 첫 번째와 두 번째 단계가 과감히 생략되어 있다. 그녀는 이미 혼외 관계가 있으며, 가정 외부의 공적 영역에서 활동하고 있다.

아파트 베란다 밖으로 조등이 올라오는 것을 물끄러미 바라보는 여주인공(전도연)의 숏.
영화적 결말에 대해 양가적인 해석이 가능하다. 〈해피엔드〉.

드라마처럼 이 영화 역시 여성 개인의 욕망보다는 가족 제도 안에서 여성의 역할에 방점을 찍는 결론으로 회귀하고 있음은 분명하다. 또한 남성의 시각으로 전개된 영화 후반부는 이 여성을 바람난 여자에 덧붙여, 모성을 저버린 문제적 개인으로 바라보게끔 구조화되어 있다. 따라서 영화의 결론은 여성의 욕망 추구에 대한 철저한 가부장제의 응징으로 해석하기에 충분한 근거를 제공한다.

그러나 결론이 이렇게 마무리되었다고 해서, 그 이전까지 이 영화가 보여 주었던 과감한 여성 욕망의 미장센은 지워 버려도 좋은가? 여주인공의 욕망 추구 방식을 보며 여성 관객들이 느꼈을 쾌락은 그녀가 처벌받는 결론과 함께 모두 사라지고 마는가? 영화를 보는 다양한 여성 관객들이 존재하고 이 다양한 관객들이 각기 다른 해석과 동일시 모델을 제공한다면, 이 '반여성적'인 결론에 대해 다른 해석이 가능하지 않을까? 영화를 보는 어떤 여성 관객들은 처벌받기 이전 가정에서도, 연애 관계에서도 당당하고 주도적인 여주인공에게 동일시하며 쾌락을 느끼고 결론에 큰 의미를 두지 않을 수 있으며, 다른 여성 관객들은 이 여성을 처벌하는 결론에 동의하지 않고 그녀가 처해 있었던 사회적, 가부장제적 모순과 억압에 주목할 수도 있다.

더욱이 하나의 텍스트는 때때로 그 내부에 수많은 모순과 불일치의 지점을 지니고 있으므로, 개별 영화 텍스트가 단일하거나 응집된 것이 아닐 수 있다. 즉 대중 영화의 서사를 추동하고 종결짓는 전통적, 가부장제적 이데올로기의 힘을 인정하면서도, 대중 영화가 그 안에서 생산해 내는 내적 복잡함과 이질성을 유의미한 저항의 지점으로 파악해 볼 수 있다. 다시 〈해피엔드〉로 돌아가 보면, 결론 부분의 한 장면은 여성의 처벌이라는 영화적 결말에 틈새를 제공한다. 영화는 아내의 불륜에 대한 모든 복수를 끝내고 그 집에 홀로 남은 남자를 보여 준 후 이질적인 하나의 숏을 삽입한다. 아파트 베란다 밖으로 조등이 올라오는 것을 물끄러미 바라보는 여주인공의 숏 말이다. 이후 장면은 거실에서 아이와 나란히 낮잠을 자고 있는 남편의 모습으로 컷한다. 전후 맥락을 벗어나 있는 베란다 장면은 영화적 결말에 대해 양가적인 해석의 가능성을 열어젖힌다. 즉 '부인 살해'가 남편의 백일몽, 혹은 환상일 수 있다는 가능성 말이다. 이처럼 한 편의 영화는 가부장제적 이데올로기를 강화하는 장치로 기능하기도 하지만, 동시에 텍스트 내부에 모순을 만들어 내며 이데올로기가 하나로 통일되는 데 실패하는 특별한 사례를 만들어 내기도 한다. 다시 말해 멜로드라마는 여성의 성과 육체를 다양하게 통제하는 장치로 기능하기도 하지만, 문화 주체로서 여성들이 영화라는 재현물을 둘러싸고 벌이는 심리적, 이데올로기적 투쟁의 공간이 되기도 하며, 그 과정들 속에서 한 시대의 여성성이 새롭게 정의되고 구성되는 장이 되기도 한다.

하녀들! 위험한 여성들은 어디로 사라졌나:
원작 〈하녀〉(김기영, 1960)와 리메이크 〈하녀〉(임상수, 2010)

김기영의 〈하녀〉.
영화적 응시에 있어서 남자 주인공은 시선의 주체가
아니며, 많은 부분 하녀의 응시에 포획되어 있다.

김기영 감독의 〈하녀〉에서 주인공인 동식(김진규)은 방직 공장에서 음악을 가르치며, 아내(주증녀)와 다리가 불편한 딸, 그리고 아들과 행복하게 살아왔다. 어느 날 그의 집에 공장 노동자였던 여성 명자(이은심)가 가정부로 들어오면서 집안에는 이상한 기류가 흐른다. 아내가 집을 비운 사이, 가정부는 동식을 유혹해 육체적 관계를 맺는다. 3개월 후 하녀의 임신 사실을 알게 된 아내는 하녀를 설득해 낙태하게 하고, 이후 하녀의 집요한 복수가 시작된다.

원작 〈하녀〉에서 미혼 여성 노동자는 하층 계급 팜므 파탈로 간주되어 도시의 중산층 가족에게 위협적인 존재로 그려진다. 이때 '팜므 파탈femme fatale'은 남성을 유혹해 죽음이나 고통 등 극한의 상황으로 치닫게 만드는 여성을 뜻하는 사회 심리학 용어로, 성적 매력을 이용해 남성을 파멸시키는 '위험한 여성,' '악녀,' '요부'를 뜻하는 말로 확대되어 사용되었다. 급속한 산업화와 도시화의 시기인 1960년대와 1970년대 한국 영화들은 가장 착취당한 그룹인 하층 계급 여성들(시골에서 도시로 유입되어 여공과 식모로 노동력을 제공했던 여성들)을 사회의 잠재적 위험으로 보는 시각을 제공해 왔다.[4] 이러한 시선을 반영하듯, 김기영의 영화에서 가부장제적 통제로부터 비교적 벗어나 있는 하층 계급 도시 여성은 억압된 타자의 화신이 되어 중산층 가정에 폭력적으로 침투한다. 이 영화에서 신흥 중산 계급과 하층 계급 사이의 계급 갈등은 위협적인 여성 섹슈얼리티를 중심으로 배치되었다. 이때 하녀는 여성 성애와 계급 갈등으로부터 탄생한 일종의 혼종 괴물이 된다.

이 영화가 흥미로운 점은 가장을 추락으로 몰고 가는 파괴적인 힘이 경제력을 장악한 아내와 성적 통제력을 장악한 정부, 그 양쪽에서 나온다는 점이다. 이 영화에서 남성 인물은 재봉일을 해서 돈을 버는 아내보다 경제력이 없으며, 때문에 아내에게 유교주의적 가부장의 권력을 행사하지 못한다. 가족과 가부장의 자리를 유지하고자 칼을 휘두르는 것은 남성 주체가 아니라 아내이다. 영화적 응시에 있어서도 남자 주인공은 시선의 주체가 아니며, 많은 부분 하녀의 응시에 포획되어 있다. 영화 속에는 이층 작업실에서 괴로워하는 남성의 이미지가 자주 등장하며, 이때 그의 이미지는 발코니를 가로지르는 격자틀 안에 갇힌 이미지로 프레이밍된다. 발코니 외부에서는 하녀가 내부를 들여다보고 있으며, 시선의 소유자는 하녀이다. 〈하녀〉에서의 이러한 시각화는 '시선의 소유자로서 남성'과 '보여지는 대상으로서 여성'이라는 로라 멀비의 응시 이론을 벗어난다.

그렇다면 하층 계급 여성의 섹슈얼리티를 괴물로 형상화하고 종국에는 죽음으로 처벌하는 이 영화는 여성 성애를 통제하고 억압하려는 문화적 기제로 작동하는가? 아니면 여성의 시각적 대상화라는 고전적 응시 개념을 전복하는 모종의 쾌락을 구현하는가? 분명한 것은 중산층 가족 질서로의 회귀를 확인하는 마지막 장면에도 불구하고, 이 영화가 가족을 붕괴시킨 괴물스러운 여성의 현전에 의해 열린 균열과 틈새를 완전히 메우거나 은폐하지는 못한다는 점이다. 또한 여성들을 순종적이고 유교주의적인 모습으로 그려 왔던 관습적 재현과는 대조되게 매우 위협적인 여성 인물을 보여 주며, 그녀에게 시선의 권력을 부여한다는 점에 있어서도 의미가 있다.

이제 50년의 시간이 흘러, 2010년 리메이크된 임상수 감독의 〈하녀〉를 살펴보자. 이 영화는 신흥 중산 계급과 하층 계급 간의 갈등이 아닌, 최상류층과 하층 계급 여성 간의 계급 갈등을 그린다. 원작이 아내와 정부 사이에서 위태로운 남성 주체를 그린다면, 이 작품은 경제적, 물리적 통제권을 독점한 절대 권력자로서의 남성 인물 훈(이정재)을 보여 준다. 젊은 하녀 은이(전도연)와 정사를 나누는 그의 신체를 담는 카메라는 그의 과장된 몸짓과 과잉된 근육 표현을 통해 괴물스러운 초남성성을

임상수의 〈하녀〉에서 응시의 권력을 가진 자는 남성 인물이며,
그 집의 안주인과 하녀(전도연), 이 두 여성은 동일하게 그의 시선에 포획되어 있다.

171

시각화한다. 이제 그로테스크한 것은 하층 계급 여성이 아니라, 모든 권력을 제 손에 쥐고 좌지우지할 수 있는 남성이 된다. 영화적 응시에 있어서도 마찬가지의 역전이 발생하는데, 이 영화에서 시선의 주체는 하녀가 아니며, 그녀는 더 이상 상류층 이성애 가족을 붕괴시키지 못하고 제 스스로 붕괴된다. 여기에서 응시의 권력을 가진 자는 남성 인물이며, 그 집의 안주인 해라(서우)와 하녀 이 두 여성은 동일하게 그의 시선에 포획되어 있다. 그 시선의 역학 구도를 분명하게 보여 주는 장면인, 영화 초반부 퇴근한 훈이 집에 들어와 침실로 들어서는 장면에서 오른쪽 화면으로 짧은 치마를 입고 욕실을 청소하는 은이가 보인다. 훈이 고개를 돌리자 왼쪽으로는 침실에서 화장하고 있는 아내 해라가 있다. 침실과 욕실을 가르는 벽이 스크린을 이중 분할하고 오른쪽에는 은이가 왼쪽으로는 해라가 보인다. 그 둘을 번갈아 바라보는 훈의 시선, 그의 시선에 병렬적으로 포획된 두 여성의 신체.

2010년의 '하녀'가 보여 주는 복수와 죽음 역시 1960년 '하녀'의 그로테스크한 복수, 그리고 죽음의 형태와는 사뭇 다르다. 1960년의 하녀 명자는 '혼자 죽을 수 없다'며 죽음의 순간까지 주인집 남자를 끌어들인다. 죽음으로 초대하는 그녀의 집요한 욕망. 그러나 2010년 하녀 은이가 택하는 복수는 다른 누구의 파멸이 아닌 자기 자신의 소멸(제 몸을 불사르는 자살)이었다.

두 〈하녀〉의 간극, 1960년과 2010년이라는 50년의 시간적 틈새로 위험하고 전복적이었던 하층 계급 여성의 위반적 섹슈얼리티는 사라져 버렸다. 2010년의 그녀는 유혹하기보다는 유혹당하고, 계급 상승은 아예 꿈조차 꾸지 않으며, 그로테스크한 복수를 꾀하지도 않는다. 그녀가 표출하는 욕망은 아이에 대한 모성에 국한되었고, 복수는 자멸의 몸짓으로 변화해 버렸다. 임상수 감독이 영화를 통해 표현한 2000년대 후반 한국 사회는 전과 다르게 계급 상승, 위반적 섹슈얼리티를 통한 전복이란 원천적으로 불가능한, 철저하게 고착화된 자본주의 사회이다. 계급은 예외 없이 대물림되고, 젊은 여성의 섹슈얼리티는 이제 더 이상 무기가 될 수 없으며, 착취당할 뿐이다. 임상수 감독의 비관적 전망은 2000년대 후반 한국 사회에 대한 냉철한 판단을 전제로 한다. 그러나 이때 문제는 그러한 비관을 표현한 영화 텍스트 속에서 우리는 체념만을 보게 될 뿐, 현실을 변화시킬 수 있는 어떤 질문도 제기할 수 없다는 데 있다. 위험한 여성들은 모두 어디로 사라져 버렸는가? 그녀들을 이렇게 사라지게 두어도 좋은가? 우리는 스크린 위에 그녀들을 어떻게 되살려 올 수 있을까? 질문해 볼 필요가 있다.

사회 현실의 어두운 국면을 조명하는 사회 비판적 영화, 혹은 영화에 민족의 역사와 현실을 투영하는 민족 영화에서 여성들은 종종 알레고리로서 등장한다. 특히 1990년대 한국 영화 중 역사를 재현한 영화들 대부분은 민족을 여성의 육체로 재현하는 성애화된 알레고리를 사용해 왔다. 진부한 예로 〈베를린 리포트〉(박광수, 1991)에서 여주인공 마리 엘렌(강수연)은 프랑스 장교의 집에 입양되어 양아버지로부터 어릴 때부터 지속적인 성적 학대를 당하고 실어증에 걸린다. 〈꽃잎〉(장선우, 1995)에서 소녀(이정현)는 1980년 5월 광주에서 엄마를 잃은 채 제천과 목포 등을 떠돌며 성폭행당하고 정신분열증에 걸려서 결국 실종된다. 이때 마리 엘렌이나 소녀의 캐릭터는 서구 식민 열강과 1980년대 군부 통치가 민족에게 가한 억압적인 폭력의 흔적이자 무력하게 희생되는 민족의 알레고리로서 재현된다. 위의 두 영화에서 식민지 여성의 육체, 혹은 억압받는 민족의 상징으로서 여성의 육체가 강간당한 여성의 이미지로 재현되었다면, 〈노는계집 창〉(임권택, 1997)은 힘없고 비천한, 오염된 여성의 이미지로서 '성매매 여성'의 이미지를 끌어와 상처받은 민족의 역사를 알레고리화한다.[5] 〈노는계집 창〉에서 훼손되고, 스스로 타락하는 과정을 보여 주는 성매매 여성들의 육체는 1980년대 이후 약 20년간의 급속한 산업화, 자본주의화 과정에서 오염되고 타락한, 그리고 상처받은 민족을 은유한다. 이처럼 1990년대 한국 영화에서 무력하고 약한, 혹은 타락하고 오염된 여성의 이미지는 무력한 민족, 오염된 민족 현실에 대한 은유로 작동해 왔다.

유사하게, 어두운 사회 현실을 조망하고자 하는 사회 비판적 영화들에서 종종 여성 인물들은 폭력적인 세상에 노출되고 착취당하며, 그 여성의 인생은 정의롭지 못한 사회적 현실을 폭로하는 장치가 된다. 장률 감독의 영화들이 그러한 사례를 보여 준다. 〈망종〉(장률, 2006)에서는 거리에서 김치를 팔며 아들과 함께 살아가는 조선족 여인 최순희(류연희)가 등장한다. 노점상 허가를 받지 못한 순희는 생계 수단인 자전거를 경찰에 압수당하고, 그녀가 호감을 가졌던 조선족 김 씨(주광현)는 정사 현장이 들통 나자, 순희를 성매매 여성으로 내몬다. 이 때문에 매춘 혐의로 파출소에 끌려간 순희는 경찰관에게 성적 서비스를 제공하고 나서야 풀려난다. 소수 민족 여성에게 있어서 국가 장치(경찰)와 민족(조선족 김 씨)은 모두 그녀를 성적으로 착취하는 가부장적 폭력의 두 얼굴이다. 이때 조선족 여인 최순희의 삶은 민족과 국가 내·외부 어디에서나 소외된 존재로서 소수 민족 하위 주체의 삶을 재현한다. 민족적, 계급적, 젠더적 층위에서 소수자의 최종 심급으로 소수 민족 하층 계급 여성(최순희)의 몸은 조선족 여성의 몸으로, 그리고 그것은 다시 억압받는 소수 민족을 위한 알레고리로 치환된다.[6]

이후 장률 감독이 중국 내부와 남한 지역 사회로 시선을 돌려 제작한 〈중경〉(2007)과 〈이리〉(2008)에서도 여성 인물들은 하나같이 그녀들을 성적으로 착취하는 구조에 노출되어 있으며, 착취당한다. 특히 〈이리〉에서 지적 장애를 지닌 여주인공은 성적으로 무지하고, 따라서 외부의 성적 착취와 폭력으로부터 그 자신을 보호할 수 없으며, 때로는 그것이 금기인지 모르기 때문에 자신의 성적 욕망에 대해 지나치게 솔직하다. 이때 지적 장애를 지닌 여성의 섹슈얼리티는 성스러운 희생양임과 동시에 육체적 충동을 거르지 않고 노출하는 원시적 섹슈얼리티라는 성녀/창녀의 도상을 반복한다. 〈중경〉과 〈이리〉에서도 마찬가지로 하층 계급 여성들은 우리가 그것을 통해 사회의 폭력성을 보는 장치가 된다.

예로 든 영화들은 여성 문제 자체에 관심이 있지는 않지만, 그녀들의 고난을 부각시킴으로써 자본주의 사회와 국가 시스템의 폭력을 기록하기 위해 여성 등장인물에 초점을 맞추어 줌인하는 방법에 의존한다. 이처럼 일련의 사회 비판적 영화 혹은 민족 영화에서 우리는 여성 인물의 삶을 보지만, 그녀를 보기 위해서가 아니라 그녀를 통해 억압적 사회를 보기 위해서, 그 사회를 사유하기 위해서만 그녀를 본다. 따라서 우리가 영화를 보고 알게 되는 것은 그녀들의 욕망이나 고통, 혹은 삶이라기보다는 비정한 사회를 바라보는 감독의 시각이다.

대안적 쾌락을 향하여

지금까지 대중 영화가 여성을 어떻게 욕망해 왔는지, 혹은 그녀들의 섹슈얼리티가 두려운 나머지 어떤 방식으로 처벌했는지, 그녀들을 어떤 도덕으로 판단해 왔으며, 어떤 상징으로 대체해 왔는지를 살펴보았다. 우리는 대중 영화가 보여 준 욕망과 두려움 속에서 여성의 섹슈얼리티가 지닌 파괴적 잠재성을 전복적 가능성으로 독해할 수 있는 단초를 얻기도 했다. 공포 영화가 보여 주는 여성 섹슈얼리티에 대한 두려움, 그리고 자신의 성적 욕망과 독립된 주체성을 주장하는 여성들에 대한 멜로드라마적 처벌의 형식들은 가부장제가 '고삐 풀린 여성'들을 얼마나 두려워해 왔는지를 보여 주는 반증이기도 하다.

또한 대중 영화 텍스트가 여성들을 부당하게 다루어 왔지만, 여성 관객들은 해석의 공간에서 저항의 형식을 만들어 오기도 했다. 멜로드라마에서의 여성 관객성을 논했던 바와 같이, 다양한 여성 관객들은 텍스트가 제공하는 여성 재현과 결론에 단순히 동의하지 않고, 다양한 지점에서 다양한 여성 캐릭터들에게 동일시하며 영화가 제공하는 가부장제적 모순을 간파하기도 하고 다른 위반을 꾀하기도 한다. 이제 문제는 해석의 층위에서뿐만 아니라, 텍스트적 층위에서, 스크린 위에서 어떻게 이 '고삐 풀린 여성'들이 뛰놀게 할 것인가이다.

이 질문에 대해 로라 멀비는 관습적 영화 보기의 쾌락을 해체하고 전적으로 새로운 재현 전략을 설립할 것을 주문했다. 이 장의 초반에 설명했던 것처럼, 멀비는 주류 영화의 서사 문법이 여성을 성애화된 스펙터클로 구축해 왔으며, 그것이 영화 관람이 제공하는 시각적 쾌락의 주요 요소를 형성해 왔다고 주장했다. 여성들에게 영화의 쾌락이 그들을 억압하고 대상화하는 남성적 응시에 의해 항상 오염된 것을 의미한다면 우리는 그 쾌락을 거부해야 한다는 것이 멀비의 관점이다. 따라서 그녀는 서사 영화를 거부하고, 서사적 쾌락을 파괴하는 아방가르드 영화를 지지했다.

로라 멀비의 주장과는 상반되게, 클레어 존스톤Claire Johnston은 〈대항 영화로서 여성 영화Women's Cinema as Counter–Cinema〉에서 가부장적 할리우드 영화 제작에 대항하기 위한 전략으로 여성의 집단적 판타지를 널리 퍼뜨리고, 여성의 욕망을 스크린 위에 구체화할 것을 주장한다.[7] 기존의 영화 제작 관습을 모두 거부하는 입장은 할리우드를 강압적인 문화 상품을 생산해 내는 공장으로 보면서 영화적 쾌락과 판타지의 가능성을 모두 부정한다. 그러나 클레어 존스톤이 보기에, 조작되지 않은 글쓰기, 혹은 영화 만들기는 존재하지 않기 때문에, 조작을 거부하고 주류 문법을 폐기하려고 할 것이 아니라, 여성의 집단적 판타지와 욕망을 구조화해 내기 위해 주류 문법을 전유하고 인용할 필요가 있다는 것이다.

마찬가지로 로라 멀비의 기본 전제에는 동의하지만, 주류 영화의 쾌락을 부정하지 않으면서 대중 영화 속에서 여성적 주체의 가능성을 읽어 내려고 했던 시도로 재키 스테이시Jackie Stacey의 연구가 있다. 재키 스테이시는 〈애타게 차이를 찾아Desperatly Seeking Differences〉라는 논문에서 '보여지는 여성과 보는 남성'이라는 주류 영화의 시각화 양식을 전복하는 사례로 〈이브의 모든 것All About Eve〉(조셉 L. 맨키위즈, 1950)과 〈애타게 수잔을 찾아서Desperately Seeking Susan〉(수잔 세이들먼, 1985)를 분석한다. 두 영화는 모두 여성에 대한 여성의 욕망과 강박관념을 전경화하면서, '여성이 다른 여성을 보는' 여성적 영화 보기의 쾌락을 재현한다. 이 두 영화에서 여주인공은 다른 여성 인물에 적극적으로 매혹당하고, 그녀를 닮고자 함으로써 내러티브상의 응시를 구성하고 보기를 능동적으로 통제한다.

〈이브의 모든 것〉은 브로드웨이 스타 마고와 그녀를 사랑하는 팬 이브, 이렇게 두 여성에 관한 이야기이다. 여배우 마고 채닝(베티 데이비스)의 열혈팬인 이브 버틀러(앤 박스터)는 무대 위 마고의 연기를 보면서 자신의 이상형인 마고의 모습에 도취된다. 이브는 마고를 흉내 내고, 그녀에게 동일시하며, 결국 마고의 자리를 대체한다. 〈이브의 모든 것〉은 여성 인물의 능동적 욕구와 동일시가 여성 스타를 보는 것을 통해 표현된다는 점과 여성이 시선의 주체로 등장한다는 점에서 예외적인 쾌락을 제공한다. 마찬가지로 〈애타게 수잔을 찾아서〉도 다른 여성에 대한 여성의 강박적 집착을 다룬다. 안정적이지만 따분한 삶을 살아가던 주부 로버타(로잔나 아케트)는 "애타게 수잔을 찾습니다"라는 신문 광고를 보고 호기심이 생겨, 수잔(마돈나)을 찾아 그녀를 미행하기 시작한다. 이 영화에서 로버타라는 여성은 보기의 소유자이며, 영화는 전통적인 시각화 양식을 전복하는 좋은 사례를 제공한다. 로버타가 수잔을 처음 발견하는 시퀀스는 남성 인물(짐)이 수잔을 보는 데서 시작해, 곧 로버타가 수잔을 보는 것으로 연결된다. 그러나 관객의 동일시는 로버타의 시점에서 이뤄지며, 로버타의 보기는 그녀와 관객이 수잔을 보도록 시각화된 유료 망원경을 통해 표현된다. 고전적인 내러티브 영화에서와 같이 〈애타게 수잔을 찾아서〉에서 매혹의 대상은 여성, 특히 성애적 스펙터클로서 약호화된 여성이다. 그러나 이 영화는 관습적 영화가 제공하는 억압적 측면과 함께 여성 관객에게 분명한 영화적 보기의 쾌락을 제공하고 있다는 점에서 의미가 있다.

이처럼 주류 영화의 장르적 관습과 쾌락을 활용하면서도 여성에 대한 다른 재현

〈이브의 모든 것〉은 여성 인물의 능동적 욕구와 동일시가 여성 스타를 보는 것을 통해 표현된다는 점과 여성이 시선의 주체로 등장한다는 점에서 예외적인 쾌락을 제공한다.

을 꾀하고 있는 영화들을 한국 영화에서 찾아보고자 하는 시도로 이 장을 마무리 짓고자 한다. 한 편은 2000년대 후반 제작된 여성 감독의 작품으로 〈지금, 이대로가 좋아요〉(부지영, 2008), 다른 한 편은 남성 감독들이 만들었지만 여성 섹슈얼리티 재현에 있어서 의미 있는 변화를 보여 주었던 〈여고괴담 두 번째 이야기: 메멘토 모리〉(김태용·민규동, 1999)이다.

〈지금, 이대로가 좋아요〉에서 명은(신민아)과 명주(공효진)는 엄마의 장례식을 치르고 명은의 아버지를 찾는 여행길에 나선다. 여성 로드 무비인 이 영화는 아버지가 다른, 직업도, 거주지도, 성격도 다른 두 자매가 그 여행길에서 겪는 과정을 보여 준다. 엄마와 자매들의 이야기로 시작하는 것처럼 보였던 영화는, 어머니의 장례를 치르고 신속하게 아버지라는 축으로 옮겨간다. 부재하는 아버지, 그로 인한 상실감, (대리) 아버지 찾기로 이어지는 과정들은 〈마이 파더〉(황동혁, 2007), 〈아들〉(장진, 2007), 〈플라이 대디〉(최종태, 2006) 등 많은 장르 영화들이 보여 주었던 가부장제적 혈통 잇기로서 아버지를 찾는 아들의 서사 구조를 반복한다. 아들의 아버지 찾기를 살짝 비튼, 딸의 아버지 찾기 정도로 보이던 영화는 영화가 발견해 낸 아버지, 그 아버지가 이성애 가족의 가부장 자리를 채우는 아버지가 아니라는 점이 밝혀지는 순간 다른 서사가 된다. 아버지에 대한 탐색이 아버지 아닌 아버지를 깨닫는 것으로 끝날 때 아버지는 모계에 통합된다. 그리고 서사는 종국에는 어머니와 이모, 명주와 명은, 그리고 명주의 딸로 이어지는 여성적 계보와 연대를 재현한다.

〈여고괴담 두 번째 이야기〉는 레즈비언 섹슈얼리티를 본격적으로, 그리고 이전과는 다른 방식으로 탐구한 최초의 한국 영화라고 볼 수 있다. 앞서 언급한 것처럼, 공포 영화에서 여성들의 위반적인 섹슈얼리티는 괴물화되어 왔다. 이러한 위반적인 섹슈얼리티에 레즈비언 섹슈얼리티가 포함되는 것은 물론이다. 서구 영화에서 가장 오래된 레즈비언 재현이 뱀파이어라는 사실이 이를 증명한다. 〈여고괴담 두 번째 이야기〉 역시 레즈비언을 여성 괴물, 즉 여귀로 그려 낸다는 점에서 공포 영화의 장르적 관습을 따르고 있다고 볼 수 있다. 그러나 〈여고괴담 두 번째 이야기〉에서 레즈비언 섹슈얼리티는 공격성의 표식이 아니라, 저항의 표식이 된다는 점에서 차별성을 지닌다.

사회가 요구하는 여성성을 체화하는 장소로서 여자고등학교에서 소녀들의 동성애 섹슈얼리티는 비난받고, 처벌받고, 표현의 가능성이 봉쇄된다. 사회적 금지와 금기에 맞서 소녀들은 수수께끼와 같은 기호와 상징, 그리고 텔레파시를 통해 소통하고 자신들의 섹슈얼리티를 표현한다. 이것은 가부장적 이성애가 금지한 성 정체성으로서 레즈비언 섹슈얼리티를 드러내는 효신 자신의 언어이기도 하면서, 동시에 주류 문화 안에서 위반적 섹슈얼리티를 그려내는 이 영화의 말하기 방식이기도 하다.

영화 텍스트는 효신의 위협적인 레즈비언 섹슈얼리티를 이성애 영역으로 포섭하기 위해 그녀의 섹슈얼리티를 10대 여성의 불안정한 섹슈얼리티로, 혹은 이성애 여성의 섹슈얼리티로 끊임없이 전치하고 있다.[8] 영화는 효신의 신체를 레즈비언 육체로 그려내면서, 동시에 다른 가능성, 즉 공형석 선생과의 이성애적 관계를 통해 임신한 육체로서의 가능성을 붙든다. 따라서 효신의 레즈비언 섹슈얼리티는 끊임없이 미끄러지고, 불확실한 것으로, 알 수 없는 것으로, 종국에는 유령적인 것으로 그려진다. 이러한 장치와 상징들은 아마도 이 영화가 지배 담론이 허락하는 한에서 레즈비언 섹슈얼리티를 재현하기 위해 마련한 안전 장치일 것이다. 소녀의 위반적인 섹슈얼리티가 추상화된 상징의 차원에 머물고 있다는 점에서 논란의 여지가 있지만, 그럼에도 불구하고 이 영화가 죽음과 결부된 가장 극단적이면서도 강력한 성적 욕망으로서 레즈비언 섹슈얼리티를 재현하고 있다는 사실은 무시할 수 없다.

더욱이 이 영화는 효신과 시은의 내밀한 이야기를 훔쳐보는 자이자 그녀들의 비극적 로맨스로 관객을 초대하는 대리자로서 민아를 등장시키고, 그녀는 효신과 동화되어 가는 효신의 분신이 된다. 민아가 효신에게 빙의되듯이, 여고생 집단 전체는 효신에게 빙의되어 혼돈 속으로 밀려들어간다. 그 혼돈의 한가운데에 기이하게 끼어들어간 판타지 장면에서 이 여고생 집단은 두 소녀의 로맨스를 인정하며 축복하는 의식을 치르고 레즈비언 로맨스 서사에 참여한다.★ 영화는 결론 부분에 옥상으로 시은을 따라 올라가는, 혹은 레즈비언 세계로 들어가는 민아의 모습을 보여 줌으로써 이성애와 동성애의 경계를 흐리고, 레즈비언 로맨스의 반복 가능성을 시사한다. 영화에서 표현되는 레즈비언 로맨스는 기존의 영화에서 찾아보기 어려웠던 여성에 대한 여성의 욕망을 전경화함과 동시에, 효신과 시은이 나누는 시선의 교환, 시은을 쫓는 민아의 응시를 시각화함으로써 여성들끼리 바라보는 시선의 쾌락을 재현하는 드문 영화적 사례에 속한다고 볼 수 있다.

주

1. 존 버거, 《이미지, 시각과 미디어》, 동문선, 1990, pp.82~113.

2. 로라 멀비, "시각적 쾌락과 내러티브 영화," 서인숙 옮김, 유지나·변재란 엮음, 《페미니즘 / 영화 / 여성》, 여성사, 1993, pp.50~73.

3. 바바라 크리드, 《여성 괴물》, 손희정 옮김, 여성문화이론연구소, 2008을 보라.

4. 김소영, 《근대성의 유령들》, 씨앗을뿌리는사람, 2000, pp.83~109.

5. 주유신, 〈한국 영화의 성적 재현에 대한 연구〉, 중앙대학교 첨단영상대학원 영상예술학과 박사 학위 논문, 2003, pp.52~68.

6. 주진숙·홍소인, "장률 감독 영화에서의 경계, 마이너리티, 그리고 여성," 〈한국영화학회〉 제42호, 겨울호, 2009, pp.597~620.

7. 클레어 존스톤, "대항 영화로서의 여성 영화," 주진숙 옮김, 유지나·변재란 엮음, 《페미니즘 / 영화 / 여성》, 여성사, 1993, pp.36~49.

★ 이 장면은 이내 그 판타지가 깨어지는 것으로 이어짐으로써 레즈비언 로맨스의 완성과 실패를 동시에 재현하고 있다.

8. 김선아, "레즈비언, 소녀, 유령 섹슈얼리티," 연세대학교 미디어아트연구소 엮음, 《학교엔 귀신이 산다 – 여고괴담 두 번째 이야기》, 이가서, 2004, pp.63~92.

+film

이브의 모든 것 *All About Eve*

dir. Joseph Leo Mankiewicz | cast. Bette Davis, Anne Baxter | 1950 | 138min | b&w | USA | Twentieth Century Fox Film Corporation

브로드웨이 스타 마고와 그녀를 열망하면서 닮고자 하는 팬 이브, 두 여성에 관한 이야기. 스타덤을 향한 이브의 여정은 남성적 오이디푸스 궤적과 동등한 여성적 궤적으로 읽을 수 있다.

사이코 *Psycho*

dir. Alfred Hitchcock | cast. Anthony Perkins, Janet Leigh | 1960 | 109min | b&w | USA | Shamley Productions

서스펜스의 거장 알프레드 히치콕의 대표작이자 이상 심리를 그린 '사이코 스릴러' 최고의 걸작. 여성을 훔쳐보는 남자 주인공의 관음증적 욕망을 시각화한 장면과 그 이후 이어지는 '샤워 신' 살해 장면은 영화사에 길이 남을 명장면이다.

캐리 *Carrie*

dir. Brian De Palma | cast. Sissy Spacek, Piper Laurie | 1980 | 98min | color | USA

할리우드 공포 영화 가운데 여성 괴물의 재현이 여성의 생물학적 차이와 여성 섹슈얼리티, 그리고 여성의 육체성 그 자체에 대한 두려움과 혐오로부터 기안함을 보여 주는 대표적인 영화.

애타게 수잔을 찾아서 *Desperately Seeking Susan*

dir. Susan Seidelman | cast. Rosanna Arquette, Madonna | 1985 | 104min | color | USA |
Orion Pictures Corporation

여성 감독 수잔 세이들먼은 할리우드 영화에서 여성을 욕망하는 남성의 시각을 표현하기 위해 활용되었던 시점 화면을 여성이 여성을 욕망하는 도구로 바꿔놓았다. 전통적인 할리우드 영화의 남성 중심적 시각을 전복하는 페미니즘 영화.

여고괴담 두 번째 이야기: 메멘토 모리

dir. 김태용, 민규동 | cast. 이영진, 박예진 | 1999 | 97min | color | 한국 | 씨네2000

레즈비언 섹슈얼리티를 본격적으로 탐구한 최초의 한국 영화. 10대 소녀들을 훈육하는 기관으로서 학교의 억압성과 제도적 규율에 저항하는 원동력으로서 소녀들의 섹슈얼리티 재현이 흥미롭다.

해피엔드

dir. 정지우 | cast. 최민식, 전도연 | 1999 | 99min | color | 한국 | 명필름

IMF 이후 한국 사회의 성역할 전도를 보여 주는 멜로드라마. 개봉 이후 끔찍한 '마누라 죽이기'를 시각화한 여성 혐오 영화라는 비판과 여성의 성적 욕망을 과감하게 표현한 전복적 멜로드라마라는 평가가 공존하면서 논란을 불러일으켰다.

지금, 이대로가 좋아요

dir. 부지영 | cast. 공효진, 신민아 | 2008 | 90min | color | 한국 | DNA프로덕션

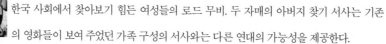

한국 사회에서 찾아보기 힘든 여성들의 로드 무비. 두 자매의 아버지 찾기 서사는 기존의 영화들이 보여 주었던 가족 구성의 서사와는 다른 연대의 가능성을 제공한다.

하녀

dir. 김기영 | cast. 김진규, 이은심 | 1960 | 111min | b&w | 한국 | 한국문예영화사

하녀

dir. 임상수 | cast. 전도연, 이정재 | 2010 | 111min | color | 한국 | 싸이더스FNH, (주)미로비전

하층 계급 여성이 어떻게 위협적 섹슈얼리티를 지닌 '팜므 파탈'로 시각화되는지를 살펴볼 수 있는 좋은 텍스트이다. 50년의 간극을 두고 제작된 두 편의 〈하녀〉를 비교함으로써 시대적 변화에 따른 여성 섹슈얼리티를 둘러싼 관점의 변화를 살펴볼 수 있다.

+ book

너무 많이 알았던 히치콕?

타니아 모들스키 | 임옥희 옮김 | 여성문화이론연구소 | 2007

여성주의적 시각으로 히치콕의 영화를 읽어 낸 텍스트이다. 〈레베카〉, 〈이창〉, 〈현기증〉 등의 영화를 통해 그의 여성관, 가부장제적 무의식을 정신분석학적인 방법론을 통해 분석한다.

숭배에서 강간까지

몰리 해스켈 | 이형식 옮김 | 나남출판 | 2008

몰리 해스켈이 1974년에 발표한 페미니즘 영화 비평의 고전이다. 여성을 성녀와 창녀라는 이분법적

구도로 보는 남성 중심적 시각이 영화에서 어떻게 시각화되었는지를 분석한다.

여성 괴물

바바라 크리드 | 손희정 옮김 | 여성문화이론연구소 | 2008

이 책은 다양한 할리우드 공포 영화를 원초적 어머니(《에일리언*Alien*》), 악령 들린 괴물로서의 여성 (《엑소시스트*The Exorcist*》), 여성 뱀파이어(《악마의 키스*The Hunger*》), 거세하는 여성(《네 무덤에 침을 뱉어라*Day of the Woman*》, 《시스터즈*Sisters*》) 등 여성 괴물의 형상을 중심으로 재독해한다.

여성 영화: 경계를 가로지르는 스크린

앨리슨 버틀러 | 김선아 · 조혜영 옮김 | 커뮤니케이션북스 | 2011

'여성 영화란 무엇인가?'라는 질문에서부터 시작하여, 여성 감독과 작품 경향을 폭넓게 소개하는 여성 영화 입문서. 여성 영화 이론과 담론적 경향을 아우르고, 디지털화된 전지구화 시대에 여성 영화의 위치는 어디인지 논의한다.

이미지와 현실 사이의 여성들

수잔나 D. 월터스 | 김현미 외 옮김 | 또하나의문화 | 1999

여성주의에 기반한 문화 분석을 통해 여성이 미디어에서 재현되는 방식을 비판함과 동시에 대안적이고 대항적인 문화적 이미지를 만들어 나가는 방법론을 제시하고 있다.

페미니즘/영화/여성

유지나 · 변재란 엮음 | 여성사 | 1993

페미니즘 영화 이론의 고전적 논문들을 번역 수록한 편역서이다. 로라 멀비, 클레어 존스톤, 재키 스테이시의 주요 논문들이 실려 있다.

● 영화 속에서 '보는 남성과 보여지는 여성'의 시각화 방식의 사례를 찾아보자. 그리고 이를 전복하는 사례, 즉 여성이 시선의 주체로 시각화된 영화의 사례를 찾아보도록 하자.

● 2000년대 한국의 스릴러 영화에서 여성 재현을 생각해 보자. 한국 영화에서 어떤 여성들이 희생자로 선택되었는가? 그녀의 희생은 영화에서 무엇을 보여 주기 위한 장치로 기능하는가? 그리고 이 희생의 서사는 누구의 시각으로 재현되는가?

● 여성 섹슈얼리티가 강력하게, 혹은 괴물스럽게 그려지는 영화의 사례를 찾아보자. 이 영화들에서 여성 섹슈얼리티의 어떤 측면이 괴물스럽게 부각되고 있는지를 고민해 보고, 이러한 재현이 관객들에게 어떤 감정을 불러일으키는지 생각해 보자.

● 최근의 멜로드라마와 로맨틱 코미디에서 성역할 전도를 보여 주는 사례를 찾아보자. 그 영화들이 보여 주는 남녀 관계는 어떤 사회 변화를 반영하고 있는가? 그러한 재현들은 여성들의 욕망의 변화를 보여 주고 있는가? 아니면 결국 기존의 보수적 성역할을 강조하는 방식으로 회귀하고 있는가?

● 이 장에서 다루지 못했던 여성 재현의 몇 가지 다른 양식들에 대해서도 생각해 보자. 예를 들면 2000년대 후반 모성과 관련된 재현의 증가(〈애자〉(정기훈, 2009), 〈친정엄마〉(유성엽, 2010))와 〈마더〉에서의 강력한 모성 재현, 혹은 〈에일리언〉(리들리 스콧, 1979), 〈툼 레이더*Lara Croft: Tomb Raider*〉(사이먼 웨스트, 2001), 〈와호장룡臥虎藏龍〉(이안, 2000) 등의 영화에서 전사로서 여성 이미지가 어떻게 재현되고 있는지를 생각해 볼 수 있다.

● 여성 재현에 있어서 대안적 시각화, 혹은 다른 재현 방식을 꾀하고 있는 영화들을 찾아보자. 이 영화들에서 여성 재현은 관습화된 여성 재현과 어떻게 다른가? 이 영화들을 통해 우리는 어떤 쾌락을 발견하는가?

06

영화와 가족

김재희

이 장은 영화 속에 드러나는 가족의 모습을 들여다보며, 우리 사회의 가족의 의미를 되돌아보려 한다. 가족은 구성원 모두에게 구원이자 원죄이며, 사랑이자 때론 독毒이 되기도 하는 숙명이다. 우선 '모성 신화'와 '성sexuality'이라는 프리즘을 통해 가부장제와 일부일처제의 일그러진 모습과 시대에 따른 변화상을 살펴본다. 이후 주어진 운명으로 여겨졌던 가족 공동체가, 새롭게 구성될 수 있는 '관계의 공동체'가 될 수 있음을 영화 〈가족의 탄생〉을 통해 꿈꿔 본다. 이 장에서는 '가족'이란 혈연 중심적 개념 대신 '식구食口'라는 경험 중심적 개념으로의 전환을 제안하고 있다.

가족이란 우리에게 어떤 의미인가

나는 가정이 성소聖所, 즉 재미와 즐거움만이 넘쳐나는 장소라고 보지 않는다. [……] 가장 야만스러운 피조물인 인간이 다른 사람들과 비폭력적이고 비파괴적인 방식으로 시간과 공간을 공유하는 것을 배우는 곳이다. 함께 사는 사람에게 자신을 완전히 드러내고 동시에 그(녀)의 개성, 인간사, 희망과 공포를 알아감으로써 그가 만들어 냈던 이미지를 수천 개의 조각들로 깨버리는 일은 [……] 매우 고통스러운 경험이다. [……] 이런 의미에서 결혼과 가족 생활은 삶의 오물통과 마주하기에 [……] 훌륭한 장소이다. 결혼은 증오심을 극복할 뿐 아니라 증오할 수 있는 곳, 웃고 사랑하고 소통하는 것을 배우는 곳이다.[1]

'가족이란 무엇인가?' 한국 사회에서 '가족주의'는 얼마나 뿌리 깊은 이데올로기인가? 한국의 가부장제는 죽어서 돌아다니는 망령이 아니라, 살아서 우리의 현실을 규정하고 있는 힘이다. 매년 명절이 되면 힘들다 해도 어김없이 민족 대이동이 이뤄지고, 삼성을 비롯한 재벌가의 가계 내 권력 재분배로 한국 경제는 실질적으로 재편되고 있다. 기업과 군대 심지어 학교에서까지 가부장제의 권력 구조는 여전히 온존하고 있으며, 변형된 가족주의인 혈연·지연·학연의 유대 의식은 사회를 움직이는 보이지 않는 막강한 힘이다. 합리성의 논리란 가부장제적 권력과 가족주의적 정서 앞에서는 그 파괴력을 제한 받는다.[2]

　　이러한 사실을 반영하기라도 하듯 가족 담론은 도처에 넘쳐난다. 신경숙의 《엄마를 부탁해》, 김영하의 《오빠가 돌아왔다》, 이혜경의 《길 위의 집》 등 많은 소설들이 가족을 소재로 하고 있다. 방송·영화계도 김수현 극본의 TV 드라마 〈엄마가 뿔났다〉 (2008. 2~2008. 9)를 비롯해, 봉준호의 〈마더〉(2009), 임상수의 〈바람난 가족〉(2003), 김태용의 〈가족의 탄생〉(2006) 등 많은 영화들이 '가족'이란 화두를 붙잡고 있다.

지금 우리는 왜 '가족'에 대해 얘기하나? '가족'이란 우리에게 어떤 의미인가?

인간은 본질적으로 가족적인 존재이다. 사람이 산다는 것은 가족 안에서 산다는 것이라고 할 수 있다. 가족은 인간 삶의 근원적인 구조이기 때문이다. 하지만 지금 가족의 문화적 현실은 '근원'과 '구조'라는 강인한 개념들을 감당하지 못하는 것 같다.

근대 이후 새로이 등장한 부르주아 가족 모델은 행복의 진화를 말해 주는 것이 아니라, 그 안에서 그들은 오히려 새로운 가족의 무거움을 경험한다. 또 다른 층위에서 그것은 사회적인 것, 혹은 역사적인 것의 종언, 거대 이론의 죽음과 관련되어 있다. 인간 사회를 총체적이고 종합적으로 이론화할 수 있다는 근대적 야심이 쓰디쓴 좌절을 맛보고 있는 형국에서, 사회 혹은 역사라는 큰 분석 단위 대신에 보다 작은 분석의 단위가 부상된다. 가족이라는 지점은 개인의 육체와 욕망이 사회와 맺는 관계를 매개하는 경계에 있다. 가족 범주는 거시적 이론과 미시적 관점의 경계에 서 있고, 그래서 가족 담론은 관계의 담론이면서 경계선의 담론이다.[3]

"사적인 것이 정치적인 것이다*the private is the political*"라는 구호처럼, 가족이란 한 사회의 의미의 그물망이자, 구조의 단면을 단적으로 드러내 보여 주기 때문에 작가는 가족이란 구멍을 통해 그 사회를 들여다보는 문을 찾고 있는 것처럼 보인다. 마치 이상한 나라로 가기 위해선 앨리스가 동굴 속으로 빨려 들어가야 하듯 말이다. 또한 가족은 육체로서 감각되는 일상적 현실[4]로, 영화 속에서 다양한 모습으로 모순을 노출하며 한 사회를 드러내 보이며, 시대상을 추적할 수 있는 의미 있는 단층들을 형성하기도 한다.

이것이 지금 우리가 '영화 속 가족의 모습'을 들여다보며 그 사회와 시대상을 돌아보려는 이유이다. 이 장은 '모성 신화와 가부장제,' '성性을 통해 바라본 가족,' 그리고 '새로운 가족 공동체,' '식구食口가 되어 나가며' 등의 주제로 영화 속 가족의 모습을 살펴본다.

모성 신화와 가부장제

'신은 모든 곳에 가 있을 수 없기 때문에, 어머니를 만들었다'라는 유대의 격언은 모성 신화를 잘 설명해 주는 말이다. 인간임에도 신과 동격이 되어야 하는 '어머니'는 그만큼의 인내와 희생을 무릅써야 한다는 논리이다. 하지만 모성은 천부적으로 주어진 자질이 아니라 근대화 과정에서 구성된 담론(이데올로기)으로서, 자본주의적 산업화와 가족 구조의 변화를 반영하고 있는 개념이다.[5] 사실 한국의 여성들에게 모성이 현대처럼 강조되기 시작한 것은 한국 근대사 과정에서였다. 조선 시대 어머니 역할이란 가부장적 가족을 재생산하기 위한 임무 수행 중 하나일 뿐으로 그들에겐 어머니 노릇보다는 효녀, 효부로서의 역할이 더 중요했다.[6] 여성들은 생산 활동 및 재생산 활동의 이중 노동에 시달렸으며 많은 수의 아이들을 키우면서 현대와 같은 돈독한 모자녀 관계를 유지할 수 없었다. 그러나 사회가 근대화되면서 가족은 핵가족화되고 서구에서 발명된 아동의 개념이 수입[7]되었으며 온갖 종류의 '과학적 육아' 지식이 한국의 모성을 물들이기 시작했다. 이렇게 사회적으로 모성은 구성되어 갔으며 동시에 국가적 차원에서 여성을 사적 영역에 구속하여 재생산에 계속 참여하도록 하기 위해 제도적으로도 모성은 더욱 장려되었다.[8]

샤리 L. 서러Shari L. Thurer도 저서 《어머니의 신화Myths of Motherhood》에서 고대의 모성부터 현대의 모성까지 세밀하게 고찰하면서 현재 당연한 것으로 받아들여지고 있는 모성이 근대의 구성물임을 밝히고 있다.[9] 이런 모성의 정형화는 국가가 서구 지향의 근대화/산업화를 달성하기 위해 가부장제와 담합하는 과정에서 더욱 노골적으로 드러나고 있다[10]고 할 수 있다.

엥겔스는 《가족, 사유 재산, 국가의 기원》에서 일부일처제는 사유 재산이라는 개념에 기초한 결혼 제도이기 때문에 여성 억압의 원인이 되고, 자본주의 그리고 계급 사회와 끊기 어려운 관계를 맺고 있다고 주장한다.[11] 마르크스주의 페미니스트들은 이런 엥겔스의 주장에 기초하여 가부장제와 자본주의의 담합 과정을 설명하고 있다. 비록 가부장제는 자본주의 이전부터 존재해 왔으나 주류 이데올로기가 자본주의로 자리 잡히면서 이 두 이데올로기는 서로의 연결 강화를 통해 더욱 기득권을 공고히 해왔다는 것이다. 우에노 치즈코는 《내셔날리즘과 젠더》에서 공적 영역에 '국가'를 끌어들임으로써 국민 경제가 성립하기 위해서는 시장과 국가 사이에 떼려야 뗄 수 없는 상호 관계가 존재함을 설명하고 국민 국가 역시 젠더 중립적이지 않으며 가부장제적 젠더 구조에 기대고 있다고 주장한다.[12]

한국에서 이루어진 국가 주도의 근대화 과정 역시 기본적으로 자본주의화의 과정이었으며, 효과적으로 이 과정을 수행하기 위해 가부장적 논리에 크게 기대고 있는 것을 알 수 있다. 이러한 과정에서 여성에게 '모성'이 부담스러울 수밖에 없는 것은, 가부장제의 가치가 한국 어머니의 모성성을 지배해 왔기 때문이다.[13] 이처럼 억압적인 무거운 가치로서의 모성을 되돌아보게 하는 영화가 바로 〈4인용 식탁〉(이수연, 2003)이다. '4인용 식탁'이라는 제목은 근대 이후의 단란한 핵가족을 상징하지만, 영화는 연(전지현)과 정숙(김여진)이라는 무력한 모성을 등장시켜 가부장제 사회의 모성 신화에 억눌려 있는 분열적인 모성을 보여 준다.

정숙은 아이 양육에 대한 공포와 가부장제하에서의 모성의 역할에 대한 부담감으로 우울증에 빠지게 되고 자신의 아이와 친구 연의 아이를 아파트 베란다에서 던져 살해한다. 사회 통념상의 숭고한 모성 신화는 정숙을 통해 여지없이 깨지는데, 자연스럽고 고귀한 것으로 내면화된 모성 이데올로기로 인해 외부로부터 고립되고 무력화된 정숙은, 마침내 아이를 살해하고 스스로 목숨을 끊는다. 연 역시 아이를 지키지 못한 모성으로 비난받으며 가족으로부터 추방당한 뒤 투신 자살을 택한다. 〈4인용 식탁〉은 가부장제 사회에서 개인의 선택이기에 앞서 제도화되어 버린 모성에 의해 어머니와 그 자

녀가 모두 억압당하고 죽음에 이르는 과정을 보여 주고 있다.[14]

정지우의 〈해피엔드〉(1999)는 결혼한 여성의 섹슈얼리티와 모성에 대해 도발적인 언급을 해 논란을 일으킨 작품이다. IMF로 인해 실직한 남편(최민식)을 둔 유능한 영어 학원장 최보라(전도연)는 전 애인인 일범과 바람이 난다. 그녀는 일범을 만나러 가기 위해 수면제를 탄 분유를 아이에게 먹이면서까지 외출을 감행하는 모성이다. 이에 분노한 남편은 그녀의 외도의 흔적들을 모으고, 결국 그녀를 처단하게 된다. 이 영화의 결론은 세간에 논쟁을 일으키기도 했는데, '바람난 여성은 남편의 손에 의해 처벌받는다'라는 결론이 가부장적 이데올로기가 투사된 것이라고 보는 견해가 있었고, 비록 부인은 남편의 손에 처벌되었지만 영화 전편에 전시되는 성역할 방식의 변화에서 보았을 때 가부장적 무의식에 균열을 내는 영화라는 입장이 있었다. 후자의 입장을 강하게 옹호하는 장면은 마지막 장면, 아마도 남편의 꿈 속 장면인 듯 싶은 그 장면이다. 남편에 의해 살해 당한 보라가 한가로이 자신의 아파트 베란다에서 담배를 피우며 떠오르는 노란 장례 조등弔燈을 바라보는 장면이다. 이 장면이 바로 가부장제의 '해피엔드'를 알리는 장면이라는 것이다.[15]

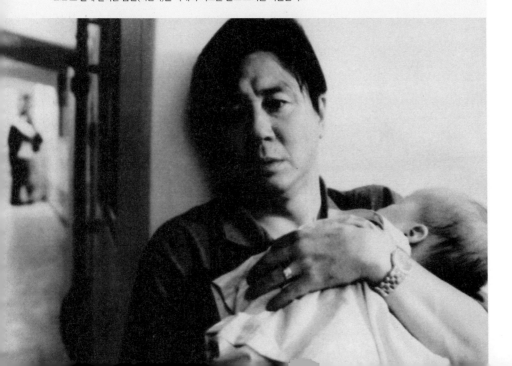

가부장적 무의식에 균열을 내는 영화 〈해피엔드〉.
IMF로 인해 실직한 남편(최민식)은 아내의 외도를 알고 그녀를 처단한다.

사실 이 영화의 기본 정조情調는 전통적인 가부장적 성역할이 변화하고 있음을 알리고 있다. 우선 실직한 남편과 잘나가는 커리어 우먼인 부인이라는 설정, 그리고 연속극을 보며 우는 남편에게 "당신이 무슨 아줌마야?"라고 부인이 비아냥거리는 전도된 상황, 재활용품 분리 수거 등을 꼼꼼하게 하며 장을 보기도 하는 남편의 일상 등은 전통적인 성역할의 도치 상황이라고 할 수 있다. 애증으로 인해 외도한 부인을 처단하긴 했지만, 부인을 죽이고 난 뒤 남편의 일상은 쓸쓸하고 회한에 찬 패배자의 그것이다. 오히려 비록 상상 장면이긴 하지만, 한가로이 담배를 피워 물고 있는 최보라의 모습이 여유로워 보인다.

　　정지우의 〈해피엔드〉는 '돌봄 노동caring labour' 혹은 '모성'을 방기한 여성은 이기적이고 나쁘지만, 전통적인 가부장제와 여성의 섹슈얼리티, 그리고 기존의 모성 신화는 변화를 맞고 있는 중이라는 것을 알리고 있다.

　　봉준호의 〈마더〉(2009)는 또 다른 형태의 필사必死의 모성을 보여 주는 영화이다. 우리는 이 영화에서 살인자로 오인받는* 자신의 저능아 아들 도준(원빈)의 무고함을 풀고자 직접 수사에 나서는 '끔찍한 모성'을 만나게 된다. 그녀(김혜자)는 오프닝 시퀀스의 들녘에서 신들린 듯한 춤사위를 한다. 이 춤은 나중에 그녀가 고물상 영감을 살해한 뒤, 그리고 도준이 대신 다운증후군 장애를 앓고 있는 종팔이 또 다른 살인자로 지목된 이후, 그러니까 도준이 살인 누명을 가까스로 벗은 후 떠나게 되는 그녀의 여행 중 관광버스 안에서 시작된 춤이다. 관광버스에서 나와 들판에 서서 허망한 듯, 초탈한 듯 허공을 향해 던지는 그녀의 춤사위와 무표정한 표정은 데이비드 린치David Lynch의 〈트윈 픽스Twin Peaks〉(1992)에서처럼 기괴하고 불가해한 느낌을 전달한다. 비현실적인 난해한 표정 때문일까? 그리고 보니 〈마더〉는 〈트윈 픽스〉와 흡사한 플롯으로 전개된다. 둘 다 한 마을의 비밀과 풍문에 대한 이야기이자, 벌어진 살인 사건의 중심엔 성性이 있다는 점에서.

★ 실제로는 도준이 문아정에게 돌을 던졌기에 문아정이 죽었다는 사실이 나중에 밝혀진다. 비록 살인을 저지를 의도가 전혀 없었음에도 도준은 살인자가 된 것이다.

〈마더〉에서는 '광기 어린 모성'과 '질긴 모성'을 재현하고 있다.

　〈마더〉는 문아정과 도준이라는 '한 마을에 존재하는 궁극의 불우함 둘이 만나 이뤄낸 스파크이자, 궁극의 사건'이라고 할 수 있다. 또한 〈지리멸렬〉(1994)에서부터 계속되는 기득권에 대한 봉준호의 풍자가 이어지고 있기도 하다. 골프채와 나뭇가지라는 도시와 농촌의 대비, 변호사와 기득권에 대한 비판 의식은 '미래를 열어 주는 교정 행정'이라는 교도소 현판을 화면 안에 의식적으로 담은 데서도 드러난다.

　동네 애들도 다 알 듯 죽은 문아정의 별명이 쌀떡이라는 것이나, 쌀통에서 나오는 아정의 휴대폰은 치매 걸린 할머니랑 사는 여고생 문아정이 생계를 유지하기 위해, 쌀을 얻기 위해 남자들에게 몸을 팔아왔다는 것을 보여 준다. 할머니는 도준 엄마가 사건의 단서를 얻기 위해 그토록 찾고자 했던 아정의 휴대폰을 쌀통 속에서 꺼내 주는데,

'쌀통 속 그득한 쌀 속에서 꺼내져 나오는 아정의 휴대폰'은 굉장히 상징적인 의미가 담겨져 있다. '하얀 쌀을 비집고 꺼내진 휴대폰'은 쌀(돈)을 얻기 위해 '남자와 몸을 섞은 아정의 몸' 그 자체를 의미하는 것처럼 보인다.

자신의 가장 싫은 콤플렉스를 건드린 상대에게 돌을 던지다 희생된 아정과 도준.★ 생활고에 비관한 도준의 엄마가 어릴 적 도준에게 농약을 탄 박카스를 먹인 탓에 도준은 저능아가 됐고, 엄마는 그 사실을 원죄처럼 가슴에 묻고 산다. 그렇기에 엄마는 그걸 회개하기 위해서라도 끝까지 도준을 지켜야 하는 것이다. 김혜자는 영화에서 영리하고 치밀한 수사를 단행하는 끈질긴 모성을 보여 주지만, 결국 엄마의 수사는 오발탄을 쏘고 만다.

오프닝 시퀀스와 클로징 시퀀스에 반복해 나오는 아무렇지도 않은 듯한 들녘은 아무렇지도 않은 들녘이 아니라, 아들의 무고함을 증명하려다 살인까지 하게 된 광기 어린 '모성'이 현실을 초탈한 듯 허망한 춤사위를 벌이고 있는 들녘이다. 〈살인의 추억〉(봉준호, 2003)에서도 무수한 살인을 목격한 논과 밭은 정작 침묵하고 있듯이…… 봉준호는 〈마더〉에서 피투성이가 될 정도로 '광기 어린 모성,' 작두로나야 잘려나갈 정도로 '질긴 모성'을 재현했다.

장르 영화와 가족

영화 속 가족은 다양한 장르를 통해 연출되고 연기되었다. 1950년대 할리우드에서 풍미했던 가족 멜로드라마, 가족의 화합이나 결혼으로 해피엔딩을 맺는 스크루볼 코미디, 그리고 공포 영화와 스릴러에서도 가족 문제는 주요하게 언급된다.

가족의 심리학, 눈물의 정치학이라고 불리는 멜로드라마는 부르주아적인 스타일

★ 술에 취한 도준이 골목길을 걷다 아정을 만난다. '남자가 싫으니?/니가 나를 알아? 바보'라며 서로의 콤플렉스를 건드리는 치명적인 말을 통해 사건은 벌어지고 만다.

을 통해서 부패한 봉건 귀족과 맞서 싸우는 이데올로기적 무기였는데, 그 주된 배경은 개인이 투쟁을 벌이는 가정 내 공간이었다. 따라서 멜로드라마는 사회적 위기를 직접 언급하기보다는 등장인물들의 행위나 감정, 가족이라는 폐쇄된 구조 그리고 형식적으로 복잡한 미장센 등을 통해서 간접적이고 심리적으로 묘사하는 경향을 띤다.

멜로드라마는 가부장제와 더불어 발생하는 다양한 종류의 개인적 갈등과 모순들, 즉 억압된 섹슈얼리티, 가부장적 권위에의 도전, 흔들리는 정체성 등의 문제를 개인의 운명과 이를 결정짓는 사회적 조건 간의 관계에 주목하면서 풍부하게 그려 내었다.

더글러스 서크Douglas Sirk의 〈천국이 허락한 모든 것All That Heaven Allows〉(1955)은 어떻게 공동체의 질서가 가족 안에 고스란히 구현되는가를 보여 주는 예이다. 미망인이 된 지 얼마 안 된 가정주부 캐리(제인 와이먼)는 연하이자 하층 계급 출신인 자기집 정원사(록 허드슨)와 사랑에 빠진다. 그녀의 사춘기를 지난 자녀들, 중산층 가정 환경 등은 그에 걸맞는 상대와 재혼하기를 강요하지만, 캐리는 공동체의 관습을 거스르는 선택을 한다. 진실한 사랑과 사회적 관습 사이의 갈등을 강조하기 위해 서크는 시각적, 주제적

〈천국이 허락한 모든 것〉은 가족 안에 어떻게
공동체의 질서가 그대로 구현되는가를 잘 보여 준다.

대립항들로 구성된 정교한 패턴을 구축한다. 패턴이란 다름 아닌 여주인공의 연인과 죽은 남편의 라이프 스타일을 대조하는 것.[16] 무대 장치의 대가인 서크는 화려하게 장식된 거실의 미장센을 통해 정신적으로 공허한 중산층 주부의 내면을 아이러니컬하게 대비시켰다. 그는 멜로드라마가 사회를 해석하는 데 특별나게 비옥한 토양이라는 것을 알았다. 그것은 멜로드라마가 단순한 러브 스토리가 아니라, 사랑을 조건 짓는 사회 환경을 묘사할 수 있기 때문에 그러하다. 사랑 이야기가 들어 있는 사회의 구조는 사랑 그 자체만큼 중요하다. 그래서 서크는 스토리와 대립되는 사회적 조건은 해결하지 않은 채 남겨 둔다. 그 조건이 바로 영화의 종결 부분에 어떤 자의적인 사건이 제시될 때까지 연인들의 결합을 방해하는 것이다. 그래서 서크의 계산된 스타일상의 장식은 이런 멜로드라마의 영속적 투명성을 흐리게 하고, '행복하지 않은 해피엔딩'은 관객들에게 오직 이런 인위적인 세상에서만 '사회 문제들'은 산뜻하게 해결된다는 사실을 상기하게 만든다.[17]

멜로드라마 못지 않게 공포 영화 역시 가족 문제를 첨예하게 다룬다. 로빈 우드에 따르면 공포 영화에서 정상성*normality*은 항상 이성애 일부일처제적인 커플, 가족, 그것들을 지지하는 사회 제도(경찰, 교회, 군대)에 의해 재현되어 왔다. 여기서 정상성이란 기존 권위에 의해 승인된 지배 이데올로기의 세계, 즉 가부장적 부르주아 사회이다. 그는 가부장적 부르주아 사회가 인간에 대한 과잉 억압 위에 세워졌다고 보았다. 이러한 과잉 억압의 사회에서 주변화된 존재들 — 여성, 이성애적 규범으로부터 일탈한 자들, 프롤레타리아, 다른 문화나 인종 집단, 아이들, 신체적인 기형들 — 은 공포 영화에서 종종 괴물의 형상으로 되돌아와 가부장적 부르주아 사회에서 '정상적'이라고 규정된 세계, 즉 백인 중산층 가족의 세계를 공격한다.

현대 공포 영화에서 가족은 가장 문제적 영역으로서 영화 감독이나 비평가 모두에게 중심적인 탐구 대상이었다. 토브 후퍼Tobe Hooper의 〈텍사스 전기톱 대학살*Texas*

Chainsaw Massacre〉 등 1970년대 미국 공포 영화들은 가족을 괴물의 요람으로 다루고 있다. 또한 폐소공포증을 일으키는 무시무시한 '집*possessed house*' 자체가 공포 영화의 주인공이 되는 경우도 종종 볼 수 있다.★

스릴러의 거장 히치콕의 영화에서도 가족 문제가 공포의 근원으로 작용한다. 그는 스릴러를 통해 가족 내부에 존재하는 편집증과 강박관념, 보이지 않는 공포를 탁월하게 그려 냈다. 히치콕이 미국에서 만든 첫 영화인 〈레베카*Rebecca*〉(1940)에서는 맨덜리라는 대저택에 갓 시집온 여주인공(조운 폰테인)이 이미 죽은 전 부인 레베카에 대한 열등감에 강박적으로 사로잡혀 가는 과정을 보여 준다. 그녀는 자신이 듣게 되는 다양한 얘기들과 회상들을 종합해서 그것을 토대로 레베카가 자신이 갖지 못한 모든 것을 가진 여자, 즉 아름답고 활기 있고 성적으로 매력적인 그런 여자라고 상상하게 된다. 이 강박관념은 가정부 덴버 부인에 의해 더욱 강화되는데 이 가정부는 레베카에 대한 기억에 완전히 열중해 있고 악의를 갖고서 새로 들어온 드 윈터 부인을 파멸시키려고 한다. 성적으로, 그리고 계급적으로 주눅이 들어 있는 여주인공은 아직도 남편이 레베카를 미친 듯이 사랑하고 있다고 오해하게 되고, 여주인공이 레베카에 대해 갖게 되는 허구적 상상력은 실재하지 않는 레베카로 하여금 맨덜리와 그곳 사람들의 정신까지 지배하게 한다. 이같은 고딕풍의 괴기스러움은 '맨덜리'라는 대저택도 한몫하여 가난한 계급 출신 여주인공의 마음을 두렵게 짓누른다. 고딕에서 전형적인 요소 중 하나는 초자연적이고 심리적 효과로 가득한 저택이다. 흔히 고딕 문학에서 집은 서구의 서사 전통에서 다양한 방식으로 나타났던 사적 영역의 양면성들을 과장된 형식으로 반영하고 있다. 고딕 저택에 의해 정신적인 외상을 입는 등장인물은 종종 여성[18]이기도 한데, 히치콕의 〈레베카〉는 다프네 뒤 모리에의 고딕 소설을 효과적으로 영화화하여, '레베카'라는, 보이지 않는 안개 같은 공포가 갓 결합한 가족들에게 스며드는 과정을 보여 준다.

히치콕의 대표작 〈사이코〉(1960) 역시 정신분열증을 잃는 주인공 노먼 베이츠(앤터

★ 〈몬스터 하우스*Monster House*〉, 〈어셔 가의 몰락*House of Usher*〉, 〈레베카〉, 〈조용한 가족〉, 〈장화, 홍련〉 등이 그렇다.

니 퍼킨스)를 통해 아들의 욕망을 거세하는 괴물 같은 어머니*castrating mother*[19]를 등장시킨다. 애인의 빚을 갚기 위해 회사돈을 횡령한 마리온(재닛 리)이 도주 도중 낡은 모텔에 묵게 되고, 모텔 주인인 노먼 베이츠와 만나게 된다. 그는 모텔 뒤 빅토리아풍의 저택에서 몸이 불편한 어머니와 살고 있다 하는데, 박제된 새들에 둘러싸인 그의 사무실은 왠지 편치 않은 기운이 맴돈다. 자기 숙소로 돌아간 마리온은 노먼이 어머니랑 날카롭게 다투는 것을 목격하고, 얼마 후 짐을 풀고 샤워를 하던 중 괴한의 칼에 난도질되어 살해당한다.

영화 중반 갑자기 여주인공은 살해당하고, 차례로 탐정과 여주인공의 자매와 문제의 원인을 제공했던 애인이 등장한다. 두세 번의 반전이 나온 후 영화의 깜짝 놀랄 만한 결말이 관객들을 공포의 끝으로 몰고 가는데, 용의자로 주목받던 노먼의 어머니는 사실상 죽은 지 오래되었고 살인자는 다름 아닌 어머니 옷으로 여장을 한 노먼임이 밝혀진다. 노먼의 어머니인 베이츠 부인은 성인이 된 아들을 아직 어린애 취급하며, 그의 욕망과 일거수 일투족을 새처럼 굽어다보며 감시하는 청교도적인 어머니였다. 노먼은 자신의 욕망과 어머니가 요구하는 도덕적 행동 사이에서 갈등하며 마리온을 죽인 것이다.

〈사이코〉는 이후 호러 장르의 발전에서 매우 중요한 두 개념을 분명히 세운 작품

가족 내부에 존재하는 편집증, 강박관념, 공포 등을 탁월하게 그려 낸 히치콕의 〈레베카〉.

서크의 〈마음의 등불〉.
서크는 가족이라는 제도를 통해
당시 미국 사회가 처한
문제들을 보여 준다.

할리우드 영화는 다양한 가족 멜로드라마를 통해 미국 중산층 가족을 해부한다. 1950년대 중반 더 글러스 서크, 빈센트 미넬리Vincente Minnelli, 니콜라스 레이Nicholas Ray 등의 작가들은 사회에 대한 자의식이 있는 가족 멜로드라마를 만들었다. 당시 미국 중산층 가족들은 변화의 과정을 걷고 있었다. 2차 세계 대전과 한국 전쟁 등 잇따른 전쟁은 남자들을 전장으로 여자들을 일터로 내몰았고, 이런 성적 역할의 변화는 가정 내 여러 갈등 요소로 작용했다. 영화 비평가 마이클 우드는 《영화 속의 미국》에서 "대중 영화들은 정면으로 쳐다볼 수도 없고 그렇다고 완전히 부인할 수도 없는 그런 것들을 ― 우리가 보지 않으려 해도 ― 보도록 한다"라고 말한다. 1950년대 관객들이 부인하려 했던 것들은 아메리칸 드림이 붕괴하고 있다는 사실이었고, 이는 1950년대 중반의 가족 멜로드라마에 독특하게 스타일화되어 재현된다.

1950년대 멜로드라마는 작은 마을의 가족 내부에 집중했기 때문에 미장센 등 공간의 시각화를 보다 강하게 관습화할 수 있었다. 낯익은 미장센은 관객들에게 실제 자신 가정 내의 공간으로 여겨

멜로드라마는 진지한 사회 드라마보다 더 효과적으로
사회 문제를 다룰 수 있다. 엘리아 카잔의 〈에덴의 동쪽〉.

지게 했고, 이런 스타일은 도상*iconography*적으로 관습화되었다. 공간이 또 하나의 주인공으로 말을 거는 것이다. 이러한 멜로드라마는 진지한 사회 드라마보다 더 효과적으로 사회 문제를 다룰 수 있었다. 〈마음의 등불*Magnificent Obsession*〉(더글러스 서크, 1954), 〈에덴의 동쪽*East of Eden*〉(엘리아 카잔, 1955), 〈이유 없는 반항*Rebel Without a Cause*〉(니콜라스 레이, 1955), 〈천국이 허락한 모든 것〉(더글러스 서크, 1956), 〈자이언트*Giant*〉(조지 스티븐스George Stevens, 1956) 등이 그 영화들이다.[20]

이중 〈천국이 허락한 모든 것〉은 1974년 독일 뉴 저먼 시네마 작가인 라이너 베르너 파스빈더Reiner Werner Fassbinder의 〈불안은 영혼을 잠식한다*Angst essen Seele auf*〉로, 2002년 토드 헤인즈Todd Haynes의 〈파 프롬 헤븐*Far From Heaven*〉으로 리메이크되었다.

부르주아 가정, 소도시 무대 배경, 폐소 공포적 분위기라는 관습화된 멜로드라마적 시각 스타일은, 여러 영화에서 찾아볼 수 있다. 표현주의 연극 무대와 흡사한 이 '가족' 공간의 미장센은 김기영의 〈하녀〉(1960), 〈화녀〉(1971), 〈충녀〉(1972) 등에서, 그리고 김지운의 〈조용한 가족〉(1988), 〈장화, 홍련〉(2003) 등에서 또 다른 내러티브 기제로서 작동한다. 과잉된 색채와 사운드, 주인공의 갇힌 상황을 표현하는 데 주로 사용되는 격자의 창문, 그림자, 비오는 밤, 과잉된 장식 소품 등이 주인공의 심리 상태를 대변한다.

이다. 이 영화는 인간 정신병자/정신분열자를 괴물로 묘사할 뿐 아니라 공포가 가정의 한가운데 존재한다고 폭로하고 있다.[21] 또한 노먼은 죽은 어머니와 자신을 한몸에 담은 여성화된 남성이자 남성화된 여성이라는 성적 모호함을 보여 준다. 죽은 어머니에 대한 집착과 동시에 성적으로 억압되어 있는 자신의 모습에 좌절하여 정신분열을 앓는 노먼의 모습에서 억압된 가족 내부의 폭력성을 목도하게 된다.

성을 통해 바라본 가족

성性은 가족만큼이나 인간 사회를 구성하는 근본 주제이다. 엥겔스에 따르면, 낭만적 사랑의 역사는 11~13세기 남부 프랑스 지방에 살던 서정 시인들의 사랑의 서정시에서 시작되었다. 이후 산업 사회로 접어들면서 새롭게 등장한 부르주아 계급은 아들이 직접 아내를 고르는 것을 허용하기 시작했으며 이로써 사랑과 결혼은 역사상 처음으로 결부되기 시작했다. 엥겔스가 말하는 사랑은, 실연을 하거나 서로 헤어지는 것을 커다란 불행으로 여기고 서로를 얻기 위해 생명까지 내걸 정도로 치열하고 정열적인 사랑이다. 사랑이란 이렇게 불타는 것이므로 그런 격렬한 감정을 지속시킨다는 것은 사실상 어려우며, 그렇기 때문에 사랑이 결혼으로 연결되어 귀착되는 '가정적 행복'이란 사실상 사랑이 없는 권태로운 삶을 위장한 것에 불과하다. 또한 엥겔스가 지적한 대로라면 사랑에 기반한 결혼 생활이란 그 속성상 장기간 지속되기가 어렵다. 때문에 연속적으로 바뀌는 일부일처제가 가장 이상적인 결혼 제도가 된다. 따라서 이혼과 재혼을 쉽게 할 수 있도록 제도적 장치를 마련해 놓는 것, 그리고 자녀들에 대한 책임은 사회가 지는 것, 이것이 엥겔스가 내놓은 대안이었다.[22]

엥겔스가 낭만적 사랑이 근대적인 일부일처제로 결론을 맺었다고 말한 이후, 일부일처제를 유지하기 위한 사회적 비용은 그 삐걱거림만큼이나 잦은 지출을 해야 했다. 낭만적 사랑의 강도를 평생토록 유지하기란 불가능에 가깝기 때문이다. 사유재산제와 자본주의의 요구에 부합한 일부일처제는 생물학적 리비도*libido*와 간극을 발생시키며 성적 욕망의 문제를 야기한다.

데이비드 린치의 〈트윈 픽스〉(1992)는 조용한 시골 마을에 드리운 불안한 성적 에너지를 환각적인 영상으로 재현한 영화로, 중산층의 성적 이중성과 폭력성을 폭로하고 있다. 미의 여왕 로라 팔머는 매력적인 금발의 여고생으로 겉으로 보기엔 밝고 아름답지만, 열두 살 때부터 실체를 알 수 없는 밥이라는 괴한에게 겁탈을 당해 왔다. 그러한 트라우마(외상)로부터 벗어나고자, 로라는 마약과 혼성 섹스에 빠지는 등 방황하는 나날을 보낸다. 그러던 어느 날 밥의 실체가 충격적으로 드러나게 되는데, 밥은 다름 아닌 자신의 아빠였던 것이다. '근친상간'이라는 금기적 소재를 다룬 이 영화는 미국 중산층 삶의 폭력적 이면을 여실히 드러냈다.

스탠리 큐브릭의 〈아이즈 와이드 셧*Eyes Wide Shut*〉(1999) 역시 일부일처제에 기반한 성적 욕망의 속성을 파헤치고 있다. 큐브릭은 남녀 사이에 발생되는 사랑과 질투, 죽음과 섹스에 관한 심리적 강박 등을 성찰하면서 인간의 충동적인 욕망을 연출했다. 뉴욕시의 젊은 의사 윌리엄 하포드와 아내 엘리스는 부유한 계층으로, 윌리엄의 환자이며 친구인 억만장자 지글러가 베푸는 크리스마스 파티로 향한다. 파티 도중 지글러가 데리고 놀던 여자가 약물 과용으로 실신해 있어 윌리엄은 엘리스의 곁을 뜬다. 그사이 엘리스는 한 남성의 유혹을 받는다. 다음 날 밤, 엘리스는 전날 일을 윌리엄에게 고백하고, 자신이 겪었던 심적 갈등을 토로한다. 엘리스의 고백에 윌리엄은 부부 사이의 신뢰는 어디까지인가를 회의하며 뉴욕의 거리를 배회하게 된다. 그 와중에 윌리엄도 여러 번의 유혹을 맞닥뜨리며, 마침내 은밀한 집단 혼음 파티에 초대되기에 이른다.[23]

'눈을 질끈 감은'으로 번역되는 〈아이즈 와이드 셧〉은 일부일처제의 허약함과 무의식에 갇힌 성적 욕망이 얼마나 미궁迷宮에 가까운 것인가를, 그리고 그것을 감내하기 위해선 '눈을 질끈 감아야' 함을 솔직하게 묘파하고 있다. 이 작품이 부부 관계의 성적 허위 의식과 일탈의 문제를 무겁게 다뤘다면, 로버트 알트먼Robert Altman의 〈숏컷Short Cuts〉(1993)은 미국 중산층 삶의 위선과 성적 이중성을 경쾌하게 그리고 있다.

미국의 단편 작가 레이먼드 카버Raymond Carver의 동명 소설을 영화한 〈숏컷〉은 22명의 평범한 인물들을 통해 현대 미국 사회를 해부하고 있다. 일반 영화 2배 분량의 긴 런닝 타임 동안 다양한 인물들이 등장하는데, 평범해 보이는 이들의 삶은 이야기가 진행될수록 서로 긴밀한 퍼즐 조각처럼 연결되어 있음을 알게 된다. 마치 서로가 서로의 지층이 되는 '숏케이크shortcake'처럼, 원인과 결과가 뫼비우스의 띠처럼 꼬리에 꼬리를 물고 이어진다. 알트먼은 일상 속의 폭력과, 폭력의 일상성, 상대와 주변에 대한 무관심, 위선 등을 경쾌한 템포로 까발리고 있다. 어린 아이를 차에 치이고도 멀쩡하게 일상을 계속해 나가는 웨이트리스, 신고할 방법이 마땅치 않다는 이유로 강간당한 여자의 변사체를 물속에 방치한 낚시꾼들, 바람을 피우면서도 딴 여자에게 추근거리는 경찰, 아이를 옆에 끼고 폰 섹스 부업을 하는 엄마, 의붓딸에게 접근하는 계부, 처제와 불륜을 저지른 노인, 아내의 성적 결백을 의심하는 의사 남편, 부부 동반 나들이 중 하이킹 나온 십대를 유혹하다 충동적으로 살인을 저지른 유부남 등 이들은 소소한 범법 행위와 일탈을 자행하지만 그 누구도 발각되거나 처벌받지 않고 아무렇지도 않은 일상을 계속해 나간다. 하이킹 나온 십대와 박쥐굴을 구경하려다 갑자기 살의를 느껴 돌멩이로 소녀를 때려죽인 것임에도, 때마침 LA 인근에 발생한 강도 7.5의 지진으로 인한 낙석에 맞아 죽은 것으로 매듭되는 등 크고 작은 일탈 행위들이 평온하게 무마된다. 알트먼은 모두가 평화로운 일상을 영위하는 듯하지만, 그 내부를 살펴보면 중산층의 위선과 성적 허위 의식이 불편한 불협화음을 내고 있다고 말한다.

앞서 말한 영화들이 미국 중산층의 성적 허위 의식을 고백한다면, 〈하녀〉(김기영,

비오는 창가에서 주인집 남편
동식(김진규)과 경희(엄앵란)를
훔쳐보는 하녀(이은심)의
모습은 괴물처럼 공포스럽다.
김기영의 〈하녀〉.

1960)와 〈바람난 가족〉(임상수, 2003)은 한국 가족 제도 내의 성적 일탈 문제를 도발적으로 제기한 영화들이다.

　김기영의 〈하녀〉는 심리 스릴러 형식을 취하고 있다. 이 영화의 가장 본질적인 공포는 가정이라는 사적 영역이 전혀 안전하지 못하다는 데에서 온다. 영화의 주 무대는 자본주의의 욕망이 실현되는 2층집 내부인데, 서양식의 분리된 각 방은 모두 은밀함이 존재할 수 있는 사적 공간이다. 영화가 뿜어내는 서사적 공포의 원천은 외부인이 사적 공간에 침투하는 데서 온다. 어느날 갑자기! 이 집에서 살게 된 하녀는, 가족들과 친밀함을 공유한 적이 없는 철저한 외부인이면서 동시에, 한 가정의 사생활에 깊숙이 침투해 들어가는 존재가 된다.[24] 하녀는 중산층 가정의 행복한 삶을 부러움에 가득 찬 시선으로 바라보고, 자신의 성性을 이용해 주인집 남편을 딛고 신분 상승을 꾀하는 괴물로 변한다. 영화 속의 또 다른 주인공인 쥐떼들은 조정 불가능한 생식력을 환기시키면서 동시에 남자 주인공의 리비도와 대비를 가능케[25] 한다. 1960년대 초반, 도시 중산층이 빈약하게나마 형성되기 시작하고, 〈하녀〉의 초반 배경인 공장에 등장하는 여공들처럼 여성들이 농촌을 떠나 임노동자로 변모하면서 남녀의 성역할에 변화가 오기 시작한다.[26] 도시로 이농한 하층 여성의 계급 상승 욕망은 중산층 남성의 성적 일탈 욕구와 만나 욕망의 통로를 찾게 되고, 그로 인해 중산층 남성은 자신의 존재 기반을 송두리째 빼앗길 것 같은 불안 신경증에 시달리게 된다. 나중에 이 모든 공포와 일탈이 주인공 남자 김진규의 한바탕 꿈인 것처럼 마무리될 정도로 영화는 보수성을 견지하지만, 그것으로 '하녀'의 성적 도발과 괴물성이 흐려지진 않는다.

한국 사회에서 공식적으로 인정하는 성이 결혼 관계 내에서의 성이라고 가정할 때, 임상수의 〈바람난 가족〉은 이른바 근대적 핵가족의 붕괴와 가족에 대한 가치관의 변화를 가부장적 가족 제도 바깥의 '바람'이라는 매개물을 통해 보여 준다. 〈처녀들의 저녁식사〉(1998)라는 다소 도발적인 제목의 영화를 만든 임상수는 〈바람난 가족〉이라는, 그에 못지않게 파격적인 제명으로 작명을 했다. 이 영화에선 주인공 남자, 그의 아내, 그녀의 시어머니 할 것 없이 온 식구가 바람이 났다. 그리고 진정 파격적인 장면은, 그 바람의 대가로 입양한 아들 수인이 납치범에 의해 진짜로 '인정사정 볼 것 없이' 추락사 당하는 것이다. 한치의 연민도 없이 영화 속 아이를 추락사시킨 이 '리얼리티' 영화는 대체 무슨 이야기를 하고 싶었던 것일까? 이 영화에서 사실 '멀쩡한' 남성이란 존재하지 않는다. 영작의 어머니가 초등학교 동창과 새 삶을 시작하고 호정이 싱글맘으로서 새 가족을 꾸리며 쿨하게 자기 삶을 찾아가는 동안, 남성들은 피를 토하며 죽거나 부인과 아내에게 '아웃'당하는 수모를 겪는다. 폭력적인 가부장제 역사의 아버지 세대를 대표하는 영작의 아버지가 더러운 피를 쏟아내며 죽음에 이르는 모습은, 할아버지-아버지-영작으로 이어지는 부계 중심의 가족 제도가 쇠락해 가고 있음을 암시한다. 영작의 허물은 결국 수인의 죽음을 불러오고, 영안실을 찾은 호정은 영작의 만류에도 아들의 시신을 정면으로 바라본다.[27]

〈바람난 가족〉은 '바람'이란 매개체를 통해, 중산층 가정의 성적 허위 의식에 일갈하며 남성 주도의 가부장제 역사를 여성 주체의 새 역사로 써야 한다고 주장한다.

새로운 가족 공동체

'가족이란 꼭 숙명처럼 주어진 것이 아니라 탄생할 수 있는, 관계의 공동체'라고 말하는 김태용의 〈가족의 탄생〉은 가족에 대한 새로운 접근을 보여 준 영화이다. 하지만 이같이 확장된 가족 개념은 〈가족의 탄생〉처럼 명시적인 형태는 아니었어도, 기존의 몇몇 영화들에서 그 흔적과 가능성을 찾아볼 수 있다.

장현수의 〈걸어서 하늘까지〉(1992)를 보면 날치를 비롯해 물새, 황새, 촉새, 앵무새, 참새는 소매치기들로 나름의 식구를 이루고 함께 어울려 산다. 이들은 서로가 서로에게 가족이다. 특히 엄마 없는 어린 촉새는 날치(지숙)에게서 따뜻한 모성을 기대하는 등 이들은 무의식 중에 유사類似 가족을 꿈꾸고 있다. 또 다른 장현수의 영화인 〈라이방〉(2001)에서도 세 명의 '택시 운짱'인 해곤, 학락, 준형은 죽이 맞는 절친한 친구로서, 퇴근 후 매일 밤 동네 호프집에서 삶의 고락을 나누는, 그래서 급기야 베트남의 그늘 아래로 떠나 삶의 후반부를 함께 나는, 삶의 '새로운 공동체'라고 할 수 있다. 송강호와 강동원이 각각 남한의 전직 국정원 요원과 북의 남파공작원 역을 맡았던 〈의형제〉(장훈, 2010)에서도 이런 유사 가족의 흔적이 보인다. 한공간에서 먹고 살게 되면서, 그리고 추석을 맞아 함께 차례를 지내기도 하면서 이들은 가족이 되어 간다. 이러한 유사 가족의 메타포metaphor는 〈아저씨〉(이정범, 2010)에서도 그 가능성을 찾을 수 있다. 원빈이 말 그대로 방탄 유리(다시 말해 무감각한 사회 정의)마저 뚫는, 부활한 홍콩 느와르의 슈퍼 히어로로 변신한 이 영화에서 보면, 옆집 아이 소미를 되찾는 지난한 과정이 ― 불의의 사고로 자식과 아내를 잃은 한 사내의 ― 새로운 가족 찾기의 여정으로 보인다. 영화의 마지막 장면, 가까스로 장기 밀매단의 손아귀에서 소미를 되찾은 태식이 소미에게 "한 번만 안아 봐도 되겠니"라고 말을 건네는 포옹 장면이야말로 이 영화의 주제를 보여 주는 신인데, 이 장면은 '사랑'을 ― 다시 말해 '가족'을 되찾고자 하는 태식의 근원적인 욕망을 말해 준다. 〈아저씨〉는 장기 밀매와 아동 착취라는 2010년 지구촌에 만연해 있는, 살벌하지만 엄연히 존재하는 치부를 드러내며, '옆집 아저씨'인 태식이 기꺼이 어린 그녀와 '한 가족이 되려 함'을 증명해 보인다.

본격적인 가족 서사인 김태용의 〈가족의 탄생〉을 보다 자세하게 분석해 보자. 이 영화는 새로운 가족 공동체의 탄생을 매우 현대적인(혹은 진보적인) 방식으로 얘기한다. 〈가족의 탄생〉은 가족 간의 관계의 핵심이 '사랑의 헤픔'에 있다며, 차이를 인정하는 따로 또 같이의 대안적 가족의 탄생을 예고한다. 사전 속 풀이로는 설명되지 않는 우리 사회의 다양한 가족, 진짜 가족의 의미를 설명하며, 혈연의 안팎에서 생성된 가족과 관계에 대한 새로운 의미를 모색한다.

영화는 세 에피소드로 이뤄져 있다. 첫 번째 에피소드는 미라(문소리) 혼자 사는 집에 동생인 형철(엄태웅)과 애인인 무신(고두심), 무신의 (전 남편과 전 부인의) 딸인 채현이 등장하는 것이고, 두 번째 에피소드는 선경과 그녀의 엄마, 그리고 이복동생 경석의 등장이며, 세 번째 에피소드는 아이였던 채현과 경석이 커서 연인 사이가 되어 등장하는 것이다. 처음 두 에피소드가 타인들의 만남과 부딪힘을 다룬다면, 마지막 에피소드는 그들이 만나 구성한 가족의 결과를 보여 준다.[28]

무신과 미라는 형철로 인해, 갑자기 기묘한 동거에 들어간다. 갈데없는 형철이 갑자기 누나집에 더부살이를 시도했기 때문인데, 무신과 미라는 형광등을 갈아 끼며 서로 교감을 한다. 김태용이 말하는 가족이란 마치 더도 덜도 아닌 '이해와 사랑'을 기반으로 '한살림'을 하는 것을 말하는 듯하다.

그러던 중 갑자기 어린 채현이 이 집을 찾아오면서, 미라–형철–무신 간의 어렵사리 잡혔던 동거의 균형은 깨어지고, 이들은 식탁에서 어색한 시간을 마주한다. 어색함을 못 견딘 형철은 집을 나가고, 무신과 미라는 어색한 식탁에 마주한 채 긴 시간을 흘려보낸다. 이들은 정지 상태로 식탁을 마주하고 있고, 그들 사이의 아이는 마당에서 슬

<가족의 탄생>은 가족 간 관계의 핵심이 '사랑의 헤픔'에 있다며, 차이를 인정하는
따로 또 같이의 대안적 가족의 탄생을 예고한다. 이 영화의 첫 번째 에피소드는 미라(문소리)의 집에
동생인 형철(엄태웅)과 애인인 무신(고두심), 무신의 딸이 등장해 이야기를 이끌어 간다.

로 모선으로 뛰어논다. 마치 아이가 뛰어노는 그 긴 시간 동안 아이는 자라고 세월은
흐른 듯한 미학적 효과를 내는데, 첫 에피소드는 감독의 기이한 시간관이 드러나는 판
타지 장면으로 봉합된다.

　　이 장면에선 이 영화가 시간을 다루는 태도가 함축되어 있다. 미라와 무신은 정속
으로, 아이는 몇 배속으로 각각 화면의 전경과 후경에 배치한 이 장면에서는 시간의 정
지와 흐름이 공존하는 기이한 시간관이 형상화된다. 집 안과 밖을 가르는 미닫이문은
마치 영화 안의 또다른 프레임처럼 보이며 그 프레임 안에서 시간은 낮과 밤을 오가고
천진난만한 아이는 자라난다(실제로 자라지는 않지만 그런 착각을 불러일으킨다). 반면 그 프레임
밖에 존재하는 미라와 무신 사이의 무표정한 시간은 그 자리에 멈춰선 느낌이다. 이 장
면은 앞으로 전개될 이들의 관계에 대한 하나의 상상으로 읽힌다. 아이의 시간은 흐를

것이고, 미라와 무신은 형철 없이 수백 번의 밥상을 마주하고 앉을 것이다.[29]

　두 번째 에피소드 역시 문으로 새로운 인물이 들어오면서 시작한다. 〈가족의 탄생〉의 '문'은 타자들이 내부로 오가는 경계성을 보여 주는 구실을 한다. 에피소드마다 인물들은 문고리를 붙잡고 실랑이를 벌인다.[30] 첫 번째 에피소드에선 형철과 무신, 이번엔 선경의 엄마다. 문을 열고 들어온 타자들은 갈등을 생성하는 존재들이다. 선경은 애인을 가진 엄마를 못마땅해하며 내쫓고, 그다음 찾아온 엄마의 애인도 내쫓는다. 이렇게 이들은 선경에게 환영받지 못할 타자가 되는데, 선경은 나중에 타자임이 분명한 이복동생 경석의 유치원 운동회에 아픈 엄마 대신 가게 된다. 그 시간을 함께하곤 선경과 경석은 조금씩 가까워진다. 엄마가 돌아가시고 나자, 비로소 열리지 않던 엄마의 가방이 열린다. 그 안엔 온갖 어릴적 꾸러미들이 가득 담겨 있다. 마치 그 가방을 매개로 경석과의 날들이 이어지기라도 하듯.

　세 번째 에피소드는 미라와 무신을 엄마로 둔 채현과 엄마 없이 누나랑 사는 경석의 만남이다. 감독은 엄마가 둘인 채현과 엄마 없는 경석의 만남을 주선했는데, (그것도 기차에서)* '마치 모자란 부분을 메꿔 가는 것이 연애이자 가족의 시작이다'라고 말하는 듯하다. 평범하고 황당하게 끝날 것 같은 〈가족의 탄생〉이 이야기의 신비로움을 증명하는 것은 경석과 채현의 식구들이 만나는 순간이다. "우리 엄마들이야"라고 소개할 때 경석 앞에 등장한 것은 나이가 든 미라와 무신의 모습이고, 그들이 함께하는 것은 '저녁식사'다. 식탁은 가족 내부의 화합과 갈등의 순간들을 포함하는 미장센이며, 준비된 음식을 나누면서 그들은 손님을 가족의 내부로 끌어들인다. 식탁은 환대를 할 것인가 말 것인가를 보여 주는 윤리적 갈등이 가장 극적으로 표현되는 순간들이다.[31]

　첫 번째와 두 번째 에피소드의 아이 둘이 자라 젊은이가 되고, 이들로 열리는 새로운 미래가 시작됨을 보여 준다. 따뜻한 스웨터와 장갑, 목도리를 칭칭 감은** 채현은 사랑이 '헤픈' 여자다. 그 '헤픔' 때문에 경석과 갈등이 있기도 하지만, 감독은 채현의

★ 감독은 이 영화의 실질적 주인공인 채현과 경석을 기차 안에서 만나게 했다. '찐 계란과 사이다'처럼 전혀 다르지만 서로 어울리며 보완하는 관계로. 그리하여 우리 모두가 생을 살아가는 여행자라고 말하는 중이다. 마지막 장면 플랫폼에서 등장인물들이 서로 스치듯 만나고 헤어지는 것을 반복하는 것을 보면 그렇다. 인생이란 여정을 가는 각자가 서로 만나서 '관계의 공동체'를 이루며 사는 것이, '가족'이자 '인생살이'라고 말하는 듯하다.

★★ 채현의 이러한 복장은 가족의 따뜻함을 상징하는 미장센이다.

이러한 '이타적 헤픔'이야말로 가족을 생성하고 유지시키는 근본적인 힘이라고 말한다.

그동안 미라와 무신이 함께 산 세월은 영화 속에 생략되어 있지만, 이들은 형철이 집을 떠난 뒤 쭉 함께 살아온 것으로 짐작되며, 이제는 채현에게 '엄마들'로 호명되는 존재들이다. 이 공간에 채현이 경석을 데리고 온다. 미라와 무신은, "헤어지면 밥도 안 먹니?"라며 경석을 반기며 저녁식사를 대접한다.* 경석을 비롯해 둥그렇게 마당에 모여 김장을 하는 장면에서, 경석은 이미 미라-무신-채현의 가족임을 알 수 있다. 그 순간, 오랫동안 소식도 없던 형철이 임신한 여자를 대동하고 문을 들어선다. 하지만 무책임하게 개체수를 늘리기만 하는 형철은 그 공동체로부터 보기 좋게 쫓겨난다. 감독의 유머 넘치는 결말은 타인의 출입처인 '문'이라는 것의 존재감을 돌아보게 만든다. '문'은 환대의 순간을 드러낸다. 영화 〈가족의 탄생〉은 이러한 문 안으로 들어오고 나감을 절묘하게 표현한다. 어떤 이가 환대받을 수 있는가, 돌아온 탕자 형철은 처음에는 환영받지만 나중에는 내쳐진다. 그러한 변화들 사이에 현대 사회의 윤리와 가족의 문제가 수록되어 있다.[32] 이 영화는 더 이상 혈연은 가족을 이루는 데 중요한 요소가 아니라 가족은 타인들을 새롭게 수용하고 배제하는 과정에서 파생되는 하나의 구성체[33]라고 말한다.

김태용은 존재의 선험적 전제로서의 '가족'이 아니라 생성되고 재조립될 수 있는 것으로서의 '가족'으로 그 의의를 전복한다. 〈가족의 탄생〉이 제시하는 새로운 가족의 모델은 결국 '모성적 가족 체제'로 요약할 수 있다. 여기서 모성적 가족은 어머니를 필두로 도열된 모계 사회를 지칭하는 것이 아니다. 태어나서 아버지의 '성'을 물려받는다는 것은 가족을 타자와 구분된 호명의 질서 위에 수립한다는 것을 의미한다. 다른 성과 나의 성의 구분 속에 가족이 태어나고 배타성은 견고해진다. '모성적 가족 체제'가 곧 '헤픔'과 소통할 수 있는 바는 여기에 있다. 배려하고 안식처를 제공해 주고 사랑하는 공간, 성과 성의 구분 없이 함께할 수 있는 공간이 바로 새로운 '가족'이기 때문이다.[34]

★ "헤어지면 밥도 안 먹니?"라며 경석에게 식사를 대접하는 이 신이 '식객食客에서 식구食口로 변하는' 과정을 보여준다.

'식구食口'가 되어 나가며

가족은 미시사이자 소우주이며, 고유한 소역사이다. 또한 사랑을 기초로 한 운명 공동체이다. 이 글에서, 한국 사회에서 뿌리 깊은 이데올로기로 작용하는 가족주의에 대해, 그리고 많은 작품들이 다루고 있는 가족 담론에 대해 언급하였다. 가족 담론은 모성 신화와 가부장제, 섹슈얼리티의 영역이 서로 겹쳐지는 포괄적인 영역이다. 가족 담론을 얘기하다 보면, 자본주의가 도래한 이래 근대가 발명한 모성 신화와 가부장제에 대해 말하게 되고, 이는 다시 여성학과 정신분석학, 윤리학의 경계를 넘나들게 된다.

'모성 신화와 가부장제'에서는, 모성이 천부적으로 주어진 자질이 아니라 근대화 과정에서 구성된 담론으로서, 자본주의적 산업화와 가족 구조의 변화를 반영하고 있는 개념이라는 것을, 〈4인용 식탁〉, 〈해피엔드〉, 〈마더〉의 예를 들어 육아의 부담에 짓눌린 무력한 모성, 바람난 모성, 아들을 끝까지 지키려는 광기 어린 모성의 재현 등에 대해 살펴보았다.

'장르 영화와 가족'에서는 '가족'이 결정적으로 중요한 단서가 되는 장르인 멜로드라마와 스릴러를 통해 그들 영화 속에 재현된 가족의 모습을 살펴보았다. 눈물의 정치학이라고 불리는 멜로드라마는 사회적 위기를 직접 언급하기보다는 가족이라는 폐쇄 구조를 통해 억눌린 섹슈얼리티와 흔들리는 정체성 등의 문제를 다룬다. 이를 더글러스 서크의 〈천국이 허락한 모든 것〉을 통해 살펴보았다. 멜로드라마 못지 않게 공포 영화 역시 가족 문제를 첨예하게 다루는데, 인간에 대한 과잉 억압 위에 세워진 가부장제는 필연적으로 주변화된 존재들 — 여성, 이성애적 규범으로부터 일탈한 자들 등 — 의 공격을 받는다고 얘기한다. 스릴러의 거장 히치콕의 〈레베카〉와 〈사이코〉에서도 가족 문제가 공포의 근원으로 작용하는 것을 볼 수 있다.

'성을 통해 바라본 가족'에서는 자본주의의 요구에 부합한 일부일처제가 생물학적 리비도와 간극을 이루며 발생시킨 성적 욕망의 문제를, 〈트윈 픽스〉와 〈아이즈 와이드 셧〉, 〈숏컷〉, 〈하녀〉, 〈바람난 가족〉을 통해 살펴보았다. 이 영화들는 공통적으로 중산층 가정의 성적 허위 의식을 적실하게 고발하고 있다.

'새로운 가족 공동체'에서는 본격적인 가족 서사인 〈가족의 탄생〉을 통해 새로운 가족 공동체는, 서로의 차이를 인정하는 따로 또 같이의 대안적 가족임을, 그리고 그 가족 관계의 핵심은 윤리를 거스르지 않는 선에서의 '사랑의 혜픔'에 있다고 말하고 있다. 이 영화는 사전 속 풀이로 설명되지 않는 우리 사회의 다양한 가족, 진짜 가족의 의미를 설명하며 혈연 안팎에서 생성된 가족과 관계에 대한 새로운 의미를 모색한다. 이와 흡사한 가족 형태는 일본 작가 요시모토 바나나의 소설 《키친》에도 나온다. 유일한 육친인 할머니를 여읜 여주인공 미카게를 품어 주는 것은 친구인 다나베 유이치의 가족으로, 이들은 아무런 위계도 형식도 따지지 않고, 사고무친이 된 여주인공을 한 둥지에 받아들인다. 하지만 유이치네 가족도 전형적인 의미의 가족과는 거리가 있다. 그의 엄마 에리코는 예전엔 남자였던(다시 말해 유이치의 아버지였던), 성전환을 한 엄마이기 때문이다. 제목이 '키친'인 이유는 여주인공이 집에서 가장 좋아하는 공간이 부엌이기 때문이다. 미카게는 유이치네 부엌에서 이런 저런 음식들을 만들고 함께 나누면서 그들과 식구가 되어 간다.

'새로운 가족 공동체'로 '가족' 대신 '식구'라는 개념이 더 적절한 용어가 아닌가 한다. '가족'이 혈연 중심적인 개념인 반면, '식구'는 경험 중심적 개념이기 때문이다. 우리는 예전부터 가족이란 말과 식구란 말을 같이 써왔는데, 이제 혈연에서 자유로이 확장된 '가족'의 다른 이름으로 '식구'를 제안하고자 한다. '식구'란 관계의 공동체로, 시간의 양분養分을 공유하며 관계적 경험을 쌓아가는 사이를 말한다. '식구'라는 개념으로 가족을 이해했을 때 확장된 관계의 공동체, '다름을 껴안는' 새로운 가족 윤리의 가능성이 열리지 않을까?

주

1. 울리히 벡·엘리자베트 벡–게른샤임, 《사랑은 지독한 그러나 너무나 정상적인 혼란》, 강수영·권기돈·배은경 옮김, 새물결, 1999.

2. 이광호, "왜 지금 가족을 말하는가," 〈포에티카〉, 여름호, 민음사, 1997, pp.17~18.

3. 같은 글, pp.17~18.

4. 같은 글, p.18.

5. 이재경, 《가족의 이름으로: 한국 근대 가족과 페미니즘》, 또하나의문화, 2003, pp.151~172.

6. 윤택림, 《한국의 모성》, 미래인력연구센타/지식마당, 2001, p.38.

7. 이은경은 근대의 모성에 관한 글에서 "전통적인 사회에서 아동/성인의 구분은 엄격하지 않았다"고 주장한다. 이은경, "광기/자살/능욕의 모성 공간," 태혜숙 외 지음, 《한국의 식민지 근대와 여성 공간》, 도서출판 여이연, 2004, p.120. 뿐만 아니라 서구에서 유입된 아동의 개념 역시 서구에서는 '발명'된 것으로 이해되고 있다. 아동의 발명에 대해서는 필립 아리에스, 《아동의 탄생》, 문지영 옮김, 새물결, 2003을 참조하라.

8. 윤택림, p.62.

9. 섀리, L. 서러, 《어머니의 신화》, 박미경 옮김, 까치, 1995[Shari L. Thurer, *Myths of Motherhood*, Boston: Houghton Miffin, 1994].

10. 손희정, 〈한국의 근대성과 모성 재현의 문제: 포스트 뉴 웨이브의 공포 영화를 중심으로〉, 중앙대학교 첨단영상대학원 영상예술학과 석사 학위 논문, 2004, pp.29~30.

11. 리사 터틀, 《페미니즘 사전》, 유혜련·호승희 옮김, 동문선, 1999, p.273.

12. 우에노 치즈코, 《내셔날리즘과 젠더》, 이선이 옮김, 박종철출판사, 1999.

13. 조형, 《여성주의 가치와 모성 리더십》, 이화여대출판부, 2005, p.37.

14. 한미라, 〈한국 영화에서의 가족 재현 — 1990년대 후반부터 현재까지의 영화를 중심으로〉, 중앙대학교 첨단영상대학원 영상예술학과 석사 학위 논문, 2006, pp.58~65.

15. 같은 글, p.47.

16. 토마스 샤츠, 《할리우드 장르의 구조》, 한창호·허문영 옮김, 한나래, 1995, p.362.

17. 같은 책, pp.384~385.

18. 주디스 메인, 《사적 소설/공적 영화》, 강수영·류제홍 옮김, 시각과언어, pp.174~175.

19. Babara Creed, *The Monstrous-Feminine*, Routledge, 1993, p.139.

20. 조주현, "낭만적 사랑과 결혼을 결합시킨 이데올로기의 힘," 《여성 정체성의 정치학》, 또하나의 문화, 2000, pp.167~168.

21. 로빈 우드, 《베트남에서 레이건까지》, 이순진 옮김, 시각와언어, p.190.

22. 토마스 샤츠, pp.345~363 참조.

23. 네이버 백과사전 참조.

24. 오영숙, 《1950년대, 한국영화와 문화담론》, 소명출판, 2007, pp.162~166.

25. 김소영, 《근대성의 유령들》, 씨앗을뿌리는사람, 1999, p.87.

26. 같은 책, p.44.

27. 한미라, pp.26~27.

28. 남다은, "아직은 '탄생' 중인 가족에 대하여 – '우리'의 울타리에 타자가 스며드는 순간," 《2007 '작가'가 선정한 오늘의 영화》, 도서출판 작가, 2007, p.29.

29. 같은 글, pp.31~32.

30. 이상용, "아이, 문 그리고 식탁," 《2007 '작가'가 선정한 오늘의 영화》, 도서출판 작가, 2007, p.15.

31. 같은 글, p.18.

32. 같은 글, pp.16~17.

33. 같은 글, p.19.

34. 강유정, "점액질의 시간과 무성생식 가족," 《2007 '작가'가 선정한 오늘의 영화》, 도서출판 작가, 2007, p.25.

에덴의 동쪽 *East of Eden*

dir. Elia Kazan | cast. Julie Harris, James Dean | 1955 | 115min | color | USA | Warner Bros. Pictures

구약성서의 카인과 아벨 형제의 이야기를 세계 1차 대전하의 캘리포니아로 옮겨 놓은 것으로, 존 스타인벡의 소설이 원작이다. 제임스 딘이 아버지의 사랑을 받지 못하는 반항기 많은 둘째 아들로 나와, 골육 간의 증오와 갈등을 열연했다.

흐르는 강물처럼 *A River Runs Through It*

dir. Robert Redford | cast. Craig Sheffer, Brad Pitt | 1992 | 123min | color | USA | Allied Filmmakers

몬타나 주 흐르는 강을 배경으로 플라잉 낚시를 통한 가족사를 잔잔하게 펼쳐 보인다. 낚시를 통해 인생을 배워 가는 아버지와 두 아들의 이야기를 그린 로버트 레드포드의 세 번째 연출 작품으로, 1990년에 사망한 전설적인 장로교 목사 노먼 매클린의 자전적 이야기를 영화화했다.

아메리칸 뷰티 *American Beauty*

dir. Sam Mendes | cast. Kevin Spacey, Annette Bening | 1999 | 122min | color | USA | DreamWorks SKG, Jinks/Cohen Company

갈등으로 금이 간 미국 중산층 가정을 배경으로, 무기력한 가장이 딸의 여자친구(의 성적 에너지)로 인해 다시 활기를 되찾는 과정을 풍자적으로 보여 준 블랙 코미디이다.

결혼은 미친 짓이다

dir. 유하 | cast. 감우성, 엄정화 | 1992 | 103min | color | 한국 | 싸이더스

영화 제목에서 드러나듯 일부일처제의 허구성을 적나라하게 조롱하는 영화이다. 절대로 들키지 않고 외도의 자유로움을 누리는 여주인공을 통해 가부장제 질서를 가볍게 전복하고 있다.

대부 *The Godfather*

dir. Francis Ford Coppola | cast. Marlon Brando, Al Pacino | 1972 | 175min | color | USA | Alfran Productions, Paramount Pictures

대부 2편 *The Godfather: Part II*

dir. Francis Ford Coppola | cast. Al Pacino, Robert De Niro | 1974 | 200min | color | USA | Paramount Pictures, The Coppola Company

대부 3편 *The Godfather: Part III*

dir. Francis Ford Coppola | cast. Al Pacino, Diane Keaton | 1990 | 162min | color | USA | Paramount Pictures, Zoetrope Studios

'패밀리'의 아이러니를 상징적으로 보여 주는 흥미로운 가족 서사이다. 이 영화는 마피아의 피살을 피해 약속의 땅이었던 미국에 건너간 비토 꼴레오네와 그 자식들의 영욕의 가족사를 다루고 있다.

길버트 그레이프 *What's Eating Gilbert Grape*

dir. Lasse Hallström | cast. Johnny Depp, Leonardo DiCaprio | 1993 | 118min | color | USA |

J&M Entertainment, Paramount Pictures

식료품점에서 일하며 집안의 가장 역을 하는 길버트 그레이프는 늘 가족으로부터의 탈
출을 꿈꾼다. 남편의 자살 이후 충격으로 몸무게가 500파운드로 불어난 어머니와 저능아 동생이 이
집안의 골칫거리다. 형은 가출을 했고 누나는 백수가 되었다. 멋내기 좋아하고 집안 일은 뒷전인 여
동생도 별 도움이 되지 않는다. 우리는 이 영화에서 가족 부양에 짓눌려 힘든 삶을 사는 젊은이와
'너무 무거워져 집에 갇힌' 억눌린 모성의 모습을 본다.

 인어공주

dir. 박흥식 | cast. 전도연, 고두심 | 2004 | 107min | color | 한국 | 나우필름

나영은 목욕관리사로 가족의 생계를 잇고 있는 억척 엄마와 착해서 더 답답한 아빠와
의 생활이 지긋지긋하다. 그러던 어느 날 나영은 집을 나간 아빠를 찾기 위해 엄마, 아
빠의 고향인 섬마을로 가게 되는데…… 그곳에서 나영은 해녀였던 스무 살 시절의 엄마와 만나게 되
면서 엄마와 화해를 한다.

● 모성이 근대의 구성물인 까닭을 생각해 보자.

● 문학과 영화 속에 나오는 집에 갇힌 아픈 여성들은 어떻게 회복될 수 있는가?

● 마녀와 괴물로 변하는 여성들의 예를 영화 속에서 찾아보고 그 이유를 생각해 보자.

● 일부일처제의 대안은 있는가?

● 새롭게 형성되는 가족 공동체의 양상은 어떤 것들이 있나?

● '사적인 것이 정치적이다'라는 명제를 영화 속에서 풀이해 보자.

● 변화하는 가부장제하에서 바람직한 모성의 역할과 부성의 역할에 대해 생각해 보자.

07

영화와 스타

박진형

이 장은 스타를 둘러싼 다양하고 상이한 관점들이 어떻게 등장하고 전개되었으며 영화와 스타가 맺고 있는 상관관계와 이를 통해 형성되는 다양한 의미와 경험들을 어떻게 설명해 왔는가를 살펴보고자 한다. 스타를 의미화하고 설명하는 데에 따르는 복잡함과 다층적인 맥락은 스타에 대한 접근을 흥미롭게도 혹은 곤란하게도 만든다. 이 장에서는 이러한 맥락을 크게 두 부분으로 나누어 이야기할 것이다. 먼저 영화는 어떻게 그리고 왜 스타를 고안해 냈으며, 영화와 스타의 상관관계는 영화 산업 안에서 어떻게 전개되었는지 고전 할리우드 스튜디오 시스템을 중심으로 살펴봄으로써 스타의 영화사적 맥락을 짚어 볼 것이다. 한편 영화 텍스트의 분석에 있어 중요한 요소이자 장치인 스타를 어떻게 이론적, 비평적 작업 안에 위치 지을 것인가에 대한 논의가 있다. 이어 스타를 둘러싼 사회 역사적 맥락을 예민하게 포착함으로써 스타가 가진 사회 문화적 영향과 그 효과에 집중하는 문화 연구적 관점을 살펴본다.

우리를 매혹시키는 스타

영화에 대한 매혹이 어디서 출발했는가를 돌이켜보면 그 한가운데에는 항상 스타가 있었다. 〈주말의 명화〉나 〈명화극장〉 같은 TV 프로그램에서 방영되는 영화는 존 웨인, 제임스 딘, 오드리 헵번 같은 스타들에 대한 동경을 심어 주었다. 초등학교도 입학하기 전 어머니의 손을 잡고 처음으로 간 극장에서 본 〈록키Rocky〉의 줄거리는 하나도 기억나지 않지만, 실베스터 스탤론의 얼굴만은 생생하게 기억난다. 70mm 대형 화면으로 본 톰 크루즈의 얼굴은 난생 처음 스크린으로 경험한 꽃미남 그 자체였으며, 코팅지로 공들여 만든 책받침의 주인공은 늘 최진실의 차지였다. 끝도 없이 계속될 것만 같은 나와 스타의 연대기는 사실 나만의 것이 아니다. 동시대를 살아왔던 내 또래의 관객이라면 모두가 공유하는 경험이자 기억이다. 이름만 바뀔 뿐이지 내 이전 세대 역시 다름 없다. 신성일, 엄앵란 커플의 결혼식은 지금 장동건, 고소영 커플 못지않은 전국적 화제였다. 요컨대, 스타는 세대와 문화를 막론하고 대중 문화의 경험에 있어 가장 강력하고 매혹적인 매개다.

영화에 있어 스타가 차지하고 있는 비중은 아무리 강조해도 지나침이 없다. 스타는 우리가 영화에 열중하고 몰입하고 향유하는 데 있어 가장 중요한 요인이다. 이야기가 아무리 흥미롭고 기발하다고 해도, 우리의 눈과 마음을 사로잡는 적절한 스타가 등장하지 않는다면 영화에 대한 우리의 기대와 관심은 상대적으로 줄어든다. 우리는 단지 영화 속 스타의 캐릭터나 연기에만 매혹당하지 않는다. 스타의 표정, 말투, 몸짓, 헤어스타일과 의상에 이르기까지 스타가 자신의 신체를 통해 드러내는 모든 매력은 스타를 스타로 만들어 주는 가장 중요한 조건이다. 스타의 일거수일투족은 늘 대중의 뜨거운 관심사이며, 스타의 개인적 삶은 스타의 이미지가 만들어지고 소비되는 데 적지 않은 영향을 미친다. 이렇듯 스타는 영화를 통해 만들어지는 동시에 늘 영화 자체를 초과하는 존재다. 더욱이 다양한 미디어 테크놀로지의 발달과 채널의 증가 등 빠르게 변화하는 오늘날 대중 문화의 환경으로 인해 스타는 보다 복잡하고 다층적인 의미와 기호들을 형성해 낸다.

한편 스타는 대중의 지지에서 나오는 인기를 바탕으로 만들어지고 그 생명력을 갖는다. 대중의 열광과 그로 인한 인기는 스타덤*stardom*의 필요 조건이다. 대중은 스타를 만들어 내기도 하지만 스타를 흔적도 없이 사라지게도 한다. 대중의 관심과 애정이 멀어지는 순간, 스타는 더 이상 스타일 수 없다. 스타를 둘러싼 모든 관심과 소란의 중심에는 동시대 대중의 집단적 이익이 자리 잡고 있다. 따라서 스타는 단지 한 명의 배우로서가 아니라 사회적 가치와 관습을 체화하고 이에 대한 사회 구성원의 집단적 반응을 반영하는 매개*agent*라는 점에서 중요한 의미를 갖는다. 스타의 개념과 수용 양상이 필연적으로 사회 문화적 환경의 특수성과 변화라는 상황에 따라 예민하게 달라지면서 점차 복잡한 성격을 갖기 때문에 영화와 스타, 그리고 넓은 의미에서의 팬덤*fandom*이 맺고 있는 관계 역시 다양하고 상이한 관점에서 접근해야 한다.

이 장은 스타를 둘러싼 다양하고 상이한 관점들이 어떻게 등장하고 전개되었으

1955년에 24세의 나이로 요절한 반항적 눈빛의 제임스 딘은
기성세대에 대한 반항을 상징하는 젊은이의 우상이었다. 〈이유 없는 반항〉.

며 영화와 스타가 맺고 있는 상관관계와 이를 통해 형성되는 다양한 의미와 경험들을 어떻게 설명해 왔는가를 살펴보고자 한다. 부언컨대, 스타를 의미화하고 설명하는 데에 따르는 복잡함과 다층적인 맥락은 스타에 대한 접근을 흥미롭게도 혹은 곤란하게도 만든다. 이 장에서는 이러한 맥락을 크게 두 부분으로 나누어 이야기할 것이다. 먼저 영화는 어떻게 그리고 왜 스타를 고안해 냈으며 영화와 스타의 상관관계는 영화 산업 안에서 어떻게 전개되었는지 고전 할리우드 스튜디오 시스템을 중심으로 살펴봄으로써 스타의 영화사적 맥락을 짚어 본다. 한편 영화 텍스트의 분석에 있어 중요한 요소이자 장치인 스타를 어떻게 이론적, 비평적 작업 안에 위치 지을 것인가에 대한 논의가 있다. 스타를 어떻게 개념화할 것인가에 대한 유용한 출발점으로서 영화학자 리처드 다이어Richard Dyer의 스타론을 개괄적으로 살펴봄으로써 스타의 사회적, 경제적, 문화적, 텍스트적 기능과 그 효과를 정리할 수 있을 것이다. 여기에 스타에 대한 대중적 열광은 어디에서 기인하는지 그 심리적 근거를 설명할 수 있는 몇 가지 연구와 개념들은 그동안 개인적 취향으로 치부되기 일쑤였던 스타덤에 대한 설득력 있는 해석의 가능성을 제공해 준다.

첫 번째 부분이 영화의 비평과 해석에 있어 스타 개념이 가진 이론적 유용성을 제공해 주는 관점과 설명에 초점을 맞추고 있다면, 두 번째 부분은 스타를 둘러싼 사회 역사적 맥락을 예민하게 포착함으로써 스타가 가진 사회 문화적 영향과 그 효과에 집중하는 문화 연구적 관점에 주목한다. 이러한 관점들은 대개 아래와 같은 질문을 던지곤 한다. 대중 문화 산업의 논리나 텍스트 내의 기능이라는 제한적 의미를 넘어 스타–이미지*가 만들어 내는 보다 광범위한 양상과 입체적인 효과는 사회적 통념과 관습, 지배적 질서, 그리고 이념적 가치에 어떻게 순응하고 이를 확산하고 혹은 그것에 대항하는가? 스타를 문화적 경험의 매개 혹은 사회적 발화의 지점으로 바라보는 최근의 문화 연구적 관점들은 스타를 계급, 자본, 젠더, 섹슈얼리티, 국가, 민족 등 보다 확장된 담

★ '스타–이미지'는 스타의 인간적 측면(자연인, 배우로서의 측면)과 미디어를 통해 생산되고 소비되는 이미지–기호로서의 측면을 모두 포함하는 개념으로서 스타를 의미하기 위한 표기로 사용했다.

론의 성운 안에서 탐색한다. 특히 '한류'가 만들어 내는 지금의 장면들, 즉 스타-이미지를 운반하고 번역하는 미디어 테크놀로지의 발달과 가속화되는 초국적*transnational* 상황은 스타를 통해 빠르게 소통되고 있는 현대 사회의 다양한 의미와 경험, 그리고 집단적 욕망의 특수성에 주목할 것을 요구하고 있다.

스타 시스템: 영화는 어떻게 스타를 고안했는가

오늘날 스타는 영화와 떼어놓을 수 없는 불가분의 관계에 있지만 스크린 스타가 영화의 탄생과 정확하게 같은 순간에 등장했던 것은 아니다. 스타가 대중 영화의 중요한 요소가 된 맥락을 이해하기 위해서는 초기 영화 산업, 특히 고전 할리우드 시대의 스튜디오 시스템을 먼저 살펴봐야 한다.

  파리의 그랑 카페에서 처음으로 영화가 상영된 1895년 이후, 20여 년이 채 되지 않는 기간 동안 미국과 유럽을 중심으로 영화는 빠른 성장을 보이며 그 산업적, 문화적 가능성을 인정받았다. 뤼미에르 형제, 조르주 멜리에스, 에드윈 S. 포터Edwin S. Porter 등 초기 영화 감독들이 영화가 갖고 있는 고유의 예술적 언어를 적극적으로 실험하던 20세기 초, 자본가들은 영화가 가진 산업적 가능성을 간파하여 그 경제성을 극대화할 수 있는 방안을 모색하기 시작했다. 중소 규모의 영화사들이 각축전을 펼치던 1910년대를 지나, 1920년대 캘리포니아의 할리우드를 중심으로 사세를 확장한 대형 스튜디오들이 미국의 영화 산업을 장악하면서 영화의 예술적, 상업적 가치는 급속도로 성장하게 된다. 이른바 '고전 할리우드 시대'라고 불리는 1930~1950년대 할리우드의 전성기는 바로 이 시기 할리우드 스튜디오들이 개발한 제작 방식에 크게 기인한다.

  영화 산업은 일찍이 그 상업적 가능성을 보여 주었지만 기본적으로 불안정한 수익 구조를 갖고 있다. 다시 말해 영화를 만들어 개봉하고 수익을 얻는 과정은 공장에서 상품을 만들어 판매함으로서 발생하는 액면가를 벌어들이는 것과는 전혀 다르다. 관객은 쉽사리 예측되지 않으며, 생산에 소요되는 비용에 수익이 비례하는 것도 아니다. 1920년대 들어 산업적 체계를 갖추기 시작한 할리우드의 대형 스튜디오에게 영화 산업이 배태한 이러한 불확실성은 가장 커다란 고민거리였다. 그 고민은 공산품의 생산과 같은 공정 모델의 도입으로 해결되었다. 고전 할리우드 스튜디오 제작 시스템의 핵심은 표준 공정과 철저한 분업이었다. 제작에 소요되는 비용을 안정화하고 효율적으로 관리하기 위해 모든 영화의 제작은 표준적 제작 과정에 맞추어졌고, 이는 각 분야의 전문가들이 자신의 공정을 책임지는 철저한 분업화에 의해 진행되었다. 찰리 채플린Charlie Chaplin의 영화 〈모던 타임스Modern Times〉(1936)의 유명한 장면처럼 철저한 분업에 의해 완성품을 만들어 내는 포드 자동차 공장의 공정을 빗대어 이야기하는 포디즘Fordism이 영화 제작에 도입된 것이다. 이로 인해 할리우드 스튜디오들은 보다 안정적인 수익 구조를 만들어 낼 수 있었고, 1930년대 본격적으로 시작된 고전 할리우드 영화의 전성기를 맞이했다. 할리우드를 '꿈의 공장'이라고 부르는 것은 단지 은유적 표현만은 아니었던 셈이다.

할리우드 스튜디오는 영화의 수익성을 극대화하는 표준 공정과 분업화라는 산업적 시스템을 구축하는 데 총력을 기울이는 동시에, 대중들을 지속적으로 극장으로 끌어들일 또 다른 장치를 마련해야 했는데, 그것이 바로 영화 장르와 스타 시스템이다. 영화 장르는 내러티브와 볼거리에 대한 특정한 유형을 대중에게 제공함으로써, 스튜디오로 하여금 대중들의 기대와 취향을 미리 예측을 가능케 해주는 중요한 틀로 활용되었다. 한편 스타는 대중들의 환상과 욕망, 그리고 동경이 투사되는 가장 중요하고 즉각적인 대상이 되었다. 스튜디오는 특정 장르와 스타일의 영화에 특정 배우가 출연했을 때 흥행이 보장된다는 점을 간파하고, 영화 장르와 스타 시스템을 정교하게 활용하기 시작했다. 서부극의 존 웨인, 뮤지컬의 주디 갈란드, 느와르의 험프리 보가트 등 영화 장르를 기반으로 한 스타들이 속속들이 등장했고, 스타에 환호하며 기꺼이 극장표를 사는 관객을 끌어들이기 위해 스튜디오는 시나리오와 촬영, 조명, 의상, 세트 디자인 등 영화 제작의 모든 공정을 스타가 돋보일 수 있는 방향으로 조정하였다. 스타는 스튜디오의 수익 증대에 있어 가장 중요한 재산이었다. 스튜디오는 이런 스타들을 독점적으로 소유하여 그 수익성을 보전하고자 했는데, 배우 계약 제도는 이러한 필요에 의해 도입되었다. 한 배우가 특정 스튜디오에 장기 계약을 맺음으로써 스튜디오는 자사의 배우를 타 스튜디오의 영화에 출연시키지 않는 일종의 독점적 소유권을 갖게 되었다.

스타 시스템은 이러한 장기 계약의 관행을 통해 고전 할리우드 시스템의 중요한 장치가 되었다. 고전 할리우드 전성기의 선두주자였던 MGM, 워너브라더스Warner Bros, 20세기 폭스20th Century Fox, RKO 등 대형 스튜디오들은 최고의 스타를 영입하고 신인 스타를 발굴하여 자사의 독점적 스타 군단을 보유했으며 이들은 각 스튜디오의 주된 수익원이었다. 한 스튜디오에 계약을 맺은 배우가 다른 스튜디오의 영화에 출연한다는 것은 거의 불가능한 일이었다. 고전 할리우드 황금기를 대표하는 〈바람과 함께 사라지다Gone with the Wind〉(빅터 플레밍, 1939)의 주요 배역 캐스팅을 둘러싼 일화는 스튜디오의

할리우드 서부극의
아이콘 존 웨인은
하워드 혹스의
〈리오 브라보Rio Bravo〉
(1959)에서 이른바
'존 웨인식 영웅주의'를
보여 준다.

MGM의 사장인 루이스 메이어와 전속 배우들. 스타는 스튜디오의 재산이었다.

독점적 배우 계약 제도의 단면을 보여 주는 좋은 예다. 영화 제작자인 데이비드 O. 셀 즈닉David O. Selznick은 대중들의 기대에 전적으로 부합하는 배우들로 주요 배역을 캐스 팅하길 원했다. 스칼렛 오하라는 당시 할리우드 신인이나 다름없었던 비비안 리에게 돌 아갔지만, 또 다른 주인공인 레트 버틀러 역에 대한 대중들의 기대는 한결같이 클라크 게이블에게 향해 있었다. 그러나 당시 클라크 게이블은 MGM에 소속된 최고의 배우였 고, MGM은 결코 자사의 배우를 타사의 영화에 '대여'해 주지 않았다. 당시 MGM의 사장인 루이스 B. 메이어Louis B. Mayer는 셀즈닉의 장인이었음에도 불구하고 향후 일정 기간의 극장 수익권을 담보로 하고 나서야 제작비 일부와 클라크 게이블을 〈바람과 함 께 사라지다〉에 제공했다. 반대로 워너브라더스 소속의 배우였던 올리비아 드 하빌랜드는 멜라니 역을 간절히 원해 사장의 아내를 찾아가 간곡히 부탁하여 예외적으로 타사의 영화에 출연해도 된다는 허락을 받고서야 가까스로 캐스팅될 수 있었다.

한편 스타는 스튜디오의 산업적 조직과 구조를 은폐하는 중요한 수단이 되기도 했다. 스튜디오는 대중들이 영화의 산업적 구조를 인식하는 것을 원치 않는데, 이는 영화 산업의 수익이 기본적으로 관객들의 꿈과 욕망을 충족시킨다는 환영에 기반하기 때문이다. 꿈의 세계에 살고 있는 선남선녀인 스타는 대중이 현실의 고통을 잊고 즐거운 상상에 빠질 수 있는 동일시의 대상이 되었고, 달콤한 사탕과 같은 스타에 대한 대중의 애정은 스튜디오의 산업적 기반과 구조를 효과적으로 은폐시키는 데 충분했던 것이다. 요컨대, 스튜디오 시스템은 "영화표를 팔기 위한 기제로서 스타를 탄생시켰고 스타의 영화 밖 삶은 그들의 스크린 이미지를 보다 매력적으로 보충하기 위해 조작되었다."[1]

이렇게 스튜디오의 산업적 관심에 따라 고안된 스타는 스크린을 넘어서는 효과를 발휘했고, 스튜디오 역시 그 파급력을 극대화하기 위한 노력을 아끼지 않았다. 스튜디오는 스타의 일거수일투족을 알고 싶어 하는 대중들에게 잡지, 라디오 등 다양한 매체들을 통해 홍보함으로써 스타에 대한 대중들의 관심을 지속적으로 이끌어 내기 위해 혈안이 되었다. 스타는 "사생활에 대한 루머나 가십 기사, 아름답게 꾸며진 외모, 스크린에서 반복적으로 연기하는 인물상 등에 의해 하나의 공적 페르소나가 구축되는데, 이 인공적 이미지가 바로 대중이 아는 스타인 것이다."[2]

스타의 사회 정치학

일찍이 영화 산업이 스타를 중요한 요소로 간주했던 것과는 달리, 영화 연구에서 스타는 비교적 뒤늦게 등장한 이슈였다. 영화 텍스트의 예술적 구조와 그 문법을 탐색함으로써 그 고유의 언어 체계를 파악하고자 했던 초기 영화 연구의 입장에서 보았을 때, 스타는 지나치게 가변적이거나 혹은 개별 사회 문화적 특수성에 바탕을 두고 파악되어야 하는 요소였다. 스타가 영화의 상업적 측면과 밀접하다는 점이나 영화 텍스트 외적인 맥락과 복잡하게 얽혀 있다는 점 역시 스타에 대한 학문적 접근을 쉽지 않게 만들었던 이유가 되었다. 그러나 영화 연구가 스크린으로부터 발생하는 쾌락과 그에 투사되는 관객의 욕망을 설명하는 데 주목하면서 스타는 그 중요한 경로이자 매개로서 간주되기 시작했다.

로라 멀비는 논문 〈시각적 쾌락과 서사 영화〉에서 고전 할리우드 서사 영화가 갖는 남성 중심의 시각 경제와 그 안에서 대상화되는 여성 신체를 분석하는 과정에서 관객이 스타와 맺게 되는 동일시의 정신분석학적 맥락을 살핀다. 멀비는 고전 서사 영화의 성적 쾌락을 결정하는 정신분석학적 근거로서 절시증scopophilia을 제시한다. 절시증은 간단히 말해 '시각적인 경험을 통해 성적 쾌락을 얻는 상태'를 뜻하는데, 프로이트는 이 절시증이야말로 섹슈얼리티를 구성하는 본능의 하나라고 말한다. 멀비는 이 절시증의 한 양상으로 관음증voyeurism과 자기애적 시선에 주목한다. 시각 쾌락증은 시각적으로 다른 사람을 성적 자극의 대상으로 사용하는 쾌락에서 비롯한다. 즉 나와 다른 성별, 나와 다른 용모를 시각적으로 경험함으로써 쾌락을 얻는 것인데, 여기서는 시선의 주체가 되는 나와 그 대상이 되는 다른 사람(스타/배우) 사이의 거리가 필연적으로 존재할 수밖에 없다. 이러한 시각적 행위의 극단적 상황이 바로 관음증인데, 멀비는 시선의 주체(관객)-대상(스타/배우) 사이의 거리가 들키지 않은 채 마치 안전하게 몰래 보는 것 같은 관음증적 상황이 고전 서사 영화의 시각적 쾌락을 만들어 내는 중요한 조건이라고 본다. 반대로 자기애적 시선은 시선의 주체와 그 대상 사이의 유사함이라는 조건 위에서 발생한다. 즉 거울을 통해 자아-이미지를 시각적으로 경험하고 그 이미지를 근거로 주체를 형성한다는 자크 라캉Jacques Lacan의 거울 이론과 유사하게, 바라보는 관객과 그 시선의 대상이 되는 스타가 같은 신체적 동형성과 유사성을 바탕으로 만들어지는 동일시 역시 고전 서사 영화의 시각적 경제가 만들어 내는 쾌락의 근거가 된다. 멀비에 따르면 고전 서사 영화의 성적 쾌락은 이러한 "보는 것의 쾌락적 구조가 가진 두 가지 모순적인 구조"에 기반을 둔다.[3] 비록 멀비의 주요 관심은 이러한 고전 서사 영화의 시각 경제가 어떻게 성차적으로 구성되었는지를 폭로하는 것이었지만, 관객과 스크린상의 스타–이미지 사이의 상호 관계를 정신분석학적 근거를 통해 분석적으로 접근할 수 있는 통로를 열어 주기도 했다.

한편 에드가 모랭Edgar Morin과 리처드 다이어의 스타 연구는 스타에 대한 유형학적 접근을 시도한 초기 연구의 대표적 성과다. 특히 다이어의 스타 연구는 스타의 사회, 경제, 이데올로기적 효과 및 기능을 유형에 따라 분류하고 종합적으로 분석한 중요한 연구로 손꼽힌다. 다이어는 스타를 영화 텍스트의 안과 밖에서 그 의미가 중층적으로 결정되는 하나의 텍스트로 간주한다. 다시 말해서 스타는 내러티브, 캐릭터, 촬영, 의상 등 영화 텍스트를 구성하는 요소들의 조직에 의해 시각화되고 관객들에게 수용된다. 그러나 그 과정은 영화 텍스트의 바깥에서 작동하는 다양한 사회적 질서와 가치라는 또 다른 맥락과 절합되면서 스타를 스타로 만들어 주는 이른바 스타덤을 형성하게 된다. 스타는 얼굴, 신체, 사생활 등 개인으로서의 형상과 더불어 집단적 욕망과 가치, 이데올로기 등이 각인되는 장이기도 하다는 점에서, 궁극적으로는 기호로서의 스타–이미지star–image as sign로 존재한다. 이런 맥락에서 다이어는 스타에 대한 학문적 연구는 결국 스타의 사회학적 측면과 의미론적 측면이라는 두 가지 관점을 요구하게 된다는 점을 강조한다.[4]

사회적 현상으로서의 스타에 대한 다이어의 접근은 크게 생산과 소비로서의 스타, 그리고 이데올로기적 효과라는 차원에 초점을 맞춘다. 그의 저서《스타 — 이미지와 기호Stars》는 스타덤에 대한 프란체스코 알베로니Francesco Alberoni와 배리 킹Barry King

의 선행 연구를 통해 스타-이미지의 형성 조건을 제시하면서, 스타란 근대 대중 문화를 탄생시킨 사회 경제적 상황을 필요 조건으로 삼는다는 점을 강조한다. 그 조건이란 잉여의 생산, 대중 매체 테크놀로지의 발달, 문화적 영역에 대한 산업화의 가속화, 일과 여가의 정확한 분리, 지역 문화의 쇠퇴와 광범위한 대중 문화의 발달, 상품 생산 경제에 기반한 영화 산업의 발달과 제작의 집중화, 사회적 이동의 가속화 등이다. 위의 조건들은 20세기 근대 사회를 문화적 삶의 조건이라는 맥락에서 규정하는 데 수반되는 핵심적 측면들과 다름없다. 요컨대, 스타덤의 형성은 기본적으로 근대 대중 문화의 구조를 결정짓는 사회적 조건에서 가능하며 스타는 근본적으로 사회의 다양한 가치와 질서를 체화하는 존재라는 성격을 갖는다.

사회적 질서와 가치에 대한 당대의 집단적 반응 — 순응 혹은 대항 — 을 체화하는 존재로서의 스타-이미지의 효과는 스타와 영화 텍스트의 수용과 이를 둘러싼 사회 문화적 맥락 사이의 상호 관계를 통해 구체화된다. 다이어는 다양한 할리우드 스타의 이미지와 스타덤의 형성을 주된 대상으로 이미지-기호로서의 스타를 분석한다. 스타의 이미지는 개별 스타의 신체적 특성과 함께 특정 장르 및 내러티브, 캐릭터와 결부되면서 그 고유함을 획득한다. 예를 들어 마릴린 먼로는 코미디, 뮤지컬 등 특정 장르와 스타일의 영화 안에서 성적 카리스마를 가진 순진한 처녀의 이미지로 반복적으로 소비되면서 지금까지도 기억되는 그 특유의 스타-이미지를 갖게 되었다. 특정한 장르나 영화 스타일은 스타의 시각화나 이미지에도 특정한 패턴을 반복적으로 부여한다. 신체의 굴곡을 강조하는 의상과 컬러를 강조하는 촬영을 통해 신체적 이미지가 강조되는 먼로의 경우에서 거칠고 건조한 황량한 서부를 배경으로 캐릭터의 신중함과 강인함을 강조하는 서부극 장르 특유의 내러티브를 통해 반복적으로 형성된 존 웨인의 캐릭터에까지 모두 해당된다. 그러나 이는 단지 특정 장르나 스타일의 영화 텍스트와 스타 양자 간의 상호 작용을 통해 관객들에게 수용되지 않는다. 성적 카리스마로 1950년대 할리우드를 사로잡았던 먼로의 경우, 다이어는 먼로가 출연한 영화와 더불어 전후 미국 사회의 성적 담론을 지배했던 프로이트 개념을 대중화한 킨제이 보고서나 〈플레이보이〉 등 성적 담론의 기술들, 그리고 새롭게 등장한 텔레비전에 대응하기 위한 검열을 완화했던 할리우드의 내적 논리 등이 먼로의 독특한 스타–이미지를 형성하는 데 함께 작용했다는 점을 지적한다.[5]

그러나 스타를 기호로서 간주하는 다이어의 입장은 이후 몇몇 연구자들에 의해 비판되고 보완을 요구받았는데, 특히 스타–이미지에 대한 구조 기호학적 접근이나 유형학적 가치에 비해 상대적으로 스타와 관객 사이의 역동적인 상호 관계나 스타–이미지의 역사적 맥락성에 대한 고려가 부족하다는 비판을 받았다. 팸 쿡Pam Cook은 텍스트로서의 스타에 대한 다이어의 독해가 과연 스타–기호star–signs가 관객들에게 어떤 판타지와 쾌락을 제공하는지를 설명하는 데는 부족하다고 비판하면서, 영화 연구에서의 관객성 개념 및 중요성이 대두되던 1980년대 초반의 맥락에 견주었을 때 다이어의

마릴린 먼로는 코미디, 뮤지컬 등 특정 장르와 스타일의 영화 안에서 성적 카리스마를 가진 순진한 처녀의 이미지로 반복적으로 소비되면서 지금까지도 기억되는 그 특유의 스타–이미지를 갖게 되었다. 〈신사는 금발을 좋아한다Gentlemen Prefer Blondes〉(하워드 혹스, 1953).

스타론 역시 수정 및 보완을 해야 한다고 지적했다. 또한 마리안 킨Marian Keene 역시 개인적/사회적 신념에 대한 재현으로서 스타를 읽는 다이어의 작업은 정체성이 사회 내에서 보다 일반적으로 개념화되는 방식들과 이러한 재현이 어떻게 연관되는가에 대한 충분한 고려없이 전개되었다고 비판한다. 킨은 영화 스타의 이미지에 대한 모든 이해란 결국 스타–이미지가 유통되는 문화를 위해 존재하는 개인적 정체성을 둘러싼 보다 광범위한 신념들과 연루된다는 점을 강조한다. 쿡과 킨의 주장은 모두 스타를 둘러싼 사회적, 역사적 맥락에 대한 보다 정교한 검토를 해야 함을 강조한다.

다이어의 연구와 이를 바탕으로 전개된 스타 연구는 이후 상이한 스타덤의 형성에 대한 체계적인 분석이나 스타–이미지가 어떻게 특정 사회의 이데올로기적 질서를 체화하는지에 대한 문화 연구적 접근으로 이어졌다. 제임스 나레모어James Naremore와 리처드 몰트비Richard Maltby는 스크린 자체가 스타에게 특정한 가치를 부여하는 스타 자동성star autonomy이 영화 텍스트 안에서 스타의 소비에 작용하는 역할을 강조한다. 이들에 따르면 영화 프레임은 그것이 어떤 대상이건 상관없이 무언가를 포착하는 순간, 대상 그 자체가 가진 의미 이상의 가치를 부여받는다는 영화 프레임의 본질을 스타–이미지와 그 효과라는 측면에 대입하여 분석한다. 다시 말해서, 스타는 그 혹은 그녀가 프레임에 들어오는 순간, 캐릭터와 신체적 이미지 이상의 가치를 이미 부여받는다는 이야기다. 물론 이러한 스타 자동성은 사운드, 편집, 촬영 기법 등 다양한 영화적 장치에 의해 강조되고 극대화된다. 예를 들어 〈귀여운 여인〉에서 줄리아 로버츠가 로데오 거리를 활보하는 시퀀스는 로버츠를 보여 주는 프레임 그 자체의 동학과 더불어 화면과 함께 흐르는 로이 오비슨Roy Orbison의 동명 히트곡 등 기타 영화적 장치의 힘에 의해 주인공 비비안과 줄리아 로버츠 사이의 결합을 극대화시킴으로써 관객들로 하여금 로버츠의 스타–이미지를 적극적으로 소비하게끔 한다. 반대로 〈지옥의 묵시록〉의 마지막에 등장하는 말론 브란도는 오히려 프레임 안에는 잘 보이지 않는다. 그러나 어두운 화면 위에 들리는 브란도의 목소리나 사전 홍보 등을 통해 대중에게 이미 전달된 캐릭터의 극중 중요도 등은 오히려 프레임 바깥에 분명하게 존재하고 있는 브란도의 스타덤이 관객들에게 소구되는 또 다른 방식의 스타 자동성의 한 예가 된다.

다이어의《스타》에 대한 후기를 작성한 폴 맥도널드Paul McDonald는 개별 스타의 연기력이나 스타일 역시 특정 스타의 대중적 수용을 유형화하고 있다는 점을 지적한다. 배우들이 캐릭터를 소화하는 방법의 하나로서 개별화personification라는 개념을 통해, 맥도널드는 메릴 스트립과 아놀드 슈워제네거를 대조하여 분석한다. 연기력으로 말하자면 타의 추종을 불허하는 스트립이 수많은 캐릭터들을 다양한 영어 억양을 통해 자신만의 연기 패턴으로 소화해 내면서 연기과 배우 혹은 오스카 스타로서의 스타덤을 획득했다면, 슈워제네거는 어떤 캐릭터를 맡든 캐릭터 각각의 특성을 살리는 연기가 아니라 적은 양의 대사와 액션, 근육질의 신체로 일관하는 슈워제네거 본인의 이미지로 승부하는 방식으로 '블록버스터 스타'라는 스타덤을 획득한다.[6] 이는 스타덤의 형성에 있어 개별적 스타들의 연기 스타일과 그 반복적 수용 패턴이 차지하는 중요성을 알려주는 하나의 예다.

한편 수잔 제퍼드Susan Jeffords는《하드 바디: 레이건 시대 할리우드 영화에 나타난 남성성Hard Bodies: Hollywood Masculinity in the Reagan Era》에서 람보나 코만도로 기억되는 강인한 신체를 가진 남성들이 어떻게 스크린을 장악하게 되었는지를 당시 레이건 정부의 정치적 이데올로기와 연루시켜 분석한다. 베트남 전쟁에 대한 미국 젊은 세대의 환멸과 개인의 자유라는 가치가 지배했던 1970년대를 지나 1980년대 등장한 레이건 정권은 보수적이고 가부장 중심의 보수적 가치를 전면에 내세워 미국의 강인함을 회복하고자 하는 이데올로기적 지향을 가지고 있었다. 이러한 맥락은 1980년대 할리우드를 지배했던 특정한 남성성, 즉 강인한 근육을 소유한 무적의 영웅상을 통해 가시화되었다. 1982년에 등장한 〈람보〉를 필두로, 〈코만도Commando〉, 〈리썰 웨폰Lethal Weapon〉

(리처드 도너, 1987), 〈터미네이터Terminator〉, 〈다이 하드Die Hard〉(존 맥티어난, 1988) 등 일련의 액션 장르 영화는 가족이라는 가치나 내적 갈등 등 개인적 가치와 신념의 체계를 당시 정권이 추구하던 국가 이데올로기와 절합된 강철 근육의 남성 영웅의 모습을 통해 시각화해 내는 데 열중했다. 실베스터 스탤론이나 브루스 윌리스의 강인한 신체 이미지는 개인적 가치와 국가적 가치를 완벽하게 봉합해 내는 강인한 주체의 모습으로 당대의 관객들에게 소비되면서 그 특정한 이데올로기적 효과를 발휘했던 셈이다. 제퍼드는 1980년대 할리우드 영화의 하드 바디가 1990년대 들어오면서 보다 정교한 방식으로 변화되고 있다는 점 역시 지적하는데, 특히 국가 제도의 보호를 받지 못한 채 개인적 차원의 권선징악을 시도하는 중년이나 노년의 히어로(클린트 이스트우드가 대표적이다)는 결론적으로 더 정교하게 미국 문화의 짜임 속에 밀접하게 녹아들도록 서술되고 있는 하드 바디의 또 다른 판본일 뿐이다.[7]

스타, 신체, 이미지

앞에서 살펴보았듯이 스타는 사회적 질서와 가치를 체화하며 이를 가장 대중적인 이미지로 유통시키는 매개다. 따라서 스타는 항상 사회 당대의 긍정적이거나 부정적인 가치를 능동적으로 운반하며, 스타덤 역시 이에 대한 대중의 집단적 반응을 바탕으로 형성되거나 혹은 소멸된다. 그러나 스타-이미지가 한 사회의 지배적 질서를 수동적으로 반영하는 방식으로 기능하는 것은 아니다. 때로 스타-이미지는 지배적 사회 질서나 가치에 반하는 부정적 가치로서 그 효과를 발휘하기도 하고 관습이나 통념에 대항하는 동력을 대중에게 부여하기도 하며 스타-이미지 자체의 허구성이나 그것이 조작되었음을 드러냄으로써 이전과는 다른 방식의 사회적 소통을 불러일으키기도 한다. 이는 대중 영화의 역사에서 중요한 순간으로 기록되는 몇몇 스타를 둘러싼 논란과 담론에서 명확하게 발견된다. 아래에서는 고전 할리우드 영화의 모범적 남성상으로 대변되는 록 허드슨과 가장 도전적인 여성상이라는 평가와 여성의 성을 극단적으로 상품화한다는 정반대의 반응을 이끌어 낸 마돈나는 스타를 둘러싼 사회적 담론들의 동학을 둘러봄으로써 스타–이미지가 발생시키는 복합적인 효과를 살펴보고자 한다. 각기 상이한 양상을 보이는 두 스타를 둘러싼 담론은 모두 스타–이미지와 스타의 신체가 맺고 있는 중층적 관계라는 공통의 근거를 갖고 있다는 점에서 흥미롭다.

록 허드슨은 고전 할리우드 시대를 대표하는 남성 스타 중 하나로, 전쟁 영화나 〈자이언트*Giant*〉 같은 서사극을 통해 강인한 남성 이미지로 대중의 사랑을 받았다. 당대 다른 스타들에 비해 월등히 큰 신장과 건장한 신체는 초기 록 허드슨의 이미지를 근육질 스타*beefcake*로 만들어 주었는데, 1950년대 이후 멜로드라마나 로맨틱 코미디 같은 '덜' 남성적인 장르의 영화들에 연이어 출연하면서 허드슨의 이미지는 신체적 힘을 과시하는 위협적 남성상에서 가정적이고 부드러운 남성상을 획득하게 된다. 리처드 마이어*Richard Myer*는 논문 〈록 허드슨의 몸*Rock Hudson's Body*〉에서 허드슨의 이미지가 1950년대를 대표하던 말론 브란도나 커크 더글러스*Kirk Douglas* 등의 마초 남성 이미지와는 전혀 다른 방식으로 소비되었던 측면에 주목한다. 그는 허드슨의 '거대한' 신체에도 불구하고 여성들로 하여금 위협을 느끼기보다 '획득 가능한' 안전한 신체로서 어필했다고 주장하는데, 이러한 분석의 근거로서 허드슨이 출연한 영화에서부터 잡지나 광고 등 당시 대중 매체가 허드슨의 신체를 포착하는 특정한 방식에 주목한다.[8]

스티브 닐*Steve Neale*과 리처드 다이어는 고전 할리우드 남성 스타들의 핀업 사진을 분석하면서 남근 중심의 이미지 경제가 할리우드 남성 스타들을 '볼거리*spectacle*'로 대상화하는 과정에 작용하는 일종의 불편함을 어떻게 해소하고 있는지를 분석한다. 다시 말해, 남성이 여성을 시각적 쾌락의 대상으로 삼는 것은 아무 거리낌이 없지만, 반대의 경우는 남근 중심의 지배적 질서를 훼손할 수 있다는 어떤 불안이 등장한다는 말이다. 이러한 불안을 해소하기 위해서 남성 스타의 핀업 사진은 늘 아름다운 남성의 신체라는 성적 이미지 이상의 의미와 가치를 내재하는 방식으로 제공된다. 예를 들어 총이나 모자 같은 남성의 사회적 우월성을 드러내는 다른 사물과 남성 신체를 함께 배치한다거나, 혹은 반라의 남성이 프레임 위쪽을 바라보게끔 시선을 처리함으로써 '숭고한 가치를 추구하는 남성'이라는 추상적 가치를 더해 이미지의 즉각적 신체성을 억압하는 방식을 통해 남성 신체 이미지는 (여성적 시선의) 성적 대상이 된다는 불안에서 자유롭게 된다는 것이다. 마이어는 이러한 당시 남성 스타들의 핀업 사진과는 달리 록 허드슨은 카메라를 정면으로 쳐다본다거나 상반신을 벗은 상태로 세차를 한다거나 하는 보다 덜 위협적이고 온순하며 무엇보다 시선의 대상이 된다는 상황을 거리끼지 않는 듯한 이미지로 포착된다는 점을 지적하면서 허드슨의 스타–이미지가 당시 대중 매체가 그의 신체를 전시하는 특정한 방식에 의해 조직되어 소비되었음을 강조한다. 여기에 〈필로 토크*Pillow Talk*〉(마이클 고든, 1959) 같은 로맨틱 코미디에서 보여 준 세련된 도시 남자나 〈천국이 허락한 모든 것〉 같은 멜로드라마에서 허드슨이 맡은 낭만적이고 진실한 연인

전쟁 영화나 서사극을 통해 강인한 남성 이미지로 대중의 사랑을 받았던 록 허드슨은
로맨틱 코미디나 멜로드라마에서 낭만적이고 진실한 연인의 이미지로 다가온다.
스크린 커플로 불렸던 도리스 데이와 함께 출연한 로맨틱 코미디 〈필로 토크〉.

같은 캐릭터 역시 허드슨을 당대 남성 스타들의 마초 이미지와는 달리 거대하고 섹시한 신체와 모범적이며 훈육하기 쉬운 온순한 신체라는 양가적인 이미지로 대중들에게 어필하게끔 했다.

그러나 1985년 록 허드슨의 AIDS 투병 사실이 매체를 통해 알려지면서 그의 스타-이미지가 영화와 대중적 재현에 의해 허구적으로 형성된 것임이 드러나게 되었다. 같은 해 9월 판 〈라이프Life〉지는 록 허드슨의 사진 두 장을 한 면에 나란히 실었는데, 하나는 1950년대 문에 꽉 찰 정도로 건강했던 전성기 스타 시절의 허드슨의 모습이었고 다른 한 장은 1985년 그의 AIDS 감염 사실이 드러난 순간의 모습을 포착한 사진이었다. 이 한 쌍의 사진과 함께 실린 "록 허드슨이 'AIDS에게 모두가 알아볼 수 있는 얼굴'을 주었다"라는 문장이 드러내듯이, 록 허드슨이라는 스타-신체-이미지가 이제는 AIDS라는 가시화될 수 없는 바이러스를 재현하는 전혀 다른 이미지로서 소비되기 시작한 것이다. 거꾸로 AIDS에 감염된 말라빠진 허약한 허드슨의 신체 이미지는 이전 그가 스크린에서 보여 주었던 건강한 남성상이라는 이미지가 실체가 아닌 현상 혹은 허구였음을 드러내면서, 할리우드 영화의 스타 이미지가 가진 구성성과 그 이데올로기적 효과를 분석하려는 다양한 시도들을 촉발시키기도 했다. 허드슨의 예는 스크린 안과 밖, 스타와 한 자연인 사이의 간격이 분명히 존재할 뿐 아니라, 스타 이미지가 그 두 영역 사이의 긴밀한 상호 관계를 통해 형성되고 또 바뀔 수 있음을 가장 확실하게 보여 주는 예다.

대중 문화 역사상 가장 소란스러운 스타 중 하나로 손꼽히는 마돈나는 단순한 스타를 넘어 하나의 문화적 텍스트로 간주된다는 점에서 흥미롭다. 1980년대 MTV와 소비 대중 문화의 수혜를 가장 톡톡하게 받았던 마돈나는 〈라이크 어 버진Like a Virgin〉이나 〈머티리얼 걸Material Girl〉 등의 뮤직 비디오를 통해 여성의 성적 매력을 적극적으로 전시하면서 스타덤에 올랐다. 초기 마돈나는 가부장적 사회가 여성을 성적으로 대상화하는 전형적인 이미지들을 제공함으로써 기실 페미니스트들로부터 여성 운동을 100년 퇴보시켰다는 혹독한 비판을 받기도 했지만 반대로 영화 〈애타게 수잔을 찾아서〉에서와 같이 여성의 성적 자유로움과 욕망을 거침없이 드러냈던 마돈나의 이미지는 남성뿐 아니라 여성으로부터도 큰 환호를 얻었다. 한편 뮤직비디오와 잡지, 콘서트, 화보집 등 다양한 매체를 통해 그녀가 보여 준 이미지들은 문화 연구적 관점에서 많은 학자들의 관심을 사기도 했다. 특히 마릴린 먼로에서 〈메트로폴리스Metropolis〉까지 대중 문화의 다양한 이미지들을 입었다 벗었다 반복하는 마돈나는 포스트모던 비평의 맥락에서 둘도 없이 훌륭한 텍스트로 간주되었고, 대학의 문화 연구나 커뮤니케이션학과에서는 이른바 '마돈나 학자'로 불리는 일군의 연구자들이 등장하기에 이르렀다.[9]

스타–상품–신체–이미지라는 연쇄 안에서 마돈나가 만들어 낸 다양한 의미들과 효과들은 하나로 요약될 수도, 하나의 정체성을 갖지도 않는다. 마돈나는 가부장제가 전형적으로 여성을 성적 대상으로 소비하기 위해 사용하는 이미지들을 뻔뻔하게 이용하는 동시에, 반대로 그러한 이미지들을 다시 비틀고 대항함으로써 여성에 대한 관습적 이미지들을 둘러싼 가치와 질서에 흠집을 낸다. 한편 1990년대 초 MTV로부터

마돈나가 패션과 섹슈얼리티를 사용하는 방식은 인종, 생물학적–사회적 성, 계급, 종교에 대한 도발이었다.
마돈나의 《셀레브레이션Celebration》 발매 당시 뉴욕 타임스퀘어에 걸린 광고.

방영 금지 처분을 받았던 〈내 사랑을 증명해 봐요*Justify My Love*〉의 뮤직 비디오와 앨범 《에로티카*Erotica*》, 그리고 화보집 《섹스*Sex*》의 발매를 기점으로, 마돈나를 혼성모방*pastiche*이나 브리콜라주*bricolage*로 가득한 포스트모던 텍스트로서 접근했던 초기의 관점은 마돈나가 관습적인 사회적 이미지들의 재해석과 변용을 통해 어떤 정치적 환기를 발생시키는가라는 질문으로 확장되었다. 특히 〈보그*Vogue*〉를 중심으로 마돈나가 제공했던 다양한 이미지들은 섹슈얼리티의 맥락을 넘어 계급, 소비, 인종 등에 대한 대항이라는 토픽들과 함께 하위 문화, 캠프 등 대중 문화 텍스트를 에워싸고 있는 광범위한 맥락들에 대한 비평적 작업에 방아쇠를 당겼다.＊ "마돈나가 패션과 섹슈얼리티를 사용하는 방식은 인종, 생물학적–사회적 성, 계급, 종교에 대한 도발이었다. 이것은 모순된 반응들을 불러일으켰고 이러한 현상이 사회적으로 구성된다는 것을 밝혀 주었으며, 이러한 일상생활의 인위적 범주는 변화될 수 있다는 것을, 또는 적어도 인종과 성적 선호와 같은 것에 대한 사람들의 태도는 변화될 수 있다는 것을 알려주었다."[10]

더글러스 켈너Douglas Kellner는 정치적 측면에서 마돈나의 스타–이미지가 갖는 양가성에 주목한다. 마돈나가 스스로를 '구성된 허구'로서 드러내는 작업은 분명 그 허구적 이미지가 반영하고 강화하는 사회의 지배적 질서 자체의 구성성과 그 변화 가능성을 알려주는 정치적 효과를 발생시킨다. 그러나 켈너는 마돈나를 진정한 포스트모던 텍스트로 간주하는 입장이나 그 정치적 효과를 순진하게 긍정하는 태도에 대해서 역시 경고를 던진다. 켈너는 마돈나가 '의미의 산출과 해석 자체'에 저항하기보다는 다른 형태의 의미와 그 해석을 요구한다고 간주하면서 마돈나를 포스트모던 텍스트로 분석했던 E. 앤 캐플란E. Ann Kaplan 등의 초기 마돈나 연구가 불완전한 독해였다고 지적한다. 여기에 페미니스트 연구자인 벨 훅스bell hooks 역시 마돈나가 보여 주는 계급, 인종, 피부색, 외모 등에 대한 정치적 발화는 사실 일종의 국외자적, 혹은 이국적 정취의 흔적일 뿐이며 결국 마돈나 역시 "백인 제국주의라는 영역을 벗어나지 않는다"[11]고 강조

＊ 미국에서만 600만 장 이상이 팔린 〈보그〉는 마돈나의 싱글 중 최고의 판매고를 올렸다. 데이비드 핀처David Fincher가 연출한 뮤직 비디오에서 마돈나는 마릴린 먼로와 그레타 가르보Greta Garbo, 마를렌 디트리히Marlene Dietrich 등을 노골적으로 흉내 낸다. 싱글의 발매와 동시에 진행된 '블론드 앰비션*Blonde Ambition*' 투어의 퍼포먼스에 등장한 안무는 당시 미국 뉴욕의 게이 언더그라운드에서 유행했던 '보그 댄스*voguing*'에서 빌려온 것으로, 이에 대한 제니 리빙스턴Jenny Livingston의 다큐멘터리 〈파리는 불타고 있다*Paris is Burning*〉의 개봉과 맞물리면서 마돈나에 대한 비평적 관심은 정점에 이른다.

하면서 마치 마돈나를 대항 영웅인 양 열광하는 태도를 경고한다. 마돈나의 스타-이미지가 갖는 정치성에 대한 다양한 입장들은 모두 마돈나야말로 현대의 스타-이미지를 형성하는 후기 자본주의 포스트모던 사회의 어떤 조건들을 가장 스펙터클하게 체화하고 있는 존재라는 사실에 동의한다. 마돈나는 대중 문화의 이미지를 다양하게 짜깁기하고 숭배하고 또 배반함으로써 그 이미지들을 통제하는 가치의 질서들에 대항하는 동시에 "이미지를 특권화하는 것에 의해 예술과 정치와 일상생활의 짜임을 이미지의 놀이로 환원해 버리는 것을 촉진하는 현대 문화의 동학의 지배하에 들어간다."[12] 요컨대, 스타란 대중 문화와 이미지, 미디어와 정체성, 정치와 일상 사이의 긴장을 체화하고 있는 존재다. 그리고 더글러스 켈너의 말처럼, 어떤 경우든 "순수한 모순의 장소"[13]로서 마돈나는 아직까지도 스타-이미지에 대한 가장 풍부한 화두를 던지는 스타다.

초국적 프레임에서의 스타

록 허드슨과 마돈나의 예에서 볼 수 있듯이, 스타는 사회와 대중의 집단적 욕망 혹은 불안을 신체라는 물리적 영역에 기입하는 이미지로서 소비되고 유통되며 이는 다시 거꾸로 사회와 대중의 집단적 대응을 불러일으키고 또 변화시킨다. 이런 맥락에서 스타-이미지에 대한 연구가 대부분 섹슈얼리티를 중심으로 논의되어 온 것은 일견 당연해 보인다. 한편 최근의 스타 연구들은 이러한 기존의 논의들을 다양한 담론의 거미줄 안에 두고 전개시키면서 스타-신체-이미지 위에서 매개되는 현대 사회의 다양한 동학들을 탐색한다. 특히 쿵푸 영화로 대표되는 1960~1970년대 홍콩 영화의 황금기를 이끈 국제적 스타 이소룡에 대한 최근의 논의는 튼튼하게 단련된 한 남성 스타의 신체 위로 이상적 근대 남성성과 중화 민족주의, 대중 문화의 초국적 흐름과 동성애 혐오라는

이소룡의 신체가 국제적 프레임 안에 놓이면서 현시하게 되는 어떤 힘들, 즉 이소룡의 단단한 신체와 무예 기술에 기입된 중화 남성성과 민족주의의 흔적을 포착한다. 〈사망유희*The Game Of Death*〉(1978).

토픽들이 어떤 흔적들을 남기며 경유하고 있는가라는 입체적인 접근을 보여 준다.

널리 알려진 대로 이소룡은 전설적인 쿵푸 스타로 전 세계에 홍콩 영화를 알린 스타일 뿐 아니라, 〈말죽거리 잔혹사〉(유하, 2004) 같은 영화에서도 그 흔적을 볼 수 있듯이 중화권, 나아가 아시아의 모든 국가에서 가장 이상적인 남성 정체성을 제공한 문화 아이콘이다. 그러나 액션 스타로서의 이미지와 영화들, 특히 그에게 전 세계적인 명성을 안겨 준 영화 4편*과 이 영화들이 유통되었던 맥락, 그리고 이소룡 개인의 역사를 교차시켜 보았을 때 이소룡이라는 스타–이미지는 해독 가능한 여러 의미들을 담고 있는 장소가 된다. 이소룡은 1940년 미국에서 태어나 1950년대에 홍콩으로 와 아역 스타로 활동하다가 다시 미국으로 가 대학을 졸업했으며 미국에서 TV 액션 배우로 활약하던 중 다시 홍콩으로 돌아와 일련의 쿵푸 히트작을 내며 스타덤에 올랐다. 이소룡의 인생 궤적이 보여 주는 국제적 이동성은 그의 영화를 워너브라더스가 제작, 국제적으로 배

★ 〈당산대형〉, 〈정무문〉, 〈맹룡과강〉, 〈용쟁호투〉. 이 4편이 성공한 이후 이소룡은 갑작스런 뇌발작으로 사망하고 다섯 번째 영화이자 유작인 〈사망유희〉는 이후 대역을 써서 완성되었다.

급했다는 영화의 이동성과도 맞물려있다. 크리스 베리Chris Berry는 이소룡과 그의 영화가 자리잡고 있는 이러한 성운에서 출발하면서, 이소룡의 신체가 국제적 프레임 안에 놓이면서 현시하게 되는 어떤 힘들, 즉 이소룡의 단단한 신체와 무예 기술에 기입된 중화 남성성과 민족주의의 흔적을 포착한다. 예컨대, 이소룡과 그의 영화의 전 지구적 성공과 아시아라는 틀 안에서 이소룡의 스타—이미지가 가지는 상징성은 보통 국제 무대에서 벌어지는 경쟁에서 이기기 위한 중국 혹은 아시아라는 제3세계이며 그 승리의 이미지는 이소룡 신체의 전시를 통해 찬양되어 왔다.

그러나 베리는 이러한 '(중국 혹은 아시아는 서구/일본의 제국적 침략에 패배했다는 역사적 맥락에서) 패배자의 (이소룡이 결국 악인을 무찌른다는) 승리'에 대한 강조가 중화—아시아 남성성에 대한 강박적 찬양과 함께 수반되는 패배에 대한 자괴, 강인한 신체와 의지라는 서구 근대 남성성의 표본과 아시아 남성성이 맺고 있는 동경과 자기혐오라는 상이한 태도 위에 서 있음을 간파한다. 위의 영화 4편이 갖는 내러티브 전개와 캐릭터의 인종/민족적 배열, 시점 숏을 통한 시선의 교차 등 영화적 장치들 안에서 끊임없이 전시되는 이소룡의 신체—이미지를 꼼꼼하게 분석하면서, 베리는 이소룡이라는 중화 민족의 남성 영웅이 국제적 대중 영화 시장에서 그토록 광범위하게 유통될 수 있었던 근저에는 이소룡이 은연중에 환기시키는 모호한 정체성과 그의 영화를 둘러싼 유통 경로가 만들어 내는 어떤 상황이 존재했음을 강조한다. 국제적 힘의 관계를 통해 상처받고 거부당하고 부인되는 타자로서의 비서구 남성성에 대한 뼈아픈 인식과 이를 은폐하고자 하는 민족주의적 대응의 교차점, 동경—자기 혐오 사이, 서구 근대 남성성과 아시아 남성성 사이의 충돌이 빚어내는 역동적인 긴장 관계는 이소룡의 신체에 투사되고, 그의 스타—이미지가 무적의 중화 영웅이라는 잘 알려진 상징보다 훨씬 중층적인 맥락을 갖고 있으며 상이한 역학들에 의해 절합되어 있다는 점을 보여 준다. 이소룡에 대한 이러한 분석은 분명 이소룡을 중국 문화 나아가 아시아를 대표하는 무적의 남성 영웅으로서 찬양해

온 열성팬들의 공분을 살지도 모른다. 그러나 크리스 베리의 분석은 스타–이미지가 중층 결정되는 담론적 역학이 얼마나 넓고 치밀하게 작동하고 있는지, 특히 스타의 신체에 기입된 인종, 민족, 젠더의 흔적들이 국경을 넘어 초국적 영역으로 확장되는 지금 대중 문화의 지형 내에서 스타–이미지를 통제하는 '특정한 교환과 번역의 메커니즘'[14]을 명백하게 드러내 준다는 점에서 주목할 필요가 있다.

스타–스크린–대중의 상호 관계를 국경 안에 제한하지 않고 초국적 지형으로 확장시켜 접근했을 때, 한국 영화의 대표적 스타 중 하나인 송강호의 스타–이미지가 유통되는 상황 역시 흥미로운 논점을 제공해 준다. 1990년대 후반부터 공공연하게 거론되면서 2000년대 한국 영화를 일컫는 이른바 한국 영화의 르네상스와 함께 스타덤을 얻는 송강호는 기존 스타를 규정하는 관습적인 이미지와는 사뭇 다른 독특한 페르소나를 지닌 스타다. 먼저 그는 스타에게 요구되는 비범하게 수려한 외모의 소유자가 아니다. 여기에 그의 말투에 배어 있는 사투리 억양까지 더해지면, 기존 한국 영화가 배출해 냈던 스타들과 송강호의 차이는 슬쩍만 보아도 확연하게 드러난다. 스타에 대한 과거의 관습으로 보아 송강호는 '연기파 배우'라는 호칭이라면 몰라도 스타가 되기에는 사뭇 '부적합'한 배우다. 이른바 연기파 배우의 군에 속하는 최민식이나 한석규 같은 다른 배우들에 비해서도 송강호는 지나치다 싶을 정도의 평범한 외모를 갖고 있다. 다시 말해서 대중의 환상과 동경이 투사되는 고전적 스크린 스타의 이미지보다는 옆집 아저씨 같은 TV 탤런트의 유형에 가깝다. 이러한 배우가 연기력과 흥행성 모두를 인정받는 국민적 스타가 된 일은 드물지만, 전설적인 미모의 소유자는 아니나 친근함으로 대중에게 어필했던 최진실의 스타덤에서 볼 수 있듯이 송강호가 한국 관객들에게 소구했던 이미지는 상상 불가능한 것은 아니다. 그러나 친근함이라는 대중적 언설로 소통되는 '지역성'의 신체 이미지를 가진 송강호 같은 한국 배우가 국제적 영화 회로 안에서 한국 영화를 대표하는 배우로 여겨질 만한 스타덤을 얻게 된 것은 전무후무한 일이다. '한류'로 대표되는 한국 스타의 범아시아적 인기와는 분명 다른 종류의 것이지만, 국제 영화제와 글로벌 영화 시장에서 송강호가 발휘하는 영향력은 이전 어떤 배우도 갖지 못했었다. 또 텔레비전과 인터넷, 광고, 잡지 등의 대중 매체를 통해 구성되고 유통되는 대부분의 한류 스타와는 달리, 송강호의 스타덤은 '스크린 스타'라는 오히려 고전적인 종류의 것에 가깝다.

송강호의 국제적 스타덤은 그의 필모그래피에서도 볼 수 있듯이 박찬욱의 〈공동경비구역 JSA〉(2000)를 그 '기원'으로 찾을 수 있다. 개봉된 당해 최고의 흥행작이었던 〈공동경비구역 JSA〉은 이듬해 베를린영화제 경쟁 부문에 출품되면서 한국 영화 해외 진출의 기폭제가 되었던 영화다. 〈공동경비구역 JSA〉의 베를린영화제 경쟁 부문 진출은 이전 임권택으로 대표되는 한국 영화의 국제 영화제 진출과는 다른 성격을 갖고 있다. 임권택과 그의 영화가 영화 미학적 성취라는 맥락과는 별개로 제1세계 서구 영화계가 제3세계 영화에 대해 갖고 있던 다분히 문화 제국주의적인 접근이라는 혐의의 우산 아래 놓여 있었다면, 박찬욱의 영화는 이른바 '한국적인 것'이라는 서구의 (혹은 서구의 시선을 내재한 자국의) 관습적 시선에 거리를 두고 있다. 오히려 박찬욱의 영화는 서구가 생산해 왔던 영화들의 어떤 패턴이나 성질에 가까운 '글로벌한 표준'에 걸맞는 외형을 갖고 있다. 이어 봇물 터지듯 국제적 영화 회로에 등장한 김지운, 봉준호, 이창동, 홍상수 등의 영화들은 더 이상 원시성, 미지성, 이국성 등 과거 제3세계 영화의 지역성*locality*에 붙어 있던 표식들로 파악되지 않는다. 오히려 이들은 각기 다른 방식으로 그동안 제1세계 영화계가 자기 비평의 근거로 삼았던 미학적 기준들 — 예컨대, 화면 구축이나 내러티브의 창의성, 리얼리즘에 대한 판단 등 모더니스트 비평의 준거점들 — 을 만족시키는 텍스트들로 제1세계 영화계의 환호를 받았다.

제1세계 영화계가 더 이상 제3세계 영화를 원시성이나 이국성이라는 단순한 이미지로 소비하고 있지 않다.[15] 오히려 21세기 제3세계 영화는 근대적 이성과 가치가 더 이상 절대 신념으로서 남아 있을 수 없다는 인식론적 위기를 자각한 서구 사회가 해체되고 분열되어 갈기갈기 찢어진 근대 인간 이성의 어떤 흔적을 남겨둘 수 있는 '바깥의 공간'으로서 소환된다. 다시 말해서, 제3세계 영화는 근대 이성의 한계와 그 상처라는 서구 인식론의 외상을 투사하고 은폐할 수 있는 '타자의 영토'라는 교환 가치를 획득한 셈이다. 이러한 교환 가치는 전 지구적 시각 경제의 회로 안에서 '알 수 없는 미지의 논리'로서의 제3세계 영화가 아니라 초국적으로 인지되고 어디에서도 유통될 수 있는 국제적 표준을 통해 획득된다. 지역성은 초국적 표준과 반대되는 것이 아니라 오히려 초국적 표준을 통한 유통을 위해 필수적으로 요구되며 교환되고 번역된다.

지난 10년간 한국 영화의 전개와 국제적 유통의 양상은 이러한 전 지구적 시각 경제 회로를 잘 보여 주며, 몇몇 국제적 명성을 얻은 감독의 이름들과 짝패를 이룬 송강호라는 지역적 신체–이미지는 높아진 한국 영화의 초국적 교환 가치로서 다시 번역되어 소환된다.★ 국제적 교환 가치를 체화한 송강호의 지역적 신체는 21세기 글로벌 코리아로 명명되는 초국적 프레임에서의 국민주의와 연루되면서 또 다른 교환 가치를 획득한다. 이혼남에서 조폭의 2인자, 시골 카센터 사장 등 '옆집 아저씨' 송강호의 친근함이 갖는 지역성은 전 지구적 경쟁 무대에서 승리하고자 하는 지금 한국 사회의 어떤 국민적 욕망과 공모한다. 그의 사투리 억양은 전 지구적 경쟁에서 한국이 얻고 있는 힘과 위치에 대한 표식이자 증거인 셈이다.

대중 문화 시장의 초국적 확대, 텔레커뮤니케이션 테크놀로지의 발달, 급격한 매체 융합이 가져오는 이른바 트랜스미디어의 상황 등 대중 문화를 둘러싼 변화의 양상 속에서 스타는 이제 더 이상 특정 사회 안에 고정되고 머물러 있는 표식임을 거부한다. 최근 한류 열풍이 보여 주듯이, 한국의 대중 스타들은 국경을 넘어 범아시아적 스타덤을 획득하며 빠르게 이동한다. 그러나 한류의 광풍을 한국 대중 문화 시스템의 진보나 문화적 고유성, 혹은 개별 스타들의 질적 우수성으로 규정지어 버리고 단기적 수익 중

★ 여기서 지역성은 맥락에 따라 다른 관점에서 들여다볼 필요가 있다. 송강호의 '평범한 이미지'는 오히려 서구 영화계에서는 낯설지 않은 익숙한 배우의 이미지, 즉 평범한 외모지만 발군의 연기를 선보이는 제라르 드파르디유나 스텔란 스카스가드 같은 일련의 유럽 영화의 배우들의 유형으로 분류될 수 있다. 이런 측면에서 유럽을 기반으로 한 1세계 영화계에서 송강호는 동양인이라는 지역적 이미지보다 국제적 표준으로 분류 가능한 스타다. 그의 사투리 억양이 드러내는 '지역성'은 국제 영화 관객들에게는 거의 해독이 불가능하다. 송강호의 신체–이미지가 갖는 지역성은 오히려 한국 관객들에게 더 가시적이며 지나치기 힘든 성격의 것이다. 송강호의 신체–이미지가 갖는 지역성은 이렇듯 중층적이고 이율배반적인 글로벌–로컬 간 절합의 양상을 갖는다.

247

대에 대한 찬양으로서만 소비하는 것은 오늘날 스타를 매개로 펼쳐지는 사회 문화적 역동성을 오히려 제한하는 결과를 낳을 뿐이다. 한류는 초국적 문화 자본의 유연하고 매혹적인 이동의 한 양상이자, "급격한 산업 자본주의적 발전을 겪은 아시아 사회 내부의 다양한 갈등들을 가장 세속적인 자본주의의 물적 욕망으로 포장해 내는 한국 대중 문화의 능력"이며, 아시아 지역의 '욕망의 동시성'의 재현이다.[16] 그리고 그 복잡한 욕망의 타래 한가운데 혜성의 속도로 빠르게 가로지르는 스타가 있다.

주

1. 임재철, "고전적 할리우드 영화," 임정택 외, 《세계 영화사 강의: 초기 영화에서 아시아 뉴 웨이브까지》, 연세대학교출판부, 2004, p.127.

2. 김정선, "영화 장르, 친숙하고도 낯선," 문재철 외, 《대중 영화와 현대사회》, 도서출판 소도, 2005, p.32.

3. Laura Mulvey, "Visual Pleasure and Narrative Cinema," *Screen*, 1975, vol.17, no.4, p.10.

4. R. Dyer, *Stars*, New York: Routeledge, 1979, p.1.

5. 같은 책, p.31.

6. 같은 책, p.185.

7. 수잔 제퍼드, 《하드 바디: 레이건 시대 할리우드 영화에 나타난 남성성》, 이형식 옮김, 동문선, 2002, p.280[S. Jefford, *Hard Bodies: Hollywood Masculinity in the Reagan Era*, New York: Rutgers University Press, 1993].

8. D. Fuss, (ed.), *Inside/Out: Lesbian Theories, Gay Theories*, London: Routledge. 1991, p.198.

9. C. Schwichtenberg (ed.), *The Madonna Connection: Representational Politics, Subcultural*

Identities, and Cultural Theory, San Francisco: Westview Press, 1996; P. Robertson, *Guilty Pleasures: Feminist Camp From Mae West to Madonna*, London: Duke University Press, 1996; R. Miklitsch, *From Hegel to Madonna: towards a general economy of "commodity fetishism,"* New York: State University of New York Press, 1998을 참조하라.

10. 더글라스 켈너, 《미디어 문화》, 김수정, 정종희 옮김, 새물결, 1997, p.546.

11. bell hooks, *Outlaw Culture: Resisting Representations*, New York: Routledge, 1994, p.20.

12. 켈너, p.545.

13. 같은 책, p.547.

14. 크리스 베리, "스타의 횡단: 초국적 프레임에서 본 리새오룽의 몸 혹은 중화주의적 남성성," 김소영 외, 《트랜스: 아시아 영상문화》, 현실문화연구, 2006, p.389.

15. 코리안 뉴 웨이브와 이후 한국 영화가 '한국적인 것'을 어떻게 재정의하고 있는가를 검토한 김선아, 《한국 영화라는 낯선 경계》, 커뮤니케이션북스, 2006을 참조하라.

16. 김현미, "대만 속의 한국 대중 문화 – 문화 '번역'과 '혼성화'의 문제를 중심으로," 조한혜정 외, 《한류와 아시아의 대중 문화》, 연세대학교출판부, 2003, pp.155~156.

+film

보그 *Vogue* (뮤직 비디오)

dir. David Fincher | 1990 |

이 뮤직비디오에서 마돈나는 마릴린 몬로와 그레타 가르보, 마를렌 디트리히 등을 노골적으로 흉내내면서 할리우드 여성 스타의 이미지를 자신의 신체 위에 적극적으로 기입한다. 이전 마돈나가 만들어 냈던 자유분방한 이미지는 고전 여배우들의 복제된 이미지와 중첩된다. 스타-이미지가 유통되고 재생산되며 재구성된다는 점을 잘 보여 주는 다큐멘터리.

록 허드슨의 가정용 영화 *Rock Hudson's Home Movies*

dir. Mark Rappaport | cast.Eric Farr, Marc Christian | 1992 | 63min | color | USA | Planet

Pictures

할리우드의 대표적 남성 스타인 록 허드슨의 스크린 이미지와 동성애자/HIV 감염자라는 그의 실제 이미지를 중첩시키면서 스크린 위 스타 이미지가 가진 허구성을 드러내는 동시에 양자 사이의 복잡한 동학을 드러내는 다큐멘터리.

+ book

스타 — 이미지와 기호

리처드 다이어 | 주은우 옮김 | 한나래 | 1995

스타 연구를 영화 비평에 접목시키는 연구 중 대표적인 저작. 할리우드 영화와 스타를 중심으로 스타가 영화 텍스트 안에서 수행하는 다양한 기능을 세밀하게 분류, 분석하고 있다.

하드 바디: 레이건 시대 할리우드 영화에 나타난 남성성

수잔 제퍼드 | 이형식 옮김 | 동문선 | 2002

1980년대 할리우드 블록버스터 영화 속 남성 스타가 재현되는 방식을 당대 미국 사회의 정치 사회적 맥락에서 분석한 연구로 특정 사회의 집단적 가치가 어떤 유형의 스타를 요구하고 또 그 과정을 통해 스타–이미지가 어떤 가치로 재생산되는가를 잘 살펴볼 수 있다.

- 영화는 어떻게 그리고 왜 스타를 고안해 냈는가?

- 영화와 스타의 상관관계는 영화 산업 안에서 어떻게 전개되었는가?

- 영화 텍스트의 분석에 있어 스타를 어떻게 이론적, 비평적 작업 안에 위치 지을 것인가?

- 스타의 사회적, 경제적, 문화적 기능은 무엇인가?

- 현대 사회에서 스타가 가진 광범위한 양상과 입체적인 효과는 사회적 통념과 관습, 지배적 질서,

그리고 이념적 가치에 어떻게 순응, 확산하고 혹은 대항하는가?

- 초국적 문화 프레임에서 스타는 어떻게 운반되고 변형되는가?

08

영화관의
사회학

김성욱

21세기에도 여전히 영화관은 유의미한 공간으로 남을 것인가? 오늘날 사람들은 영화관만이 아니라 텔레비전, 인터넷, 휴대폰, 박물관 등의 다양한 장소에서 영화를 본다. 3D 영화관, 4D 체험관, 아이맥스 영화관 등 새로운 영화관이 멀티플렉스에 속속 들어서면서 전통적인 영화관 또한 거대화되고 있다. 영화관은 결코 사라지지 않을 것이다. 그렇지만 변화가 없는 것은 아니다. 디지털 상영이 보편화되면서 극장의 영사 시설이 근본적으로 바뀌었고, 동네마다 찾을 수 있었던 작은 영화관들은 이제 모두 사라졌다. 영화를 보는 행위는 이제 지하 성당과 같은 영화관의 어둠 속으로 빠져 들어가는 은밀한 행위가 아니다. 영화가 장소와 맺고 있던 특별한 감성이 흐려지고 있다. 19세기 말에 영화관을 찾은 관객들은 새로운 세계로 여행을 떠나는 열정적 여행자들이었다. 벤야민은 아케이드가 도시를 미니어처로 보여 주었다면 디오라마와 영화는 도시를 전체 세계로 확장해 주었다고 말한다. 도시의 발전과 더불어 다양한 영화관이 지난 세기에 만들어졌다. 5센트 상설 영화관에서 무비 팰리스와 멀티플렉스까지, 소규모 시네클럽에서 예술 영화관, 영화 박물관까지 영화의 역사는 실로 영화관의 역사이기도 하다. 영화는 이렇듯 장소의 기억과 결합한 대중 문화의 역사이다. 영화가 무엇인가를 알기 위해 이제 우리는 영화가 어디에 있는가를 질문해야만 한다.

영화는 어디에 있는가?

조르주 아감벤Giorgio Agamben은 "인간은 영화관에 가는 동물"이라 말했다.[1] 사람이나 동물이나 이미지에 현혹되는 것은 매한가지다. 다만, 동물들이 이미지에 흥미를 느끼는 것은 그것에 농락당할 정도에서이다. 가령 수컷 물고기에게 암컷 물고기의 이미지를 보여 줄 수 있는데 그러면 수컷은 정액을 분출할 수 있고, 새를 유혹하기 위해 덫을 놓으면서 가짜 새의 이미지를 활용할 수 있다. 그러나 동물은 이미지가 가짜라는 사실을 알게 되는 순간 흥미를 잃어버린다. 반면, 인간은 이미지가 거짓임을 깨닫고 나서도 여전히 흥미로워한다. 눈속임 그림의 쾌락이 마치 환영에 있는 것이 아니라 그것이 가짜라는 사실을 알게 될 때의 배반의 경험에서 오는 것처럼, 인간은 그것이 거짓임을 알면서도 이미지에 몰두한다. 그래서 사람들은 그림에 관심을 보이고 영화를 보러 극장에 간다. 아감벤은 이런 식으로 인간의 정의를 영화관에 가는 동물이라 말했던 것이다.

1895년 처음 영화가 선보인 이래로 인간은 끊임없이 영화관을 찾았다. 영화관의 불빛은 심지어 전쟁이 벌어지는 중에도 꺼지지 않았고 상영은 중단되는 일이 없었다. 20세기 초에 영화관은 최대의 전성기를 구가했다. 1910년대에 영화관은 도심에 있는 성당이나 지난 세기에 위엄을 자랑했던 궁전과도 같은 곳이었다. 당시 미국에서 6200석의 규모를 자랑한 세계 최대의 극장이었던 록시는 자사의 극장을 '영화의 성당'이라 선전했다. 영화 관람 또한 일상적인 일이었다. 대공황 시기였던 1930년대에 미국에서는 대략 8000만에서 9000만의 관객이 매주 영화를 보러 갔다. 이 수치는 거의 대부분의 미국인이 적어도 한 주에 한 번은 영화관에 갔었다는 의미이다. 20세기 초에 사람들이 영화관을 찾은 것은 학교, 직장, 교회를 가는 행위처럼 흔한 일이었고 영화 관람은 대중적인 오락거리였다.[2]

영화가 처음 대중들에게 선을 보인 것은 1895년의 일이었다. 그 이래로 영화 상영의 역사는 변화를 겪었다. 영화는 처음 신기한 구경거리이자 과학과 탐구의 수단이었고, 할리우드에서 영화는 곧바로 돈을 벌 수 있는 오락 산업의 대명사가 되었다. 반면, 유럽에서 영화 애호가들과 예술가들은 영화를 예술적 대상으로 보았고 회화와 문학처럼 20세기의 문화적 유산으로 남기를 바랐다. 영화에 대한 사고의 다양성이 영화를 상영하는 공간의 차이를 낳기도 했다. 최초의 상설적인 상업 영화관이 처음 만들어진 것은 1905년의 일이었다. 이어 1920년대에는 유럽의 전위파와 초현실주의자들이 영화를 신예술의 영역으로 끌어들이려 했고, 비평적 욕구를 지녔던 초기의 시네필(영화 애호가)들이 비상설적인 시네클럽을 창설했다. 장 엡스탱, 루이스 부뉴엘, 장 콕토Jean Cocteou의 영화가 파리의 시네클럽에서 소개되었다. 이어 전후에 새로운 영화들이 등장하면서 예술 영화를 전문적으로 상영하는 예술 영화관이 등장했다. 전후의 프랑스 누벨 바그와 파리의 예술 영화관들, 뉴 저먼 시네마와 독일의 공공 상영관Kommunale Kino이 역사를 함께 했다. 영화를 문화적 유산으로 이해하면서 루브르 박물관에 버금가는 영화 박물관과 시네마테크도 만들어졌다. 영화를 개념화하는 방식의 차이가 영화가 거주하는

뤼미에르는 영화가 어두운 극장에서 대중들이 있는 가운데 흰 벽면에 이미지를 투사하는 것으로 존속할 수 있다고 믿었다. 1886년 뤼미에르 시네마토그라프의 포스터.

집의 다양성과 복수성을 낳았던 것이다.

하지만 지금까지의 영화 연구는 이러한 영화가 상영되는 장소와 공간에 관심을 덜 갖고 있었다. 영화 텍스트의 기호들과 상징들, 내러티브의 구조와 의미를 분석하는 것에 지나치게 몰두한 탓이다. 영화 연구는 텍스트, 산업, 제작, 기술, 관객성 등의 논의를 넘어서 영화 관람과 장소의 문제를 새롭게 사고해야만 한다. 텔레비전, 비디오, 케이블 텔레비전, 위성 방송, 휴대폰 등으로 영화를 보는 행위가 일상화되면서 '영화를 본다는 것'은 이제 새로운 의미를 획득했다. 영화를 보는 행위는 '영화가 어떻게 보여졌는가'와 '영화가 어디에서 보이고 있는가'라는 질문들은 분리될 수 없는 것이다. 20세기 초에 건설된 누추하고 값이 싼 영화관에서 영화를 관람하는 것은 도심지 한복판의 거대한 백화점에 세워진 멀티플렉스에서 영화를 보는 것과 완전히 다른 경험이다. 소규모의 비디오 상영실에서 영화를 보는 것과 거대한 아이맥스 영화관에서 영화를 체험하는 것에도 현격한 차이가 있다. 2000여 명의 관객들이 함께 영화를 보는 것과 집에서 혼자 리모콘을 만지작거리며 채널을 돌리는 일은 더 이상 동일한 행위가 아니다.

관람의 의미 또한 달라졌다. 과거에는 '영화를 보러 가는 것going to movies'과 '영화를 보는 것watching a film'이 다른 말이 아니었다. 영화를 보러 가는 것은 움직임의 경험을 동반하는 사건이다. 영화를 보기 위해 가정의 익숙한 공간에서 바깥으로 나가야만 했다. 영화를 둘러싼 영화관의 건축과 시설, 공을 들인 무대 쇼, 극장이 위치한 거리의 풍경 등, 다양한 체험이 영화를 보는 행위와 연결되어 있었다. 하지만 텔레비전이 새로운 오락거리로 부상하면서 영상을 보기 위해 관객이 꼭 움직여야 할 필요가 없어졌다. 영상이 이제 우리들을 찾아온다.

영화 애호가들이 좋아하는 작품이나 작가, 배우에게만 애정을 쏟는 것은 아니다. 그들이 영화에 매혹을 느끼는 대상은 실로 넓다. 영화가 상영되는 공간과 환경, 극장을 방문했던 기억 또한 중요한 의미로 다가온다. 영화에는 정보 이상의 추억이 묻어 있기 때문이다. 영화를 보았던 시간과 계절, 영화가 상영된 장소, 영화를 보고 난 후에 친구와 걸었던 밤거리의 기억들은 영화의 줄거리 이상으로 민감하게 우리의 추억을 자극한다.

위대한 영화 예찬가이기도 한 영화 감독 프랑수아 트뤼포François Truffaut는 고립과 소외에 시달리며 사랑에 굶주린 사람들에게 영화관의 어둠이 서로를 인식하고 감정을 공유할 수 있는 유일한 기회를 선사했노라고 고백한다. 그곳이 없었다면 상처받은 삶은 위로를 받을 구원의 장소를 찾을 수 없었을 것이다. 또한 극장에 대한 기억은 스크린 위에 유령처럼 출몰하는 이미지와의 만남이자 놀라움의 기억이기도 하다. 프랑스의 위대한 거장 장 르느와르Jean Renoir는 어린 시절 보았던 영화와 극장에 대한 기억을 다음과 같이 자서전에 적고 있다.[3]

어느 날 오후 범죄 거리의 파리지아나 영화관에서 일어났던 일을 결코 잊을 수 없으리라. 한때 이 영화관은 스피넬리와 같은 스타들이 출연하기도 했던 카페식 공연장이었다. 내가 보러 간 영화는 미국 영화였다. 관객은 나 혼자였다. 몇십 분인가가 흘렀을 때 멀지 않은 곳에 누군가가 앉아 있다는 느낌이 들었다. 나는 이 수수께끼의 진상을 규명해야겠다는 생각으로 몸을 일으켰다. 영화는 살해당한 여인이 유령이 되어 살인자들의 주위를 맴돈다는 내용이었다. 도저히 찾을 수 있을 것 같지 않은 장소에 살인자들이 숨는데도, 유령은 어김없이 그들을 찾아내었다. 나는 저승에서 온 어떤 존재와 맞부딪칠 것을 각오하고 있었다. 하지만 내가 발견한 것은 좌석 위에 웅크리고 앉은 커다란 쥐였다. 그놈도 편안하게 앉아 영화를 관람하고 있었다. 그놈은 나 때문에 깜짝 놀라서는 달아났다. 나는 나의 유령에게로 다시 돌아갔다.

일찍이 롤랑 바르트는 영화관의 어둠 이전에 거리의 어둠이 있다면서 밤의 경험이 영화 체험의 가장 중요한 요소라 말했다.[4] 한가로움, 시간적인 공백, 휴가에서 시작해 우리는 황혼녘의 몽상과도 같은 영화관의 어둠 속으로 빨려 들어간다. 바르트는 몸의 한가로움과 자유로움, 도시의 익명적인 어둠이 영화관의 에로티시즘을 자극한다고 봤다. 앙드레 바쟁도 영화를 관람하는 것이 꿈을 꾸는 상태(혹은 작은 죽음의 상태)와 비슷하다며, 영화가 태생적으로 에로티시즘과 밀접한 관계를 맺는다고 보았다.[5] 그런 이유로 바르트는 텔레비전이 비록 영화를 방영하고는 있다지만 전혀 매혹성이 없다고 단언한다. 텔레비전은 친밀한 가정의 공간에 가구처럼 위치한다. 여기서 어둠은 지워지고, 익명성은 사라진다. 게다가 텔레비전이 위치한 공간은 친숙한 가구들로 길들어져 있다. 여기서 낯선 이와의 만남이 주는 에로티시즘은 상실된다.

프랑스의 소설가인 미셸 투르니에Michel Tournier는 《예찬Célébrations》에서 점점 왜소해지는 영화에 대해 다음과 같이 근심한다.

> 왜소한 스크린과 집 안에 들어앉아서 소비하는 필름의 한심한 범속화는 부끄러운 것이다! 텔레비전 시청자들은 제 집에서 한 발자국도 나서지 않으니까 말이다. 그는 경건하게 영화의 성전을 찾아가기 위한 최소한의 수고도 하지 않는 것이다. [……] 사실 나는 도대체 무엇이 잘못되었기에 큰 필름을 작은 스크린에 비춘다는 것인지 잘 이해가 되지 않는다. 아마도 이것은 나이 탓이요 동시에 그로 인해 오늘날의 세계에 적응하지 못하는 탓인지도 모른다.
>
> 나의 쌍둥이 형제나 다름없는 영화여, 우리는 같이 태어나서 같은 시대에 함께 자랐으며 둘 다 같이 늙어가고 있다. 솔직히 말해서 나는 내가 사라진 뒤에도 그대가 계속 살아남게 된다고 생각할 수가 없다.[6]

투르니에의 근심처럼 영화는 존속할 테지만 예전의 모습은 아닐 것이다. 21세기에 들어서 영화는 여전히 소일거리 중의 하나이지만 그렇다고 유일한 오락거리는 아니다. 극장에서의 영화 관람 또한 유일한 것이 아니다. 텔레비전의 등장과 더불어 상황이 변했다. 또한 1990년대 이후의 변화는 멀티플렉스의 소비적 관람이라고 말 할 수 있다.

인터넷, 휴대폰과 같은 작은 화면으로 영화를 보는 일도 보편화됐다. 이런 변화는 이전의 영화 관람 조건들이나 환경과의 철저한 단절이라 할 수 있다. 상황만이 바뀐 것이 아니다. 영화에 관한 우리들의 인식도 변화되었다. 우리가 전통적으로 영화라 부르는 것은 티켓을 구매한 후에 다른 사람들과 함께 관람하는 극장 안에서, 스크린 위에서 발생하는 무언가를 보는 것이다. 그러나 오늘날에는 이러한 행위가 영화를 구성하는 이상적인 모델이 더 이상 아닐 것이다. 오늘날의 더 많은 관객들이 영화를 극장에서가 아니라 텔레비전 스크린이나 인터넷, 휴대폰을 통해 본다면 전통적인 극장 모델에 근거한 영화를 말하는 것은 지극히 노스탤지어적인 잔존물일 것이다. 그러므로 극장 모델의 변화는 '영화가 무엇인가'라는 질문을 '영화가 어디에 있는가'라는 질문으로 바꿔버린다. 그러므로 영화가 무엇인지에 관해 말할 때, 혹은 영화를 기술하려 할 때 우리는 영화의 특정한 조건을 고려해야만 한다.

영화 관람 환경의 변화가 영화의 존재론적 본성을 바꾸었다는 말이다. 영화사가인 더글러스 고머리Douglas Gomery는 영화를 보는 장소의 변화와 새로운 방식이 매 시대의 영화를 특징짓는다고 말한다.[7] 관람 환경이 새롭게 바뀌면서, 영화관이 변모하면서 영화가 변화를 겪기 때문이다. 그러므로 도처에 영상이 범람해 어디서든 영화를 볼 수 있을 때, 극장에서의 영화 관람이 더 이상 유일한 것이 아닐 때, 우리는 영화의 상황을 다시 생각해야만 한다. 이제 우리는 영화의 장소와 공간에 대해 질문해야만 한다.

여흥의 영화관

1895년에 대중들에게 처음 영화가 선보였을 때, 관객들이 영화를 관람한 곳은 상설적인 영화관이 아니었다. 영화 관람이 영화관에 들어가는 행위와 직결되기까지는 영화 탄생의 시점에서 최소한 10년의 시간이 걸렸다. 1905년에야 비로소 미국에서 5센트 극장이라 불린 상설 상영관인 니켈로디온이 문을 열었다. 그 전까지 영화는 만국박람회, 보드빌 극장, 혹은 일반 극장에서의 실연 동안의 막간에 상영되곤 했었다.

초기의 영화는 미국의 에디슨이 발명한 키네토스코프와 프랑스의 뤼미에르가 고안한 시네마토그라프로 구분될 수 있다. 키네토스코프는 백화점이나 약국, 호텔 로비에 설치되어 있던 상영 장치다. 이 기계는 영화관의 어둠을 필요로 하지 않았다. 조그만 구멍으로 키네토스코프라 불린 기계를 들여다보아 관람객들이 대경으로 필름을 볼 수 있는 식이었다. 지금의 투사식 기계와 달리 키네토스코프는 비투사식의 영화 장치였다. 그러므로 키네토스코프는 스크린에 영화가 상영되고 다수의 관객들이 어둠 속에서 영화를 관람하는 이후의 영화사와 계보를 달리한다. 가령, 관객들은 일렬로 배치된 다섯 대의 키네토스코프를 차례로 들여다보는데, 각각 상영 시간이 30초 분량의 단편들을 불연속적으로 연달아 볼 수 있다. 예를 들어, 1라운드 30초 분량의 복싱 시합 경기를 매번 동전을 넣어 가면서 기계 다섯 대를 하나씩 이동하며 관람하는 것이다. 불연속적인 영화 관람, 개인적인 관람성이 키네토스코프의 특성이었다.

반면, 1895년 첫 선을 보인 뤼미에르의 시네마토그라프는 에디슨의 키네토스코

LA의 페니 아케이드에 있던
초기의 니켈로디온 극장.

1894년 공개된 에디슨의 키네토스코프는
커다란 나무 상자 내부에 렌즈와
연결된 구멍으로 녹화된 장면들이
재생되도록 만든 기구이다.
이 기구는 관객 혼자서만 볼 수 있었다.

프와 달리 스크린에 확대 투영된 영상을 다수 관객이 하나의 공간에서 관람하는 장치였다. 뤼미에르는 1900년에 심지어 파리 만국박람회에서 오늘날 아이맥스에 필적하는 거대한 스크린을 도입해 3000~5000명의 관객을 수용하는 상영을 시도하기도 했다. 뤼미에르의 시네마토그라프는 지금의 극장에서의 영화 관람 경험의 시작을 알리는 장치였다.

영화사 초기에 있었던 두 가지 서로 다른 관람 방식은 근래에 들어 중요한 함의를 지닌다. 가정용 비디오테크, 인터넷과 휴대폰을 통한 영화 관람은 일견 에디슨의 키네토스코프의 시대로 회귀하는 경향처럼 보이기 때문이다. 키네토스코프가 개인적 관람 장치였던 것처럼 지금의 관객들은 비디오, 인터넷, 휴대폰으로 영화관을 벗어난 장소에서 그들 각자의 관람을 시도할 수 있게 되었다. 새로운 관람 장치들은 시네마토그라프의 세계적 보급 이래 영화가 상실한 키네토스코프의 원초적 쾌락을 회복시켜 주었다. 극장에서의 단체 관람과 달리 동영상을 플레이하고 진행하는 주체가 다름 아닌 관람자라는 관객 주체성의 회복 말이다. 일종의 유아론적 세계관을 실현할 수 있는 심리

적 장치가 키네토스코프이다.

영화는 탄생 초기에 독자적인 상영 공간을 갖지 못했다. 미국이나 영국, 캐나다에서 세기 전환기에 등장한 영화는 일종의 막간 공연처럼 보드빌 극장에서 버라이어티 쇼와 뮤직홀에서의 노래, 댄스, 콩트, 진기한 구경거리 등의 하나로 편성되어 소개됐다. 보드빌 극장은 19세기 말에 시작되어 미국과 캐나다를 중심으로 유랑극단, 서커스, 노래, 마술, 춤, 곡예 등의 버라이어티 공연이 벌어졌던 무대를 말한다.

1896년 뉴욕의 보드빌 극장에서 바이타스코프가 처음으로 상영되어 인기를 얻었다. 바이타스코프란 에디슨이 상품화한 투사식의 키네토스코프이다. 이러한 보드빌 극장은 대략 1920년대까지 지속되었는데, 그 이후는 영화관에 인기를 빼앗겨 대부분의 보드빌 극장은 상설 영화관으로 새롭게 단장했다. 하지만 니켈로디온의 탄생 이후에도 적어도 1920년대의 무성 영화 시절에는 보드빌 극장에서처럼 일반 상설관에서도 영화와 공연이 함께했다. 무성 영화가 상영될 때 피아노나 오르간, 오케스트라의 실제 연주가 더해졌던 것이다. 19세기 말로부터 계승되어 온 이러한 관습은 새로운 극장의 탄생과 더불어 자취를 감추었다. 하지만, 근래에 멀티플렉스에서의 프리미어 상영시에 주연 배우의 무대 인사나 예술 영화관에서의 관객과의 대화, 시네마테크에서의 무성 영화 연주 상영 등과 같은 다양한 이벤트에서 여전히 그 흔적을 찾을 수 있다.

영화 배급의 근대화도 상설 영화관의 설립을 촉진했다. 이전까지 흥행주는 상영용 프린트를 제작 회사로부터 직접 구매해야 했다. 하지만 니켈로디온의 탄생과 흥행에

버스터 키튼의 〈셜록 주니어 *Sherlock Jr.*〉(1924)에서 영사기사인 키튼은 영화가 시작되는 순간 잠에 들면서 서서히 스크린을 가로질러 영화 속의 세계로 들어간다. 이때 영화관의 스크린은 새로운 세계로 들어가는 문이 된다. 극장의 스크린은 현실과 상상의 세계를 가르는 물리적 경계이지만, 동시에 스크린은 관객의 상상적인 꿈을 가시화하고 다른 세계로의 접근을 가능케 하는 일종의 문턱이다.

힘입어 새롭게 배급망이 정비되었다. 흥행주는 상영용 프린트를 임대 형식으로 구입해 자유롭게 프로그램을 다변화할 수 있었다. 대량으로 유통되는 백화점의 상품처럼 다양한 영화들이 상영관에서 상영될 수 있었고, 관객들은 매번 신상품으로 영화를 볼 수 있는 기회를 얻었다. 영화관이 중요한 오락거리가 될 수 있었던 또 다른 조건은 영화를 보는 관객들의 유효 수요의 확대를 꼽을 수 있다. 20세기 초 미국에는 엄청난 숫자의 이민자들이 있었다. 이민자들의 대량 유입은 영화의 생산(제작 확대)과 소비(시장 확대)에 지대한 영향을 미쳤다. 이민자들 대부분은 영어를 하지 못한 궁핍한 노동자였다. 그들에게 염가의 무성 영화는 유일한 오락거리였다.

니켈로디온이 유행하면서 영화관의 규모도 거대해졌다. 영화가 산업적으로 성장기를 맞이하면서 소규모 경영으로는 대량의 상품 유통도, 관객 동원도 어려웠기 때문이다. 이에 사치를 더한 호화로운 거대 영화관인 무비 팰리스(영화 궁전)가 1910년부터 건설되기 시작했다. 통상적인 니켈로디온의 수용 인원은 100명에서 최대 300명 정도였다. 반면, 무비 팰리스는 그것의 10배가 넘는 1000~3000명, 최대 6000명의 관객을 수용할 수 있는 거대한 규모를 자랑했다. 무비 팰리스는 니켈로디온에서는 상상도 할 수 없었던 사치를 더한 장식과 설비를 더했다. 베르사이유 궁전이나 대성당을 모방했고 관객들은 저렴한 가격에 환상의 신전을 방문하는 호사를 누렸다. 바닥에는 카펫이 깔리고, 안락한 의자, 환상적인 실내 장식, 고급스런 르네상스식 인테리어가 호화롭고 분위기 좋은 왕궁 같은 이미지의 영화관을 만들어 낸 것이다. 하지만 이러한 영화관도

1927년 신시네티에 개관한
거대한 무비 팰리스
RKO 앨비 극장Albee Theatre.

1950년대를 거치면서 점차 거대한 공룡으로 변모했다.

하지만 이러한 호사스런 영화관은 21세기에 들어 새롭게 부활의 조짐을 보이고 있다. 지난 20세기의 마지막 10년 동안 새로운 변화가 있었기 때문이다. 가장 큰 변화는 멀티플렉스의 등장이다. 최근 들어 멀티플렉스는 초기의 무비 팰리스로 회귀하는 움직임을 보이고 있다. 거대 스크린을 지닌 아이맥스 영화관의 등장이 그러하다. 이러한 거대 규모의 극장이 만들어질 수 있는 원동력은 영화에서의 디지털 혁명이다. 디지털 영사 시스템은 기존의 셀룰로이드 필름을 무용한 것으로 바꾸어 놓았다. 필름을 영사하는 데 필요한 영사기와 영사실의 기능이 그만큼 축소되면서 영화관 건축에 더 자유로운 디자인이 가능해지고 있다. 일부 건축가들은 극장 내부의 공간을 예전의 오페라 관람석처럼 변경하기도 했다. 파티, 비즈니스를 위한 음식 서비스가 제공되는 특별한 극장이 만들어지기도 했다. 객석의 질에 따라 상이한 가격 체계를 지닌 극장들이 다변화될 전망이다. 또한 초고속 고용량 통신선으로 극영화를 대형 스크린에 전송하는 전자 극장이 조만간 상용화될 것으로 보인다.

20세기의 반세기 동안 영화관은 문화와 여가 활동의 중심적인 공간이었다. 저렴한 비용과 접근성으로 영화관은 상대적으로 다른 경쟁 상대를 갖지 않는 특권을 누렸다. 하지만 1950년대부터 소비 사회의 도래와 문화 활동의 다변화, 여가의 증가로 영화관은 주도성과 대중적인 성격 일부를 잃어버리게 되었다. 20세기에 영화는 산업 사회의 본질적인 공적 공간들 가운데 하나였다. 생동감 있는 이미지의 스펙터클을 보려고 같은 공간 안에 모인 다양하고 많은 군중들을 받아들이는 영화관은 그들을 영화의 관객으로 만들기 위해 연합할 줄 알았고, 사회적 토론의 공간을 이루었다. 영화관은 개인을 존재할 수 있게 해주는 공동체에 배치했고, 극장의 의식은 대중에의 소속감에 의해 단절된 동시에 연결된 관객을 구축한다.

영화관은 오래전부터 영화에 대한 단순한 소비 이외에도 다른 것을 제안했다. 그 하나는 어떤 형태의 사회성을 겨냥하는 시간과 공간에 대한 다른 관계를 관객들에게 제안하는 것으로 멀티플렉스의 등장을 들 수 있다. 멀티플렉스는 1980년대 말에 비디오와 텔레비전에 관객을 빼앗기던 미국 극장들이 불황의 타개책으로 새롭게 개발한 여러 상영관을 갖춘 종합 영화관을 의미한다. 여러 상영관 형식은 완전히 새로운 것은 아니다. 하지만 과중한 투자를 필요로 하는 이 시스템은 첫째, 동일한 장소에서 스크린수의 증가(10개 이상), 둘째 제공되는 서비스의 질에서 현격한 차별화로 특징지어진다. 다수의 스크린은 프로그램상의 이점과 좌석 점유율의 최적화를 겨냥한 것이다.

멀티플렉스는 대형 스크린, 고음질 디지털 음향, 안락한 의자 등의 테크닉 개선과 새로운 서비스를 명시하는 시스템을 포함한다. 이를테면 필름 수의 증가, 차별화된 상영 시간표, 다양한 영화 편성, 선택의 여지와 편리함. 실용적으로는 용이한 주차 공간, 말끔한 인테리어와 쾌적한 홀, 직원들 서비스, 전시 공간 등과 같은 부수적인 활동 등을 들 수 있다. 또한 멀티플렉스는 한 장소에서 폭넓은 영화를 찾을 기회를 제공한다. 관객에게 확실하게 서비스를 제공하는 방법으로 문화 상품의 공급에 내재한 위험을 보완하려는 시도이다. 또한 3D 영화의 등장과 더불어 영화관의 규모도 영화적 체험을 극대화하는 방향으로 더 커지고 있다. 영화관의 미래는 점점 과거의 거대화를 반복하고 있는 것처럼 보인다.

시네필과 새로운 영화관의 탄생

영화의 소비주의 모델을 벗어나는 새로운 영화관의 탄생은 전후에 새롭게 등장한 시네필의 출현과 함께했다. 미적 취미와 윤리적 태도를 지니고 영화에 강한 집착을 보이는 시네필은 영화가 상영되고 소비되는 새로운 사회적 조건을 필요로 했다. 영화를 볼 수 있는 적당한 비용, 반복적인 영화 관람의 가능성, 관람할 수 있는 작품의 다양성, 영화를 보기 위한 유흥비와 자유 시간, 영화를 둘러싼 특권적인 고유명을 근거로 한 영화 비평의 다양성, 그리고 회합과 논의의 장소가 되었던 새로운 형태의 영화관이 시네필 등장의 물적 조건이었다.

전설적인 시네필을 양산한 전후의 파리에는 차례로 신작 영화를 공급한 예술 영화관, 영화의 공공적 기억을 보호한 시네클럽의 상영회, 방대한 영화 수장고를 갖추고 프로그램 상영을 실시한 시네마테크가 있었다. 급진적인 영화 예술 애호의 중심적인 담당자들은 이러한 영화관을 찾았던 이들이었다. 그들은 영화에 대한 전통적인 비평적 규범에서 빠져나왔던 이들로, 주류 사회에 있으면서도 중산 계급의 인문주의적 교양을 습득한 지식인 청년들이었다.

프랑스에서 시네필의 역사는 실로 깊은 편이다. 이미 1920년대부터 영화 잡지, 영화 비평을 둘러싼 노력이 있었고, 시네클럽을 조직화하는 광범위한 영화 애호 현상이 있었다. 1920년대의 시점에서 소비에트가 영화를 혁명화하려 했다면, 1930년대의 독일이 영화를 국가의 정치적 미장센으로 만들려 했다면, 프랑스는 일찌감치 그들과는 다른 의미의 영화 국민이 되려 했던 것이다. 〈카이에 뒤 시네마*Cahiers du Cinéma*〉의 편집장이기도 했던 장 미셸 프루동Michel Prodhon은《민족과 영화》에서 프랑스의 이런 독특한 영화 사랑에 대해 다음과 같이 기술한다.

> 프랑스는 영화 사랑의 나라, 혹은 시네필의 조국이 되려 했다. 이는 세계의 유명 영화인들이 모두 각자의 조국을 버리지 않으면서 모두 영화 조국의 시민이 되려 하는 것에서도 알 수 있다. 그리고 그 곳에는 프랑수아 트뤼포와 같은 영화라는 이름의 국민의 왕자, 영웅 혹은 순교자가 있었다. 영화를 투영해 영화보다 더 크고 아름답고 다양하게 영화의 가치를 세계에 투영하려 하는 것. 그 순수한 의미만을 고려할 때 프랑스, 특히 파리는 영화의 수도가 된 것이다.[8]

역사를 되돌아볼 때 프랑스의 영화 애호 현상은 두 가지 대립적인 힘의 작용에 의해 진행되었다. 그 하나의 축이 영화 예술을 보존하고 육성하려 했던 자발적인 노력의 과정이라면 다른 축은 오랜 역사를 통해 영화를 문화 제도 안에 적절하게 위치시키려는 노력이다. 전자가 시네클럽, 시네마테크, 예술 영화관들의 자발적인 생성과 영화 애호가들의 노력이라면 후자는 예술로서의 영화를 제도적 지원이 가능한 문화의 영역으로 끌어올리려 한 행정가들의 노력에 있다.

영화가 무성이었고 젊었던 시절인 1920년대에 일군의 예술가들과 영화 애호가들은 초현실주의 영화들과 아방가르드 영화에 매혹을 느꼈고 소규모로 시네클럽을 조직해 영화 상영과 토론, 비평을 하면서 영화가 예술임을 입증하려 노력했다. 이 시기의 시네클럽은 실로 다양했다. 이를테면 1920년대 시네클럽의 핵심적인 인물이었던 레옹 무시낙은 1928년에 '스파르타쿠스의 친구들Les Amis de Spartcacus'이라는 노동자 중심의 시네클럽을 만들기도 했다. 그는 당시 시네클럽의 영화 상영에 대해 "영화 상영이 끝난 뒤에 사람들은 떠나기를 거부했다. 그들은 열정적으로 앙코르를 외쳐댔다. 그래서 우리는 영화의 마지막 릴을 다시 한 번 틀어야만 했다. 그 영화가 에이젠슈타인의 〈10월 Oktyabr〉(1928)이었다. 마지막 전철도 끊어진 상태, 그래서 대부분의 노동자 관객들은 영화가 끝난 뒤에는 걸어서, 밤새도록 집으로 돌아가야만 했다"라고 감동적으로 회고한다. '스파르타쿠스의 친구들'이란 시네클럽은 프랑스에서 첫 번째로 만들어진 전국 규모의 대안적인 영화 상영 네트워크로 알려져 있는데, 이들은 파리에만 1만 5000명의 회원을 확보해 검열로 인해 상영이 불가능했던 소비에트 영화들을 집중적으로 소개했다. 에이젠슈타인의 〈전함 포템킨〉이 이러한 네트워크를 통해 프랑스 전역에서 관객 3만여 명을 동원하기도 했다.

물론 프랑스에서 전설처럼 회자되는 시네필의 탄생은 전후의 시기에 새롭게 도래한 세대들과 함께했다. 이 새로운 세대는 영화 예술에 대한 기성의 견해에 반대 의견을 내비치면서 자신들의 영화적 취향을 과시하는 '저항'을 벌이기도 했다. 시인 장 콕토가 1948년에 아방가르드 영화 운동을 활성화하기 위해 만든 '오브젝티프 49Objectif 49'라는 시네클럽에는 로베르 브레송, 로저 렌하르트Roger Leenhardt, 장 그레미용Jean Grémillon, 르네 클레망René Clément, 마르셀 카르네Marcel Carné 등이 참여했는데, 이 시네클럽은 당시 배급이 불가능했던 영화들, 상업적으로 성공하지 못해 시장에서 사장된 영화들, 시네클럽의 취향과 열정에 어울리는 영화들을 주로 상영했다. 장 콕토의 〈무서운 부모들Les parents terribles〉(1948), 로셀리니의 〈독일 0년Germania anno zero〉(1948), 오슨 웰스의 〈위대한 앰버슨가The Magnificent Ambersons〉(1942) 등과 같은 작품이 여기에 포함되어 있었다. 장 콕토는 또한 당시 각 나라의 당국자들이 작품을 선별하던 기존의 영화제에 대항해 '타도 칸'를 외치며 "우리가 스스로 작품을 선별할 것이다"라며 스스로 '저주받은 영화들'이라 칭한 영화들을 상영하는 '저주받은 영화 페스티벌'을 개최하기도 했다. 이 영화제에는 당시 19세 고다르, 21세 리베트, 17세 트뤼포가 참여하면서 영화 상영 후에 격렬한 논쟁을 벌이기도 했다.

　　새로운 영화 문화의 활성화와 시네필의 탄생에 기폭제가 된 것은 앙리 랑글루아의 시네마테크였다. 1936년 앙리 랑글루아와 조르주 플랑주에 의해 창설된 시네마테크 프랑세즈는 2차 세계 대전이 끝난 이후 1948년, 50석의 상설관으로 개관하며 프랑스 영화 문화에 결정적인 기여를 했다. 당시 16세였던 프랑수와 트뤼포는 "시네마테크는 당시 우리에게 안식의 장소이자, 피난소이며, 가정이었다. 50석밖에 안 되었기에 우리는 좌석에 앉지 않고 맨 앞줄의 마루에 앉는 것이 일상적인 일이었다"라고 말한다. 이러한 시네필들은 영화를 새로운 예술로 인식했고, 영화와 그것의 역사에 대한 반성의 새로운 장을 열었던 독특한 관객들이었다. 시네필들은 문서에 의존하는 영화사가와

장 콕토, 로저 린하르트, 로베르 브레송이
주도한 시네클럽 오브젝티프 49.

시네클럽 오브젝티프 49는 당시 배급이 불가능했던 영화들, 상업적으로
성공하지 못해 시장에서 사장된 영화들, 시네클럽의 취향과 열정에
어울리는 영화들을 주로 상영했다. 로셀리니의 〈독일 0년〉 포스터.

는 다른 나름의 기억술에 근거해 영화의 역사를 새로 써내면서 영화와 관련한 논쟁에
있어서 열정적이었고, 작품의 분류와 체계화, 취향의 판단에 있어서 야심적이면서도 세
밀하고, 무엇보다 자신들이 좋아하는 영화의 가치를 적극적으로 옹호했다. 그런 점에
서 시네필 문화는 제도적이고 공적인 문화와는 거리가 멀었다. 프랑스에서 시네필 문화
는 그것의 바깥에서, 거의 독학을 통해, 자발적으로 만들어진 것이다.

상영 공간으로서의 시네마테크의 의미와 중요성은 전 세계적으로 새로운 영화들
(이탈리아 네오리얼리즘, 프랑스의 누벨 바그, 미국의 뉴 아메리칸 시네마 등)이 등장하던 1950년대이다.
이 시기 새로운 세대의 영화 애호가들은 영화를 보존하고 계승하는 것이 필름을 '보
관'하는 것에 머무는 것이 아니라, 필름에 수북이 쌓인 먼지를 털어 내고 극장의 어둠
에서 그것의 빛을 체험하는 행위를 통해 이루어질 수 있다고 주장했다. 보여 주는 예술
로서의 영화가 극장에서 상영될 기회가 없다면 결국 그 영화는 존재하지 않는 것과 마
찬가지이기 때문이다. 새로운 시각(이른바 작가 정책)으로 영화를 다시 보면서 예술로서의
영화를 재인식하던 시기가 바로 이때다. 작가 정책, 영화 비평, 시네필이 시네마테크와

이토록 긴밀하게 호흡하던 시기는 아마 이후에는 없을 것이다. 누벨 바그 세대들은 영화를 보는 것이 영화들 간의 새로운 관계를 형성하는 비평 작업이자 새롭게 영화를 만드는 과정이라 여겼기에 보는 행위와 비평 작업, 영화를 만드는 행위에 어떤 위계를 부여하지 않았다. 그들은 스스로 영화의 좋은 관객이자 비평가이며 작가라는 사실을 자부했다.

누벨 바그 세대에게 시네마테크는 영화의 역사를 이해하는 통로가 됐다. 영화 상영은 영화의 새로운 관계들을 매번 상영을 통해 재형상화한다. 이는 범주화나 연대기, 혹은 연상이나 연합에 의해서가 아닌 항구적인 이질성, 생산적인 혼란을 통해 만들어진다. 즉 시네마테크에서의 기획된 영화 상영은 시간, 장소, 기원, 기능이라는 주어진 맥락에서 다른 맥락으로 다른 시대의 영화들과의 새로운 관계의 역사를 만들어 낸다. 이 역사는 장 뤽 고다르가 〈영화사〉라는 작품에서 언급하는 '가능한 역사들' 혹은 '복수의 역사'이다. 주어진 역사가 아니라 매번 과거의 관계에서 변경되는 일시적이고, 불안정하고 복수적인 역사를 말한다. 고다르는 청년 시절 즐겼던 랑글루아의 시네마테크를 언급하면서 이렇게 말한다. "시네마테크가 왜 좋은지가 여기에 있다. 거기서 당신은 영화를 뒤범벅으로 볼 수 있다. 1939년의 조지 쿠커George Cukor의 작품을 1918편의 다큐멘터리 영화와 함께 볼 수 있었다." 랑글루아의 시네마테크는 영화와 관련해 언제나 새롭게 기획 상영을 창조할 필요가 있음을 보여 주었고 영화의 역사 개념을 가능한 넓게 열어 주는 프로그래밍이 영화 박물관의 목표이자 작품들 간의 관계를 새롭게 만들어가는 기획이었음을 보여 주었다. 그리하여 고다르는 시네마테크에서의 영화 보기가 어떻게 영화사에 대한 감각을 일깨웠는가를 이렇게 술회한다. "우리는 영화의 역사에서 에이젠슈타인 뒤에, 혹은 로셀리니 뒤에 어떤 감독들이 존재하는가를 알 수 있었다. 이 모든 것을 랑글루아의 시네마테크가 우리들에게 가르쳐 주었다."

앙리 랑글루아와 시네마테크 프랑세즈

1936년 파리에 개관한
시네마테크 프랑세즈의 설립자인 앙리 랑글루아.

내게 있어 시네마테크를 통한 문화는 미래를 창조하는 것을 의미한다. 왜냐하면 시네마테크가 살아 있는 예술을 위한 박물관이기에 그렇다. 시네마테크는 과거를 위한 박물관일 뿐만 아니라 미래를 위한 박물관이다. – 앙리 랑글루아

영화를 보존해야 한다는 생각이 유성 영화가 무성 영화를 대체해 가던 1930년대에 중요하게 대두되기 시작했다. 당시 영화에는 기술 변화가 일어나기 시작했고, 대부분의 영화 제작자들은 무성 영화가 이미 아무런 소용이 없다고 생각했고 필름들을 처분하기 시작했다. 모든 무성 영화가 산업의 영역에서 폐기되었고 파괴되어 갔다. 그 결과 필름을 보존해야 한다는 문제가 1930년대 세계 각지의 영화 애호가들에게 긴박한 문제로 대두되었다. 앙리 랑글루아, 장 미트리Jean Mitry, 그리고 나중에 감독이 된 조르주 프랑주Georges Franju는 무성 영화의 필름을 보호하고 보존하기 위해 제작사들을 돌며 필름을 수집했고, 심지어 쓰레기통에서 필름을 주워 오기도 했다. 그들은 영화가 예술의 한 형태가 될 수 있으며 보존해야 하는 예술의 형식이라 여겼다. 또한 모든 예술의 형식이 고유의 박물관을 지니고 있기에 영화도 박물관이 필요하다고 보았다. 단순히 필름의 보존을 위한 아카이브를 만드는 것이 아니라 영화 박물관을 구축함으로써 영화를 예술의 한 형태로 지켜내야 한다고 생각했던 것이다.

'영화의 박물관'이란 개념으로 시네마테크 프랑세즈가 파리에서 창립된 것은 1936년의 일이었다. 당시 미국의 현대미술관(MoMA)에서도 영화 관련 부서가 생겨났고, 세계 각지에 수많은 필름 아카이브가 개설되었고, 1937년에는 국제아카이브연맹(FIAF)이 창립되기도 했다. 1930년대는 시네마테크 프랑세즈의 황금기였고 영화를 보존하겠다는 목표와 영화 박물관을 만들겠다는 목표를 향해

나아갔던 시기였다. 초기에 랑글루아의 수집 정책은 만약 한 작가의 작품이 보존할 만한 가치가 있다면, 그의 모든 작품을 보존해야 한다는 것이었다. 가령, 루이 푀이야드Louis Feuillade의 〈뱀피르 Les vampires〉(1915)와 〈팡토마Fantômas〉(1913)는 초현실주의자들에게 사랑을 받았던 작품이지만 이후 그의 작품들은 산업적으로 폐기 처분되었다. 비평적 여론에 근거한 수집은 나중에 실수로 드러나는 경우가 있었기에 가능한 모든 작품들을 수집하는 것이 그의 방식이었다. 2차 세계 대전이 끝난 후인 1940년대는 시네마테크 프랑세즈가 본격적으로 상영을 시작했던 두 번째 황금기였다. 새로운 시네필들이 생겨나기 시작했고, 고다르, 리베트, 로메르, 샤브롤, 레네 등의 젊은 비평가들은 그리피스, 채플린, 무르나우 등의 무성 영화의 고전들을 포함한 각국의 명작들을 시네마테크에서 발견할 수 있었다. 전후의 시기에 하워드 혹스의 영화를 무성에서 유성 영화까지, 그리고 코미디, 스릴러, 웨스턴 등의 다양한 장르를 가로질러 볼 수 있었던 곳은 랑글루아의 시네마테크뿐이었다.

1960년대에 시네마테크 프랑세즈는 국가와 중대한 충돌을 경험한다. 시네마테크 프랑세즈는 민간이 설립한 기관이지만, 운영을 위해서는 국가의 지원이 필요했다. 당시 드골 정부는 랑글루아의 재정 운용이 합리적이지 못하다고 생각했고, 1968년 그를 해임하고 친관료적인 인물을 시네마테크의 수장으로 대체하려 했다. 이에 프랑스를 비롯해 세계적으로 거대한 저항의 움직임이 일기 시작했고, 당시의 영화인들은 랑글루아가 복직되지 않으면 더 이상 시네마테크 프랑세즈에 프린트를 제공하지 않겠다며 정부를 압박했다. 이른바 '랑글루아 사태'가 발생한 것이다. 그 결과 시네마테크는 승리를 거뒀지만, 이후 정부로부터의 예산 지원이 중단되면서 재정적인 압박에 시달려야 했다. 그 무렵 랑글루아는 영화 박물관을 만들겠다는 생각에 사로잡혔고, 영화를 보존하고 기획 상영하는 것만이 아니라 영화와 관련된 물품들을 전시해야 한다고 생각했다. 1970년대에 랑글루아는 샤이오 궁 안에 영화 박물관을 개관했고, 영화와 관련한 자료와 의상, 포스터 등을 연대기적인 방식을 넘어선 시적인 순서로 전시했다. 이 시기에 랑글루아는 몬트리올에서 영화의 역사에 대한 일련의 강연을 진행했는데, 1976년에는 고다르와 함께 필름과 비디오로 상영되는 영화사에 대한 영화를 만들 기획을 세웠었다. 1977년 랑글루아의 사망 이후에 고다르는 그의 뒤를 이어 '영화의 진정한 역사 입문'이란 강의를 이어갔고, 나중에 이러한 아이디어가 모여 〈영화사〉(1988)라는 작품이 만들어지기도 했다.

랑글루아의 사망 이후에 시네마테크 프랑세즈는 정부와의 불화와 화해를 거듭하다, 1991년부터 다시 관계가 안정되면서 새로운 공간으로 이전 준비를 시작하게 된다. 마침내 2005년에 파리 동남쪽에 위치한 베르시로 새롭게 이전하면서 현재는 연간 2000회 이상의 상영을 하는 4개 상영관과 영화 전시를 위한 상설 전시관과 연간 두 번의 특별전을 개최하는 특별 전시관, 그리고 영화 도서관을 구비하고 있다.

박물관의 영화

1980년대의 초에는 영화가 상영되는 장소와 관련해 중대한 변경이 발생하기 시작한다. 영화 작가가 현대 예술의 세계에 개입하는 움직임이 시작되었던 것이다. 아톰 에고이안 Atom Egoyan, 라울 루이즈Raúl Ruiz, 아네스 바르다Agnès Varda, 데이비드 린치, 피터 그리너웨이Peter Greenaway, 샹탈 애커만Chantal Akerman, 장 뤽 고다르, 하룬 파로키Harun Farocki, 아핏차퐁 위라세타쿤Apichatpong Weerasethakul 등 영화 작가들이 박물관과 갤러리에서 자신의 작품을 전시하는 경향이 빈번하게 나타나고 있다. 영화가 박물관에 전시되고 이제 관객들은 극장의 어두운 공간에 머물러 부동의 상태로 이미지를 바라보는 것이 아니라 자유롭게 움직이며 영상을 감상한다. 이는 영화에 관한 근본적인 전제가 변화되고 있음을 보여 준다.

영화는 원래 어둠 속에서 스크린에 고정된 눈길로 영상을 바라보는 것으로 성립한 예술이다. 이때 이미지는 무엇보다 투사될 경우에만 존재한다. 영화 발명의 기원은 이러한 투사와 관련한 과학 장치와 깊은 관련을 맺고 있다. 가령, 투사는 그 유명한 플라톤의 '동굴 우화'에서 시작해, 서양에서의 사영기하학을 발명한 수학자들의 논의, 그리고 환영의 기술과 밀접한 관련을 맺고 있다. 영화 이론가들은 종종 이러한 투사와 관련해 감옥의 비유를 들기도 했다. 이를테면 장 루이 보드리Jean–Louis Baudry는 영화 관객을 플라톤의 동굴에서의 죄수들과 비교하면서 영화가 관객석에 자리하는 관객의 부동성에 의존한다고 말한다.[9] 보드리의 정신분석학적인 설명에 따르면, 관객의 부동성은 역사적인 우연이 아니다. 차라리 그것은 영화적 쾌락의 본질적인 조건이기도 하다. 레프 마노비치Lev Manovich도 스크린에 대한 논의를 전개하면서 "알베르티의 창문, 뒤러의 원근법 기계, 카메라 옵스큐라, 사진, 영화와 같은 스크린에 기반한 이 모든 기제에서 주체는 움직이지 않고 있어야만 한다. [······] 현대성에서 이미지의 점진적인 동원은 관객의 점진적인 감금을 수반했다"[10]고 말한다. 세계를 붙잡고, 세계를 정지시키고, 세계를 재현 기제(여기서는 원근법적인 드로잉) 내에 고정시키려 하는 주체가 도리어 그 기제로 인해 감금의 덫에 빠져 버리는 것이다.

하지만 영화의 투사는 이러한 논의를 넘어서는 몇 가지 특징을 지니고 있다. 첫째, 투사는 무엇보다 영화의 근본적인 정의와 관련된다. 영화에서 투사는 확대와 관련되어 있다. 그것은 이미지의 확대로, 35mm의 작은 직사각형에 놓인 세계를 가로 축과 세로 축으로 크게 확대한 것이다. 이 확대의 기원은 앞서 말했던 것처럼 개인을 대상으로 상상했던 에디슨과 달리 뤼미에르적인 것이다. 가령 영화는 20세기의 대중과 밀접한 관계를 맺고 있다. 대도시의 군중의 존재, 기차, 전차 등의 대중 교통의 탄생처럼 대중의 소환을 이루어 내는 것이 투사라는 확대의 기원에 근거한 시네마토그라프의 역사이다. 둘째, 투사는 앞서 언급했듯이 감금과 탈주(도주)의 욕망을 담고 있다. 투사는 환영의 예술인 것이다. 셋째, 투사는 이미지의 빛의 전송으로 표현될 수 있다. 이러한 측면에서 영화의 투사는 최근의 비디오아티스트의 전시에 이르는 다양한 빛의 예술을 이미 내포하고 있다.

영화 작가들이 미술계와의 교류가 잦아지는 것은 영화 감독들에게 더 폭넓고 혁신적인 상상력을 허용한 디지털 미디어의 발전에 힘입은 바 크다. 또한 영화의 지형학이 변모하는 만큼이나 박물관의 지형학 또한 변화되었고 문화적 기억의 공간으로서 박물관이 영화의 현전에 의해 활성화되고 있기 때문이기도 하다. 예술과 영화의 비판적인 상호 작용, 그리고 전시의 담론이 새롭게 형성되고 있는 것이다.

장 뤽 고다르는 일찌감치 이러한 문제를 자신의 영화 작업과 관련해 고민했었다. 〈영화사〉는 박물관의 벽과 영화 스크린의 상호 작용으로 영화와 예술, 그리고 역사와 이야기의 상호 작용을 시도한 작품이라 할 수 있다. 고다르의 영화사의 기획은 영화 박물관의 건축학이라 부를 만한 것으로, 영화의 역사를 박물관의 개념을 빌어 회복하려는 시도를 담고 있다. 물론 고다르에게 박물관은 비판과 긍정의 이중적 대상이다. 고다르는 언제나 자신이 예술과 그것의 전시에 관심이 있다고, 전시 공간 디자인과 박물관의 변모, 그것의 이데올로기에 관심이 있다고 말했다. 이런 고다르의 관심은 박물관의 '탈구축'으로 표현될 수 있다. 〈영화사〉에서 고다르가 시도한 것이 박물관의 재구축(영화와 회화 간의 계속적인 교대는 예술의 전시에의 풍부함과 존엄을 재건한다)과 그것의 파괴(다양한 회화들이 사실상 찢겨지고 재구성된다)이기 때문이다.

고다르는 초기부터 박물관에 대해 논쟁적인 입장을 갖고 있었다. 그에게 박물관은 위대한 학습의 시시한 장소였다. 이는 〈국외자들 *Bande à part*〉(1964)에서 루브르 박물관을 9분 43초에 주파하는 그 유명한 장면에서처럼 조롱의 대상이었다. 마찬가지로 〈사랑의 찬가 *Éloge de l'amour*〉(2001)에서도 박물관은 절도의 장소로 예술 작품의 아우라를 손상케 하는 장소로 표현된다. 〈사랑의 찬가〉에서 영화를 만들려는 에드가에게 자금을 제공하는 화상은 루브르 박물관이 거대한 작물 전시장이며 그들이 예술을 논하는 것을 경멸조로 비난한다. 고다르에게 전통적인 박물관은 예술의 거대한 유괴 장소인 것이다. 하지만 영화의 역사와 그것의 회복을 꿈꾸는 고다르에게 박물관은 이상적인 장소이기도 하다. 고다르는 이러한 가능성을 앙드레 말로André Malraux의 '상상의 박물관'과 앙리 랑글루아의 시네마테크에서 발견했다. 앙드레 말로는 '상상의 박물관'에서 예술사를 사진술의 도움으로 비교해 볼 수 있게 하는 장소로 표현한다. 고다르가 몽타주를 통해 비가시성의 역사를 살펴보려는 기획의 근원이 여기에 있다. 동시에 고다르는 랑글루아의 시네마테크에서 상이한 영화들을 대조시키는 '프로그래밍'으로 영화들 간

자신을 '박물관의 아이'라 소개하는 고다르는 2006년 파리의 퐁피두센터에서 열린 "유토피아로의 여행" (1946~2006) 전시에서 20세기의 역사를 다양한 영상의 콜라주로 표현했다. 고다르의 전시는 앙드레 말로의 상상의 박물관과 1970년대 앙리 랑글루아의 영화 박물관 전시를 따른 것이다.

의 관계의 역사를 들여다볼 수 있는 가능성을 얻었다. 랑글루아의 기획은 〈영화사〉의 구성에 지대한 영향을 미쳤다. 그런 점에서 고다르의 박물관의 기획은 앙드레 말로의 '상상의 박물관'과 랑글루아의 '시네마테크'에 이어지는 상상의 공간, 혹은 '정신적 공간'이라 말할 수 있다. 고다르가 구축한 것은 그리하여 일종의 '몽타주 박물관Museum-Montage'이라 할 수 있다. 고다르는 실제로 영화 작가로서만이 아니라 1990년대에는 전시에 몇 차례 초대를 받았고, 뉴욕의 현대미술관(MoMa)으로부터 작업을 제안받아 〈올드 플레이스The Old Place〉(2000)라는 작품을 만들기도 했다. 2005년과 2006년에는 퐁피두센터에서 '콜라주 드 프랑스'란 제목의 전시를 기획하기도 했다.

아핏차퐁 위라세타쿤은 지난 10여 년간 장편 영화와 비디오 아트 양쪽 모두를 만들면서 영화와 미술, 극장과 갤러리를 오가는 작업을 시도했다. 그의 작업은 영화와 예술을 서로 반향하게 하고, 영화를 영화관의 바깥으로 데리고 나가면서 내용과 구성에서 이중성과 변용을 만들어 낸다. 예를 들어 그의 작품은 어둠과 빛, 사람과 동물 등의 변용을 보여 주는데, 이는 비유적인, 사회적인 의미의 변용이라 할 수 있다. 프리미티브Primitive 프로젝트의 일환으로 만들어진 영상 작품 중의 하나인 〈나부아의 망령 Phantoms of Nabua〉(2009)은 타이의 동북 지방에 있는 작은 마을, 나부아에서 제작되었는데, 이 작품은 나부아의 비참한 과거의 역사를 담고 있다. 형광등의 빛에 나부아의 밤의 들판에서 10대의 청년들이 불길에서 축구를 하는 장면은 나부아의 밤의 어두운 곳과 타오르는 불길, 형광등의 빛, 스크린에 투영되는 빛, 그러한 빛을 차단하는 소년들의 그림자가 얽히면서 기억, 역사, 전설의 등장과 소멸을 조용히 그려 내고 있다.

아핏차퐁 위라세타쿤은 이러한 박물관으로 들어간 영화가 다른 맥락과 상이한 시간의 개념을 만들어 낸다고 한다. 즉 관객이 하나의 자리에 고정되어 있는 영화관의 규칙에 의하자면 시간의 개념은 하나의 선을 더듬어 하나의 방향으로만 나아가게 된다. 하지만, 감상자가 전시실 가운데를 걸어 스크린과의 거리를 스스로의 움직임으로 조절하게 되면 주관적인 시간의 개념이 분산되기에 이른다. 특히 관객이 자신과 스크린과의 위치 관계를 조정할 수 있기에 전통적인 영화에서의 해방감과 친밀감을 동시에 누릴 수 있게 된다는 것이다.

박물관, 갤러리로 들어간 영화, 그것은 영화의 새로운 조건이다. 그리하여 우리는 다시 한 번 질문을 던져야만 한다. 영화는 무엇인가, 아니 영화는 어디에 있는가?

주

1. Giorgio Agamben, "Difference and Repetition: On Guy Debord's Films," *Guy Debod and the Situationist International*, Tom Mcdonough (ed.), An October Book, 2004, p.314.

2. 존 벨튼, 《미국영화/미국문화》, 이형식 옮김, 한신문화사, 2000, pp.3~5.

3. 장 르누아르, 《나의 인생 나의 영화 장 르누아르》, 오세필 옮김, 시공사, 1998, pp.42~43.

4. 롤랑 바르트, 《이미지와 글쓰기》, 김인식 옮김, 세계사, 1993, pp.181~188.

5. 앙드레 바쟁, 《영화란 무엇인가》, 박상규 옮김, 시각과언어, 1998, p.326.

6. 미셸 투르니에, 《예찬》, 김화영 옮김, 현대문학, 2000, p.352.

7. Douglas Gomery, *A History of Movie Exhibition in America*, BFI, 1992, p.43.

8. Jean–Michel Frodon, *La Projection nationale: cinéma et nations*, Odile Jacob (ed.), 1998, p.157.

9. 토마스 앨세서·케이 호프만 엮음, 《디지털 시대의 영화》, 김성욱 외 옮김, 한나래, 2002, pp.57~58[Thomas Elsaesser & Kay Hoffmann, *Cinema Futures*, Amesterdam University Press, 1998]을 참조하라.

10. 같은 책, p.58.

셜록 주니어 *Sherlock Jr.*

dir. Buster Keaton│cast. Buster Keaton, Kathryn McGuire, Joe Keaton│1924│
45mim│b&w│USA

사랑하는 여인 앞에서 도둑으로 몰린 영사기사가 영화 속 탐정을 꿈꾸는 이야기이다. 영화와 현실을
넘나드는 코믹한 이야기가 펼쳐지는 가운데, 1920년대 무성 영화 시절의 영화가 상영되는 극장, 연
주 상영, 영사실의 모습들을 볼 수 있다.

랑글루아의 유령 *Le fantôme d'Henri Langlois*

dir. Jacques Richard│cast. Henri Alekan, Catherine Allégret, Jean–Michel
Arnold│2004│210min│color│France

앙리 랑글루아에 관한 다큐멘터리. 랑글루아의 개인사는 물론이고 시네마테크 프랑세
즈의 역사, 그리고 '랑글루아 사태'를 둘러싼 문제가 무엇이었는지를 생생한 자료들과 당시 영화인들
과의 인터뷰를 통해 확인할 수 있다.

✚ book

디지털 시대의 영화

토마스 앨세서·케이 호프만 엮음│김성욱 외 옮김│한나래│2002

영화의 미래에 대한 다양한 견해를 고찰하는 이 책은 디지털과 디지털 시대의 영화에 관한 혼란스런
담론들을 정리하고, 디지털에 관한 핵심적인 문제를 점검한다. '미래의 영화에 관한 고고학'이라 할

정도로 영화, 텔레비전, 비디오에 관한 다양한 문헌들과 자료, 정보를 담고 있다. 영화, 텔레비전, 비디오 등 미디어 각각의 역사와 특수성, 미디어 간의 수렴과 발산에 대해 세밀하게 분석한다.

영화의 역사: 이론과 실제

로버트 C. 앨런, 더글러스 고메리 | 유지나, 김혜련 옮김 | 까치 | 1998

영화사의 연구는 무엇을 대상으로 하는가? 이 쉽지 않은 질문에의 가능한 답변을 이 책은 시도한다. 역사로서의 영화사를 어떻게 접근하는가를 미학적인 영화사, 기술적인 영화사, 경제적인 영화사, 사회적인 영화사로 살펴보고 영화사 연구의 실제 사례를 몇 가지 연구 과제로 제시한다.

Babel & Babylon: Spectatorship in American Silent Film

Miriam Hansen | Harvard University Press | 1994

1890년대 중반에 탄생한 영화는 상업적 오락거리로 이미 극장 이전에 보드빌 무대, 간이 박물관, 박람회장에서 선보였다. 이 특정한 관람의 방식이 영화 관객성에 많은 영향을 미쳤고, 이는 초기 미국 무성 영화의 역사를 이해하는 데 중요한 단서가 된다. 이 책은 미국 영화의 기원적 시점을 공공 장소의 역사적 변형과 관객성의 출현으로 설명한다.

Henri Langlois: First Citizen of Cinema

Glenn Myrent | Twayne Publishers | 1995

시네마테크 프랑세즈의 설립자였던 앙리 랑글루아의 개인사와 그의 시네마테크 활동이 프랑스 시네필의 역사와 어떤 영향 관계를 맺었는가를 알기 위해서는 이 책을 꼭 살펴보아야 한다. 시네필 운동과 비평적 입장에서 랑글루아를 살펴본 리처드 라우드Richard Roud의 *A Passion for Films: Henri Langlois & the Cinematheque Francaise*(The Johns Hopkins University Press, 1999)와 시네마테크 프랑세즈의 역사를 실증적으로 탐구한 롤랑 마노니Laurent Mannoni의 *Histoire de la*

Cinémathèque française: L'amour fou du cinéma(Editions Gallimard, 2006)와 함께 비교해서 읽어 볼 만한 책이다.

Museum Movies: The Museun of Modern Art and the Birth of Art Cinema

Haidee Wasson | University of California Press | 2005

파리의 시네마테크 프랑세즈와 거의 비슷한 시기에 미국에서는 현대미술관(MoMA)에 영화 박물관이 만들어졌다. 이 책은 1935년 뉴욕에 첫 번째 영화 박물관이 만들어지던 시기에 필름 라이브러리의 구축과 프로그램의 구성, 영화를 둘러싼 시네필의 논의 등을 흥미롭게 다루고 있다. 1934년부터 1949년까지의 MoMA의 초기 프로그램이 무엇이었는지도 살펴볼 수 있다.

The Cinematic City

David B. Clareke (ed.) | Routledge | 1997

19세기 말에 탄생한 영화는 도시의 성장과 밀접한 관계를 맺었다. 이 책은 그런 도시와 영화와의 관계를 논의하는 책이다. 장르, 도시, 역사적 시기를 바탕으로 다양한 영화 스틸들과 영화의 장면들을 통해 초기 영화에서 필름 느와르, 누벨 바그와 포스터모던 영화에서의 도시의 표상을 페미니즘, 벤야민, 보드리야르, 푸코, 라캉 등의 논의로 살펴본다.

The Place of the Audience: Cultural Geographies of Film Consumption

Mark Jancovich | BFI Modern Classics | 2008

그동안의 영화 연구는 관객의 행위를 많은 부분 간과해 왔다. 이 책은 텔레비전 연구와 달리 무시되어 왔던 관객성의 문제를 영화 소비의 지리학적인 관점에서 살펴본다. 특히나 영화 상영과 배급의 상이한 장소들(도시 중심가의 극장, 지역 극장, 아트하우스 극장, 멀티플렉스, 비디오 렌탈, 위성/케이블)과 이런 장소와 연관된 관객 소비의 행위가 지닌 의미를 탐구한다.

- 19세기 말 영화가 탄생했을 때 영화는 어디에서 상영되었는가? 이러한 상영과 관련한 관객의 경험은 어떤 것이었나?

- 영화 탄생 초기에 뤼미에르와 에디슨이 영화를 상영하는 것과 관련한 생각의 차이는 무엇인가?

- 미국에서 영화관의 급격한 성장은 어떤 요인에 의해 이루어질 수 있었나?

- 1930년대에 전 세계적으로 필름 아카이브와 시네마테크가 만들어지게 되었던 이유는 무엇인가?

- 새로운 미디어의 발전으로 영화가 죽었다는 견해에 대해서 어떻게 생각하는가?

- 영화가 박물관에 전시되는 것으로 영화가 현대 예술에 속하는 것으로 보아야만 할까?

- 1990년대 중반 이래로 홈시어터의 등장과 더불어 가정에서의 개인적 영화 관람이 증대가 초래한 변화는 어떤 것인가?

AL JOLSON IN THE JAZZ SING
WITH VITAPHONE
2.30 TWICE DAILY 8
Sunday Matinees 3.P.
WARNER
WARNERS' THEATRE
WARNER
AL JOLSON IN "THE JAZZ SINGER"
NOW PLAYING
SUPREME TRIUMPH
"THE JAZZ SINGER"

09

영화와 테크놀로지

정헌

필름의 시대가 끝나 가고 있다. 영화의 물질적 기초로서 셀룰로이드 필름을 이용한 촬영과 편집, 상영의 방식은 이미 더 이상 지배적이지 않다. 영화 테크놀로지의 역사는 이제 필름의 빈자리에 새로이 떠오르는 디지털 시네마의 이름을 새겨 넣고 있다. 컴퓨터 데이터와 소프트웨어 프로그램에 기반한 제작과 상영 방식의 혁신은 영화의 개념 자체를 바꾸어 놓고 있다. 20세기를 뒤흔든 빛과 그림자 놀이, 움직이는 이미지 예술로서 영화는 이제 컴퓨터 네트워크와 정보 통신 혁명에 기초한 새로운 모습으로 변화해 가고 있다.

물론 필름의 시대가 끝났다고 해서 어느 순간 갑자기 영화 그 자체가 사라져 버리는 것은 아니다. 이미지 표현 매체로서 영화의 고유한 예술적 속성은 디지털 시네마 시대에도 여전히 지속될 것이다. 100여 년의 필름 역사가 발전시켜 온 시각적 스펙터클과 내러티브 양식들 덕분에 필름은 죽었으되, 시네마는 계속된다.

필름이 역사의 안개 속으로 사라질 때, 디지털 테크놀로지는 영화 예술의 새로운 육체가 된다. 희미한 안개 속에서 우리는 영화 세계의 새로운 정신과 영혼을 갈구한다. 그러므로 영화 예술의 이 역사적 전환기에 새삼스레 근본적 질문에 다시 맞닥뜨리게 된다. 영화란 무엇인가? 그리고 영화는 무엇이 될 것인가?

영화 기계의 탄생

1895년 12월 28일 프랑스 파리의 그랑 카페에서 최초의 영화가 상영되었을 때, 사람들은 두 가지 측면에서 경악했다. 첫 번째로 연속적으로 움직이는 이미지의 매혹, 두 번째로 그 움직이는 영상의 극단적 사실성. 그날 밤 〈열차의 도착〉이 상영되었을 때 사람들은 열차가 자신들에게 돌진하는 것으로 착각하고 순간적으로 혼비백산했다. 시네마토그라프의 창시자 루이 뤼미에르Louis Lumière는 역사상 최초로 현실의 운동 이미지를 기계적으로 복제했다. 물론, 뤼미에르보다 1년 전에 미국의 발명왕 에디슨이 키네토스코프라는 요지경 기계를 만들기도 했지만, 이것은 대중 앞에서 집단적으로 상영하는 기계는 아니었다. 결국 움직이는 이미지를 스크린을 통해 대중적으로 상영함으로써 뤼미에르는 '영화의 아버지'가 되었다.

무엇보다도 먼저, 영화는 현실의 살아 있는 이미지를 전시하는 기계 장치로부터 출발했다. 필름 기반의 영화가 상영되기 위해서는 핵심적으로 다음의 기제들이 반드시 갖추어져야 했다. 카메라, 셀룰로이드 필름, 프린터, 영사기, 스크린 등. 셀룰로이드 필름은 할로겐 입자를 함유한 젤라틴 막이 착색된 물질이다. 카메라 렌즈를 통과한 외부의 빛은 셀룰로이드 필름에 반사되면서 영상 이미지로 기록된다. 화학적 처리 과정을 통해 하얀 바탕에 검은 입자의 모습으로 드러나는 내거티브 필름으로부터 다수의 포지티브 필름이 프린트로 복제된 뒤 극장에서 상영된다. 기계적으로 빛의 양을 조절하는 기술, 필름 양쪽의 퍼포레이션perforation을 따라서 한 프레임씩 필름 스트립을 감고 진행하는 기술, 필름 가장자리에 광학적 혹은 마그네틱 사운드트랙을 입력하는 기술, 영사용

키네토스코프를 살펴보고 있는 에디슨.
이 키네토스코프는 1893년 시카고 만국박람회 때 선보였다.

근대 과학 기술 발달사: 르네상스에서 산업 혁명까지

일반적 의미에서, 과학*Science*은 자연계의 여러 가지 현상을 연구하고, 그 현상을 일으키는 근본 원리나 법칙을 발견하여 그 체계를 세운 것이다. 또한, 기술*Technology*은 인간의 생산 행위에 객관적 법칙을 의식적으로 적용한 것이다. 따라서 기술은 과학의 응용이라는 측면에서 과학 기술의 개념과 동일시될 수 있다.

근대 유럽의 역사는 과학 기술의 발달사와 함께해 왔다. 14세기 이래로 중세의 신학적 사고방식으로부터 벗어나려는 르네상스 시대의 인간 중심주의는 과학적 사고방식과 인문주의 예술의 부흥을 재촉했다. 또한, 나침반과 항해술의 발달에 기초한 지리상의 발견은 세계적 차원에서 상품과 문화, 과학과 기술의 교류를 촉진했다. 망원경으로 달을 관측하며 지동설과 관성의 법칙 등 근대 천문학과 물리학의 주요 원리들을 밝혀낸 갈릴레이, 수학과 물리학에 기초하여 근대 서양의 과학적 자연관과 합리주의 철학을 완성한 데카르트, 빛의 굴절과 성질에 대한 연구로 광학의 발전에 기여했을 뿐 아니라 만유인력을 발견함으로써 근대의 기계 역학적 자연관을 확립한 뉴턴 등.

18세기 유럽에는 이미 과학적 이성과 합리주의에 기반한 계몽 사상이 널리 퍼졌다. 이는 1789년 프랑스 혁명을 통해 정치적으로 분출되었다. 또한 18세기 후반 영국에서 시작된 산업 혁명은 전 사회적 차원에서 과학 기술에 기반한 새로운 생산 체계를 확립하는 결정적 계기가 된다. 봉건 농촌 사회의 수공업적 생산 체계로부터 자본주의의 기계제 대량 생산 시스템으로의 혁명적 전환이 일어난다.

렌즈를 통해 빛을 확대시키고 보통 초당 24프레임의 속도로 영사하여 움직임의 효과를 만들어 내는 기술 등, 하나의 필름 영화가 관객들에게 상영되기 위해서는 반드시 화학적, 광학적, 기계적 장치들이 원활히 맞물려 작동하지 않으면 안 된다. 이런 의미에서 필름 영화는 19세기 과학 기술의 발달이 도달한 성과들의 총아였다.

근대 유럽 역사와 과학 기술사로부터 영화 기계 발명의 필연적 계기들을 추론할 수 있다. 영화 기계의 발명과 관련된 기술은 크게 두 가지 측면에서 조명해 볼 수 있다. 현실의 이미지를 기록하고 보존하는 기술과 스크린에 움직이는 이미지의 환영을 투사하는 기술이다. 영화는 무엇보다 사실적인 측면에서 현실의 시공간 이미지를 기계적으로 복제하는 기술이다. 또한 영화는 그 이미지들에 살아 움직이는 힘을 부여함으로써 관객들을 빛과 어둠의 환각 속에 빠뜨리는 마술이다. 그러므로 사실적 기록과 허구적 환영이라는 두 측면은 영화의 핵심 기술을 보여 주면서 동시에 본질적 사상의 기초를 형성한다.

살아 있는 현실을 기록하고 영구히 보존하려는 욕망은 인류의 기원과 함께한다. 알타미라와 라스코 동굴 벽화, 조각, 그림 문자, 이집트의 미라 등에서 발견되는 동물과 인간의 형상들은 결국 현실의 모사와 복제를 통해 수렵의 성과를 기원하고 인간의 유한한 생명을 극복하고자 하는 인류의 오래된 열망을 보여 준다. 험악한 자연 세계에 맞서 목숨을 보전하고 먹잇감을 구하고자 하는 생존 투쟁을 전개하면서 인류는 삶의 마술적, 종교적 대용품으로서 이미지 재현의 기술을 발전시켜 왔다.

이러한 이미지 모사 기술은 시대의 발달과 기술의 진보에 따라 점점 더 서투른 인간의 손길을 벗어나 보다 과학적이고 기계적인 방식으로 변화해 간다. 최초의 이미지 재현 장치는 카메라 옵스큐라Camera Obscura였다. 르네상스의 전방위 예술가 레오나르도 다빈치가 만든 이 장치는 어두운 방 안의 작은 구멍을 통과한 빛이 밖에 있는 대상을 벽면에 거꾸로 비춘다는 과학적 사실을 이용했다. 카메라 옵스큐라의 원리는 이미

최초의 이미지 재현 장치 '카메라 옵스큐라.'

고대 그리스 시대 이래 알려져 왔으나, 이 원리를 렌즈와 결합한 장치로 만들어 낸 것은 16세기 르네상스 시대였다. 또한 르네상스 화가들은 보다 사실적인 회화를 그리기 위해 카메라 옵스큐라를 원근법의 도구로 본격적으로 활용했다. 즉 카메라 옵스큐라는 원근법이 잘 적용된 그림을 그리기 위해 온갖 계산과 공들인 도구들을 사용해야 했던 화가들의 서투른 손동작의 오류들을 수정하고 제거해 주는 훌륭한 보조 장치로서 기능했다.

한편, 카메라 옵스큐라는 이미지를 모사해 낼 수 있었으나, 이를 영구히 고정시킬 수는 없었다. 이미지를 일시적으로 보는 데서 한걸음 나아가기 위해서 이미지를 영구히 안정되게 정착시키기는 방법이 필요했다. 1826년 프랑스의 J. N. 니엡스는 카메라 옵스큐라로 촬영된 영상을 아스팔트 건판을 사용해서 고정시키는 데 성공했다. 비록 8시간 이상의 감광 시간이 소요되었지만, 세계 최초로 빛 에너지를 화학 에너지로 변환시켜 현실의 고정된 이미지를 만들었다. 이어서 1835년 탤벗의 현상술, 1837년에 다게르의 은판 사진술 등이 잇따라 발명되었다. 1889년 미국의 조지 이스트먼George Eastman은 셀룰로이드 롤 필름을 발명함으로써 오늘날 사진의 기초를 확고히 다졌다.

현실의 이미지를 광학적, 화학적으로 재생하는 사진술의 발명은 영화의 탄생을 준비하는 신호탄이었음에 분명하다. 사진은 현실의 정지된 이미지이며, 한 장의 스틸 이미지로 고정시킨 과거이다. 우리는 한 장의 사진을 통해 현실의 과거를 기억하고 추억할 수 있다. 하지만, 사진이 과거를 기록하여 보존하는 데 그칠 때, 영화는 정지된 사진에 움직임을 부여한다. '활동 사진,' '움직이는 그림' 등의 표현은 사진과 영화의 관계와 함께 영화의 주요 특징을 명확히 보여 준다. 영화는 정지된 사진에 연속성과 운동성을 주었으며, 이를 통해 죽은 과거를 되살려 내고 살아 있는 현재적 환상을 만들어 낸다. 사진이 과거의 기억이라면 영화는 운동하는 현재이다. 사진이 죽음이라면 영화는 삶이다.

사진에 의해 이미지를 고정시키는 방법이 개발되면서 곧이어 사진의 연속된 움직임을 만들고 분석하려는 다양한 시도와 발명들이 이어졌다는 점은 전혀 놀라운 일이 아니다. 이를테면 1872년에 영국 출신의 사진사 머이브리지는 1피트 간격으로 12대의 카메라를 설치하여 달리는 말의 움직임을 촬영했다. 계속해서 그는 24대나 48대의 카메라를 설치하여 낙타의 걸음이나 인체의 연속 동작 등을 분석했다. 이는 1초에 24프레임을 찍는 오늘날 영화 카메라의 원리와 흡사했다.

또한, 1882년에 프랑스의 생리학자 E. J. 마레는 연속된 이미지를 포착하기 위해 사진총을 개발했다. 그는 이 사진총으로 1초에 24장의 사진을 찍어서 날아가는 새나 운동선수의 분절된 움직임을 분석했다. 그러나 이들은 주로 토막난 여러 장의 사진을 통해 동물과 인간의 분절된 움직임을 촬영해 기록하고 분석하는 데 목적이 있었기 때문에, 스크린을 통해 움직임을 연속적으로 재현하고 상영하기 위한 영화 장치, 즉 영사기의 발명으로 나아가지는 못했다.

영화의 탄생을 예비한 또 하나의 기술적 필요 조건은 스크린을 통한 영사 장치들의 발달이었다. 17세기 이래 발달되어 온 환등기Magic Lantern를 비롯한 다양한 영사 장치들은 신기하고 재미있는 마술적 환영과 시각적 스펙터클을 통한 대중적 오락거리를 만들어 냈다. 카메라 옵스큐라의 원리와 반대로, 슬라이드 환등기의 기법은 이미 만들어진 이미지에 빛을 투영하면서 렌즈를 통해 확대된 영상을 만들었다. 1798년에 벨기에의 E. G. 로베르송E. G. Robertson은 환등기 원리를 이용하여 판타스마고리 쇼를 연출했다. 이는 교회나 살롱 등에서 어두운 방 안에 사람들을 모아놓고 하얀 벽이나 스크린 위에 악마나 유령의 이미지를 영사하여 사람들을 깜짝 놀라게 하는 일종의 트릭 마술쇼였다.

또한, 움직임의 환영을 만들어 내기 위한 장치로 1829년에 페나키스토스코프Phenakistoscope나 1834년에 조에트로프Zoetrope 등이 발명되었다. 이 장치들은 원판이나 회전 원통의 작은 구멍을 통해 회전할 때 연속적인 그림을 볼 수 있도록 만든 것

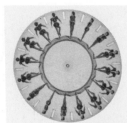
움직임의 환영을 만들어 내기 위한 장치 페나키스토스코프.

레이노가 프락시노스코프를
이용해 영사하는 장면.

들로 움직임의 환영을 만들어 냈다. 특히, 프랑스의 에밀 레이노Émile Reynaud는 1877
년에 프락시노스코프Praxinoscope를 개발했다. 이것은 원통형의 조에트로프를 환등기
의 원리와 결합하여 움직이는 그림을 영사하는 장치였다. 또한 레이노는 1891년에 손
으로 그린 필름을 수동으로 돌려 거울에 비춘 뒤 스크린에 영사하는 시각 극장Théâtre
Optique을 만들어 크게 흥행했다. 레이노의 시각 극장은 최초의 애니메이션 상영의 원형
이 되었다.

　이처럼 수세기에 걸쳐 다양한 기술자, 화학자, 물리학자, 발명가, 사진사, 마술사,
사업가 등 수많은 사람들의 실패와 발명의 역사가 있고 난 뒤에야 비로소 영화의 탄생
이 가능해졌다. 영화는 현실의 빛과 이미지를 포착하고, 이를 다시 어둠 속에 펼쳐 놓
음으로써 시각적 환영과 스펙터클을 만들어 냈다. 그것은 오랜 세월에 걸친 다양한 사
람들의 끈질긴 노고의 산물이었다. 비록 뤼미에르의 시네마토그라프가 그러한 노고의
위대한 결절점이 되었다 할지라도.

영화 – 기술 매체의 예술적 성격

기술 복제 시대의 리얼리즘 예술

영화가 예술이 되기 이전에 먼저 신기하고 재미있는 과학적 발명품으로서 우리에게 다가왔다는 사실은 중요하다. 인류는 역사상 처음으로 기계 장치를 통해 현실의 이미지를 기록하고 움직임의 환영을 만들어 낼 수 있게 되었다. 이에 대해 발터 벤야민은 사진과 영화 등 기술 매체의 예술적 가능성에 대해 깊이 주목했다.

> 여기에는 우직스러울 정도로 무겁기 짝이 없는 '예술'의 속물적 개념이 등장하는데, 이 개념은 일체의 기술적 고려와는 거리가 멀고 또 새로운 기술의 도전적 출현으로 말미암아 그 종말이 다가왔다고 느끼는 것이다. 그럼에도 불구하고 사진술의 이론가들이 거의 100년 동안 이를 두고 논쟁을 벌여 온 것이 바로 이러한 물신 숭배적이고 근본적으로 반기술적인 예술 개념인 것이다.[1]

벤야민의 말처럼, 예술의 개념은 기술을 떠나서 생각할 수 없으며, 사진과 영화의 등장으로 인하여 기술적 예술의 새로운 시대가 도래했다. 애당초 예술이란 그 어원적 의미에서부터 그리스어 '테크네*techne*,' 영어 '아트*art*,' 독일어 '쿤스트*kunst*' 등 모두 기술의 의미에서 비롯되었다. 인류사에 있어서 예술의 개념은 명백히 도구와 과학 기술의 발달이라는 맥락에서 인간 노동과 미적 활동의 일환으로 간주된다. 예술의 유물론적 개념에 비추어볼 때, 과학 기술의 발달과 함께 예술의 개념 역시 심각한 변화를 겪는다. 사진과 영화의 등장으로 인하여 예술의 개념 자체가 변화한다.

유사 이래 자연 세계와 인간 존재를 모사하고 재현하기 위한 인류의 다양한 노력들이 존재해 왔다. 최초에 예술 작품은 마술적, 종교적, 제의적 의식이었다. 회화, 조각, 건축 등 기존의 전통적 예술들은 인간의 흔들리는 손길과 수공업적 제작 방식에 의존했다. 그러나, 19세기 과학 기술의 집약체로서 사진과 영화야말로 인류 역사상 처음으로 인간의 손떨림으로부터 독립하여 기계적, 자동적 방식의 엄격한 객관성의 예술을 만들어 냈다. 이제 기술의 도움으로 예술의 생산 조건과 소비 방식 자체가 근본적으로 변화한다. 사진과 영화의 등장으로 초래된 기술적 예술의 시대는 전통 예술의 현실에 대한 수공업적 기록과 모사의 방식을 근본적으로 변화시킨다. 기술 복제는 복제 기술의 역사에 혁명을 일으킨다.

현실에 대한 기계적 모사와 복제를 통해 예술 작품의 대량 생산, 대량 소비 체제가 구축되면서 인간의 손에 의한 서투른 모방의 단계에 머무르던 전통 예술은 근본적으로 부정된다. 봉건 귀족 시대 예술가들의 우아한 손길에 의해 좌우되던 예술 작품들은 산업 혁명 이래 자본주의 사회의 대량 생산 대량 소비 체제가 도래함에 따라 고고한 예술품의 '아우라'를 벗어 던지고 예술 작품의 교환 가치를 전면화시킨다. 사진과 영화는 봉건 귀족들의 케케묵은 장식장으로부터 예술의 향기를 끄집어내어 저잣거리의 구경꾼들도 마음 놓고 즐길 수 있는 대중 예술의 새로운 시대를 열어 간다.

하지만 영화라는 기계 장치가 처음부터 예술적 맥락 속에서 이해되었던 것은 아니다. 처음에 그것이 신기한 장난감, 과학적 발명품이자 요상한 마술 장치로 우리에게 다가왔기 때문에, 영화가 예술로 간주될 수 있는지 아닌지에 대한 수많은 의문과 논란이 있었다. 실제로 1915년 D. W. 그리피스의 〈국가의 탄생*The Birth of a Nation*〉이 만들어지기 이전까지 초기 영화들은 영화의 장면들을 구성하는 내러티브 관습과 영화 형식들을 확고히 구축하지 못했다. 초기 영화들은 주로 기계 장치를 통한 이미지의 환영과 시각적 볼거리에 치중했다. 1895년 그랑 카페에서 상영된 최초의 영화 〈열차의 도착〉은 시오타역 플랫폼의 가장자리에 카메라를 고정시킨 채 50초 동안 단 하나의 숏으로 촬영한 이미지를 상영한 작품이었다. 또한 마찬가지로 〈공장을 나서는 노동자들*La sortie de l'usine Lumière à Lyon*〉(1896)을 비롯하여 영화사의 첫날밤 20여 분 동안 함께 상영된

10편 가량의 영화들 모두가 주변의 일상생활을 고정된 프레임으로 포착한 짤막한 뉴스릴들이었다. 사람들이 최초의 영화 속에서 발견한 것은 움직이는 이미지의 스펙터클에 대한 매혹이었지, 무언가 대단한 예술 작품을 감상한다는 것은 결코 아니었다.

그럼에도 불구하고 영화가 그 탄생의 초창기부터 새로운 예술 매체로 인정될 수 있었다면, 그것은 앙드레 바쟁의 말처럼, 영화가 모든 예술에 내재한 본질적 요소, 즉 유사성의 역사, 리얼리즘의 열망을 실현했기 때문일지도 모른다.

영화의 발명을 이끌어 가능케 한 신화는 사진으로부터 축음기에 이르기까지 19세기에 나타난 현실의 기계적인 재현 기술 일체를 막연하게나마 지배해 온 어떤 신화의 완성된 모습에 다름 아니다. 그것은 완전한 리얼리즘이라는 신화로서, 세계를 그 자체의 이미지로, 예술가에 의한 해석의 자유라든가 시간의 불가역성이라든가 하는 따위의 짐을 지지 않는 이미지로 재창조할 수 있다는 신화인 것이다.[2]

앙드레 바쟁은 예술의 본질은 리얼리즘이라는 견지에서 영화야말로 완전한 리얼리즘으로 나아가는 신화의 산물이라고 주장한다. 사진은 인간을 배제한 비정한 기계 장치의 개입에 의해 '시간에 대한 방부 처리'를 행하였으며, 영화는 정지된 시간의 이미지에 연속성과 운동성을 부여함으로써 예술의 리얼리즘적 완성에 기여한다. 영화는 현실의 시간과 공간을 복제하여 자연에 대한 완전한 모방의 신화를 창조한다. 바쟁에게 있어 영화는 '변화의 미라'이자 '미라화된 변화'이며, 영화 예술의 본질은 리얼리즘이다.

벤야민은 기술 복제 시대의 도래라는 개념을 통해 영화가 예술의 개념 자체를 근본적으로 뒤바꾸어 놓았다는 점에 주목했다. 영화가 전통 예술의 아우라를 붕괴시키

초기 영화들은 사람들에게
시각적 볼거리를 제공하기에 충분했다.
뤼미에르의 〈공장을 나서는 노동자들〉.

고 기술 매체에 근거한 대중 예술의 시대를 선도했다는 것이다. 또한 바쟁은 자연에 대한 완전한 모방의 역사, 유사성의 역사라는 관점에서 영화가 객관적 기계 장치의 도움으로 예술의 오래된 미학적 열망을 실현해 냈다는 점을 높이 평가했다. 비록 바쟁이 리얼리즘이라는 관념적 이상으로부터 기술의 발달사를 거꾸로 추적하고 있다 할지라도, 그는 기술적 예술로서 영화의 중요성을 적절히 포착한다.

꿈과 욕망의 기술 장치

영화가 기술 발명품으로 출발했다는 점, 그 발전이 인류의 보편적인 과학 기술 발달사의 관점에서 이해될 수 있다는 점, 한마디로 영화가 기술 매체의 특징을 띤다는 사실은 기술이 영화의 모든 것을 결정한다거나 나머지 요인들이 중요하지 않다는 것을 의미하지는 않는다.

　기술이란 자연을 극복해 온 인간 노동과 생산 과정의 산물이다. 따라서 기술은 다양하고 복합적인 사회적 관계, 요인들과의 상호 작용 속에서만 존재한다. 이를테면 영화 테크놀로지는 산업 혁명과 기계 문명의 발달, 자본주의 대량 생산·대량 소비 시스템, 대중의 오락거리에 대한 필요성, 문화 산업을 통한 자본의 이윤 창출 등 다양한 사회, 경제, 문화적 요인 속에서 이해될 수 있다.

　또한 동시에 영화 기계의 등장과 발달은 인류의 정신사, 즉 미학적 열망이나 이데올로기와의 관계 속에서도 이해될 수 있다. 영화는 현실을 복제하는 단순한 기술 장치이긴 하지만, 동시에 영화의 예술적 효과는 인간에게 또 다른 정신적 영향을 불러일으키며, 사회의 분열된 이해 관계와 이데올로기를 반영한다.

　그런 의미에서, 영화 장치는 플라톤이 이데아 철학을 설명하면서 예시했던 '동굴의 우화' 속의 장치와 흡사하다. 지하 동굴 속에 사람들이 갇혀 있고 그들은 손발이 쇠사슬에 묶인 채로 앞쪽의 벽만 바라볼 수 있다. 그들은 벽 뒤쪽의 불빛에 의해 앞으로 투사된 자신이나 사물의 그림자만을 볼 수 있을 뿐이다. 동굴의 죄수는 이 그림자의 환영을 실재의 진리라고 믿으면서 살아간다. 그는 햇빛 비치는 동굴 바깥의 실재 세계보다 동굴 안의 그림자에 비친 허구의 세계를 더욱 현실적이라고 느낀다.

플라톤의 동굴 속 장치와 마찬가지로 카메라, 필름, 영사기, 스크린 등으로 구성된 영화 장치 또한 현실의 이미지를 현실로 착각하게 만든다. 동굴의 죄수들이 바라본 것이 거짓된 환영에 불과했듯이 영화 관객들이 바라보는 것 역시 기계 장치가 만들어 내는 허구 세계에 불과하다. 스크린을 통해 비춰진 영화 이미지는 객관적 현실 그 자체가 아니라, 인간에 의해 만들어지고 조작된 현실의 그림자이자 시각적 환영일 따름이다.

이처럼 영화가 단지 이미지를 재현한 시각적 환영임에도 불구하고 관객들이 현실보다 더한 현실감을 느끼는 이유는 무엇일까? 이에 대해 많은 영화학자들은 프로이트의 정신분석학 이론을 받아들여서 영화의 현실감이 관객의 욕망으로부터 발생한다고 말한다. 플라톤적 의미에서 영화 장치가 거짓된 세계에 대한 현혹을 의미한다면, 프로이트적 의미에서 영화는 주체의 무의식적 욕망을 충족시키는 장치이다. 말하자면, 프로이트에게 영화 장치는 꿈을 꾸는 것이다. 꿈은 욕망, 리비도, 낮 동안의 현실에서 만들어진 소망의 무의식적 표현이다. 부동의 자세로 잠을 자면서 꿈을 꾸는 것과 마찬가지로 관객 역시 영화관에 앉아서 부동의 자세로 시각적 이미지를 감상한다.

보통 우리가 할리우드 영화를 가리켜 '꿈의 공장'이라는 표현을 쓰는 것처럼, 영화는 관객들이 현실에서 이루지 못한 소망을 은빛 스크린 세상 속에서 대리 충족시켜 주는 욕망의 장치이다. 관객은 동굴처럼 어두운 극장 안에서 스크린 안의 허구적 세상을 응시하면서 영화 속 인물과 자신을 동일시한다. 관객은 영화 속의 누군가를 볼 때 바로 자기 자신을 보고 있는 것이다. 영화의 관객은 어둠 속에 비춰진 또 다른 세상, 즉 노출증에 빠진 영화적 디제시스*diegesis*★의 공간을 관음증적으로 훔쳐보면서, 카메라의 시선과 영화 속 인물에 대한 이중 동일시를 통해 현실에서 이루지 못한 꿈과 소망의 나래

★ 디제시스는 내레이션과 내러티브의 내용, 스토리 내부에서 묘사된 허구의 세계를 가리킨다. 즉 등장인물들의 말이나 몸짓, 스크린 위에서 행해지는 모든 연기들이 디제시스를 형성한다.

를 편다. 영화는 관객 주체의 무의식적 욕망을 시각적으로 재현하는 거울 장치이다.

영화는 명백히 기술적 장치로 구성된다. 그것은 카메라, 필름, 영사기, 스크린 등의 물질적 장치*physical apparatus*와 함께 영화관, 좌석의 배치, 관객석과 스크린 속 세계의 시공간적 분리 등 제도적 장치*installation*를 통해 이중적으로 구성된다. 그런 의미에서 우리는 영화를 하나의 제도, 시각적 기제라고 부를 수 있다. 영화 기호학의 창시자 크리스티앙 메츠Christian Metz의 통찰처럼, 영화의 시각 기제*the scopic regime of the cinema*는 실재의 대상이 결여된 시각적 환영을 보여 준다는 점에서 상상적 기표에 다름 아니다.

영화는 지각의 기록자라는 점에서 다른 예술보다 더 지각적이며, 또한 그 지각이 '거짓'이라는 점에서 덜 지각적이다. 그것은 대상의 그림자이며, 환상이며, 복제이다. 영화는 기표*signifier* 그 자체이며, 기록된 것이며, 결여된 것이다. 거대한 풍경, 확고한 전투, 네바 강의 녹아내리는 얼음 덩어리를 포함하는 둘둘 말려 올라간 구멍 뚫린 작은 필름 조각이며, 그 모든 내용물이 '실재'가 아니라는 확실한 증거로서 적당한 치수의 둥근 양철통으로 둘러싸여진 것일 뿐이다.

영화의 독특한 지위는 기표의 이중적 특징 속에 주어진다. 다른 예술보다 특이한 방식으로 영화는 우리를 상상 속으로 연루시킨다. 영화는 모든 지각을 불러모으지만 단지 기표만이 존재하는 결여 상태*absence*로 그것을 바꾸어 버린다.[3]

메츠의 견해처럼, 상상적 기표로서 영화는 스크린 속에 부재하는 대상을 상징하고 기호화한 것으로서 영화를 보는 관객의 무의식적 욕망과 끊임없이 의미 작용한다. 영화 기호학*은 영화를 하나의 의사 소통 체계, 즉 '언어'로 간주한다. 영화 언어는 관객과의 소통을 위해 적절한 상징 체계를 가지고 있다. 우리는 이 상징 체계를 통해 영화의 문법이 어떻게 작동하는지, 영화의 기표와 기의, 또는 지표/도상/상징의 의미 작용이 어떻게 일어나는지 등을 이해하게 된다.

---

* 기호학은 인간의 삶과 문화는 다양한 기호로 표현된다고 보는 학문이다. 언어학자 페르디낭 드 소쉬르, 찰스 샌더스 퍼스Charles Sanders Peirce 등에 의해 체계화되었으며, 1960년대 구조주의 철학의 뿌리를 이룬다. 기호학적 관점은 크리스티앙 메츠, 피터 울른Peter Wollen 등에 의해 영화학에 본격 도입되었다. 영화 기호학은 영화 텍스트의 기표와 기의, 영화 언어의 상징 체계, 관객과의 의미 작용*signification* 등에 대해 과학적 분석의 견지에서 연구한다. 그러나 나중에 파졸리니의 《시의 영화》, 들뢰즈의 《시네마》 등은 영화 기호학의 한계를 비판한다. 영화의 본질은 언어나 과학적 기호라기보다 물질적, 감각적 이미지라는 것이다. 특히, 들뢰즈는 영화 속에서 관객의 결여된 욕망을 찾고자 하는 정신분석학에 반대한다. 그는 영화의 의미 작용을 수동적으로 해석하기보다는 영화의 감각성과 적극적 구성에 주목한다.

영화는 그 기술적 기초에 있어서 이미 상징과 상상의 복합적 체계를 갖춘 시각 기제이자 주관성의 예술이라는 점에 주목할 필요가 있다. 영화가 객관적 현실을 기계적으로 복제하는 기술 매체임에 분명하다 할지라도, 동시에 영화는 관객 주체와의 끊임없는 상호 작용 속에 존재하는 시각적 제도이자 의미 작용의 예술이다.

이데올로기 장치로서의 시네마

영화 예술은 기술과 매체를 다루는 인간의 손길에 의해 다양한 방식으로 조작되고 변형된다. 영화 제작과 상영의 전 과정을 통해서 카메라 기법과 편집, 사운드와 특수 효과, 영사 장치와 극장의 변화 등 영화 테크놀로지의 주요한 측면들은 기술 그 자체의 발달 수준뿐만 아니라 산업적 필요, 정치적 요청, 대중 문화의 트렌드, 이데올로기와 미학, 작가의 사상 등 복합적 요인들에 따라 좌우된다. 영화 기술과 제도는 당대 사회와 인간의 손길에 불가피하게 의존한다. 영화 테크놀로지는 역사가 내준 길을 따라서만 제 갈 길을 간다.

프랑스 68혁명 이후 '정치적 모더니즘'의 깃발 아래 일련의 영화학자들은 영화 장치가 하나의 이데올로기 효과를 지닌다고 보았다. 영화 장치는 현실을 사실적으로 모사한다는 외피 아래에서 자본주의 사회의 부르주아 이데올로기를 작동시키는 데 이용될 수 있다. 마르크스가《독일 이데올로기》에서 정확히 표현하였듯이, '모든 시대에 지배적 관념은 지배 계급의 관념'이기 때문에, 자본주의 사회의 주요한 예술 양식으로서 영화는 불가피하게 물질 만능주의와 이기적 경쟁심에 사로잡힌 부르주아 이데올로기를 반영할 수밖에 없다.

또한 자본주의 사회의 주류 영화는 관객을 영화 속의 허구적 현실에 동일시하고 수동적으로 만족하게 함으로써 현실의 모순에 대한 비판적 사고와 능동적 행동을 가로막는 기능을 한다. 특히 할리우드 영화의 고전적 리얼리즘 기법은 폐쇄적 내러티브 관습*을 통해 관객을 허구적 세계 속에 빠뜨려 둠으로써 자본주의 사회의 지배 이데올로기를 공고히 하는 데 이바지한다.

그러나 영화의 시각 기제가 단지 부르주아 이데올로기의 장치인 것만은 아니다. 그것은 대중의 삶과 희망을 표현하는 매체가 될 수 있다. 영화의 시각 기제는 단지 현실을 기계적으로 복제하는 데에 머물지 않는다. 영화는 사회의 경제적, 문화적, 미학적 관계 속에서 현실을 새롭게 구성하고 변형하는 예술의 장치가 될 수 있다. 성, 지역, 민족, 계급, 이데올로기로 분열된 인간 사회의 모든 예술들과 마찬가지로 영화 예술 역시 의식적, 무의식적으로 사회의 분열된 이데올로기가 작동하는 문화적 투쟁의 장이 되기도 한다.

그러므로 영화라는 이미지 재현의 기계 장치는 테크놀로지 그 자체만으로는 아무것도 설명할 수 없다. 영화는 테크놀로지의 산물이지만, 동시에 테크놀로지는 인간 사회의 산물이다. 영화 테크놀로지는 다양하고 복합적인 사회 경제적, 문화적, 이데올로기적, 예술적 의미들 속에서 이해해야 한다.

영화 테크놀로지의 발전

뤼미에르에서 그리피스까지

시각적 환영을 전시하는 신기한 기술 장치로서 출발했던 영화가 보다 체계적이고 세련된 대중 예술로 뿌리 내리는 데는 그렇게 오랜 시간이 필요하진 않았다. 1895년과 1907년 사이에 뤼미에르 형제의 활약상을 지켜볼 때, 그들은 영화를 현실에 대한 직접적 이미지 재현으로 사고했음에 분명하다. 〈물 뿌리는 사람*Arroseur et arrosé*〉(1896)과 같

★ 시간과 공간의 인과 관계 속에서 펼쳐지는 사건의 서사적 전개 방식과 체계를 말한다. 영화에서 내러티브 체계란 영화적 시공간에 스토리를 효과적으로 배치하는 것을 말한다. 이는 단순히 사건의 순차적 전개를 보여 주는 스토리텔링이라기보다는 사건과 인물의 재배치에 기초한 플롯*plot*의 전개 방식을 의미한다. 영화 예술은 촬영과 편집의 다양한 방식들을 통해 자신만의 고유한 내러티브 양식들을 발전시켜 왔다. 영화에서 내러티브 양식은 작가의 의도나 목적, 영화 스타일 등에 의거하여 이미지와 사운드를 구성하고 전개하는 방식이다.

이 약간의 코믹한 극적 형식을 가미한 작품이 없었던 것은 아니지만, 대부분의 시네마토그라프는 단순한 일상과 뉴스들을 담은 것이었다. 그들은 보다 완벽하게 현실을 기록하고 대중에게 새로운 볼거리를 제공하기 위해 시네마토그라프의 촬영팀은 끊임없이 이국적 풍경과 뉴스거리를 찾아 프랑스와 세계 전역을 순회했다. 뉴욕의 지하철과 나이아가라 폭포, 시카고의 관람차를 촬영했다. 또한 니콜라이 2세의 차르 대관식을 담은 첫 번째 러시아 영화를 만들고 순회 공연을 통해 러시아 대중들에게 영화에 대한 엄청난 환호와 열광을 이끌어 냈다.

하지만 이렇게 재미난 일상과 세계의 풍물을 찾아다니던 뤼미에르사의 활동은 시간이 지남에 따라 점점 더 위축된다. 1905년에 이르러 뤼미에르 형제는 영화 제작을 완전히 중단하게 되는데, 신기한 기계 장치이자 대중적 구경거리로서 시네마토그라프의 매력이 점점 감소하게 되었기 때문이었다.

하지만 영화의 매력을 간파한 수많은 사업가와 제작자들에 의해 촬영과 편집 기술은 한층 발달되어 갔다. 대부분 짤막한 원 숏 원 신으로 구성되었던 초창기 영화들은 이미 1898년부터 약간의 줄거리를 갖춘 여러 숏들로 구성되기 시작했으며, 계속해서 영화의 길이는 길어지고 장면 전환과 편집의 기법들이 발달하기 시작했다.

특히, 마술사 조르주 멜리에스의 활약이 두드러졌다. 뤼미에르 형제의 영화가 다큐멘터리성 필름을 통해 영화의 기록적, 사실적 성격을 발전시키고 있었던 데 반해, 멜리에스의 영화들은 다양한 기술적 실험을 통해 영화의 새로운 가능성을 개척했다. 멜리에스는 카메라 조작과 특수 효과, 미장센과 편집 기법을 통해 영화의 마술적 효과를 창출했다. 그는 작가의 상상력과 기계 장치의 조작을 통해 다양한 방식으로 영화가 재구성될 수 있으며, 관객들에게 환상적 즐거움을 선사할 수 있다는 사실을 간파했다. 멜리에스에게 영화는 리얼리즘이기보다는 마술적 위력을 지닌 환상의 예술이었다.

당시 프랑스 최고의 마술 극단이었던 로베르 우댕 극단의 극단주이자 마술사였던 멜리에스는 1913년까지 무려 500여 편의 영화를 만들어 낸 진정한 작가였다. 그는 파리 근교 자신의 별장에 스튜디오를 만들어서 마술적 무대 장치와 영화적 미장센을 적절히 배합하고 통제했다. 트릭 효과를 창출하기 위해 무대 바닥의 출구나 케이블, 이동 레일, 마네킹, 화약 등 무대 장치를 영화적 촬영에 잘 활용하였다. 또한, 고속／저속 촬영, 스톱 카메라 기법, 이중 인화, 페이드, 디졸브 등 카메라와 편집의 다양한 기법을 통해 영화 테크놀로지의 발달에 기여했다.

1902년 'SF 영화의 효시'로 일컬어지는 멜리에스의 대표작 〈달나라 여행〉은 상영 시간 13분, 30여 숏으로 구성되었는데, 기존의 단순한 영화를 뛰어넘어 영화에 문학적, 연극적 요소들을 적극적으로 가미하였다. 다양한 아이디어들이 쥘 베른과 허버트 조지 웰스의 SF 소설로부터 차용되었으며 광대, 가수, 댄서 등이 배우로 기용되었다. 〈달나라 여행〉은 작가의 상상력과 특수 효과를 통해 영화에 내러티브를 도입한 선구적 작품이 되었다. 기술적 실험과 기교를 통해 직접적 현실과는 다른 상상적 시공간을 창출해 낸 것이다.

하지만 멜리에스는 영화를 마술적 무대를 담는 장치의 일환으로 생각했기 때문에, 실내에서 고정된 카메라로 촬영했고, 주로 단조로운 롱 숏을 사용했다. 카메라 앵글과 사이즈, 편집의 논리적 연결을 통해 영화적 시공간을 재구성하려는 극영화의 내러티브 관습은 에디슨 이래 또 하나의 영화 중심지였던 미국 영화를 통해 더욱 정교해졌다. 1903년 에드윈 S. 포터는 〈대열차 강도 The Great Train Robbery〉에서 영화적 시공간을 명확한 구조 속에서 논리적으로 전개하는 방법을 보여 주었다.

멜리에스의 공상적, 마술적 영화와 달리 포터는 보다 사실적인 드라마를 만들었

마술사였던 멜리에스의 기상천외한 상상과 트릭을 볼 수 있는 〈달나라 여행〉.

다. 그의 대표작 〈대열차 강도〉는 장르상 최초의 서부극이라 할 수 있다. 〈달나라 여행〉이 사건을 시간의 흐름에 따라 순차적으로 나열하는 데 그친 반면, 〈대열차 강도〉는 교차 편집 기법을 사용하여 도망가는 강도들과 쫓아가는 보안관들 사이에서 동시적으로 일어나는 일들을 관객들에게 긴박감 있게 전달하는 데 성공한다. 현실의 시공간 흐름을 영화의 논리적 인과 관계에 따라 재구성, 재배치함으로써 영화적 내러티브의 관습을 효과적으로 구축한 것이다.

약 11분에 걸쳐 14개의 원 숏 원 신으로 구성된 이 작품도 여전히 주로 롱 숏으로 카메라가 고정되어 있다. 그러나 강도들이 열차를 턴 뒤 말을 타고 달아나는 장면에서 패닝을 통해 카메라 움직임을 조심스럽게 시도한 것이라든지 마지막 장면에서 강도가 관객을 향해 총을 쏘는 미디엄 클로즈 업 숏을 사용하여 사이즈에 변화를 준 것 등 카메라 조작의 새로운 방법을 시도했다.

그러나 본격적으로 촬영과 편집의 다양한 테크닉에 기초하여 극영화의 내러티브 관습을 집대성한 사람은 그리피스였다. 그는 1915년 〈국가의 탄생〉, 1916년 〈인톨러런스〉 등을 통해 일관되고 논리적인 영화 내러티브 체계를 구축했다. 이전의 영화들과 달리, 그리피스의 영화들은 롱 숏, 미디엄 숏, 클로즈 업 등 다양한 카메라 사이즈를 적절하게 배합했다. 뿐만 아니라, 패닝, 틸트, 트래킹 숏 등 카메라의 움직임을 통해 상황을 영화적으로 설명하는 방법을 발전시켰다. 또한 페이드 인/아웃, 아이리스, 마스킹, 플래시 백 기법 등 부드러운 장면 전환을 위한 다양한 테크닉을 시도했다. 특히, 3시간 이상의 장편 서사 영화였던 〈국가의 탄생〉 마지막 시퀀스에서 보여 주었듯이, KKK단이 흑인 병사들을 물리치고 앙숙인 두 가족을 모두 구출하는 장면은 오늘날까지도 극적

최초의 서부극이라 할 수 있는
〈대열차 강도〉는 교차 편집 기법을
사용했다.

긴장감을 고조시키는 효과적 교차 편집의 대표적 사례로 손꼽힌다.

그리피스는 기존 영화들이 보여 주었던 원 숏 원 신의 한계에서 벗어나 영화의 신들을 다양한 숏들로 구성할 줄 알았다. 또한, 숏들 간의 논리적 인과 관계를 만들어 내기 위해 촬영과 편집의 다양한 기법들을 능숙하게 구사했다. 그는 영화적 시공간의 흐름을 인과 관계에 따라 논리적으로 연결하는 연속 편집과 통합적 내러티브 관습을 확고히 펼쳐 보였다. 이를 통해 그는 극적 상황과 인물의 심리를 효과적으로 묘사할 수 있었다.

초창기 영화의 선구자였던 에디슨이 아니라 그리피스가 '미국 영화의 아버지'로 불릴 수 있다면 그 이유는, 그리피스가 사실의 단순한 기록이나 연극적 단편에 불과했던 영화의 탄생기를 마무리 짓고, 본격적으로 영화의 기술적 언어들에 기초한 장편 드라마를 만들어 냈기 때문이다. 그리피스의 영화들을 통해 비로소 영화는 대중 예술로서 자신의 성숙된 모습을 드러내 보였다. 그 인종차별적인 이데올로기의 편향성에도 불구하고 〈국가의 탄생〉은 본격적인 할리우드 '대중 영화의 탄생'을 알리는 서곡이 되었다.

사운드의 도입

영화 테크놀로지의 발전에 있어서 또 하나 중요한 계기는 사운드와 컬러의 도입이다. 현실의 시공간을 기술적으로 복제한다는 의미에서 볼 때 초창기 영화는 여전히 불완전하였다. 그것은 자체 내에 어떠한 사운드도 담고 있지 않았으며, 색채로 가득 찬 직접적 현실과 달리 오직 흑백의 조화 속에 말없는 회색 이미지로만 빛날 뿐이었다. 앙드레 바쟁의 간명한 어휘를 빌리자면, '영화는 아직도 발명되지 않은 것'이었다.

1927년 〈재즈 싱어*Jazz Singer*〉를 통해 처음으로 영화 속에 사람의 목소리를 담을 수 있게 되었다. 물론 영화의 발명 이래 사운드는 언제나 영화와 함께해 왔다. 그랑 카페에서 최초의 영화가 상영되었을 때부터 영화관에는 언제나 피아노가 함께했으며, 종종 스크린 뒤에서 음향 담당자들은 천둥소리, 파도소리, 기차소리 등 다양한 음향 효과를 수동적 방식으로 제공하고 있었다. 또한 자막이 도입되기 이전까지 무성 영화에서 변사라는 재간꾼은 극적 흥미를 돋우는 데 중요한 역할을 수행했다.

이미지와 소리를 기계적으로 통합하려는 시도 역시 계속되었다. 축음기의 발명자 에디슨은 녹음을 하는 동시에 키네토스코프로 촬영을 진행하는 키네토폰Kinetophone 이라는 장치를 개발했다. 프랑스 발명가 오귀스트 바롱Auguste Baron은 1896년 싱크로니즘Synchronism이라는 장치로 영상과 음향이 동시에 녹화되고 재현되는 뮤지컬 영화 몇 편을 제작하기도 했다. 1902년 프랑스 고몽Gaumont사가 만든 크로노메가폰 Chronomegaphone, 1906년 독일의 오스카 메스트Oskar Messter가 만든 키네마토그래프 Kinematograph 등은 모두 축음기를 통해 영화에 소리를 도입하고자 하는 시도들이었다. 그러나 여전히 축음기의 소리는 실망스런 수준이었고, 축음기와 영사기를 동시적으로 연결시키는 것은 쉽지 않았다.

1차 세계 대전 이후 1920년대에 사운드 재현 기술의 급속한 발달이 있었다. 전쟁으로 인해 발달할 수밖에 없었던 통신 커뮤니케이션의 기술은 전후 산업을 위한 새로운 기술적 동기를 부여했다. 또한, 당시 라디오 등 새로운 대중 엔터테인먼트의 등장으로 산업적 위협을 받고 있던 할리우드는 새로운 돌파구를 찾고 있었다. 특히 스튜디오와 극장 체인을 확장하고 있던 워너브라더스 영화사는 메이저 영화사로의 도약을 위해 유성 영화에 과감한 투자를 진행한다. 웨스턴 일렉트릭사가 개발한 바이타폰Vitaphone 이라는 사운드 온 시스템을 통해 디스크 위에서 이미지와 소리를 동기화시키는 데 성공했다. 워너브라더스는 이 시스템을 통해 1926년 음악과 음향을 더빙한 〈돈 주앙Don Juan〉(앨런 크로슬랜드), 1927년 최초로 사람의 목소리를 영화 속에 담아낸 〈재즈 싱어〉, 1928년 최초의 장편 사운드 영화 〈뉴욕의 불빛The Lights of New York〉을 잇달아 발표했다. 결과는 대성공이었다. 워너브라더스는 일약 메이저 영화사로 발돋움하였고, 이후

1927년 10월 6일 첫 유성 영화인 〈재즈 싱어〉 개봉 당시 뉴욕 타임스 스퀘어에 위치한 워너 극장 앞에 서 있는 관객들.

본격적인 유성 영화의 시대가 도래한다.

사운드의 도입은 영화의 산업과 미학을 대대적으로 재편하는 계기가 된다. 경제적인 측면에서 유성 영화는 비용의 절감과 수익의 확대를 불러왔다. 사운드의 도입은 촬영 장면과 배우의 수를 줄이고 대사의 길이는 늘이는 결과를 낳았다. 이는 영화 촬영 일수를 줄이고 인건비를 감소시킴으로써 제작비의 절감과 영화사 수익의 증대를 가져왔다. 무엇보다도 유성 영화에 대한 대중의 호응은 영화사의 규모를 확대시켜 주었다.

워너브라더스를 비롯하여 폭스사 등 유성 영화의 기술 혁신에서 앞서나간 미국 영화사들이 세계 영화의 확고한 중심으로 떠오른다. 할리우드 메이저 영화사들은 수직적 통합과 인수 합병을 통해 영화 비즈니스를 대규모 산업적 기반 위에 올려놓는다. 워너브라더스는 스탠리 극장 체인을 인수하고, 폭스는 미국 전체에서 800여 개의 극장을 통제하게 된다. 월 스트리트의 은행과 보험사들을 비롯하여 영화 장비 회사들, 스튜디오들, 배급사, 출판사, 음반사들이 하나의 영화 비즈니스 체인으로 통합된다. 사운드의 도입은 영화가 확고한 자본주의 문화 산업으로 성장하는 데 일조했다.

사운드의 도입이 영화 미학의 변화를 가져왔다는 점도 분명하다. 무성 영화에서 관객은 소리없는 이미지, 배우의 움직임, 조명, 미장센에 주목한다. 그러나 유성 영화의 관객들은 이미지 그 자체보다는 그에 연동된 소리에, 배우의 액션보다는 대사에, 조명과 미장센의 효과보다는 스토리와 인물의 캐릭터에 더욱 주목할 수밖에 없다. 또한 무성 영화에서 자막이 배우와 관객 사이의 완전한 정서적 일치를 가로막는 장치의 하나로 기능했다면, 유성 영화에서 대사는 영화적 디제시스의 공간 속에 관객이 정서적으로 동일시되는 주요한 장치로 기능한다. 유성 영화는 고전 할리우드의 내러티브 관습과 리얼리즘 기법을 발달시키는 강력한 지렛대가 된다.

사운드 도입의 초창기에 이용된 사운드 온 디스크 시스템은 축음기와 필름의 분리에 기초하고 있었기 때문에 이미 설치된 극장 영사기 시스템과의 조화에 문제가 있었다. 결국 필름 안에 이미지와 사운드의 두 트랙을 배치하는 사운드 온 필름 시스템이 유성 영화의 표준으로 자리 잡는다. 1950년대에 마그네틱과 다중 트랙이 이용되고, 1975년 이후 돌비 시스템이 일반화되면서 이제 사운드는 실제의 현실 속에 존재하는 잡음과 왜곡을 완벽하게 제거하고 통제하여, 영화 속 사운드는 현실의 사운드가 아니게 된다. 이미지와 함께 현실의 소리를 기록하고 복제하는 것이 아니라 이미지와 독립된 영화적 장치로서 사운드의 허구적 조작이 폭넓게 가능해진다. 이제 사운드는 연속 편집에 기초한 영화 내러티브와 통합된다. 픽션의 공간 속에 관객의 정서를 묶어두는 동일시의 장치이자 이데올로기 효과를 창출하는 도구가 된다.

비록 사운드의 도입이 영화 리얼리즘을 강화하는 결과를 낳았다 할지라도, 그 리얼리즘이 자연스런 현실을 그대로 보여 주는 것이 아니라는 점을 기억할 필요가 있다. 리얼리즘이 보여 주는 현실이란 주어진 그대로의 현실이 아니라 만들어진 현실, 인간의 손에 의해 변형되고 조작된 현실이라는 점이다. 영화 사운드의 도입 역시 이러한 리얼리즘의 모순적 운명을 결코 벗어나지 못한다.

컬러 영화와 와이드 스크린

1920년대 라디오와의 경쟁이 유성 영화를 낳았다면, 1950년대와 1960년대 텔레비전과의 경쟁은 컬러 영화와 와이드스크린의 대중화를 불러왔다. 물론, 영화에 색을 입히고자 하는 흐름 역시 영화의 초창기부터 이미 존재했다. 사운드와 마찬가지로 컬러의 도입도 에디슨으로부터 출발한다. 1896년 에디슨의 〈애너벨의 나비춤*Annabell's Butterfly Dance*〉은 최초의 컬러 영화로 간주되는데, 이 당시 컬러 영화란 붓으로 일일이 프레임별 색을 그려 넣는 형태였기 때문에 흑백 필름에 비해 더 많은 제작비가 소모되었다. 1900년대에 필름의 길이가 길어지면서 손을 이용한 채색의 경제성이 현격히 떨어졌고, 스텐실 기술이 도입되었다. 1920년대에는 착색*tinting*과 조색*toning*을 통해 필름 전체를 단색으로 염색하는 방법이 주로 사용되었다. 밤 장면은 남색으로 낮 장면은 노란색으로 표현하는 식이었다. 이 방법은 필름에 사운드트랙이 도입되면서 염색 과정의 기술적 난점으로 인해 쇠퇴하게 된다. 또한 카메라의 기계적 원리에 기초한 키네마컬러*Kinemacolor* 방식도 이용되었는데, 적녹 2색의 회전 필터를 이용하여 촬영하고 이를 2배 빠른 속도로 영사하여 컬러 효과를 보여 주었다.

1918년 2색 감광법에 의해 필름 자체에 색을 부여하는 테크니컬러*Technicolor* 기법이 개발되었다. 기법을 개발한 미국의 테크니컬러사는 1932년에 적녹청 빛의 3원색으로 따로 촬영한 네거티브 필름을 포지티브 필름으로 만든 뒤 이를 가공하여 별도의 필름에 순차적으로 전염시키는 3색 테크니컬러 기법을 만들었다. 3색 테크니컬러 기법은 이후 컬러 영화의 주류가 되었는데, 1932년 월트 디즈니의 〈꽃과 나무*Flowers and Trees*〉, 극영화로 1934년 〈라 쿠카라차*La Cucaracha*〉(로이드 코리건)가 그 효시로 꼽힌다.

1939년 〈바람과 함께 사라지다〉가 대성공을 거두었지만, 1940년대에 걸쳐서 컬러 영화의 확산은 제한적이었다. 컬러 영화는 흑백 영화에 비해 여전히 투자 대비 수익성이 떨어졌으며, 영화 산업의 수직적 통합과 독점에 반대하는 반트러스트법의 제정은

최초의 컬러 영화 〈애너벨의 나비춤〉.
당시의 기법은 프레임마다 일일이
붓으로 색을 그려 넣는 방식이었다.

테크니컬러사에 결코 유리하게 작용하지 않았다. 또한, 새로운 구경거리를 제공한 컬러 영화의 미학은 여전히 스펙터클 대작들과 뮤지컬, 애니메이션 등의 영화에 제한적으로만 영향을 끼칠 뿐이었다.

컬러 영화가 본격적으로 대중화된 것은 2차 세계 대전 이후 일련의 영화 산업 환경 변화와 연관이 깊다. 무엇보다 먼저, 1950년대에 컬러 텔레비전 방송이 시작되면서 영화 산업은 안방극장에 많은 관객들을 빼앗겼고, 영화 산업의 수익성이 급격히 악화됐다. 또한 1947년 반트러스트법의 제정으로 할리우드 메이저 영화사들의 수직적, 독점적 네트워크가 붕괴되었다. 영화 산업 전반의 위기 속에서 새로운 대안이 불가피하게 요구되었다.

할리우드는 기술적 혁신으로 대응했다. 컬러 영화의 기술은 1953년 이스트먼 코닥 컬러에 의해 혁신되었다. 3색의 네거티브 필름을 하나로 묶어 하나의 렌즈로 촬영할 수 있게 함으로써 컬러 영화의 제작은 더욱 경제적이고 유연해졌다. 1950년대 초반에 컬러 영화는 전체 영화의 약 50퍼센트를 차지했고, 1960년대에 이르면 대부분의 영화가 컬러로 제작된다. 또한 스테레오 사운드를 통한 소리의 혁신과 3D 입체 영화, 시네라마 *Cinerama* 등을 통한 와이드 스크린 기술의 개발 등 안방극장에 안주하는 관객들을 다시 불러모으기 위한 방법들이 시도되었다. TV로 인해 영화는 한층 선명한 색깔과 웅장한 사운드, 거대한 스크린으로 차별화를 시도했다.

영화에 컬러가 처음 도입되었을 때 그것은 영화의 리얼리즘을 저해하는 것처럼 보였다. 컬러는 관객의 눈을 어지럽게 하고 스토리와 배우의 행동에 집중할 수 없게 만들었기 때문에 애당초 뮤지컬과 판타지 영화 등 스펙터클성 작품들에 주로 사용되었다. 또한 컬러는 여배우들을 시각적으로 전시하면서 영화 속에 성적 상품화의 코드를 확산시키는 데도 기여했다. 전체적으로 볼 때 초창기 컬러의 도입은 리얼리티의 코드라기보다는 시각적 스펙터클의 장치에 가까웠다.

하지만 테크니컬러의 도입 이후 한층 자연스런 색깔이 가능해져 컬러 영화의 리얼리즘적 성격이 부각된다. '테크니컬러는 자연의 색이다'라는 테크니컬러사의 광고 문구처럼, 컬러 테크놀로지의 발달은 영화 리얼리즘의 진보와 관련이 있다. 단지 현실의 자연색을 재현한다는 의미에서 그러한 것이 아니라 촬영 스타일과 편집의 측면에서도 그러했다. 컬러 영화는 더 많은 빛과 조명을 요구했으며, 작아진 렌즈 구경은 심도 깊은 촬영을 불러왔다. 1941년 오슨 웰스Orson Wells의 〈시민 케인Citizen Kane〉 이후 본격적으로 등장하는 딥 포커스와 롱 테이크 기법은 이후 컬러 테크놀로지의 발달과 맞물리면서 보다 폭넓게 확산된다. 딥 포커스와 롱 테이크는 현실을 파편적으로 조합하는 몽타주 기법보다도 더욱 통합적인 사실적 묘사에 적합한 방법으로 간주되었다. 할리우드는 컬러 테크놀로지를 그들의 고전 내러티브 관습에 보다 탄탄히 얽어매는 데 성공한다.

스펙터클의 장치를 리얼리즘의 도구로 순식간에 전환시키는 할리우드의 역설은 영화 테크놀로지 발달사에서 일관되게 보이는데, TV의 공세에 맞서 싸운 와이드 스크린의 경우에도 예외는 아니었다. 1950년대에 다양한 방식의 와이드 스크린이 쏟아져 나왔다. 카메라 세 대로 촬영한 영상을 거의 반원으로 구부러진 스크린 세 개에 영사하는 시네라마, 카메라 두 대나 렌즈 두 개로 촬영된 영상을 스크린 하나에 동시에 투사하여 입체감을 부여한 3D 영화, 표준 렌즈의 2배 크기를 압축할 수 있는 아나모픽 특수 렌즈를 통해 2.55 : 1 사이즈의 거대 영상을 만들어 내는 시네마스코프Cinema Scope, 파라마운트사의 독자적 와이드 스크린 사이즈였던 1.85 : 1 비율의 비스타비전VistaVision 등.

초기 와이드 스크린은 거대한 화면에 엄청난 스펙터클을 부여함으로써 관객들을 시각적 환영의 세계로 초대하는 데 집중했으며, 이를 통해 영화의 대중적 인기를 회복했다. 사실 와이드 스크린의 스펙터클 효과는 스테레오 사운드 시스템 및 컬러 영화의 발달과 함께 맞물려 있었다. 총천연색으로 펼쳐진 거대한 화면 속에 울려 퍼지는 웅장

카메라 세 대로 촬영한 영상을
거의 반원으로 구부러진 스크린 세 개에 영사하는 시네라마.

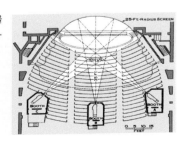

표준 렌즈의 2배 크기를 압축할 수 있는 아나모픽 특수 렌즈를 통해
2.55 : 1 사이즈의 거대 영상을 만들어 내는 시네마스코프.

한 효과음으로 관객들의 마음을 휘어잡는 스펙터클의 위력에도 불구하고, 초창기 와이드 스크린은 리얼리즘 측면에서 약간의 문제를 안고 있었다. 넓어진 화면으로 인해 조명과 미장센 구성에 문제를 드러냈고, 거대한 화면에 클로즈 업된 얼굴은 비현실적으로 보였다. 카메라 움직임과 몽타주 편집은 둔하고 어색한 것 같았으며, 넓은 화면은 무언가 공허한 구석이 있어 보였다.

그러나 할리우드는 이러한 초기의 문제점들을 빠르게 극복하면서 와이드 스크린의 스펙터클을 내러티브 체계 속에 효과적으로 편입시켰다. 오토 프레민저Otto Preminger, 엘리아 카잔Elia Kazan, 니콜라스 레이 등, 이 시기 할리우드의 대표적 감독들은 딥 포커스와 롱 테이크를 효과적으로 활용하면서 클로즈 업과 몽타주를 적절하게 배합해 냈다. 넓은 화면에 깊이를 부여하고, 시각적 볼거리와 스토리텔링을 결합하면서 고전 내러티브 관습을 한층 심화시켰다. 이미 사운드와 컬러 도입의 역사에서 확인했듯이, 또다시 영화 테크놀로지의 스펙터클적 성격은 리얼리즘의 역설과 조우한다.

디지털 시네마 시대의 개막

이미지 혁명: 아날로그에서 디지털로

영화가 디지털 테크놀로지라는 우리 시대의 화두와 만나면서 또 한 번의 이미지 변혁이 시작된다. 1950년대 이래 애당초 군사적 분야에서 먼저 시작된 컴퓨터 테크놀로지의 발달은 이제 우리의 세계를 완전히 변화시키고 있다. 기억 장치를 통한 자동적 연산과 데이터 처리를 목적으로 탄생한 컴퓨터는 정보화 사회를 추동하는 엔진이 되어 기업 활동과 만나고 미디어와 조우하면서 사회의 모든 영역을 자신의 지배 아래로 복속시켜 나가고 있다.

또한, 1990년대 이래 시작된 인터넷과 휴대폰의 발명으로 이제 우리 인간의 모든 의식적 활동은 컴퓨터 네트워크와 모바일 커뮤니케이션을 통하지 않고는 매개될 수 없는 새로운 국면으로 나아가고 있다. 마셜 맥루언의 말처럼, 세계는 하나로 연결된 '지구촌'이며, 이 지구촌을 빈틈없이 연결하는 컴퓨터 네트워크는 그것이 쏟아내는 내용이 무엇이든지 간에 그 자체로 우리의 사회적 삶과 의식을 지배하는 메시지가 된다. '미디어는 메시지다.'[4]

또한 동시에 덧붙이자면, 온갖 종류의 메시지는 우리를 둘러싼 다양한 기술 매체를 통하지 않고는 우리에게 결코 다가올 수 없게 된다. 마찬가지 의미에서 현대의 모든 영상 이미지는 기술 이미지가 되며, 그 기술 이미지의 근간을 이루는 것은 디지털 테크놀로지이다. 아날로그 기술 매체의 쇠퇴와 함께 디지털 테크놀로지는 사진, 영화, TV, 비디오, 컴퓨터, 휴대폰 등 각종 영상 매체에 새로운 바람을 불러일으킨다.

아날로그 매체와 디지털 매체는 어떻게 다른가? 그것은 일차적으로 기술의 속성이라는 면에서 고찰될 필요가 있다. 아날로그는 전압이나 전류처럼 연속적으로 변화하는 물리량에 기초한 개념이고, 디지털은 0과 1의 불연속적 데이터 신호 체계에 기반한 기술적 개념이다. 아날로그가 바늘이 돌아가는 시계라면 디지털은 숫자로 표현되는 시계이다. 아날로그가 필름이라는 감광 물질에 기초하고 있다면 디지털은 부호화된 컴퓨터 데이터에 의존한다. 아날로그가 형태를 지닌 물질성으로 자신을 드러낼 때 디지털은 무형의 코드로 스스로를 표현한다. 아날로그 이미지는 통합된 전체로서 드러나는 이미지인 데 반해 디지털 이미지는 수적 코딩과 모듈에 의해 만들어짐으로 인해 파편적 부분으로 구성된다.

연속과 불연속, 전체와 부분, 통합과 파편이라는 아날로그와 디지털의 기술적 속성의 차이는 이미지의 생산과 소비의 근본적 틀을 뒤흔든다. 연속적이고 통합된 전체로서 구성된 아날로그 매체에 있어 이미지의 형성과 변형은 매체의 물질성에 손상을 가해야만 하는 매우 힘들고 불편한 작업이다. 반면 파편적 부분의 불연속적 모듈로 구성되는 디지털 이미지에 있어 이미지의 형성과 변형은 데이터의 교체와 프로그래밍의 수정에 의해 항상적이고도 일상적으로 가능해지는 매우 쉬운 작업이다.

따라서 디지털 이미지의 본령은 부분적 이미지의 변형과 합성을 통한 전체적 이미지의 재조합 가능성의 확대이다. 디지털은 숫자와 픽셀 단위에서 손쉽게 이미지를 변환해 나갈 수 있다는 점에서, 데이터의 무한 복제와 조작이 가능한 이미지 구현의 새로운 시대를 연다. 이제 동일한 영상 매체일지라도 아날로그 매체와 디지털 매체는 이미지 표현의 길에서 완전히 다른 방향으로 나아가게 된다.

디지털은 아날로그를 죽이고 이미지 표현의 역사에 새로운 획을 긋는다. 사진 필름은 컴팩트 메모리로 대체되고, 아날로그 TV는 디지털 TV로 바뀌며, 비디오테이프는 DVD에, DVD는 다시 인터넷을 떠도는 컴퓨터 파일에 자신의 자리를 넘겨준다. 하드웨어의 교체는 소프트웨어와 콘텐츠의 교체와 맞물린다. 디지털 기술 매체에 있어서 이미지의 재현은 이제 디지털 컴퓨터 테크놀로지에 기초하지 않고는 생산될 수 없다. 문자, 회화, 사진, 영화, 라디오, TV, 비디오, 인터넷, 휴대폰 등 우리 시대의 모든 미디어들의 기반을 이루는 컴퓨터 테크놀로지에 의존하지 않고서는 단 하루도 우리의 일상생활과 이미지 연상 작용은 불가능해진다. 애당초 계산기에서 출발한 컴퓨터는 이제 인간의 이미지조차 계산할 수 있는 무언가로 바꾸어 놓는다. 인간의 시청각 이미지는 데이터 정보로 변환된다. 디지털 이미지는 숫자로 계산하고 자동적으로 연산되어 우리의 의식을 지배하는 프로그래밍된 의식에 다름 아니다. 컴퓨터는 이제 인간의 기억과 이미지를 조작하는 영상 예술의 제우스가 되었다.

디지털 시네마의 작은 역사

애당초 영화에 컴퓨터 기술이 도입된 것은 실사 촬영으로 표현하기 힘든 부분을 특수 효과를 통해 표현하기 위해서였다. 컴퓨터 그래픽은 현실에 존재하지 않는 새로운 이미지를 만들어 낸다. 또한 이미 촬영된 이미지를 필요에 따라 다른 이미지로 변형, 조작한다. 1970년대 루카스필름, 디지털이펙트 등을 비롯하여 많은 컴퓨터 그래픽 회사들이 생겨난 뒤, 1980년대부터 컴퓨터 그래픽이 영화에 본격적으로 사용되기 시작한다. 물론 초기에 컴퓨터 그래픽은 단지 영화의 몇 장면에만 사용되었다. 최초로 컴퓨터 그래픽을 사용한 영화는 1982년 〈트론Tron〉으로 알려져 있다. 1989년 제임스 카메론James Cameron은 〈어비스Abyss〉에서 최초로 수중 생물의 디지털 캐릭터를 실사 영화에 도입한다. 이어서 1991년 〈터미네이터 2Terminator 2: Judgment Day〉에서 모핑morphing 기법으로 인간 이미지와 컴퓨터 그래픽을 합성한 T-2000을 만들어 낸다.

1990년대에 걸쳐 컴퓨터 그래픽은 보다 본격적으로 영화에 사용된다. 1993년 스티븐 스필버그의 〈쥬라기 공원〉은 컴퓨터 합성 이미지의 대중화 가능성을 보여 주었다. 1995년에 애플에서 쫓겨난 스티브 잡스가 루카스필름에서 분사한 픽사Pixa에 합류하면서 최초의 100% 컴퓨터 그래픽 애니메이션 〈토이 스토리Toy Story〉가 탄생한다. 이 영화는 3D 애니메이션 제작 소프트웨어 마야MAYA를 통해 만들어졌다. 비록 어린이용

애니메이션이긴 하지만, 최초의 디지털 영화가 탄생한 것이다.

1999년 조지 루카스George Lucas는 최초의 디지털 상영을 실현한 〈스타워즈 에피소드 1*Star Wars: Episode 1*〉을 선보였다. 이 작품은 16장면을 소니 F900 HD 카메라로 촬영하고 전체 필름을 디지털화한 뒤, 위성 통신망을 통해 전송하여 디지털 프로젝터로 극장 상영하는 데 성공했다. 1990년대 말부터 장편 영화에도 디지털 카메라 사용이 대중화된다. 도그마*Dogma* 운동★의 〈셀레브레이션*Festen*〉(1998), 〈백치들*Idiots*〉(1998)이나 마이크 피기스Mike Figgis의 〈타임코드*Timecode*〉(2000) 같은 작품들이 대표적이다.

2000년대 이후 디지털 시네마의 흐름은 더욱 거세게 확산되고 있다. 할리우드 7개 메이저 영화사들은 본격적으로 디지털 제작과 배급 체제를 준비하기 위해 2003년 DCI(Digital Cinema Initiative)를 공동 설립하였다. 2006년 디즈니사는 픽사를 인수하면서 2D 셀애니메이션 시대를 끝내고 완전한 3D 애니메이션 체제로 전환했다.

실사 영화에 있어 디지털 촬영과 편집이 일반화되고 있으며, 디지털 특수 효과의 사용은 점점 더 영화 전체를 디지털화하는 방향으로 확대되고 있다. 시네마의 디지털화 경향은 이제 더 이상 아동 관객을 대상으로 한 동화류 제작으로 제한되고 있지 않다. 〈슈렉*Shrek*〉 시리즈(2000~2010), 〈폴라 익스프레스*The Polar Express*〉(2004), 〈몬스터 하우스*Monster House*〉(질 케난, 2006) 등을 비롯한 3D 애니메이션은 물론이고, 〈반지의 제왕*The Load of Rings*〉(2001~2003), 〈해리 포터*Harry Potter*〉(2001~2010) 등 판타지물, 〈매트릭스〉(1999~2003), 〈배트맨*Batman*〉 시리즈(1997~2005), 〈스파이더맨*Spider-Man*〉(2002) 등 슈퍼 히어로 영웅담, 〈아이, 로봇*I, Robot*〉(2004), 〈아일랜드*The Isaland*〉(2004), 〈우주 전쟁*War of the Worlds*〉(2005) 등 SF물, 〈킹콩〉(2005), 〈미션 임파서블*Mission Impossible*〉 시리즈(1996~2011) 등 액션 스릴러물, 심지어 〈트로이*Troy*〉(2004) 같은 역사물이나, 〈타이타닉*Titanic*〉(1997) 같은 멜로물에 이르기까지 실사와 컴퓨터 애니메이션의 영역이 급속히 붕괴되고 있으며, 컴퓨터 그래픽 없는 영화는 도저히 상상할 수 없는 지경이다.

★ 1995년 토마스 빈터베르그Thomas Vinterberg, 라스 폰 트리에Lars von Trier 등이 주도하여 기존의 할리우드 위주의 상업 영화 제작 시스템에 반기를 든 운동이다. 로케이션 촬영, 핸드 헬드 카메라, 자연 조명 사용 등 네오리얼리즘적 전통을 계승하면서, 디지털 카메라 촬영 등 영화 제작의 대중화, 민주화에도 주목하였다.

디지털 시네마란 무엇인가?

디지털 시네마*Digital Cinema*란 시네마의 제작, 배급, 유통, 상영에 이르는 전 과정의 디지털화를 의미한다. 디지털 시네마는 셀룰로이드 필름 대신에 컴퓨터 테크놀로지에 의해 만들어지는 영화이다. 디지털 카메라로 촬영된 데이터 파일은 소프트웨어 편집 프로그램을 통해 기존의 데이터와 이리저리 뒤섞이면서 완전히 새로운 영화 이미지를 창조해 낸다.

디지털 테크놀로지는 영화 제작의 방식뿐만 아니라 상영과 이미지 향유의 방식 역시 변화시킨다. 둥근 양철통에 둘둘 말린 필름 조각 대신에 인터넷과 위성 네트워크를 통해 수신한 컴퓨터 파일을 디지털 프로젝터를 통해 배급, 상영한다. 파일로 저장되는 영화는 DVD, 인터넷, 모바일 등 다양한 디지털 매체를 통해 순식간에 무한 복제된다. 영화는 예술일 뿐만 아니라 정보가 된다.

컴퓨터 기반의 영화는 인터넷 네트워크 및 정보 통신 기술의 발전과 맞물려 영화 배급과 상영, 유통과 소비의 시간과 공간을 다변화한다. 이제 영화는 극장에 가서만 볼 수 있는 것이 아니라 컴퓨터와 인터넷, 휴대폰과 PMP(Personal Multimedia Player) 등 각종 멀티미디어 도구를 통해 언제 어디서나*ubiquitous* 즐길 수 있는 문화 콘텐츠*cultural contents*가 된다. 바야흐로 영화는 그 생산, 유통, 소비의 방식 전반에 걸친 총체적 변혁의 단계에 접어든다. 그 초기적 형태가 지금 우리의 눈앞에 펼쳐지고 있다.

2009년 12월, 디지털 시네마 시대의 개막작으로 평가되곤 하는 제임스 카메론 감독의 〈아바타〉가 개봉되었다. 이 작품은 실제 배우의 연기를 센서를 통해 컴퓨터로 동시 전송한 뒤 이를 다시 소프트웨어로 그래픽화하는 획기적인 이모션/퍼포먼스 캡처 *Emotion/Performance Capture* 기법을 사용했다. 이 기법은 인간의 미세한 표정, 몸짓, 움직임을 사실적으로 잡아내는 데 성공했다. 컴퓨터 기술의 도움으로 실제의 배우를 대체하는 가상의 인간 디지털 캐릭터가 영화의 주인공으로 본격적으로 등장하게 되었다.

또한 영화 〈아바타〉는 디지털 기술 덕분에 촬영과 편집을 동시에 진행할 수 있었다. 이는 프로덕션에서 포스트프로덕션으로 이어지는 필름 영화의 선형적 제작 방식을 뛰어넘는다. 뿐만 아니라, 3D 카메라는 자연스런 입체 효과를 만들어 냈고 영화의 사실성을 드높였다. 1950년대 3D 입체 영화들이 복잡한 제작 과정과 과도한 경제적 출혈에 의해 사멸의 길을 걸었던 반면, 2000년대에 새롭게 출현한 디지털 3D 영화 〈아바타〉는 보다 경제적이고 효율적인 디지털 촬영과 편집 방식에 힘입어 새로운 영화 시장을 창출해 냈다.

그러나 이 영화가 특히 주목 받은 이유는 이중적이다. 한편으로 〈아바타〉는 디지털 테크놀로지가 현실을 보다 완벽히 복제할 수 있음을 처음으로 대중에게 보여 주었다. 기존 디지털 영화들의 약간은 어설픈 흉내 내기와는 달리, 이 영화는 영화 전체의 80% 이상을 컴퓨터 그래픽으로 채워 넣으면서도, 이모션/퍼포먼스 캡처, 3D 카메라의 활용 등에 힘입어 인물과 배경, 동작과 대사를 자연스럽게 디지털 복제하는 데 성공했다.

다른 한편, 〈아바타〉는 할리우드가 디지털 테크놀로지를 내러티브 체계 속에서 완벽하게 통제할 수 있음을 보여 주었다. 1950년대 3D 입체 영화들이 스펙터클의 시각적 효과에 집중했다면, 2000년대의 3D 영화 〈아바타〉는 기술을 내러티브 체계 속에 효과적으로 종속시켰다. 영악한 카메론 감독은 3D 기술을 화려하게 전시하기보다는 사실적 활용에 집중한다. 디지털 테크놀로지의 스펙터클하고 판타지적인 성격을 스토리와 플롯, 영화의 스타일 속에 자연스럽게 녹여 냄으로써 관객을 영화적 허구와 거짓된 환영의 세계 속에 완전히 가두어 둘 수 있었다. 바로 이 점이 단지 현란한 기술의 스펙터클을 뽐내는 데 급급했던 기존 영화들과의 차별점이었다.

디지털 시네마의 미학 — 복제에서 합성으로

컴퓨터 테크놀로지에 기초한 실사 영화 제작의 전반적 변화 양상과 3D 애니메이션의 급속도의 발전을 염두에 두고 볼 때, 레프 마노비치의 표현처럼 이제 "영화는 애니메이션에서 태어나 애니메이션을 변두리로 밀어 냈지만 종국에는 애니메이션의 특수한 경우"가 될 것이다. 디지털 시네마란 "라이브 액션 녹화분을 구성의 일부분으로 사용하는 애니메이션의 일종"이 될는지도 모른다.[5]

디지털 시네마는 디지털 카메라로 촬영되고 메모리로 저장되어 컴퓨터 편집실로 넘겨지는 실사 촬영분에 전적으로 의존하지도 않으면서, 방 안의 컴퓨터로 그려지고 채색된 3D 애니메이션에도 전적으로 의존하지 않는다. 그것은 둘의 컴퓨터 합성이 될 것이다. 이 합성 작업은 데이터로 저장, 변형, 수정, 복제되어 다양한 형태의 디지털 이미지로 구현된다. 이것은 기존의 실사 영화의 개념에 변화를 일으키며, 동시에 애니메이션의 원래적 개념과도 충돌한다. 우리는 현실에서 성숙되고 있는 이 두 가지 서로 다른 흐름이 새로운 디지털 시네마의 개념을 창출하는 데로 모아져 나갈 것임을 의심하지 않는다.

또한 더 중요하게 컴퓨터 기반의 영화 환경은 영화 제작의 방식을 변화시킨다. 이제 영화는 실재를 촬영한 다음 몽타주에 의해 편집되는 선형적 경로에 더 이상 의존하지 않는다. 즉 실재의 촬영분이 주도적이지 않고 단지 컴퓨터 합성을 위한 부분적 요소에 불과하게 된다. 영화 제작의 주도적 방식은 방안에서 이루어지는 컴퓨터 편집 작업

디지털 3D 영화를 보는 관객들.

이 된다.

디지털 시네마에서 편집은 실사 촬영분의 배열이라는 그 원래 의미를 뛰어넘는다. 그것은 이미지 데이터의 차원에서 실사와 애니메이션의 다양한 장면들을 각종 컴퓨터 프로그램을 사용하여 재배치하는 작업이다. 편집은 컴퓨터 데이터를 검색, 분류, 가공하여 잘라내고 붙여넣는 이미지의 조합과 재배열 작업이 된다. 이제 영화 이미지는 실재의 반영으로 규정되어야 할 아무런 이유가 없다. 그것은 오히려 데이터의 복제와 조작의 문제, 즉 실재 이미지의 변형과 합성의 문제가 된다.

현재 전개되는 디지털 시네마의 발전 방향은 크게 두 갈래로 생각할 수 있다. 무엇보다 먼저, 기존 실사 영화의 디지털화라는 방향은 한편으로 리얼리즘의 강화를 향해 나아간다. 〈아바타〉의 사례에서 이미 보았듯이, 디지털 테크놀로지는 현실을 보다 완벽하게 복제하는 장치로 활용된다. 할리우드는 기술의 진보와 혁신을 영화적 내러티브 체계 속으로 확실히 편입시킨다.

더불어, 디지털 테크놀로지는 대중의 일상적 다큐멘터리 제작을 활성화한다는 면에서 리얼리즘의 진보를 가져온다. 휴대용 디지털 비디오 촬영 장비의 확산과 간편한 저작 툴, 편집 소프트웨어의 광범위한 보급은 영화 제작의 주체를 보다 개인화하고 대중화한다. 이미 인터넷과 모바일 공간을 장악하고 있는 UCC(User Created Contents) 동영상의 확산은 보다 세련되고 예술적인 대중적 영상 매체의 출현을 예고하는 듯하다. 이제 영화는 특정한 영상 작가의 것만이 아니라 보다 대중적이고 개인적인 표현 매체로 민주화되어 갈 것이다.

일찍이 발터 벤야민이 영화를 대중 운동과 연결시켰던 바로 그 정신과 마찬가지로, 오늘날 디지털 테크놀로지 시대의 영화 역시 본질적으로 대중적 예술 매체로서의 참여적이고 능동적인 성격이 다양한 측면에서 한층 강화되어 갈 것임에 틀림없다. 비록 자본의 상업적 그물망에 포섭될 가능성을 동시에 내포하고 있다 할지라도. 영화 미학적 차원에서 UCC를 비롯하여 이러한 일상적 다큐멘터리즘의 확산은 할리우드 영화 산업의 목적과는 다른 의미에서 리얼리즘의 강화를 의미한다. 대중의 '있는 그대로의 현실'을 보다 직접적이고 주체적으로 반영하고 복제한다는 의미에서 디지털 시네마는 리얼리즘으로의 또 한 번의 진보이다.

그러나 다른 한편, 디지털 시네마는 리얼리즘으로부터 한걸음 멀어지고 있다. 우리는 이러한 경향을 컴퓨터 테크놀로지를 통한 3D 애니메이션 영화의 발전으로부터 확인할 수 있다. 이미 대다수 실사 영화에서 컴퓨터 특수 효과는 일반화되어 실사 영화 내부로 통합되고 있다. 나아가 컴퓨터 그래픽은 기존 만화 영화의 협소한 틀을 넘어 실제의 자연과 배우의 표정과 몸짓을 대체하는 방향으로 발전해 가고 있다. 현실의 1차적 지시 대상과 행위는 컴퓨터 기반의 애니메이션 영화를 통해 완전히 조작되고 배합되어 새롭게 재탄생한다.

컴퓨터가 실사를 대체하는 3D 애니메이션의 세계에서 리얼리즘은 더 이상 직접적 현실 그 자체가 아니다. 그것은 정보 데이터를 통해 현실을 짜깁기하는 허구적 시뮬라크라Simulacra★의 세계를 만들어 낸다. 여기에서 디지털 시네마는 파편적 현실의 상호 텍스트성과 혼성 모방에 기초한 포스트모더니즘 경향과 합류한다. 그러므로 디지털 테크놀로지의 발전 과정에서는 영화의 세계에 있어서 실사와 애니메이션의 합성, 다큐멘터리와 픽션의 결합, 현실과 가상 공간의 융합, 리얼리즘과 포스트모더니즘의 화학적 반응이 보다 광범위하게 일어난다.

디지털 시네마는 영화의 관객성에 있어서도 일정한 변화를 일으킨다. 테크놀로지의 매혹으로 인하여 영화의 스펙터클성이 강화되며, 컴퓨터 게임의 원리를 차용하여 쌍방향성이 강화된다. 디지털 시네마는 한편으로 기존 영화 예술의 수동성과 일방향성을 타파하는 대중적 개인의 능동적 참여와 상호 소통성에 바탕을 둔다. 다른 한편으로 2D의 평면적 공간에서 전개되는 기존 영화의 시각 중심성을 근본적으로 뒤흔드

★ 직접적 현실보다 더 현실 같은 허구적인 것을 지칭하는 철학적 개념. 포스트모더니즘 이론가 장 보드리야르Jean Baudrillard는 현대 사회에서는 실재의 모사에 불과한 가상 실재가 현실을 지배하고, 가상의 이미지가 현실의 실재성을 대체한다고 보았다. 반면, 포스트구조주의 철학자 질 들뢰즈는 시뮬라크라를 실재의 단순한 복제물이 아니라 모델을 뛰어넘어 새로운 주체성과 역동성을 구현하는 것으로 보았다.

는 3D 입체 영화의 공감각적, 육감적, 체험적 본성이 강화된다. 르네상스 이래 관객을 원근법적 시각 체제 아래서 단일한 주체 위치로 포섭하는 주류 영화의 리얼리즘적 내러티브화 전략은 근본적으로 위협받게 된다. 관객은 디지털 입체 영화의 쌍방향적, 체험적 지각 양식을 통해 한편으로, 여전히 가상 공간에의 몰입을 통한 환영주의적 현실감을 만끽하겠지만, 다른 한편으로 가상 공간에의 적극적 참여를 통해 더 나은 현실을 구현하고자 하는 유토피아적 희망과 욕망의 탈주선을 그리게 될 수도 있다.

디지털 테크놀로지가 영화의 세계에 초래하고 있는 많은 것들이 이제 막 시작 단계에 놓여 있다. 라이브액션 실사 영화와 컴퓨터 그래픽 애니메이션의 상호 수렴과 분화 현상, 3D 입체 영화와 가상 현실에의 몰입, 사각의 스크린을 뛰어넘어 인터넷 네트워크와 홀로그램hologram*에 의해 구현되는 새로운 상영 방식의 구현, 영화와 컴퓨터 게임의 원리를 결합하여 일방향적 내러티브를 쌍방향적인 내러티브와 상호 작용적 놀이 문화로 전환하고자 하는 다양한 시도들 등 디지털과 정보 통신 혁명에 기초한 새로운 영화의 개념이 등장하고 있다. 디지털 테크놀로지는 우리 앞에 미래의 영화를 조금씩 보여 주고 있다.

그러나 다른 한편, 영화 테크놀로지의 역사가 보여 준 미학적 역설, 즉 기계적 복제와 시각적 환영의 모순, 현실의 기록과 가상적 허구의 공존, 스펙터클과 내러티브의 상호 작용은 또한 역으로 디지털 시네마의 운명을 좌우하게 될 것이다. 디지털 테크놀로지는 그 기술적, 미학적 혁신성에도 불구하고, 근본적으로 영화의 탄생 이래 일관되게 반복되어 온 리얼리즘의 역설을 다시 한 번 보여 준다.

바로 그런 의미에서, 예술의 역사적 운명을 따라 20세기를 뒤흔든 대중 예술로서 영화의 시대는 아직 끝나지 않았다. 필름은 역사의 박물관 속으로 사라지고 있으나, 시네마는 계속된다. 강고한 디지털 육체 속에서 영화의 새로운 정신이 태어난다. 테크놀로지의 눈부신 광채 속에서 새롭게 태어나는 시네마의 영혼에 경배를!

★ 레이저 광선을 이용하여 실물과 똑같이 3차원 공간 속에서 입체적으로 구현되는 영상. 홀로그램 영상은 여러 각도에서 본 대상물의 빛 파동을 입체적으로 기록, 재생함으로써 가능하다. 3D 입체 영화를 구현하고자 하는 다양한 시도들은 궁극적으로 홀로그램 기술의 구현을 향해 나아가고 있다.

주

1. 발터 벤야민, 《발터 벤야민의 문예이론》, 반성완 옮김, 민음사, 1998, p.233.

2. 앙드레 바쟁, 《영화란 무엇인가?》, 박상규 옮김, 시각과언어, 1998, p.31.

3. Christian Metz, "The imaginary Signifier," *Screen,* vol. 16, no. 2, 1975, pp.50~52.

4. 마셜 맥루언, 《미디어의 이해: 인간의 확장》, 박정규 옮김, 커뮤니케이션북스, 2001, p.23.

5. 레프 마노비치, 《뉴미디어의 언어》, 서정신 옮김, 생각의 나무, 2004, p.379.

+film

카메라를 든 사나이 *Chelovek s kino–apparatom*

dir. Dziga Vertov | cast. Mikhail Kaufman | 1929 | 68min | b&w | Soviet Union

이 영화는 혁명 이후 러시아 민중의 활기찬 일상생활을 담은 다큐멘터리이다. 카메라의 눈은 거리에서, 공장에서, 가정에서 민중의 다양한 일상을 스케치한다. 다른 한편, 이 영화는 '영화란 무엇인가?'에 대한 영화이다. 영화를 촬영하는 카메라맨이 주인공이며, 편집과 특수효과를 통해 촬영된 필름이 어떻게 가공되는지를 그대로 보여 준다. 현실을 영화적으로 구성하기 위해 카메라맨이 어떻게 움직이는지를 사실적으로 보여 줌과 동시에, 인간 눈의 한계를 뛰어넘는 카메라 촬영과 영화 편집의 실험적 가능성을 탐구한다. 베르토프는 영화 테크놀로지의 사실성과 허구성을 절묘하게 결합하여 '영화에 대한 영화'를 창조해 냈다.

도그 스타 맨 *Dog Star Man: Part I*

dir. Stan Brakhage | cast. Jane Brakhage, Stan Brakhage | 1962 | 30min | color | USA

나방 *Mothlight*

dir. Stan Brakhage | 1963 | 4min | color | USA

블랙 아이스 *Black Ice*

dir. Stan Brakhage | 1994 | 3min | color | USA

스탄 브래키지는 영화의 매체적, 기술적 가능성을 극단적으로 실험한다. 그는 필름 위에 오브젝트를 놓고 직접 프린트를 떠서 편집, 상영하는 방식으로 카메라가 필요 없는 영화를 만든다. 또한, 이렇게 만들어진 영화 속의 이미지들은 기승전결의 폐쇄적 내러티브 구조 속에 존재하는 것이 아니라 해체적이고 심리적인 이미지즘의 전시를 통해 새로운 영화 미학을 창조한다.

타임코드 *Timecode*

dir. Mike Figgis | cast. Jeanne Tripplehorn, Stellan Skarsgård | 2000 | 97min | color | USA | Screen Gems

4대의 디지털 카메라를 이용하여 원 숏 원 신의 중단 없는, 즉 편집 없는 90분짜리 영화 4편을 만든 다음, 이를 4화면으로 균등 분할된 스크린에 동시 상영한 획기적 작품이다. 물론, 이 네 편의 단편들은 서로 연관성이 있으며, 인물들은 결국 애정과 집착이라는 하나의 축으로 연결된다. 하지만, 영화를 보는 동안 관객은 각각의 내러티브에 수동적으로 안주할 수가 없게 된다. 스토리는 꼬이고, 사운드는 네 명의 인물과 이야기 사이를 순차적으로 왔다 갔다 한다. 이 영화를 보면서 관객은 단편들의 연관성을 능동적으로 유추하고 적극적으로 해석해야만 한다. 〈타임코드〉는 쌍방향 커뮤니케이션에 기초한 디지털 영화의 관객성을 또다른 방식으로 보여 준다.

웨이킹 라이프 *Waking Life*

dir. Richard Linklater | cast. Ethan Hawke, Trevor Jack Brooks | 2001 | 99min | color | USA

| Fox Searchlight Pictures

스캐너 다클리 *A Scanner Darkly*

dir. Richard Linklater | cast. Keanu Reeves, Winona Ryder | 2006 | 100min | color | USA |

Warner Independent Pictures, Thousand Words

카메라로 실사 촬영된 필름 위에 덧칠을 하여 애니메이션적 느낌을 부여하는 로토스코핑 기법을 사용한 이 두 영화는 영화 테크놀로지의 또다른 실험을 보여 준다. 영화의 역사에서 오랜 기간 함께해 왔던 두 가지 흐름, 즉 한편으로 현실을 기계적으로 표상하는 실사 영화의 흐름, 그리고 다른 한편으로, 인간 손의 터치에 의해 가공된 애니메이션의 흐름은 이들 영화에서 기이하게 조우한다. 꿈과 현실의 경계에 서 있는 인간의 고뇌를 다룬 두 영화의 주제처럼, 로토스코핑으로 채색된 필름은 기록된 현실과 가공된 허구의 흔들리는 경계를 보여 주는 듯하다.

디지털 시네마의 이해

찰스 S. 스와츠 | 김창유 옮김 | 책과길 | 2006

이 책은 주로 디지털 시네마의 기술적, 산업적 특징과 장점에 대해 초점을 맞추고 있다. 촬영, 배급, 상영에 있어서 디지털 기술의 도입이 영화 산업 전반의 경제성과 효율성을 낳고 있음을 역설하고 있다. 특히, 영화 제작 현장의 다양한 인력들의 직접적 반응을 효과적으로 소개하면서, 디지털 시네마가 급속도로 필름 영화를 대체해 나가고 있음을 예증한다.

이미지의 삶과 죽음

레지스 드브레 | 정진국 옮김 | 시각과언어 | 1994

프랑스의 실천적 지성 레지스 드브레는 인류의 역사적 삶 속에서 이미지의 기원과 흐름을 추적한 뒤, 미디어 테크놀로지에 의해 현대인의 삶이 지배당하는 영상 이미지의 시대가 지닌 가혹한 집단적 무의식성을 통찰한다. 세계가 수많은 기호와 상징으로 넘쳐흐를 때 그 속에서 진정한 의미를 담은 이미지, 현실의 실재성을 드러내는 이미지는 오히려 적어지는 비디오스페르의 역설을 통렬히 고발한다.

하이테크네

R. L. 러츠키 | 김상민 옮김 | 시공사 | 2004

저자는 테크놀로지의 근본 개념에 대해 질문하면서, 근대 문명의 발달과 함께 오늘날 테크놀로지가 문화와 예술의 중심적 도구가 되었음을 논증한다. 특히, '포스트휴먼 시대의 예술/디자인/테크놀로지'라는 부제에 걸맞게 이 책은 근대의 도구적 테크놀로지 개념을 넘어서 포스트모더니즘 시대의 예술적 하이테크놀로지 미학이 필요함을 주장한다.

The Virtual Life of Film

D. N. Rodowick | Harvard University Press | 2007

이 책은 필름의 시대가 끝나고 디지털 시네마로 이행하는 현 시기에 가장 적절한 영화 미학서이다. 저자 로도윅은 디지털 시네마의 시대를 맞이하여 사진적 존재론에 기초한 기존의 영화 이론들이 불가피하게 수정, 변형되지 않을 수 없음을 논증한다. 또한, 저자는 디지털 시대에도 여전히 변하지 않을 영화 예술의 미학에 대한 짙은 향수와 애정을 토로한다. 예컨대, 저자의 관점에서 디지털 시네마의 미학은 영화사를 장식해 온 수많은 필름의 이론들을 따라서 변증법적으로 지속된다.

- 영화의 탄생에 밑거름이 된 기술에는 어떤 것들이 있는가?

- 기술 매체로서 영화가 예술로 인정받기 위해 어떤 역사적 과정들을 겪었는가?

- 미술, 문학, 음악, 연극 등과 비교하여 영화 예술의 주요한 특징은 무엇인가?

- 사운드의 도입은 영화 산업과 미학에 어떤 영향을 끼쳤는가?

- 텔레비전과의 경쟁이 영화 테크놀로지 발달에 어떤 영향을 주었는가?

- 필름 영화와 디지털 시네마의 차이점은 무엇인가?

- 디지털 시네마는 리얼리즘 영화 미학과 어떤 관계가 있는가?

10

산업으로서의 영화

김대희

영화는 제작부터 배급, 상영에 이르기까지 많은 자본이 투여되는 예술이다. 또 제작된 상품 중 20%만이 성공한다는 2 : 8의 법칙이 어느 분야보다 잘 적용되는 투기 산업이자 다양한 매체가 경쟁하고 있는 오늘날까지 대중 예술의 대표 주자이자 엔터테인먼트 산업의 핵심이기도 하다. 예술가의 자의식은 물론, 산업적 전망조차 뚜렷치 않았던 뤼미에르 형제와 에디슨에 의해 발명된 초기부터 영화는 자본의 영향으로 자유롭지 않았으며 지금도 그렇다. 그렇지만 역설적으로 그 자본이 영화 산업을 발전시켰고 영화의 스타일 및 형식에 영향을 미쳤다. 그렇다면 이러한 변화를 이끈 산업적 특징은 무엇이며 어떻게 형성되었는가? 영화 산업이 영화의 스토리나 형식에 미친 영향은 무엇인가? 또 앞으로는 어떻게 변화할 것인가? 바로 이 세 가지 질문이 이 장에서 다루고자 하는 핵심이다.

영화 이전의 영화 산업

> 19세기엔 재담으로 치장한 무대극이 오랫동안 인기를 끌었다. 어느 날 복잡한 기계들이 무섭게 으르렁거리고 자동차 경적 소리가 거리에 울려 퍼지자 무대극은 슬그머니 사라져 버렸고 새롭게 시작된 삶은 점점 더 천박스러워지는 듯했다.[1]

19세기는 산업 혁명과 도시화의 시대였다. 증기 기관이 발명되면서 가내 수공업은 공장으로 변모하였고 철도가 깔리고 통신 수단이 발전하면서 지역 간의 교류와 이동이 활발해졌으며 사람들은 농촌을 벗어나 끝없이 도시로 몰려들었다.

새로운 사회는 새로운 문화와 예술을 요구했다. 산업 혁명으로 부를 쌓은 신흥 중산층 및 식자층을 상대로 석판 인쇄를 활용한 신문 및 소설이 발간되었고 유흥가 및 아케이드, 극장이 들어섰으며 새로운 발명품이나 과학 기술을 향한 사람들의 열망과 호기심으로 만국박람회는 늘 만원을 이뤘다. 이 모든 사회 현상이 영화의 탄생 배경임은 이론의 여지가 없다. 다만 이후 영화에 끼친 산업적 영향이란 측면에서 멜로드라마는 특별히 주목할 필요가 있다.

멜로드라마는 18세기 프랑스 시민 혁명과 함께 등장했다. 구어를 사용하여 공식적인 레퍼토리를 주로 공연하였던 관인 극장Patent Theatre과 달리 구어 사용이 금지되었던 멜로드라마는 정교하고 다양한 의상, 이국적인 세트, 화려한 무대 장치와 특수 효과를 비롯해 극적인 음악을 사용하여 신흥 부르주아 및 시민 계층으로부터 광범위한 인기를 누렸으며, 이러한 멜로드라마의 특징은 구어 사용 금지가 해제된 이후에도 사라지지 않았다.[2]

여기서 먼저 이전 시대 구도심에 위치했던 귀족 중심의 관인 극장이나 지방 소도시의 서민들에게 인기가 높았던 순회 거리 연극과 달리 시민 계급이라는 새로운 관객

1870년대 환등기는 극장뿐 아니라
가정에서도 사용할 정도로 인기 있었다.

층이 도시에서 광범하게 형성되었다는 사실에 주목해야 한다. 이는 영화가 탄생하기 이전부터 영화를 소비할 관객층이 존재했다는 사실을 보여 준다.

멜로드라마가 영화에 끼친 영향은 소비 계층과 상영 공간에 한정되지 않는다. 가령 멜로드라마의 제작 과정은 많은 면에서 영화와 유사하다. 공식 레퍼토리에 의존했던 관인 극장과 달리 급변하는 관객 기호에 맞춰 다양한 레퍼토리를 선보이기 위해 빠른 속도로 많은 양의 작품을 생산해야 했던 멜로드라마 극장의 작가나 프로듀서에게 가장 중요한 것은 작가적 개성보다 흥행에 적합한가의 여부였다. 이를 위해 종종 표절과 각색에 의존했던 멜로드라마 작가들은 이후 영화의 시나리오 작가로 변신했으며 목수나 배경 그림 화가, 가스 및 전기 기사와 특수 효과 기사 등의 스탭들도 비슷한 경로를 밟았다. 또한 환등기*magic lantern* 쇼 및 보드빌 순회 공연단은 이후 영화의 배급망으로 기능하게 된다.* 파리에서 영화가 탄생한 바로 다음 해 카메라를 구입하여 영화를 제작하기 시작한 조르주 멜리에스가 불과 5년 뒤에 무려 14분 길이의 SF 판타지 영화를 만들고 세계적으로 흥행할 수 있었던 배경엔 이렇게 개인의 천재성과 아울러 오랫

★ 아울러 1895년 영화가 탄생한 이후에도 오랫동안 환등기 쇼 및 순회 공연은 짧은 길이의 영화와 함께 극장의 프로그램을 구성하였다. 1903년 시카고의 클라인사Kleine Optical Company가 판매한 〈거대한 도시, 뉴욕의 빛과 그림자 *Lights and Shadows of a great City, New York*〉의 카탈로그는 영화 상영 장치, 환등기, 스테레옵티콘*steropticon*, 액세서리를 포함해 슬라이드 61개와 필름 9개 작품으로 구성되어 있었다.

동안 축적된 멜로드라마의 산업적 역량이 자리하고 있었던 셈이다.

지금 시점에서 돌이켜보면 영화는 탄생할 때부터 도시 곳곳으로 빠르게 확산되고 산업적으로 성장할 운명을 갖고 있었던 것 같다. 더구나 페이드 인 아웃, 클로즈 업, 이중 인화 등의 기법이 초보적이나마 멜로드라마 연극 및 환등기 쇼에서 이미 선보였다는 점을 감안하면 더더욱 그렇다.★ 그렇지만 영화 산업이 오늘날처럼 성장해 온 과정은 결코 탄탄대로가 아니었다. 오히려 영화 산업의 역사는 자유 경쟁과 독점화, 시행착오와 선견지명, 성공과 실패가 점철된 정글에 가깝다.

초기 영화, 초기 산업

"영화라는 발명품은 전망이 없다오."

뤼미에르가 카메라를 구입하려는 멜리에스의 청을 거절하며 선의로 건넸다는 이 조언을 들어 호사가들은 종종 영화 선각자들이 영화의 미래를 전혀 예상하지 못했다고 주장한다. 반면 일각에선 뤼미에르가 경쟁자를 배제하기 위해 둘러댄 말이었을 것이라고 추측하기도 한다. 어쨌든 뤼미에르 형제가 산업화가 본격화된 시점에서 영화에 손을 떼고 화학 및 의료 연구에 투신했다는 사실에 비추어보면 호사가들의 추측이 아주 틀렸다고 말하긴 어렵지만, 영화 산업사에도 중요한 궤적을 남긴 에디슨은 물론 뤼미에르 형제 자신도 전 세계에 촬영팀을 파견하며 사업을 벌였다는 사실을 볼 때 전적으로 맞는 주장이라 보기도 어려울 것이다.

어떤 점에서 이 시기 영화 산업은 많은 부분 자동차나 IT 산업 초창기와 유사하다. 가령 자동차 산업의 경우 포드와 GM, 크라이슬러로 삼분된 지금과 달리 초창기엔

★ 초기 흥행한 영화들 상당수는 인기 있던 환등기 쇼에서 그 내용을 빌리기도 했다. 멜리에스의 〈달나라 여행〉(1902)은 1887년 베를린에서 상영된 랜턴 쇼에서 제목과 소재를 빌렸으며 포터의 〈미국인 소방수의 하루Life of an American Fireman〉(1902) 또한 그 당시에 상영되던 〈소방수 봅Bob the Fireman〉에게 많은 부분을 빚지고 있다. 〈소방수 봅〉의 슬라이드 일부는 다음의 사이트에서 볼 수 있다. http://www.phsc.ca/lambert.html

1905년경에 생겨난 니켈로디온에서의 영화 관람은
이민자와 노동자들 일상의 한 부분이 되었다.
사진은 당시 미국 미주리 주 세인트루이스에 있는
니켈로디온인 월드 드림 극장.

500여 개에 달하는 기업이 서로 경쟁하였으며 헨리 포드Henry Ford가 T카를 생산할 즈음에도 100여 개사가 남아 있었다.[3] 자동차보다 상대적으로 규모가 작은 영화 산업에서 자유 경쟁이 더 치열했을 것이란 점은 쉽게 짐작할 수 있을 것이다.

먼저 니켈로디온*nickelodeon*이 본격적으로 등장한 1905년 이전까지 영화 산업의 풍경은 지금과 매우 달랐다는 사실을 유념해야 한다. 한편의 장편 픽션 영화를 대여하여 극장에 상영하는 지금과 달리 당시엔 피트 단위로 필름을 묶어서 파는 게 일반적이었고 픽션만큼이나 뉴스릴 및 다큐멘터리 등 사실물*actualities*의 비중이 높았으며 실제 극장의 상영 프로그램은 필름과 아울러 보드빌 쇼, 팬터마임 및 환등기 쇼 등의 공연 예술을 포함하고 있었다. 이러한 차이는 제작 과정에서도 비슷하게 나타났다. 감독 중심으로 서열화된 지금과 달리 촬영 기사의 비중이 더 높거나 동등하였고 최종 편집권은 극장의 영사 기사가 갖고 있었다.** 극단적으로 말해 당시 영화는 무게에 따라 가격이 매겨지는 빵이나 소시지처럼 극장이나 순회 상영단이 길이별로 구입하여 상영하는 소규모 신상품 이상도, 이하도 아니었다.

이런 초창기의 산업 풍경은 1905년에서 1907년 미국의 도시 곳곳마다 저소득층

★ 20세기 초 미국 각지에서 대단한 인기를 끌었던 입장료 5센트의 초기 영화관으로 이 용어는 nickel(5센트짜리 주화)과 melodeon(풍금의 일종)의 합성어이다. 1905년 피츠버그에서 존 P. 해리스John P. Harris와 해리 데이비스Harry Davis가 만든 극장의 이름이기도 하다. 1910년까지 미국에는 1만여 개의 니켈로디온이 있었던 것으로 추정된다.

★★ 당시 영사 기사들은 창고에 쌓여 있는 필름들을 재편집하여 새로운 작품으로 탈바꿈시키기도 했다. 저작권이 일반화된 오늘날에 있을 수 없는 관행이지만 역으로 당시 영사 기사들은 극장 소유의 필름을 마음대로 편집할 수 없다는 생각을 이해할 수 없을 것이다. 영사 기사들의 편집 권한은 배급 양식이 필름 구매에서 대여로 바뀌면서 사라진다.

을 겨냥한 소규모 극장이 우후죽순 등장하면서 변화의 조짐을 보이기 시작한다. 통상 5센트 정도의 저렴한 입장료를 받았으므로 니켈로디온이라 불린 이 극장들은 이전의 고급 극장들과 달리 정기적으로 영화를 상영하였다. 뤼미에르의 예측과 달리 영화는 신기한 발명품에 머무르지 않고 도시민들이 일상적으로 즐기는 오락물로 진화한 것이다.

필름을 소유한 채로 이동하며 상영했던 순회 상영단과 달리 일정한 장소에서 정기적으로 프로그램을 교체해야 하는 극장의 이해를 반영하여 배급 양식은 판매보다 대여가 선호되었다. 급증한 극장마다 끊임없이 프로그램을 교체하면서 필요한 영화의 수는 이전과 비교할 수 없을 만큼 증가하였다.

산업의 규모가 확대되고 높은 수익을 확인한 야심가와 비즈니스맨, 예술가들이 영화 산업에 뛰어들면서 경쟁은 격화되었고 특허권을 무기로 경쟁자를 배제한 채 시장을 독점하려는 시도가 등장하면서 영화 산업의 혼란은 가중된다. 영화를 발명한 에디슨은 독점화에서도 선두주자였다.

1897년부터 에디슨은 경쟁사들을 특허권 침해로 고발하며 독점을 시도했고 1904년 법원의 판결에서 승리했지만 모든 제작자들을 굴복시키진 못했다. 뮤토스코프와 바이오그래프(AM&B)는 자신의 카메라가 상이한 기술과 특허를 가지고 있다며 에디슨의 요구를 거부했으며, 1907년 항소심 법원이 AM&B의 주장을 받아들이면서 이 분쟁은 AM&B의 승리로 끝났다. 비록 법원이 다른 카메라들은 특허를 침해했다는 사실을 재확인했고 그 결과 모든 제작사들과 수입업자들은 에디슨이나 AM&B에 특허료를 지

뮤토스코프와 바이오그래프(AM&B)사는 에디슨과 특허권 문제로 분쟁을 일으켰다.

불해야 했지만 그 정도에서 만족할 에디슨이 아니었다. 1908년 에디슨은 이번엔 카메라가 아니라 생필름에 대한 특허를 침해했다며 AM&B를 고소하기로 결정했고 이에 맞서 AM&B는 자신들이 사들인 래섬Latham의 루프Loop 특허 침해를 이유로 에디슨을 고발했다.

　마주 보고 달리는 기차처럼 파국으로 치닫는 듯했던 에디슨과 AM&B 사이의 특허권 분쟁은 뜻밖에도 1908년 12월 두 회사가 손을 잡고 주도한 영화 특허권 회사 MPPC(Motion Picture Patents Company)가 설립되면서 새로운 국면으로 접어들었다. 에디슨 컴퍼니와 바이오그래프, 바이타그래프Vitagraph 등 대형 제작사와 셀리그Selig, 에사네이Essanay, 루빈Rubin, 칼렘Kalem이 MPPC에 합류했다. 해외 영화의 시장 잠식을 막기 위해 수입할 수 있는 영화의 편수를 엄밀히 제한하였으며 외국 영화사 중 파테Pathé와 멜리에스, 그리고 유럽 영화를 수입하던 클라인의 가입은 승인되었지만 그레이트 노던 및 이탈리아 제작사를 포함해 많은 영화사들은 들어올 수 없었다.[*]

　MPPC의 라이선스는 제작, 배급, 상영 모두를 망라했다. MPPC의 라이선스가 있는 회사만이 영화를 제작하고 배급할 수 있었으며 MPPC의 영화를 상영하려는 극장주들은 그 대가로 1주일마다 정해진 요금을 지불해야 했다. 이스트먼 코닥Eastman Kodak은 MPPC 회원사에만 생필름을 판매하겠다고 약속했고 회원사들은 그 대가로 코닥 필름만을 사용했다. 이렇게 MPPC는 특허권이라는 무기를 사용하여 여타 경쟁 회사들을 제거하려 시도했다.

　그렇지만 MPPC의 시도는 곧 만만찮은 저항에 부딪히기 시작했다. 이미 영사기를 매입하여 보유하고 있던 극장들은 새로 주당 요금을 지불하라는 MPPC의 요구에 분노했다. 6000여 개 극장이 MPPC의 요구를 따랐지만 그렇지 않은 극장도 2000여 개 사에 달했다. MPPC의 영화를 살 수 없었던 배급사 및 거래상들은 자체적으로 영화를 제작하였으며(이들은 독립 영화 제작자independents라 불렸다), MPPC에 저항하는 극장 측에 판

---

[*] 이렇게 경쟁하는 한편으로 자국 내 영화 산업의 이익을 위해 협력하는 양상은 이후 1922년 헤이스가 회장으로 취임한 영화제작배급협회(MPPDA)를 포함해 지금까지 나타난다.

매하였다. 뉴욕에 근거지를 두고 있던 MPPC의 감시를 피해 주 활동 무대를 서부로 옮긴 독립 영화 제작자 상당수는 이후 할리우드의 탄생에 일조했다.

당사자들의 의도와 상관없이 보다 많은 극장의 배급과 제작을 장악하려는 경쟁과 독점의 소용돌이는 영화 산업의 표준화 및 제도화를 가져왔다. 순회 상영단에 의해 일회적으로 상영되던 초기와 달리 수많은 극장에서 정기적으로 영화가 상영되면서 제작–배급–상영–재투자의 순환 사이클이 정착했고 안정적인 생산 및 상영을 위해 필름의 규격 및 길이는 표준화되었다. 배급망에 가입한 극장의 수요에 맞춰 제작사들은 정기적인 계획과 기획을 수립하였고 다큐멘터리나 뉴스릴에 비해 상대적으로 제작 과정 및 결과가 예측 가능한 픽션 영화의 비중이 높아졌다.

한편 영화 산업의 급속한 확대는 보수층의 반발을 불러일으켰다. 많은 종교계와 사회 사업가들은 니켈로디온을 젊은이들을 타락시키는 문화로 간주하여 비난을 퍼부었다.* 안 그래도 성장의 한계에 직면했던 MPPC와 독립 영화 제작자들이 시장의 확대 및 여론 전환을 위해 크게 두 가지 전략을 구사했다. 하나는 자체 검열을 강화하여 비난 여론과 타협하는 것이었고 또 하나는 영화로부터 멀어진 중산층 및 상류층 관객을 겨냥해 상품을 고급화하는 것이었다. 배급업자들은 〈기즈 공의 암살The Assassination of the Duke de Guise〉(앙드레 칼메트·샤를 르 바르지, 1908)이나 〈트로이의 몰락The Fall of Troy〉(1911)처럼 유명 문학 작품이나 역사적 사실을 배경으로 한 영화들을 유럽에서 수입하였으며 극장주들은 큰 규모로 화려한 극장을 신축하거나 니켈로디온을 개축하였다. 영화 궁전(무비 팰리스)이라 불린 이 극장들은 니켈로디온과의 차별화를 위해 더 긴 프로그램을 선호하였고 당연히 입장료 또한 더 많이 받을 수 있었다.

1914년 D. W. 그리피스의 장편 영화 〈국가의 탄생〉의 촬영이 시작되었다. 처음 4만 달러로 추정했던 예산은 최종적으로 11만 2000달러에 달했고(오늘날의 가치론 약 246만 달러에 해당한다) 이는 당시 누구도 엄두도 내지 못할 만큼 엄청난 규모였다. 이듬해 개

★ 이 시기 니켈로디온은 시설 등이 조잡했을 뿐만 아니라 이전 시기의 멜로드라마처럼 사형 집행과 살인 등 스펙터클하고 충격적인 장면을 많이 상영해 당시 보수적인 미국 분위기에서 반발은 자연스러운 현상이었다. 1908년 뉴욕에선 시장의 명령으로 시내 모든 니켈로디온이 문을 닫기도 했다. 이렇게 새로운 문화를 둘러싸고 반발 및 옹호가 이어지다 제도화되는 과정은 최근의 컴퓨터 게임이나 만화, 인터넷의 도입 및 확산에도 비슷하게 나타난다.

왼쪽부터 J. L. 레스키, 아돌프 주커, 새뮤얼 골드윈Samuel Goldwyn, 세실 B. 드밀, 알 카우프만Al Kaufman(1916).

스튜디오 황금기 시대의 거물mogul이자 파라마운트 영화사Paramount Pictures Co.를 창립한 아돌프 주커Adolph Zukor(1873~1976)는 헝가리 릿세Ricse의 가난한 유태인 가정에서 태어났다. 16세 때 가족과 함께 미국으로 건너가 뉴욕에 정착한 그는 대개의 이민자들이 그렇듯 그 시작은 초라했지만 20세가 되던 해 중서부 시카고로 이주하여 모피 가게를 연 지 2년 만에 25명의 사원과 지점을 거느릴 만큼 뛰어난 사업 수완의 소유자였다.

그가 영화 사업에 뛰어든 계기는 우연이었다. 시카고에서 모피를 팔던 어느 날 사촌 막스 골드스타인이 그를 찾아와 돈을 빌려 달라고 부탁했다. 사촌 막스는 그 돈으로 운영하고 있던 동영상 아케이드 사업을 확장할 계획이었다. 그는 사촌에게 3000달러를 빌려 주는 한편으로 공동 파트너의 자격으로 지점을 운영하기로 결심했다(루이스 B. 메이어Louis B. Meyer와 자회사 MGM의 설립자인 마커스로 Marcus Loew도 당시 파트너 중 한 명이었다). 아케이드 사업으로도 큰 성공을 거둔 그는 이후 니켈로디온 극장들을 인수했고 1912년 페이머스 플레이어스 영화사Famous Players Film Company를 설립하며 화려한 영화계의 삶을 본격적으로 시작했다. 스튜디오 전성기 당시 그의 영향력은 반트러스트법에 서명한 후 파라마운트 대리점 직원들에게 보낸 아래의 지침서만 보아도 충분히 짐작할 수 있을 것이다.

> 우리는 극장주들이 매주 프로그램 중 40%를 우리에게 할당한다는 조건으로 영화를 배급한다. 계약 기간
> 은 5년이다. 그 조건을 준수하지 않으면 우리는 수입의 50%를 가질 권리가 있고 극장주들은 6개월 동안 우
> 리가 선택한 영화 12편을 상영해야 한다.[4]

아돌프 주커의 이력은 당시 할리우드 거물들의 특징을 잘 보여 준다. 아돌프 주커처럼 상당수의 거물들이 이민자 가정 출신이었으며 대부분이 영화와는 무관한 밑바닥 직업으로 일어섰다. 마커스 로는 거리에서 신문, 유니버설Universal Pictures 회장인 칼 램플Carl Laemmle은 멜빵을 팔았다. 주커의 사업 동반자인 J. L. 래스키J. L. Lasky는 한때 금광을 찾아 헤매기도 했다. 이미 경쟁자들이 자리 잡고 있는 기존 산업보다 미답의 영역이었던 영화 산업이 모험심 강한 이민자들에겐 훨씬 매력적이었을 것이다. 그리고 이러한 성공 신화는 할리우드가 꿈의 공장이라는 이미지의 한 요소를 만들기도 했다.

그들 대부분이 영화 제작보다는 극장이나 배급으로 먼저 성공을 거두었다는 점도 공통점이다. 스튜디오를 풍미했던 빅 파이브의 거물 중에서 예외는 라디오 방송국에서 출발한 RKO와 작가 출신인 20세기 폭스의 대릴 F. 자누크Darryl F. Zanuck 정도에 불과했다.

봉된 〈국가의 탄생〉은 극장가를 휩쓸었으며 〈백설 공주와 일곱 난쟁이들Snow White and the Seven Dwarfs〉(1937)이 나올 때까지 최고의 수익을 기록했다. 〈국가의 탄생〉이 흥행하며 영화 산업은 근본적으로 재편되기 시작했다. 막대한 제작비가 투입된 영화의 엄청난 수익을 목격한 제작자들은 경쟁하듯 작품의 규모를 키웠고 이를 감당할 수 없는 제작자들은 파산하거나 보다 큰 회사에 흡수됐다.

1912년 이후 미국 법원은 MPPC 등의 독점화에 제동을 걸기 시작했고 마침내 1915년 서먼 독점 금지법Sherman Antitrust Act★에 의해 MPPC는 해체되었다. 그렇지만 미국 영화계에서 독점화 시도는 오히려 본격화되기 시작했다. 그리하여 〈국가의 탄생〉이 개봉한 1915년경 무려 2만 개에 달하던 미국의 영화사들은 빠르게 빅 파이브와 리틀 쓰리,★★ 그리고 군소 제작자들로 재편되었다. 아이러니하게도 MPPC 이후의 독점화 주역은 에디슨의 독점에 반대했던 독립 영화 제작자들이었다.

대량 생산, 대량 소비 — 포디즘과 스튜디오 시대

미 합중국은 세계 석유 중 40%를 생산하고 전체 전화기의 63%를 만들어 내고 전체 자동차의 78%를 생산합니다. 그러나 제일 생산량이 많은 것은 영화로, 전 세계에서 상영되는 영화의 85%를 미국에서 제작합니다.[5]

할리우드의 스튜디오 시스템이 전성기를 이뤘던 1920년대부터 1950년 초반까지 미국 사회는 흔히 대량 생산과 대량 소비로 일컬어진다. 표준화와 이동식 조립 방법을 핵심으로 하는 포드 시스템은 일정한 품질의 물건을 대량으로 쏟아냈고 자본주의가 성장하며 주머니가 넉넉해진 사람들은 기꺼이 이를 소비했다. 이러한 흐름은 영화 산업도

★ 1890년 미국 연방 의회가 제정한 독점 금지법. 주 간 및 국제 간 거래의 독점 방지를 주 목적으로 제정되었다.
★★ 미국 영화의 황금기인 스튜디오 시대의 대표적인 5대 영화사 — 파라마운트, 워너브라더스, 20세기 폭스, RKO, 루이스/MGM — 와 상대적으로 규모가 작은 3대 영화사 — 유나이티드 아티스트, 컬럼비아, 유니버설 — 을 뜻한다.

예외가 아니었다. 할리우드는 표준화된 방식으로 대중의 기호에 맞춰 영화를 대량 생산하였으며 이는 크게 세 가지를 축으로 지탱됐다. '스튜디오 시스템,' '장르,' '스타 시스템'이다.

스튜디오는 프랑스의 파테에서 먼저 등장했지만 포드 시스템의 핵심인 '일관 공정'을 영화 산업의 전 과정에 걸쳐 완성한 곳은 바로 할리우드였다. 당시 할리우드의 5대 메이저 영화사들은 수직 통합*vertical integration*을 통해 제작, 배급, 상영이라는 세 영역 모두를 통제했으며 오늘날과 달리 배우 및 감독들까지 영화사에 소속되어 있었다. 극장 상영을 통해 파악한 관객의 기호를 반영하여 영화를 기획하고 회사 내의 자원을 예정대로 투입하여 영화를 제작한 뒤 자체 배급망을 통해 안정적 수익을 확보한다는 게 당시 메이저들의 구상이었다. 다른 측면에서 보면 계량화가 불가능한 창작자의 재능이나 관객의 변덕스런 기호, 기타 다양한 변수로 야기될 수 있는 불안정성 등을 최소화하는 가운데 일정한 품질의 영화를 지속적으로 생산하는 구조이기도 했다.

이를 위해 먼저 제작 과정의 표준화와 분업화가 진행됐다. 본사 이사회에선 1년 단위로 전체 예산 및 마케팅, 판매, 극장 운영 등의 기본 방침을 결정하면 스튜디오는 그 노선에 따라 영화를 제작했다. 1930년대는 스튜디오 경영인 1~2명이 전체 제작을 관리하는 '중앙 프로듀서 시스템*central producer system*'이 선호됐지만 이후엔 장르나 스타에 따라 제작팀을 나눈 뒤 각 팀이 1년에 6~8편의 영화를 맡아 제작하는 '프로듀서 유니트 시스템*producer unit system*'이 정착했다.

일관 공정 시스템의 핵심인 표준화와 분업화는 시나리오 및 연출, 촬영 등의 부문에도 적용됐다. 날씨나 기타 변수가 많은 로케이션보다는 스튜디오에서 직접 통제할 수 있는 세트 촬영이 선호되었다. 극의 스토리를 끌고 가는 배우의 윤곽선을 살려 줄 수 있는 3점 조명이 기본 조명법으로 자리 잡았다. 감독의 개성 있는 연출이나 편집은 결과를 예측할 수 없었을뿐더러 작업 과정의 혼란을 야기할 수 있으므로 최대한 지양

★ 수직적 통합은 생산, 판매에 이르는 모든 과정의 통합을 일컬으며 동일 업종, 즉 영화의 경우 제작사 간, 혹은 극장 체인 간의 통합이나 시너지 효과를 위해 기타 엔터테인먼트, 예를 들어 음반, 게임, 캐릭터, 애니메이션 등의 산업과의 통합은 수평적 통합*horizontal integration*이라 불린다.

할리우드는 표준화된 방식으로 대중의 기호에 맞춰 영화를 대량 생산하였으며, 이는 '스튜디오 시스템,' '장르,' '스타 시스템'으로 지탱되었다.

된 반면 일정 정도 표준화가 가능하며 관객의 선호가 입증된 고전적 편집과 연출은 확고하게 할리우드 스타일로 굳어졌다. 또한 기존 작품의 흥행 요인으로 판정된 부분이 반복되면서 장르별 관습이 형성되었고 아리스토텔레스부터 이어져 온 3막이 시나리오의 구조로 자리 잡았다. 시나리오는 제작비 산정의 기준 자료 및 제작 공정의 청사진으로 활용될 수 있도록 신 넘버 및 장소, 로케이션 세트 여부를 표기하는 엄격한 양식을 지켰고 영화화가 결정되면 스튜디오 제작 책임자가 예산 및 장르 기준에 맞춰 수정 작업에 들어갔다. 세트들은 비용 절감을 위해 재활용을 염두에 두고 지어졌으며 각각의 스토리에 맞춰 고쳐졌다. 당시에 이른바 헤이스 규약*을 위반하여 벌금을 문 영화사가 하나도 없었다는 사실에서 드러나듯 스튜디오는 검열 기준까지 자신들이 만들어야 할 영화 내용의 표준으로 활용했다. 헤이스의 제작 규약은 다룰 수 있는 주제와 표현 범위를 제한하고 사회적으로 용인된 관계는 해피엔딩으로, 반면 비도덕적 행위는 처벌로 끝나는 등의 틀을 잡아줌으로써 스토리 전개 시스템 구축에 이바지했다.

스튜디오 시스템이 일관 공정 제작에 해당한다면 장르와 스타 시스템은 상품 종류 및 마케팅의 브랜드 가치와 비교할 수 있다. 자동차 회사에서 상품을 소형차, 중형차, 대형차로 분류하듯 스튜디오는 장르별로 영화를 나누었고 유명 스타의 이름을 포스터

★ 일명 헤이스 사무국으로 불린 MPPDA는 검열을 피하고 할리우드의 이미지를 개선하기 위해 주요 스튜디오들이 조직하였으며 1922년 초 당시 대통령인 워렌 하딩Warren Harding 밑에서 체신부 장관을 지내고 있던 윌리엄 헤이스를 위원장으로 추대했다. 헤이스가 갖고 있던 주요 거물 정치인들과 친분 및 독실한 장로교인이라는 배경이 크게 작용했다. 윌리엄 헤이스는 엄격한 영화 제작 윤리 강령Motion Picture Production code을 제정하여 실행했을 뿐만 아니라 해외 영화 시장에 대한 정보를 수집했고 유럽 쿼터에 대항하기 위해 대외 부서를 설립하였으며 의회 로비를 통해 1926년 통상부 내에 영화 부서를 신설하도록 했다. 이후 영화 부서는 미국 영화의 해외 수출을 촉진하였으며 이는 '영화가 미국의 주요 사업이 되었다는 사실을 보여 주는 분명한 신호'다.[6]

에 붙였다.

흥행이 검증된 장르는 보다 효율적인 영화 제작을 가능케 했다. 같은 장르로 분류된 작품들은 세트와 건물의 재사용이 용이했고 마케팅 전략도 일관되게 구사될 수 있었다. 장르 영화는 특정 배우나 설정, 스토리 등이 예고되었으므로 관객들은 예측 가능한 오락과 변주를 기대하며 장르 영화를 소비했다. 또한 특정 장르에 출현하는 특정 배우의 이미지는 장르 영화의 품질을 보증하는 브랜드였고 이러한 장르 영화의 특징은 시리즈로 제작되던 B급 영화에서 도드라졌다.

프리랜서의 성격이 강한 지금과 달리 영화사 소속이었던 당시 스타들은 영화사의 상품을 차별화하는 브랜드 자산이었으므로 그들의 수입은 천정부지로 뛰었다. 1909년에 100달러였던 메리 픽포드의 주급은 1917년 무려 1만 5000달러로 증가했다.

그렇지만 영화사에 소속된 스타들은 작품 선택의 자유가 없이 영화사의 경영 계획에 맞춰 출연해야 했으므로 종종 '가장 비싼 노예'라는 비아냥을 듣기도 했다. 이에 불만을 품고 제작한 영화의 이익을 직접 스타들에게 되돌려주는 영화를 제작하겠다는 목표로 찰리 채플린, 더글러스 페어뱅크스, 메리 픽포드 등의 스타 배우들이 역시 스타였던 감독 그리피스와 손을 잡고 1919년 세운 독립 영화 제작사 유나이티드 아티스트는 〈쾌걸 조로The Mask of Zorro〉(1920), 〈황금광 시대The Gold Rush〉(1925) 등으로 엄청난 성공을 거두기도 했지만 제작 및 배급에서 다른 메이저들과 비교가 되지 않았다. 극장주들은 유나이티드 아티스트의 영화 1편을 위해 2년을 기다리느니 1주 단위의 계획대로 제작되는 메이저들의 영화를 선택했다. 결국 당시의 조건에서 메이저 영화사의 '팩토리' 시스템은 최상의 방법으로 판명된다.7

역설적으로 스튜디오의 붕괴는 바로 스타와의 관계가 변화하며 시작됐다. 워너브라더스에 전속되어 있던 올리비아 드 하빌랜드는 '잭 워너Jack Warnor의 양해하에' 데이

미국 영화의 황금기인 스튜디오 시대의 대표적인 5대 영화사 20세기 폭스, 파라마운트, 워너브라더스, MGM, RKO와 상대적으로 규모가 작은 3대 영화사 컬럼비아, 유나이티드 아티스트, 유니버설.

비드 O. 셀즈닉David O. Selznick이 제작한 〈바람과 함께 사라지다〉(1939)에 출연하여 큰 명성을 얻었지만 이후 워너에서 얌전한 소녀 역만 주어지자 이에 불만을 품고 맡은 배역을 거부하였다. 그녀와의 계약이 종료된 후 워너는 영화사에서 배정한 역을 거부하였을 경우 계약 기간이 자동 연장된다는 조항을 그녀에게 적용하였으며 이는 그때까지 일반적인 관행이었다. 1930년대 이미 이 조항에 불만을 품은 베티 데이비스가 재판에서 패소한 전례가 있음에도 1945년에 하빌랜드는 다시 이 건을 법정으로 끌고 갔으며, 결과는 놀랍게도 하빌랜드의 승리였다. 하빌랜드 사건은 스타와 메이저 스튜디오와의 관계를 근본적으로 변화시켰다. 이제 영화사는 예전과 달리 스타에게 지배력을 행사할 수 없었고 스타들은 자신들을 관리해 오던 영화사의 품에서 벗어나 스스로 자신의 인기를 관리하는 체제로 들어갔으며 이로써 스타 시스템은 새로운 단계에 접어들었다.

뒤이어 1949년, 유명한 '파라마운트 판결'이 떨어졌다. 한 회사가 소유할 수 있는 TV 방송국 수를 5개로 제한하는 미 연방통신위원회의 조치에 반발하여 법원에 제소한 파라마운트에게 최고법원은 메이저 영화사의 TV 산업 진출 금지뿐 아니라 흥행 체인 내의 영화관이 특정 영화사 작품만 상영해야 하는 의무 및 일종의 끼워 팔기인 블록 부킹block booking 등의 불공정 배급 관행 금지, 제작/배급사와 흥행 체인의 분리 등을 명령했다. 이에 따라 파라마운트는 스튜디오, 판매 회사, 380개의 영화관 등을 매각해야 했고 다른 메이저들도 그 뒤를 따랐다.

1950년대 텔레비전 시대가 개막하며 스튜디오 시대는 결정적인 위기를 맞았다. 1950년대 말에 이르러 미국 가정의 85%가 TV를 보유하게 되었으며 이는 이제 미국의 가족이 극장이 아니라 텔레비전 앞에 모여 앉기 시작했다는 의미였다. 할리우드의 메이저 스튜디오가 텔레비전에 적대적이었다는 일각의 주장은 사실과 꼭 맞지는 않지만 최소한 텔레비전으로 변화된 미국인들의 여가 선용 패턴에 제대로 대응하지 못한 것은

HUAC 청문회는 영화계 인사들 사이에 깊은 불신을 남겼으며 막대한 인력 손실을 초래했다.

2차 대전 이후 미국에 맹위를 떨쳤던 냉전 분위기도 할리우드를 위축시키는 데 영향을 미쳤다. 1947년 미 하원은 HUAC(반미활동조사위원회House Un-American Activities Committee)의 주도하에 영화 산업에 미친 공산주의의 영향력을 입증하는 청문회를 개최했다. 작가협회의 지도부가 집중적으로 비난의 화살을 맞았으며 증인 43명이 청문회에 불려나왔다. 잭 워너, 게리 쿠퍼, 로널드 레이건 등의 '우호적 증인'들이 시나리오에 침투한 좌익 사상에 우려를 표하고 있을 때 이른바 '비우호적 증인'들은 제대로 된 변론 기회조차 얻지 못했다. 결국 비우호적 증인 중 열 사람, 이른바 '할리우드 텐 *Hollywood Ten*'은 공산주의 이념에 동조한다고 자백했고 일시적으로 체포되었으며 석방 후에는 할리우드에서 공식적으로 일을 할 수 없었다. (일부는 가명으로 복귀했다.) 1951년 다시 청문회가 속행되었고 할리우드의 스타와 제작자, 작가와 감독들은 살아남기 위해 서로가 서로를 고발하는 비극을 연출했고 협력을 거부한 사람은 블랙리스트에 올랐다. 줄스 다신Jules Dassin, 조셉 로시Joseph Losey, 찰리 채플린 등의 인재들은 결국 미국을 떠나야 했다. HUAC 청문회는 영화계 인사들 사이에 깊은 불신을 남겼으며 막대한 인력 손실을 초래했다.

분명하다.

1946년에서 1956년 사이, 16억 9200만 명에 달하던 영화 관객은 12억 9800만 명으로, 상위 10개 스튜디오의 흥행 수익은 9억 6800만 달러에서 7억 1700만 달러로 감소했다. 텔레비전으로 인한 관객 감소에 맞서 할리우드는 테크놀로지의 개발로 대응했다. 시네마스코프, 스테레오 사운드, 이스트먼 컬러 필름을 포함하여 수많은 테크놀로지를 선보임으로써 할리우드는 텔레비전과의 차별화를 시도했다. 그렇지만 입체 영화, 시네라마, 토드 AO 등까지 선보인 할리우드의 노력은 결국 실패로 드러났다. 다양한 테크놀로지의 도입에도 불구하고 관객은 증가하지 않았다. 결국 1962년에 이르러 영화사 전체의 총 수익은 1946년의 절반에도 미치지 못했으며 〈사운드 오브 뮤직Sound of Music〉(1965)의 성공에 고무되어 기획된 일련의 블록버스터 영화들조차 흥행 참패를 기록하면서 안 그래도 어려운 할리우드 메이저들을 위기로 몰아넣었다. 결국 유니버설은 1962년 MCA에 넘어가고 파라마운트는 1966년 걸프 앤드 웨스턴에 매각되는 등 메이저 스튜디오들은 거대 기업에 흡수되는 구조 조정을 겪었다.

변화는 메이저 스튜디오의 외부에서 시작되었다. 메이저 스튜디오의 흥행 체인 분리를 계기로 증가한 독립 영화 제작사들은 1958년에 이르러 미국 개봉 영화의 65%를 차지할 만큼 성장했다. 이들은 메이저 스튜디오의 위협에도 불구하고 초기부터 텔레비전 방송국에 자신들의 작품을 판매하였고 결국 할리우드의 메이저 스튜디오들도 작전을 바꿔 텔레비전에 프로그램을 공급하기 시작했다. 이러한 메이저와 방송국의 공조는 메이저 스튜디오의 입장에서는 기존에 보관하고 있던 작품 및 인력의 활용이란 이익을, 방송국 측에는 프로그램의 안정적 수급을 보증하는 윈윈 게임으로 판명됐다.

아울러 독립 영화사에 의한 외화 수입이 급증하였다. 당시 세계 영화계에 충격을 안겨 준 프랑스의 누벨 바그를 비롯해 다수의 예술 영화 및 사회 문제를 정면으로 다룬 작품들이 다수 수입되어 할리우드에 영향을 미쳤다. 이러한 '복잡한 영화'에 대한 수요

증가는 1945년 불과 50개에 불과하던 '예술 영화관'이 1950년 500개 이상으로 늘었다는 사실에서도 잘 드러난다.

이러한 변화가 모여 이른바 미국 영화사에서 가장 특이한 시기로 일컬어지는 '뉴 시네마'가 탄생했다. 프랑스의 누벨 바그에 영향을 받은 〈우리에게 내일은 없다*Bonnie and Clyde*〉(1967), 〈졸업*The Graduate*〉(1967) 등의 새로운 영화가 등장하면서 미국 영화 산업은 새로운 전기를 맞는다. 뉴 시네마는 이전의 스튜디오 영화와 달리 세트보다는 로케이션 촬영을 통해 리얼리티를 획득했으며 '흑인 영화,' '음악 영화' 등의 새로운 장르를 탄생시켰다. 20년 만에 처음으로 관객의 숫자가 증가하였으며 그중 75% 이상이 30세 이하의 관객이었다. 이는 영화의 관객이 과거 가족 중심에서 세대별로 분화했음을 보여 준다.

극단적으로 말해 스튜디오 전성기의 영화 제작은 매뉴얼대로 일정 단계를 거쳐 만드는 공산품과 다르지 않을 것이다. 물론 이는 부정적인 시각에서 바라본 것이며 다른 측면에서 보면 많은 관객들이 저렴한 비용으로 즐길 수 있는 일정한 품질 이상의 예술 작품이 대량 생산된 시절이기도 했다. 그렇기에 스튜디오 시대의 영화는 상업주의로 물든 획일화된 공산품이란 비판과 가장 민주적인 예술이라는 옹호가 교차한다. 한 가지 분명한 사실은 스튜디오 시대를 거치면서 오늘날과 같은 산업으로서의 영화가 확립되었다는 점이다. 그 중요성이 점점 더 커지고 있는 기획이나 시나리오부터 최종 프린트까지 일관된 계획하에 진행되는 제작, 비록 변형되었지만 여전히 위력을 잃지 않고 있는 장르 및 스타에 이르기까지 스튜디오 시대가 현대 영화에 끼친 영향은 막대하다.

할리우드의 사운드 도입

워너브라더스는 엄청난 적자에서 벗어 나고자 사운드를
도입하게 되었다. 워너브라더스 버뱅크 스튜디오(1938).

할리우드의 사운드 도입은 비교적 근대에 발생했음에도 그 배경을 둘러싸고 학자들 사이에 많은 논란을 불러일으켰다. 초창기부터 에디슨을 비롯해 곳곳에서 유성 영화 시스템을 개발하였음에도 1927년 짧게 대사가 들어간 〈재즈 싱어〉가 개봉할 때까지 사운드의 도입이 지체된 이유는 무엇인가?

먼저 할리우드는 이미 기존 기술이나 설비로 충분히 수익을 내고 있으면 기술 변화에 적극적이지 않다는 주장이 있다. 가령 사운드를 도입할 경우 스튜디오와 극장 설비 개조 및 배우와 스태프 재교육을 위해 막대한 초기 투자가 필요한 반면 그 수익은 장담할 수 없으므로 위험을 회피하려는 경향의 할리우드의 메이저 스튜디오들이 적극적으로 움직여야 할 동기가 없었다는 것이다. 이러한 입장에 따르면 당시 후발 주자이자 133만 달러의 적자(1926)에 허덕이던 워너브라더스가 사운드 도입을 결정한 이유는 바로 절망적인 상황을 타개하기 위한 고육책이었으며 이후 다른 메이저 영화사들은 〈재즈 싱어〉의 흥행을 확인한 뒤에야 유성 영화로의 전환을 서두르게 된다.

그렇지만 워너가 AT&T사와 접촉한 뒤 사운드 도입을 결정한 해는 바로 1925년이었으며 1926년의 적자도 초기의 막대한 투자에 따른 결과였다는 점을 감안하면 워너가 고육책으로 사운드 도입을 결정했다고 보기는 어렵다. 데이비드 A. 보드웰David A. Bordwell에 따르면 당시 워너는 사운드의 도입이 그전까지 이룩했던 제작의 효율을 떨어뜨릴뿐더러 제작비의 상승이 불가피하다는 사실을 잘 알고 있었음에도 기술 혁신이 '장기적'으로 비교 우위를 가져올 것을 확신하였기에 적극적인 자세를 갖고 있었다.[8]

　마지막으로 재닛 와스코Janet Wasko는 할리우드의 영화사가 커뮤니케이션 테크놀로지를 마지 못해 수용해 왔다는 전통적 주장에 대해 거대 영화사들이 그렇게 근시안적이었을까라는 의문을 제 기하며 오히려 영화 산업 내 워너나 폭스 같은 중소기업들이 1927~1928년 유성 영화의 생존 가능 성을 입증한 후에 사운드란 새로운 테크놀로지를 도입하기 위한 제작사들 간의 다각적 공조가 이뤄 졌다고 주장한다. 그에 따르면 비록 처음엔 주저했을지라도 다른 할리우드 기업들은 새로운 테크놀 로지에 전혀 저항하지 않았으며 오히려 발전에 기여했다는 것이다.[9]

　비록 그 배경엔 논란이 있지만 사운드의 도입이 영화 미학에 미친 영향에 대해선 대체로 의견이 일치한다. 우선 무성 영화 시대의 양식적 연기는 급격히 쇠퇴하고 사실적 연기가 각광받기 시작하였 다. 당시 기술적 한계로 말미암아 카메라의 이동이 제한되었으므로 클로즈업이 줄고 롱 테이크 및 롱 숏이 선호되었다. 방음의 기술적 문제는 곧 해결되었지만 연기 양식은 과거로 돌아가지 않았다. 〈사 랑은 비를 타고Singin' in the Rain〉(1952)에 잘 나오듯 유성 영화에 적응하지 못한 스타는 순식간에 몰락하였다.

　미학적 변화와 아울러 제작 양식도 보다 꼼꼼해졌다. 배우의 연기와 동시 녹음 마이크, 그리고 카메라와의 동조가 중요해졌으므로 즉흥 연출이나 연기는 엄격히 제한되었다. 촬영을 다 마친 뒤에 도 자막을 통해 대사나 스토리를 수정할 수 있었던 무성 영화와 달리 한번 촬영이 끝난 장면의 수정 비용이 급증하였으므로 대본 및 촬영 콘티는 훨씬 더 철저히 검토되었다.

　할리우드가 유성 영화를 도입한 배경이 후발 주자가 불황을 탈출하기 위한 고육지책이었는지, 아니면 장기적 전략에서 적극적으로 도입된 것인지에 대해서는 더 많은 연구가 필요하다. 그렇지만 미국에서 상업 텔레비전이 방송되기 시작한 직후부터 방송국을 적극적으로 보유하려던 파라마운트 의 전략이 반트러스트 판결을 자초했던 것에서 알 수 있듯 할리우드가 새로운 테크놀로지에 언제나 적대적인 보수적 집단이라고 보기는 어렵다. 할리우드는 새로운 테크놀로지의 적용에 신중한 태도를 보이는 한편으로 미래의 이윤 창출을 위해서는 모험도 서슴지 않았다.

〈스타 워즈〉 그리고 오늘날의 영화 산업

"워너브라더스 맞죠? AOL 타임워너는 뭐죠? (〈로저와 나〉가 제작된 1989년) 당시는 그냥 워
너브라더스였고 타임워너가 됐다가 AOL 타임워너, 그리고 NBC, CBS, ABC, 폭스…… 누군
지 몽땅 가졌네요. 국가적으로는 이익이 되겠죠?" [10]

마이클 무어의 농담 섞인 회고처럼 1970년대 구조 조정을 거친 할리우드의 영화사들
은 1980년대와 1990년대를 지나며 다시 수평적, 수직적 통합의 물결에 휩싸였다. 대
표적으로 이미 1969년 워너 커뮤니케이션 주식회사의 자회사로 변신한 워너브라더스
는 1989년 출판 그룹 타임과 합병하며 타임워너로 바뀌었다. 합병 당시 타임워너는 시
사 주간지 〈타임〉을 비롯, 〈포춘〉, 〈라이프〉, 〈스포츠 일러스트레이티드〉 등 잡지 38종
과 유료 케이블 TV채널 'HBO,' 영화 제작 스튜디오인 '워너브라더스,' '워너 뮤직그룹'
등을 보유하고 있었으며 1995년에는 케이블 뉴스채널 'CNN'을 갖고 있는 로버트 테
드 터너Robert Edward Turner로부터 '터너 방송국'을 인수했고 세계 최대 인터넷 서비스
공급업체인 AOL과 합병하여 세계 최대 미디어 그룹으로 탄생하여 모두의 시선을 모
았다(결국 실적 악화를 견디지 못하고 2009년 AOL은 분리됐다).

이러한 현란한 인수 합병의 역사는 다른 메이저 스튜디오들도 예외가 아니었
다. 20세기 폭스는 1985년 머독 산하 뉴스 코퍼레이션에 편입되었으며 파라마운트는
1967년 걸프 웨스턴에 합병되었다가 현재는 비아컴Viacom 그룹 소속이고 컬럼비아 트
라이스트는 1989년, 코카콜라로부터 소니에게 팔렸다.

이러한 수직적 수평적 통합의 배경에는 영화가 단일 상품이 아니라 DVD, 음반,
게임, 출판 및 인터넷 다운로드에 이르기까지 다양한 상품의 콘텐츠 역할로 바뀌었다
는 사정과 관련이 있다. 이른바 원 소스 멀티 유스one source, multi use의 시대가 열린 것

영화를 저작권 비즈니스 형태로 확대시킨 계기가 된 〈스타워즈〉 시리즈. 스타워즈와 관련된 다양한 상품(www.starwars.com).

이다.

1977년 개봉하여 흥행에 성공한 조지 루카스의 〈스타 워즈*Star Wars*〉는 할리우드의 변화를 예고한 신호탄이었다. 조지 루카스는 〈스타 워즈〉 흥행을 자신하지 못한 20세기 폭스 측에 통상적인 감독료의 10%만 받는 대신 캐릭터 머천다이징 권리를 요구했으며 폭스 측이 이를 승낙하면서 엄청난 이익을 그에게 안겨주었다. 〈스타 워즈〉의 극장 수익은 4억 6000만 달러인 반면 머천다이징 판매 수익은 무려 26억 달러 이상에 달했다. 이는 오늘날 영화를 저작권 비즈니스 형태로 확대시킨 계기가 되었다.[11]

이제 할리우드 영화는 처음부터 장난감, 옷, 뮤직 비디오, 인터넷의 음원 다운 로드, 컴퓨터 게임, 유원지와 TV 시리즈, 만화와 소설, 캐릭터 인형에 이르기까지 각종 매체 형식을 활용하여 수익을 올릴 수 있는 콘텐츠로 기능한다. "그렇게 영화는 전체 제품 앙상블의 일부가 되었고 다른 상품을 선전하는 광고 매체로 이용되었다."[12]

이러한 현대 영화 산업의 특징은 디지털 시대로 접어들면서 또 다른 전기를 맞고 있다. 특정 네트워크나 플랫폼에 의존했던 아날로그 시대와 달리 디지털 시대에는 콘텐츠 제작 및 상영이 모든 네트워크와 플랫폼을 염두에 두고 이뤄진다. 극장을 중심으로 영화를 소비했던 과거와 달리 이제 HDTV와 인터넷, 휴대폰 등 다양한 매체가 관람 수단으로 이용되고 있다.

디지털 시대의 영화 산업 지형이 어떻게 바뀔지에 대한 예측은 도처에서 이뤄지고 있다. 스마트 폰을 내놓은 스티브 잡스Steve Jobs가 영화 산업 내 자본 흐름에 가장 많은 영향을 미칠 것이라고 예측하는 이도 있었다.[13]

지금 이 시간에도 디지털 시대는 빠르게 진화하고 있으므로 영화 산업에서 클로즈드 마켓이 새롭게 등장할지, 3D 영화와 같은 디지털 기술에서 새로운 활로를 찾게 될지, 심지어 일각의 우울한 예측처럼 극장이 소멸하게 될지를 점치는 것은 흥미롭지만, 이 글의 범주를 벗어난다. 다만 지금까지 그래왔듯 디지털 시대 영화 산업의 변화는 관람 형태만이 아니라 영화의 형식과 내용 모두의 변화를 수반할 것이다.

주

1. 일리아 에렌부르크,《꿈의 공장》, 김혜련 옮김, 눈빛, 2000, p.15[Ilia Ehrenberg, *Usine de reves*, 1932].

2. Gledhill, Christine, "Melodramatic Field: An Investigation," *Home is Where the Heart is: Studies in Melodrama and The Woman's Film*, Gledhill, Christine (ed.), London: BFI, 1987, pp.14~18.

3. 포디즘은 스튜디오 시절 미국 영화 산업을 설명하는 핵심 단어이기도 하다.

4. 에렌부르크, pp.30~31.

5. 1922~1945년까지 미국의 영화제작및배급자협회MPPDA(Mothion Picture Producers and Distributors of America ion Associa) 의장을 역임한 헤이스의 1927년 발언. 같은 책, p.54.

6. 데이비드 보드웰·크리스틴 톰슨, 《세계 영화사 1,2,3》, 주진숙 외 옮김, 시각과언어, 2000, pp.240~241.

7. 제프리 노웰 스미스 엮음, 《옥스포드 세계 영화사》, 김경식 외 옮김, 열린책들, 2005, p.76.

8. 마이클 무어의 〈로저와 나〉 코멘터리 첫 부분.

9. David Bordwell & Janet Staiger, "Technology, Style and mod of Production," *The Classical Hollywood Cinema*, Kristine Thomson (ed.), N.Y: Columbia University Press, 1985, p.245.

10. 재닛 와스코, 《정보화 시대의 영화 산업》, 최현철 옮김, 나남출판, 2005, pp.29~32[Janet Wasko, *Hollywood in the Information Age*, University of Texas Press, 1994].

11. 김형석, 《영화 콘텐츠 비즈니스》, 문지사, 2002, p.44.

참고로 〈스타워즈: 에피소드 1〉의 수익 구조는 아래와 같다.

유통 채널	배급 수익	수익 구성비
극장	4억 3000만 달러	8.6%
비디오	8억 달러	16%
TV 방영	4억 3000만 달러	8.6%
해외 배급 로열티	3억 달러	6%
캐릭터(머천다이징, OST 등)	30억 달러	60%
합계	50억 달러	100%

출처: 김형석, pp.44~45.

2003년까지의 통계를 보면 극장 수익은 한국 영화 산업에서 절대적인 비중을 차지하고 있으며 극장 수익이 1조 원을 돌파한 2009년의 경우 IPTV의 수익이 급증하고 있음에도 전체 부가 시장 규모는 400억 원 정도에 머물러 있다. 2009년 부가 시장 조사 결과는 방문 통계에 의존했으므로 실제 규모가 더 클 가능성이 높지만 아직까지 미국에 비해 한국 영화 산업의 부가 시장 규모가 미약하다는 점은 분명해 보인다.

한국 영화 창구별 매출 구조   단위: %

매출 내역	2001	2002	2003
극장 매출	74.00	75.00	76.00
비디오	12.10	12.18	7.07
DVD	0.25	1.38	1.20
TV(지상파, 케이블, 위성 방송)	5.08	4.90	3.56
디지털(온라인, 디지털 영화관)	0.14	0.34	0.48
해외 수출	7.10	3.43	9.67
기타	1.34	2.77	2.03
합계	100.01	100.00	100.01

출처: 김미현·최영준 외, 〈한국 영화 산업 수익성 분석과 투자 활성화 방안〉, 영화진흥위원회, 2005.

부가 시장 전체 매출액 　　　　　　　　　　　　　　　　　　　　　　　　　　단위: 100만 원

구분	한국 영화 매출액	외국 영화 매출액	총 매출액
IPTV	12,335	7,859	20,194
온라인 VOD	6,043	2,638	8,681
DVD/VHS	3,458	5,954	9,412
합계	21,836	16,451	38,287

* IPTV 2개 업체 응답, 온라인 VOD 2개 업체 응답, DVD/VHS 3개 업체 응답.

출처: 영화진흥위원회 영화정보센터, 〈2009년 한국 영화산업 결산〉, 영화진흥위원회, 2010.

부가시장 전체 매출액 점유율

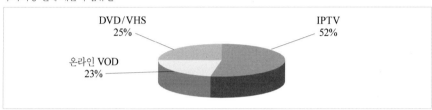

출처: 김경만·김성희, 〈2009년 영화산업 부가시장 현황〉, 영화진흥위원회, 2010.

12. 부르크하르트 뢰베캄프, 《할리우드》, 장혜경 옮김, 예경, 2005, p.140[Burkhard Röwekamp, *Schnellkurs Hollywood*, Köln: Literatur und Kunst Verlag GmbH und Co., 2003].

13. "…… 앞으로 콘텐츠는 오픈 마켓 콘텐츠가 아닐 거예요. 클로즈드 마켓 콘텐츠예요. 애플이라는 세계 안에서만 돌게 되어 있잖아요. [……] 아이폰이 왜 팔려요? 왜 비싸게 팔아? 아이폰 안에 있는 콘텐츠 때문이거든요……" 차승재·심재명·정성일·허문영 대담, "프로듀서는 어떤 영화의 꿈을 꾸는가," 중 차승재의 발언, 〈씨네21〉, 2010. 11. 23, no. 780, p.84.

사랑은 비를 타고 *Singin' in the Rain*

dir. Stanley Donen, Gene Kelly | cast. Gene Kelly, Donald O'Connor | 1952 | 103min | color | USA | Loew's

이 영화만큼 시대를 뛰어넘어 사랑받는 스튜디오 전성기 작품도 없을 것이다. 유명한 폭우 속의 댄스 장면을 찍은 세트의 거대함이 스튜디오 시대의 특징을 잘 보여 준다. 사운드가 도입되면서 일어난 할리우드의 변화도 짐작할 수 있다. 〈에드 우드 *Ed Wood*〉(팀 버튼, 1994)와 함께 비교해 보라.

선셋 대로 *Sunset Boulevard*

dir. Billy Wilder | cast. William Holden, Gloria Swanson | 1950 | 110min | b&w | USA | Paramount Pictures

스튜디오 시스템이 퇴조하기 시작하는 1950년대 할리우드의 풍경을 잘 포착한 블랙 코미디다. 주연 글로리아 스완손을 비롯해 실제 무성 영화 시대의 배우들이 출연했다.

프론트 *The Front*

dir. Martin Ritt | cast. Woody Allen, Zero Mostel | 1976 | 95min | b&w | USA | Columbia Pictures Corporation, Devon/Persky–Bright, Persky–Bright Productions

식당 점원인 우디 앨런이 왕년에 잘나가다 그만 HUAC의 블랙리스트에 올라 활동을 못하게 된 시나리오 작가를 대신하여 자신의 작품인 양 팔러다니다 그만 잘나가게 되어 곤경(?)에 빠진다는 블랙 코미디. 할리우드는 이렇게 자신들의 어두운 과거도 작품화하기를 주저하지 않는다. 〈비공개 *Guilty by Suspicion*〉(어윈 윙클러, 1991)도 이 시대를 다룬 작품이다.

플레이어 *The Player*

dir. Robert Altman | cast. Tim Robbins, Greta Scacchi | 1992 | 124min | color | USA |

Avenue Pictures Productions, Spelling Entertainment, Addis Wechsler Pictures

언제나 돈만을 생각하는 제작자와 자나 깨나 예술만을 고민하는 시나리오 작가와의
관계는 지겨울 만큼 자주 등장하는 관습이지만 그만큼 현실을 잘 보여 주는 설정이기도 하다. 로버
트 알트먼 감독은 특유의 독설을 날리면서도 그 현실이 이분법으로 재단할 수 있을 만큼 단순하지
않다는 것을 드러낸다.

● 영화는 자신이 탄생하기 이전 멜로드라마 연극의 어떤 점을 계승했는가? 관객의 관람 경험을 비
롯한 산업적 측면과 이후 그리피스 영화에 나타나는 미학적 측면을 모두 검토하라.

● MPPC가 성립할 때까지의 영화 산업 초창기와 1990년대 IT 산업의 초창기는 어떤 점이 비슷하
고 또 다른가? 자유 경쟁과 독점적 측면에서 살펴보라.

● 스튜디오 전성기가 오늘날의 영화에 남긴 영향은 무엇인가? 특히 산업적 측면만이 아니라 스타일
과 제작 과정에 끼친 영향은 어떠한가?

● 할리우드와 한국의 영화 산업의 유사점과 차이점은 무엇인가? 산업으로 성장해 온 과정은 어떻
게 다르며 지금까지 끼치고 있는 영향은 무엇인가?

● 스튜디오 전성기인 1930년대와 현대 영화 제작 과정 사이의 차이를 대량 생산 시대와 정보화 시
대의 차이에 적용하여 살펴보자.

● 할리우드와 다른 한국의 영화 산업 특징이 형식 및 내용에 어떻게 반영되고 있는가?

● 디지털 시대 영화 산업의 미래는 어떻게 진행될 것인가? 그 근거는 무엇인가?

에필로그

모든 것이 영화 안에 들어가야 한다

장 뤽 고다르의 〈그녀에 대해 알고 있는 두세 가지 것들*2 ou 3 choses que je sais d'elle*〉(1966)
은 제목이 지시하듯이 무언가를 알고자 하는 영화인데, 여기서 대상은 '그녀'이다. 고
다르는 '두세 가지 것들'이라는 표현으로 '그녀'에 대해 우리가 알고 있는 앎이 정확하
게 하나로 완결지을 수 없는 불확실한 것이며, 지식에 도달하기 위해서는 필연적인 카
오스의 상태를 경험해야 한다고 보았다. 이 영화를 보면 여기서 '그녀'가 최소한 9개 정
도의 변주로 구성되어 있다는 점을 알 수 있다. 그것은 신자본주의의 잔혹성이자 매춘,
파리 지구, 프랑스 사람의 70%가 갖고 있지 못한 욕실, 거대한 빌딩 복합체들의 가공
할 법칙, 사랑의 육체적 측면, 오늘날의 삶, 베트남에서의 전쟁, 현대의 콜걸 등이다.

사실, 〈그녀에 대해 알고 있는 두세 가지 것들〉은 현대적인 파리에서의 삶에 관한
인류학적 다큐멘터리에서 출발했다. 가장 사실적인 소재에서 시작된 것이다. 고다르는
도시 근교에 건축 중인 복합 건물과 거기에 거주하는 가족에 관심을 보였다. 영화는 건
설 현장의 영상과 소리로 시작해 당시 프랑스 사람들을 위한 욕망의 궁극적 대상이 되
었던 소비 아이템들과 가정용 설비들을 논한다. 이러한 디테일의 대다수는 당시 〈르 누
벨 옵저바퇴르*Le Nouvel Observateur*〉라는 잡지에 실린 리포트에서 기원했다. 하지만 왜
우리는 문제들에 대해 확실하게 알지 못하는 것일까? 무엇보다 언어가 그것을 분명하

게 확정하지 못하기 때문이다. 영화의 한 장면에서 줄리엣은 "내 느낌에는 명확한 대상이 없다. 예를 들면 욕망이란 것은 어떨 땐 그 대상을 알지만, 때론 알지 못하기도 한다. 예를 들어 정확히는 모르지만 뭔가를 놓쳤다는 느낌이 들 때, 정체 모를 두려움을 느낄 때가 있다"라고 토로한다. 욕망의 대상이 무엇인지 확정짓지 못하는 이러한 불확실성은 또한 그것이 정치적이고 사회적인 것이기 때문이다.

고다르는 소비 자본주의 사회에서 어떻게 시장 경제가 끝없는 상품의 흐름을 창조하고, 상품 생산이 평균적인 소비자의 지불 능력을 초과하는지, 그리하여 어떻게 여성이 자신의 소비 욕구를 만족시키기 위해 매춘부가 되는지를 보여 주려 했다. 고다르에게 매춘은 산업 자본주의의 노동자-소비자의 일반적 조건이기도 하다. 고다르는 여기서 기 드보르Guy Debord의 《스펙터클의 사회La société du spectacle》를 참고하고 있다. 고다르는 이미 〈메이드 인 USAMade in USA〉에서 안나 카리나가 '내게 광고는 파시즘의 형식이야'라고 말하게 하면서 상품 사회를 파시즘과 연결 짓고 있었다. 소비 사회에서 무언가 앎의 확실성을 얻지 못한다면 그것은 우리의 관심이 늘 하나에서 다른 것으로 향하도록 지향되어 있기 때문이다. 하나의 상품에서 다른 상품으로, 이번의 휴가에서 다음의 휴가로, 하나의 문화 소비에서 다른 소비로의 이동이 계속 발생한다. 이러한 논리 안에서라면 시간이 그 자체로 상품이 되고 소비의 대상이 되는 것이다. 고다르는 이 영화에서 최종적으로 소비 사회의 파시즘에서 벗어나기 위해 제로로 되돌아가 다시 시작해야 한다고 경고한다.

고다르의 영화를 잠시 언급한 것은 이 책이 시도하려는 바가 이와 유사하기 때문이다. 고다르는 "모든 것이 영화에 들어가야 한다"라고 말했는데, 그것은 영화가 현실의 예술이기 때문이다. 모든 것이 영화에 있다면, 우리는 반대로 영화에서 모든 것을 말해야만 한다. 마찬가지로 이 책은 영화에 관한 가능한 모든 접근을 담아내려는 시도를 담았다. 각각의 장은 영화에 관해 알고 싶은 '모든' 것들로, 이러한 각각이 모이고 연결되어 한 편의 영화에 대한 앎을 구성하는 데 기여할 것이다. 모더니티, 역사, 정치, 종교, 여성, 가족, 스타, 영화관, 테크놀로지, 산업과 관련한 각각의 논의는 영화와 관련한 독특한 주제들을 형성하고 있다.

　이 책의 궁극적인 의도는 영화의 주제를 확장하는 데 있다. 단지 해석의 다양성을 시도하려는 것이 아니라 영화에 담긴 '모든 것'에 다양한 방식으로 접근하기 때문이다. 디지털 혁명과 인터넷, 텔레비주얼 매체의 폭발적인 신장 이래로 영화에 대한 논의는 그것의 스펙터클한 소비를 벗어나지 못하는 시시한 내러티브의 분석에 집중되는 경향이 있다. 이 책에서 필자들은 이러한 추세와는 반대로 영화의 주제를 확장시키고 보다 세밀화할 필요를 제기한다.

영상을 본다는 것에는 이미지를 통한 앎에의 의지가 개입되어 있다. 우리는 영상을 봄으로 해서 현실의 사건에 접할 수 있다. 그런 점에서 영상을 보는 것은 판단의 행위이자 결정이며 동시에 페르세우스가 고르곤에 대항해 보려 했던 것과 같은 저항의 행위이기도 하다. 보는 것의 곤경이 있다면, 우리는 다른 식으로 보기 위해 노력해야만 한다. 우리는 영화에서 모든 것을 보아야만 한다.

김성욱

Contributors

김이석   연세대학교 불어불문학과와 동대학원을 졸업하고, 파리 8대학 영화학과에서 박사 학위를 받았다. 현재 동의대학교 영화학과 교수이며, 부산독립영화협회 대표, 부산영화평론가협회 학술 이사로 활동하고 있다. 책으로는 《장-마리 스트라우브 | 다니엘 위예》(공저)가 있으며, 논문으로는 〈Du spirituel, de l'individu et de l'éthique dans l'oeuvre cinématographique d'Andreï Tarkovski〉, 〈기억의 재현: 알랭 레네의 〈밤과 안개〉를 중심으로〉 등이 있다.

정락길   파리 1대학에서 존 카사베츠John Cassavetes 감독론으로 영화학 박사 학위를 받았다. 현재 강원대학교 인문과학연구소 HK 연구 교수로 재직 중이다.

정지연   한국외국어대학교 대학원 신문방송학과에서 디지털 시대의 영화에 관한 논문으로 박사 학위를 받았다. 〈씨네21〉 영화평론가 공모로 등단했으며, 〈키노〉 기자 팀장, 〈영화언어〉 편집위원, 〈필름2.0〉 스탭 평론가 등으로 활동했다. 현재 외국어대학교, 연세대학교, 명지대학교 등에 출강하고 있다. 책으로는 *Korean Film Directors: Bong Jun Ho*, 《한국 단편영화의 쟁점들 5, 6》(공저) 등이 있다.

최은   한국외국어대학교 신문방송학과를 졸업하고, 중앙대학교 첨단영상대학원에서 영화이론 전공으로 석사 학위와 박사 학위를 받았다. 〈영화언어〉에 신인 평론으로 등단했고, 중앙대학교, 아주대학교, 한국체육대학교 등에 출강했다. 책으로는 《알고 누리는 영상문화》(공저)가 있으며, 논문으로는 〈롤랑 바르트의 텍스트와 영화 이미지〉, 〈대중영화의 상호알리바이 체계: 동시대 한국영화의 상대주의적 소통방식에 관한 연구〉 등이 있다.

홍소인   중앙대학교에서 영화이론 전공 박사 과정을 마쳤으며, 영화진흥위원회 정책 간사를 지냈다. 중앙대학교에서 영화학 및 영상 문화 연구 관련 강의를 한 바 있으며, 서울국제여성영화제 프로그래머로 활동 중이다. 옮긴 책으로는 《영화예술》(공역)이 있으며 논문으로는 〈3세계 근대적 남성 주체: 거세된 남성의 나르시시즘〉, 〈문예영화에서의 남성성 연구〉 등이 있다.

김재희   이화여자대학교 영어영문학과를 졸업하고, 중앙대학교 첨단영상대학원에서 석사 학위를 받았으며, 같은 대학원에서 박사 과정을 마쳤다. 〈스크린〉, 〈씨네 21〉, 이우영상 등에서 일했으며, 수원대학교와 중앙대학교 강사를 지냈다. 책으로는 《한국영화사 開化期에서 開花期까지》(공저)가 있으며 논문으로는 〈1950년대 말~60년대 한국영화에 나타난 도시성과 근대성〉이 있다.

박진형 　　　　서강대학교 신문방송학과를 졸업했으며 중앙대학교 영화학과에서 석사 학위를 받았다. 〈키노〉, 〈무비위크〉 등에서 평론가로 활동했다. 현재 건국대학교, 연세대학교, 중앙대학교에서 한국 영화사 및 문화 연구 관련 강의를 맡고 있으며 부산국제영화제 프로그래머로 활동 중이다. 책으로는 《대중 영화와 현대 사회》(공저), *AsiaPacifiQueer: Rethinking Genders and Sexualities*(공저) 등이 있다.

김성욱 　　　　한국 외국어대학교 경제학과를 졸업했으며 중앙대학교 영화학과에서 석사 및 박사 학위를 받았다. 서울아트시네마 프로그램 디렉터이다. 옮긴 책으로는 《디지털 시대의 영화》(공역)가 있다.

정헌 　　　　한국외국어대학교 독일어과를 졸업하고, 중앙대학교 첨단영상대학원에서 석사 학위를 받았다. 현재 호주 시드니대학교에서 영화학 박사 과정 중이다. 〈우리마당〉에서 독립 영화와 다큐멘터리 다수를 제작했으며, 광고 프로덕션 PD로서 다년간 활동했다. 논문으로 〈가상과 허위의 시대에 다시 읽는 벤야민〉, 〈디지털 영화 이미지의 미학적 혁신에 관한 고찰 – 리얼리즘과 포스트모더니즘을 중심으로〉 등이 있다.

김대희 　　　　서울대학교 건축학과를 졸업하고 한국영화아카데미를 수료하였으며 중앙대학교 대학원 영화학과에서 석사 학위를 받았다. 현재 누리터커뮤니케이션즈 콘텐츠 담당 이사로 재직하며 중앙대학교 첨단영상대학원에서 박사 과정 중이다. 〈이재수의 난〉을 비롯해 여러 영화 작업을 거쳤고 Nissan Cube AR을 비롯해 다수의 디지털 인터랙티브 콘텐츠를 제작하였다. 한국예술종합학교 영상원 및 홍익대학교, 세종대학교 등에서 강의를 진행했다. 옮긴 책으로는 《세계 영화사 1》(공역)이 있으며 논문으로는 《초기 영화의 형성 조건 및 성격에 관한 연구》 등이 있다.

홍성남 　　　　연세대학교 신문방송학과를 졸업하고, 중앙대학교 영화학과에서 석사 학위를 받았다. 영화평론가로 여러 대학교에서 영화학 분야의 강의를 했다. 책으로는 《로베르토 로셀리니》(공저), 《로베르 브레송의 세계》(공저), 《오슨 웰스》(공저), 《칼 드레이어》(공저), 《필름 셰익스피어》(공저) 등이 있다.

Photo Credits

이 책에 실린 모든 사진은 본문의 이해를 돕기 위해 사용한 것입니다. 미처 출처를 밝히지 못하거나 잘못 기재한 사항이 있다면 사과 드리며, 이후 쇄에서 정확하게 수정할 것을 약속드립니다. 허가를 받지 못한 사진에 대해서는 저작권자가 확인되는 대로 정식 허가 절차를 밟겠습니다. 특별히 사진의 사용을 허락해 주신 다음 분들께 감사드립니다.

〈가족의 탄생〉: 블루스톰, 문소리/사람엔터테인먼트, 엄태웅/심엔터테인먼트 | 〈김복남 살인사건의 전말〉: 필마픽처스, 서영희/MGB엔터테인먼트 | 〈마더〉: CJ E&M | 〈시〉: 파인하우스필름 | 〈악마를 보았다〉: 페퍼민트앤컴퍼니 | 〈알 포인트〉: CJ E&M | 〈친절한 금자씨〉: 모호필름 | 〈하녀〉: 싸이더스, 전도연/엔터테인먼트 숲 | 〈해피엔드〉: 명필름, 전도연/엔터테인먼트 숲, 최민식/아시아브릿지콘텐츠

p.18: Polylama Panoptique slides, 1851 | p.22: F. Schlotterbeck, 1843, lithograph | p.30: Cinématographie Lumiére, Lumiére Brothers | p.31: Zoetrope, 1860s | p.32: Eadweard Muybridge | p.35: *L'arrivée d'un train*, Lumiére Brothers, 1896 | p.38: *Chelovek s kino–apparatom / Man with the Movie Camera*, Dziga Vertov, 1911 | p.53: *Die Nibelungen*, Fritz Lang, 1924 / *Nosferatu*, F. W. Murnau, 1922 / *Carmen*, Ernst Lubitsch, 1918 | p.57: *Oktyabr / October*, Sergei Eisenstein, 1928 | p.58: *Sergeant York*, 1941, Warner Bros. Pictures | p.69: *Hiroshima, mon amour* © 1959 Alain Resnais–Production ARGOS FILMS Paris–Daiei Motion Pict. Tokyo. | p.73: *Green Berets*, Batjac Productions, 1968 | p.75: 알 포인트 Copyright © 2012 CJ E&M CORPORATION, All RIGHTS RESERVED | p.94: *Napoléon*, Films Abel Gance, Ciné France Films, 1927 | p.95: *Un Chien Andalou*, Luis Buñuel, 1928 | p.99: *Bronenosets Potyomkin*, Sergei Eisenstein, 1925 | p.101: *Triumph des Willens*, Leni Riefenstahl, UFA, 1935 | p.102: *Olympia*, Leni Riefenstahl, Olympia Film GmbH, 1938 | p.103: *Roma città aperta* © 1945 Excelsa Film © 1991 Renzo Rossellini | p.104: *Ossessione*, Luchino Visconti, Industrie Cinematografiche Italiane, 1943 | p.108: *Tout va bien*, Jean–Luc Godard & Jean–Pierre Gorin, Anouchka Films, Vieco Films, Empire Films, 1972 | p.109: *La Hora De Los Hornos*, Grupo Cine Liberacion, Solanas Productions, 1970 | p.111: *The Battle of Chile: The Struggle of a people without arms*, Patricio Guzmán, 1977 | p.124: 친절한 금자씨 © 2005 모호필름 | p.126: *Paris Match*, no. 326, 1955 | p.128: *Ten Commandments* © 1956 Paramount Pictures | p.129: *The King of Kings* © 1927 DeMille Pictures Corporation | p.134: *La Passion de Jeanne d'Arc / The Passion of Joan of Arc*, Société Générale Films, 1928 | p.135: *Journal d'un cure de campagne*, Union Générale Cinématographique, 1951 | p.136: *Offret / The Sacrifice*, Svenska Filminstitutet, Argos Films, 1986 | p.139: *Andrey Rublov*, Mosfilm, 1966 | p.140: *Ordett*, Carl Theodor Dreyer, Palladium Film, 1955 | p.141: *Det Sjunde Inseglet / The Seventh Seal*, A B Svensk Filmindustri, 1957 | p.146: 악마를 보았다 © 2010 페퍼민트앤컴퍼니 | p.147: 시 © 2010 파인하우스필름 | p.149: 김복남 살인사건의 전말 © 2010 필마픽처스 | p.157: *Rear Window* © 1954 Patron Inc. Renewed 1982 Samuel & Taylor Hitchcock O'Connell. All Right Reserved. | p.160: *King Kong* © 1933 RKO Radio Pictures | p.161: *Dracula* © 1931 Universal City Studios, Inc. / *Frankenstein* © 1931 Universal Pictures / *Halloween* © 1978 Falcon International Productions | p.165: *Carrie*, Brian De Palma, MGM, 1976 | p.168: 해피엔드 © 1999 명필름 | p.170: 하녀, 김기영, 1960 | p.171: 하녀 © 2010 싸이더스FNH | p.177: *All About Eve* © 1950 Twentieth Century Fox Film Corporation | p.192: 해피엔드 © 1999 명필름 | p.194: 마더 Copyright © 2012 CJ E&M CORPORATION, All RIGHTS RESERVED | p.196: *All That Heaven Allow* © 1955 Universal City Studios, Inc. | p.199: *Rebecca*, Selznick International Pictures, 1940 | p.200: *Magnificent Obsession* © 1954 Universal International Pictures | p.201: *East of Eden* © 1955 Warner Bros. Pictures | p.205: 하녀, 김기영, 1960 | p.209: 가족의 탄생 © 2006 블루스톰 | p.223: *Rebel without a Cause* © 1955 Warner Bros. Pictures | p.227: *Rio Bravo*, Armada Productions, 1959 | p.228: MGM, 1945 | p.233: *Gentlemen Prefer Blondes* © 1953 Twentieth Century Fox Corporation | p.238: *Pillow Talk* © 1959 Arwin Productions, Universal International Pictures | p.243: *Game of Death*, Concord Productions Inc., Golden Harvest Company, 1978 | p.255: Cinématographie Lumiére, Lumiére Brothers | p.262: *Sherlock, Jr.*, Buster Keaton Productions, 1924 | p.269: *Germania anno zero*, Produzione Salvo D'Angelo, Tevere Film, 1948 | p.289: *La Nature*, 1889 | p.292: *La Sortie de l'usine Lumiere a Lyon*, Lumiére Brothers, 1896 | p.299: *Le Voyage dans la lune,* Georges Méliè, 1902 | p.300: *The Great Train Robbery*, Edison Company, 1903 | p.305: *Annabell's Butterfly Dance*, Edison Company, 1896 | p.308: Twentieth Century Fox Film Corporation | p.327: the magic lantern, 1870, lithograph | p.329: World's Dream Theatre in St. Louise Missouri | p.330: AM&B | p.333: 1916, publicity photo for the takeover of Paramount Pictures | p.339 logo: 20th Century Fox Film Corporation, Paramount Pictures, Warner Bros. Pictures, MGM, RKO Radio Pictures, Universal International Pictures, United Artists, Columbia | p.340: HUAC, 1947. 10. 21 | p.343: Warner Bros. Pictures, 1938 | p.346: www.starwars.com

찾아보기

영화

가을 소나타 Höstsonaten / Autumn Sonata   143

가족의 탄생   187~188, 207~208, 210~211, 213

강박관념 Ossessione / Obsession   103

거울을 통해 어렴풋이 Såsom i en spegel / Through a Glass Darkly   142

걸어서 하늘까지   207

겨울빛 Nattvardsgästena / Winter Light   141

결혼은 미친 짓이다   167

공동경비구역 JSA   246

공장을 나서는 노동자들 La sortie de l'usine Lumière à Lyon   291

구두닦이 Sciuscià / Shoeshine   103

국가의 탄생 The Birth of A Nation   291, 300~301, 332, 335

국외자들 Bande à part   275

귀여운 여인 Pretty Woman   87, 234

그놈 목소리   124

그때 그 사람들   125

그리스도 최후의 유혹 The Last Temptation of Christ   127, 130

그린 베레 Green Berets   73

기즈 공의 암살 The Assassination of the Duke de Guise   332

김복남 살인사건의 전말   147~148

꽃과 나무 Flowers and Trees   305

꽃잎   173

나는 할렐루야 아줌마였다   132

나부아의 망령 Phantoms of Nabua   276

나쁜 남자   144

나폴레옹 Napoléon   95

낮은 데로 임하소서   132

노는계집 창   173

노스페라투 Nosferatu   53, 160

뉴욕의 불빛 The Lights of New York   302

니벨룽겐의 반지 Die Nibelungen   53

님은 먼곳에   74, 159

다빈치 코드 Da Vinch Code   127

다윗과 밧세바 David and Bathsheba   130

다이 하드 Die Hard   236

달나라 여행 Le voyage dans la lune   36, 299, 328

당나귀 발타자르 Au hasard Balthazar   135, 139

대열차 강도 The Great Train Robbery   299

도그 스타 맨 Dog Star Man: Part I   319

독일 0년 Germania anno zero   268~269

돈 주앙 Don Juan   302

동풍 Le vent d'est   107

드라큘라 Dracula   160

드레스드 투 킬 Dressed To Kill   165

디어 헌터 The Deer Hunter   73

라이 따이한   74

라이방   207

라 쿠카라차 La Cucaracha   305

람보 First Blood   73, 235

레베카 Rebecca   197~199, 212

로저와 나 Roger & Me   115, 345

록키 Rocky   222

리썰 웨폰 Lethal Weapon   235

리오 브라보 Rio Bravo   227

마더   148, 188, 193~195, 212

마음의 등불 Magnificent Obsession   200~201

마이 파더   178

마태복음 Il vangelo secondo Matteo / The Gospel according to St. Matthew   130

만사형통 Tout va bien   107

말죽거리 잔혹사   243

망종   173

매트릭스 The Matrix   131, 312

머나먼 베트남 Loin du Vietnam   73

모던 타임스 Modern Times   226

몬스터 하우스 Monster House   312

무방비 도시 Roma, cittá aperta / Rome, Open City   103

무서운 부모들 Les parents terribles   268

무셰트 Mouchette   139

물 뿌리는 사람 Arroseur et arrosé   297

뮤리엘 Muriel ou le temps d'un retour   67

미국인 소방수의 하루 Life of an American Fireman   328

미션 임파서블 Mission Impossible series   312

밀양   147~148

바람과 함께 사라지다 Gone with the Wind   227~228, 305, 338

바람난 가족   188, 205~206, 213

박쥐   145

반지의 제왕 *The Load of Rings* 312
밤과 안개 *Nuit et brouillard* 66~67, 69
방피르 *Les vampires* 272
배트맨 *Batman series* 312
백설 공주와 일곱 난쟁이들 *Snow White and the Seven Dwarfs* 335
백치들 *Idiots* 312
베를린 리포트 173
벤허 *Ben-Hur* 129~132
복수는 나의 것 145
볼링 포 컬럼바인 *Bowling for Columbine* 115
봄, 여름, 가을, 겨울 그리고 봄 145
불안은 영혼을 잠식한다 *Angst essen Seele auf* 201
불타는 시간의 연대기 *La hora de los hornos / The Hour of the Furnaces* 109
블라디미르와 로자 *Vladimir et Rosa* 107

사랑은 비를 타고 *Singin' in the Rain* 344
사랑의 찬가 *Éloge de l'amour* 275
사마리아 144
사운드 오브 뮤직 *Sound of Music* 341
사이코 *Psycho* 157, 165, 199, 212
4인용 식탁 191, 212
산딸기 *Smultronställe / Wild Strawberries* 142
살인의 추억 162~163, 195
삼손과 데릴라 *Samson and Delilah* 130
상하이에서 온 여인 *The Lady from Shanghai* 243
상한 갈대 132
석양의 10번가(빛을 마셔라) 132
선셋 대로 *Sunset Boulevard* 350
섬 144
성난 황소 *Raging Bull* 144
성의 *The Robe* 130
셀레브레이션 *Festen* 312
소돔과 고모라 *Sodom and Gomorrah* 130
숏컷 *Short Cuts* 204, 213
숨 145
슈렉 *Shrek series* 312
스크림 *Scream* 161
스타 워즈 *Star Wars* 345~346
스타워즈 에피소드 1 *Star Wars: Episode* 1 312
스파이더맨 *Spider-Man* 312
시 147~148, 152
시골 사제의 일기 *Journal d'un curé de campagne* 135, 140
시민 케인 *Citizen Kane* 307
10월 *Oktyabr* 267
식코 *Sicko* 115

실미도 59
십계 *Ten Commandments* 128~131
13일의 금요일 *Friday The 13th* 161
쌍화점 59

아들 178
아바타 *Avatar* 131, 314, 316
아이, 로봇 *I, Robot* 312
아이즈 와이드 셧 *Eyes Wide Shut* 203, 213
아일랜드 *The Isaland* 312
아저씨 145, 162, 207
악마를 보았다 146, 162~163
악어 144
안달루시아의 개 *Un chien andalou* 95
안드레이 루블료프 *Andrey Rublov* 139
알 포인트 47, 50, 65, 72, 74, 76~80
애너벨의 나비춤 *Annabell's Butterfly Dance* 305
애타게 수잔을 찾아서 *Desperately Seeking Susan* 176~177, 240
어비스 *Abyss* 311
에덴의 동쪽 *East of Eden* 201
여고괴담 두 번째 이야기: 메멘토 모리 178~179
열차의 도착 *L'arrivée d'un train* 88, 284, 291
영국 소리 *British Sounds* 107
영화사(들) *Histore(s) du Cinéma* 150, 270, 272
오데트 *Odett* 139
오아시스 125
올드보이 145
올림피아 *Olympia* 101
왕의 남자 59
왕 중 왕 *The King of Kings* 129~130
왜 우리는 싸우는가 *Why We Fight* 57
외침과 속삭임 *Viskningar och rop / Cries and Whispers* 143
요크 상사 *Sergeant York* 57
우리들의 행복한 시간 125
우리에게 내일은 없다 *Bonnie and Clyde* 342
우주 전쟁 *War of the Worlds* 86, 312
원 플러스 원 *One Plus One* 107
월하의 공동묘지 79
웰컴 투 동막골 59
위대한 앰버슨가 *The Magnificent Ambersons* 268
의지의 승리 *Triumph des Willens* 55, 100
의형제 207
이리 174
이브의 모든 것 *All About Eve* 176~177
이유 없는 반항 *Rebel Without a Cause* 201, 223
이창 *Rear Window* 157
인톨러런스 *Intolerance* 101, 129, 300

1900년 *Novecento* 21

자본주의 러브 스토리 *Capitalism: A Love Story*
        115
자이언트 *Giant* 201, 237
자전거 도둑 *Ladri Di Biciclette / Bicycle Thieves*
        103
작업의 정석 158
잔 다르크 II – 재판 *Jeanne la Pucelle II – Les*
        prisons 134
잔 다르크 I – 전쟁 *Jeanne la Pucelle I – Les*
        batailles 134
잔 다르크 *The Messenger: The Story of Joan of Arc*
        134
잔 다르크의 수난 *La passion de Jeanne d'Arc / The*
        Passion of Joan of Arc 134, 140
잔 다르크의 재판 *Procès de Jeanne d'Arc* 134
장화, 홍련 197, 201
재즈 싱어 *Jazz Singer* 301~303, 343
저 높은 곳을 향하여 132
저항 *Un condamné à mort s'est echappé* 136
전함 포템킨 *Bronenosets Potyomkin / Battleship*
        Potemkin 55, 97, 99, 267
정사 167
JFK 87
제7의 봉인 *Det sjunde inseglet / The Seventh Seal*
        141
제트 *Z* 87
조용한 가족 201
졸업 *The Graduate* 342
죽으면 살리라 132
중경 174
쥬라기 공원 *Jurassic Park* 50, 311
지금, 이대로가 좋아요 178
지리멸렬 194
지옥의 묵시록 *Apocalypse Now* 73, 234

처녀들의 저녁식사 206
처녀의 샘 *Jungfrukällan / The Virgin Spring*
        142
천국이 허락한 모든 것 *All that Heaven Allows*
        196, 201, 212, 238
천하장사 마돈나 125
추격자 145, 162~164
충녀 201
친절한 금자씨 124
칠레, 잊을 수 없는 기억 *Chile, la memoria*
        Obstinada / Chile, Obstinate
        Memory 113
칠레 전투 *La batalla de Chile: La lucha de un*

pueblo sin armas / The Battle of
        Chile: The Struggle of a people
        without arms 110~113
침묵 *Tystnaden / The Silence* 142

카르멘 *Carmen* 53
카메라를 든 사나이 *Chelovek s kino–apparatom /*
        Man with the Movie Camera 38,
        96
캐리 *Carrie* 165
캣 피플 *Cat People* 165
코만도 *Commando* 235
쾌걸 조로 *The Mask of Zorro* 338
쿠오바디스 *Quo Vadis* 130
클레오파트라 *Cleopatra* 101
키노 프라우다 *Kino Pravda* 96
킹콩 *King Kong* 160, 312

타이타닉 *Titanic* 312
타임코드 *Timecode* 312
타짜 125
터미네이터 2 *Terminator 2: Judgment Day* 311
터미네이터 *Terminator* 236
텍사스 전기톱 대학살 *Texas Chainsaw Massacre*
        197
토이 스토리 *Toy Story* 311
트로이 *Troy* 312
트로이의 몰락 *The Fall of Troy* 332
트론 *Tron* 311
트윈 픽스 *Twin Peaks* 193, 203, 213

파괴된 사나이 124, 145
파란 대문 144
파 프롬 헤븐 *Far From Heaven* 201
팡토마 *Fantômas* 272
패션 오브 크라이스트 *The Passion of the Christ*
        127, 130, 132, 152
폴라 익스프레스 *The Polar Express* 312
푸른 빛 *Das blaue Licht* 55, 100
풀 메탈 자켓 *Full Metal Jacket* 73, 80
프라우다 *Pravda* 107
프랑켄슈타인 *Frankenstein* 160
플라이 대디 178
필로 토크 *Pillow Talk* 238

하녀 170~172, 201, 204~205, 213
하늘 가는 밝은 길 132
하얀 전쟁 74, 79
할로윈 *Halloween* 161
해리 포터 *Harry Potter* 312

해안선 145
해피엔드 167, 169, 192~193, 212
향수 *Nostalghia* 139
현기증 *Vertigo* 157
화녀 201
화니와 알렉산더 *Fanny och Alexander* 142
화려한 휴가 59
화씨 9/11 *Fahrenheit 9/11* 115
황금광 시대 *The Gold Rush* 338
황해 125
흔들리는 대지 *La terra trema / The Earth Trembles*
103
희생 *Offret / The Sacrifice* 136, 138~140, 145
히로시마 내 사랑 *Hiroshima, mon amour* 47, 50,
65~71

Abyss → 어비스
All About Eve → 이브의 모든 것
All that Heaven Allows → 천국이 허락한 모든
것
Andrey Rublov → 안드레이 루블료프
Angst essen Seele auf → 불안은 영혼을 잠식한
다
Annabell's Butterfly Dance → 애너벨의 나비춤
Apocalypse Now → 지옥의 묵시록
Arrivée d'un train, L' → 열차의 도착
Arroseur et arrosé → 물 뿌리는 사람
Assassination of the Duke de Guise, The → 기
즈 공의 암살
Au hasard Balthazard → 당나귀 발타자르
Avatar → 아바타

Bande à part → 국외자들
Batalla de Chile, La: La lucha de un pueblo
sin armas / The Battle of Chile:
The Struggle of a people without
arms → 칠레 전투
Batman series → 배트맨
Ben–Hur → 벤허
Birth of a Nation, The → 국가의 탄생
Bonnie and Clyde → 우리에게 내일은 없다
Bowling for Columbine → 볼링 포 컬럼바인
British Sounds → 영국 소리
Bronenosets Potyomkin / Battleship Potemkin
→ 전함 포템킨

Capitalism: A Love Story → 자본주의 러브 스
토리

Carmen → 카르멘
Carrie → 캐리
Cat People → 캣 피플
Chelovek s kino–apparatom / Man with the Movie
Camera → 카메라를 든 사나이
Chile, la memoria Obstinada / Chile, Obstinate
Memory → 칠레, 잊을 수 없는 기
억
Citizen Kane → 시민 케인
Cleopatra → 클레오파트라
Commando → 코만도
Cucaracha, La → 라 쿠카라차

Da Vinch Code → 다빈치 코드
Das blaue Licht → 푸른 빛
David and Bathsheba → 다윗과 밧세바
Deer Hunter, The → 디어 헌터
Desperately Seeking Susan → 애타게 수잔을 찾
아서
Det sjunde inseglet / The Seventh Seal → 제7
의 봉인
Die Hard → 다이 하드
Die Nibelungen → 니벨룽겐의 반지
Dog Star Man: Part I → 도그 스타 맨
Don Juan → 돈 주앙
Dracula → 드라큘라
Dressed To Kill → 드레스드 투 킬

East of Eden → 에덴의 동쪽
Éloge de l'amour → 사랑의 찬가
Eyes Wide Shut → 아이즈 와이드 셧

Fahrenheit 9/11 → 화씨 9/11
Fall of Troy, The → 트로이의 몰락
Fanny och Alexander → 화니와 알렉산더
Fantômas → 팡토마
Far From Heaven → 파 프롬 헤븐
Festen → 셀레브레이션
First Blood → 람보
Flowers and Trees → 꽃과 나무
Frankenstein → 프랑켄슈타인
Friday The 13th → 13일의 금요일
Full Metal Jacket → 풀 메탈 자켓

Germania anno zero → 독일 0년
Giant → 자이언트
Gold Rush, The → 황금광 시대
Gone with the Wind → 바람과 함께 사라지다
Graduate, The → 졸업
Great Train Robbery, The → 대열차 강도

Green Berets   →   그린 베레

Halloween   →   할로윈
Harry Potter   →   해리 포터
Hiroshima, mon amour   →   히로시마 내 사랑
Histoire(s) du Cinéma   →   영화사(들)
Hora de los hornos, La / The Hour of the Furnaces
    →   불타는 시간의 연대기
Höstsonaten / Autumn Sonata   →   가을 소나타

I, Robot   →   아이, 로봇
Idiots   →   백치들
Il vangelo secondo Matteo / The Gospel according
    to St. Matthew   →   마태복음
Intolerance   →   인톨러런스
Isaland, The   →   아일랜드

Jazz Singer   →   재즈 싱어
Jeanne la Pucelle I – Les batailles   →   잔 다르크
    I – 전쟁
Jeanne la Pucelle II – Les prisons   →   잔 다르크
    II – 재판
JFK   →   JFK
Journal d'un curé de campagne   →   시골 사제의
    일기
Jungfrukällan / The Virgin Spring   →   처녀의 샘
Jurassic Park   →   쥬라기 공원

King Kong   →   킹콩
King of Kings, The   →   왕 중 왕
Kino Pravda   →   키노 프라우다

Ladri Di Biciclette / Bicycle Thieves   →   자전거
    도둑
Lady from Shanghai, The   →   상하이에서 온 여
    인
Last Temptation of Christ, The   →   그리스도 최
    후의 유혹
Lethal Weapon   →   리썰 웨폰
Life of an American Fireman   →   미국인 소방수
    의 하루
Lights of New York, The   →   뉴욕의 불빛
Load of Rings, The   →   반지의 제왕
Loin du Vietnam   →   머나먼 베트남

Magnificent Ambersons, The   →   위대한 앰버슨
    가
Magnificent Obsession   →   마음의 등불
Mask of Zorro, The   →   쾌걸 조로
Matrix, The   →   매트릭스

Messenger: The Story of Joan of Arc, The   →   잔
    다르크
Mission Impossible series   →   미션 임파서블
Modern Times   →   모던 타임스
Monster House   →   몬스터 하우스
Mouchette   →   무셰트
Muriel ou le temps d'un retour   →   뮤리엘

Napoléon   →   나폴레옹
Nattvardsgästena / Winter Light   →   겨울빛
Nosferatu   →   노스페라투
Nostalghia   →   향수
Novecento   →   1900년
Nuit et brouillard   →   밤과 안개

Odett   →   오데트
Offret / The Sacrifice   →   희생
Oktyabr   →   10월
Olympia   →   올림피아
One Plus One   →   원 플러스 원
Ossessione / Obsession   →   강박관념

Parents terribles, Les   →   무서운 부모들
Passion de Jeanne d'Arc, La / The Passion of Joan
    of Arc   →   잔 다르크의 수난
Passion of the Christ, The   →   패션 오브 크라이
    스트
Phantoms of Nabua   →   나부아의 망령
Pillow Talk   →   필로 토크
Polar Express, The   →   폴라 익스프레스
Pravda   →   프라우다
Pretty Woman   →   귀여운 여인
Procès de Jeanne d'Arc   →   잔 다르크의 재판
Psycho   →   사이코

Quo Vadis   →   쿠오바디스

Raging Bull   →   성난 황소
Rear Window   →   이창
Rebecca   →   레베카
Rebel Without a Cause   →   이유 없는 반항
Rio Bravo   →   리오 브라보
Robe, The   →   성의
Rocky   →   록키
Roger & Me   →   로저와 나
Roma, città aperta / Rome, Open City   →   무방
    비 도시

Samson and Delilah   →   삼손과 데릴라
Såsom i en spegel / Through a Glass Darkly

→ 거울을 통해 어렴풋이

Sciuscià / Shoeshine → 구두닦이

Scream → 스크림

Sergeant York → 요크 상사

Short Cuts → 숏컷

Shrek series → 슈렉

Sicko → 식코

Singin' in the Rain → 사랑은 비를 타고

Smultronställe / Wild Strawberries → 산딸기

Snow White and the Seven Dwarfs → 백설 공주와 일곱 난쟁이들

Sodom and Gomorrah → 소돔과 고모라

Sortie de l'usine Lumière à Lyon, La → 공장을 나서는 노동자들

Sound of Music → 사운드 오브 뮤직

Spider–Man → 스파이더맨

Star Wars → 스타 워즈

Star Wars: Episode 1 → 스타워즈 에피소드 1

Sunset Boulevard → 선셋 대로

Ten Commandments → 십계

Terminator 2: Judgment Day → 터미네이터 2

Terminator → 터미네이터

Terra trema, La / The Earth Trembles → 흔들리는 대지

Texas Chainsaw Massacre → 텍사스 전기톱 대
학살

Timecode → 타임코드

Titanic → 타이타닉

Tout va bien → 만사형통

Toy Story → 토이 스토리

Triumph des Willens → 의지의 승리

Tron → 트론

Troy → 트로이

Twin Peaks → 트윈 픽스

Tystnaden / The Silence → 침묵

Un chien andalou → 안달루시아의 개

Un condammé à mort s'est echappé → 저항

Vampires, Les → 뱀피르

Vent d'est, Le → 동풍

Vertigo → 현기증

Viskningar och rop / Cries and Whispers → 외침과 속삭임

Vladimir et Rosa → 블라디미르와 로자

Voyage dans la lune, Le → 달나라 여행

War of the Worlds → 우주 전쟁

Why We Fight → 왜 우리는 싸우는가

Z → 제트

인명

가브라스, 코스타 Gavras, Costa   87

갈란드, 주디 Garland, Judy   227

강대진   132

강스, 아벨 Gance, Abel   93, 95

강우석   59

게이블, 클라크 Gable, Clark   228

고다르, 장 뤽 Godard, Jean–Luc   51~52, 87, 105
~108, 150, 268, 270, 272~276

고든, 마이클 Gordon, Michael   238

고랭, 장 피에르 Gorin, Jean–Pierre   106

고머리, 더글러스 Gomery, Douglas   259

골드윈, 새뮤얼 Goldwyn, Samuel   333

공수창   65

괴벨스, 파울 요제프 Goebbels, Paul Joseph   54~
56, 100

구즈만, 파트리시오 Guzman, Patricio   110~111,
113

그레미용, 장 Grémillon, Jean   268

그레뱅, 알프레드 Grévin, Alfred   23

그레이엄, 데이비드 존 Graham, David John   144

그리너웨이, 피터 Greenaway, Peter   273

그리피스, D. W. Griffith, D. W.   37, 39, 101, 129,
272, 291, 297, 300~301, 332, 338

기어, 리처드 Gere, Richard   87

김기덕   144~145

김기영   170, 201, 204~205

김지운   145, 201, 246

김지훈   59

김태용   178, 188, 207~208, 211

김혜자   148, 193, 195

깁슨, 멜 Gibson, Mel   127

나레모어, 제임스 Naremore, James   234

나르보니, 장 Narboni, Jean   105

나홍진   125, 145

노웰 스미스, 제프리 Nowell-Smith, Geoffrey   86

니콜스, 빌 Nichols, Bill   115

닐, 스티브 Neale, Steve   237

다게르, 루이 자크 망데 Daguerre, Louis Jacques

Mandé   21, 23~24, 28, 287
다신, 줄스 Dassin, Jules   340
다이어, 리처드 Dyer, Richard   224, 231~235, 237
더글러스, 커크 Douglas, Kirk   237
데 시카, 비토리오 De Sica, Vittorio   103~104
데이비스, 베티 Davis, Betty   177, 339
델뤽, 루이 Delluc, Louis   93
도너, 리처드 Donner, Richard   235
도브첸코, 알렉산드르 Dovzhenko, Aleksandr   38, 56
뒤라스, 마그리트 Duras, Marguerite   67
드 니로, 로버트 De Niro, Robert   144
드레이어, 칼 Dreyer, Karl   129, 133~136, 138~141
드밀, 세실 B. DeMille, Cecil B.   129, 333
드 세르토, 미셸 De Certeau, Michel   62
드 팔마, 브라이언 De Palma, Brian   165
딘, 제임스 Dean, James   222~223

라캉, 자크 Lacan, Jacques   230
랑글루아, 샤를 Langlois, Charles   25
랑글루아, 앙리 Langlois, Henri   106, 268, 270~272, 275~276
랑, 프리츠 Lang, Fritz   53
래스키, J. L. Lasky, J. L.   28, 287, 333~334
램믈, 칼 Laemmle, Carl   334
레네, 알랭 Resnais, Alain   65~71, 73, 272
레이건, 로널드 Reagan, Ronald   340
레이노, 에밀 Reynaud, Émile   289
레이, 니콜라스 Ray, Nicholas   200~201, 308
렌하르트, 로저 Leenhardt, Roger   268
로, 마커스 Loew, Marcus   334
로버츠, 줄리아 Roberts, Julia   87, 234
로베르송, E. G. Robertson, E. G   288
로셀리니, 로베르토 Rossellini, Roberto   103, 268~270
로시, 조셉 Losey, Joseph   340
로젠스톤, 로버트 A. Rosenstone, Robert A.   65
루덴도르프, 에리히 Ludendorff, Erich   53
루비치, 에른스트 Lubitch, Ernst   53
루이즈, 라울 Ruiz, Raúl   273
루카스, 조지 Lucas, George   312, 346
루카치, 게오르크 Lukács, Georg   19
뤼미에르, 루이 Lumière, Louis   35, 284, 289
뤼미에르, 앙투안 Lumière, Antoine   328
뤼미에르 형제 Lumiere, Louis & Auguste   16, 21, 26, 29~31, 34~37, 50, 88, 225, 297~298, 325, 328
르느와르, 장 Renoir, Jean   257

르 바르지, 샤를 Le Bargy, Charles   332
리베트, 자크 Rivette, Jacques   134
리, 비비안 Leigh, Vivien   228
리틴, 미겔 에르네스토 Littin, Migeuel Ernesto   110
리펜슈탈, 레니 Riefenstahl, Leni   55, 57, 100~101
린드스트롬, J. A. Lindstrom, J. A.   90
린치, 데이비드 Lynch, David   193, 203, 273

마노비치, 레프 Manovich, Lev   273, 315
마돈나 Madonna   177, 237, 239, 240~242
마레, 에티엔 쥘 Marey, Etienne-Jules   29, 32, 288
마르케, 크리스 Marker, Chris   72
마리 부통, 샤를 Marie Bouton, Charles   24
마샬, 게리 Marshall, Garry   87
마이어, 리처드 Myer, Richard   237
마이어, 아르튀르 Meyer, Arthur   23
마이어홀드, V. Meyerhold, V.   39
말로, 앙드레 Malraux, André   275~276
맥도널드, 폴 McDonald, Paul   235
맥티어난, 존 McTiernan, John   236
맨키위즈, 조셉 L. Mankiewicz, Joseph L.   176
머이브리지, 이드위어드 Muybridge, Eadweard   32~33, 156, 288
먼로, 마릴린 Monroe, Marilyn   232~233, 240~241
멀비, 로라 Mulvey, Laura   156, 171, 175~176, 230~231
메스트, 오스카 Messter, Oskar   302
메이어, 루이스 B. Meyer, Louis B.   228, 333
메츠, 크리스티앙 Metz, Christian   295
멜리에스, 조르주 Méliès, Georges   16, 31, 36~37, 155, 225, 298~299, 327~328
모랭, 에드가 Morin, Edgar   231
몰트비, 리처드 Maltby, Richard   234
무르나우, 프리드리히 Murnau, Friedrich   53, 160, 272
무어, 마이클 Moore, Michael   114~116, 345
미넬리, 빈센트 Minnelli, Vincente   200
미트리, 장 Mitry, Jean   271
민규동   178

바롱, 오귀스트 Baron, August   302
바르다, 아녜스 Varda, Agnès   273
바르트, 롤랑 Barthes, Roland   126, 257
바빙턴, 브루스 Babington, Bruce   130
바쟁, 앙드레 Bazin, André   116, 134, 258, 292, 301

박광현 59
박찬욱 145, 246
배첸, 제프리 Batchen, Geoffrey 26
베르토프, 지가 Vertov, Dziga 38~40, 56, 96~
97, 107
베르톨루치, 베르나르도 Bertolucci, Bernardo 21
베리만, 잉마르 Bergman, Ingmar 129, 141~143
베리, 크리스 Berry, Chris 243~244
베송, 뤽 Besson, Luc 134
벤야민, 발터 Benjamin, Walter 15, 17, 23, 40,
52, 54, 92~ 93, 290, 292, 316
보가트, 험프리 Bogart, Humphrey 227
보드리, 장 루이 Baudry, Jean–Louis 273
보드웰, 데이비드 A. Bordwell, David A. 343
봉준호 162, 188, 193~195, 246
부뉴엘, 루이스 Buñuel, Luis 95, 255
부지영 178
브라우닝, 토드 Browning, Tod 160
브란도, 말론 Brando, Marlon 234, 237
브레송, 로베르 Bresson, Robert 129, 133~136,
138~141, 268
브레히트, 베르톨트 Brecht, Bertolt 107, 126
블로흐, 마르크 Bloch, Marc 61
비스콘티, 루키노 Visconti, Luchino 103
빈터베르그, 토마스 Vinterberg, Thomas 312

서러, 섀리 L. Thurer, Shari L. 190
서크, 더글러스 Sirk, Douglas 196, 200~201,
212
세이들먼, 수잔 Seidelman, Susan 176
셀즈닉, 데이비드 O. Selznick, David O. 228, 338
소쉬르, 페르디낭 드 Saussure, Ferdinand de
105, 295
솔라나스, 페르난도 Solanas, Fernando 109
솔레르스, 필립 Sollers, Philippe 108
송강호 207, 245~247
송해성 125
슈레이더, 폴 Schrader, Paul 165
슈와르츠, 바네사 R. Schwartz, Vanessa R. 15
슈워제너거, 아놀드 Schwarzeneger, Arnold 235
스콜세지, 마틴 Scorsese, Martin 127, 143~144
스탠포드, 릴랜드 Stanford, Leland 32
스탤론, 실베스터 Stallon, Sylvester 73, 222, 236
스테이시, 재키 Stacey, Jackie 176
스톤, 올리버 Stone, Oliver 87
스트립, 메릴 Streep, Meryl 235
스티븐스, 조지 Stevens, George 201
스필버그, 스티븐 Spielberg, Steven 86, 311

아감벤, 조르주 Agamben, Giorgio 254

아옌데, 살바도르 Allende, Salvador 111, 113
아핏차퐁 위라세타쿤 Apichatpong Weerasethakul
273, 276
알베로니, 프란체스코 Alberoni, Francesco 231
알트먼, 로버트 Altman, Robert 204
애커만, 샹탈 Akerman, Chantal 273
에고이안, 아톰 Egoyan, Atom 273
에디슨, 토머스 Edison, Thomas Alva 21, 26, 29,
31, 36, 88, 260~262, 274, 284, 299,
301~302, 305, 325, 328, 330~331,
335, 343
에반스, 피터 윌리엄 Evans, Peter William 130
에이젠슈타인, 세르게이 Eisenstein, Sergei 38
~39, 56, 93~94, 97~98, 100, 267,
270
에이지크만, 클로딘 Eizykman, Claudine 39
엡스탱, 장 Epstein, Jean 93, 255
오몽, 자크 Aumont, Jacques 34, 41
와스코, 재닛 Wasko, Janet 344
우민호 124, 145
워너, 잭 Warnor, Jack 338, 340
원빈 145, 193, 207
웨인, 존 Wayne, John 73, 222, 227, 232
웨일, 제임스 Whale, James 160
웰스, 오슨 Wells, Orson 307
윌리스, 브루스 Willis, Bruce 236
유하 59, 167, 243
유현목 132
이벤스, 요리스 Ivens, Joris 73
이소룡 Lee, Bruce 242~244
이수연 191
이스트우드, 클린트 Eastwood, Clint 236
이장호 132
이정범 145, 207
이준익 59, 74, 159
이창동 125, 147~148, 150, 246
이해준 125
임권택 173, 246
임상수 125, 170~172, 188, 205~206

자누크, 대릴 F. Zanuck, Darryl F. 334
자바티니, 체사레 Zavattini, Cesare 104
장률 173~174
장진 178
장철수 147
장현수 207
장훈 207
전도연 147, 167~168, 171, 192
정지영 74
정지우 167, 192~193

제임슨, 프레드릭 Jameson, Fredric   51
제퍼드, 수잔 Jeffords, Susan   235~236
조이스, 제임스 Joyce, James   68
존스톤, 클레어 Johnston, Claire   176
주커, 아돌프 Zukor, Adolph   333~334
지라르, 르네 Girard, René   127, 146
짐멜, 게오르그 Simmel, Georg   15, 17

채플린, 찰리 Chaplin, Charlie   226, 272, 338, 340
최동훈   125
최민식   145, 192, 245
최종태   178
최진실   222, 245
치미노, 마이클 Cimino, Michael   73

카누도, 리치오토 Canudo, Ricciotto   34
카르네, 마르셀 Carné, Marcel   268
카메론, 제임스 Cameron, James   311, 314
카우프만, 알 Kaufman, Al   333
카이롤, 장 Cayrol, Jean   67
카잔, 엘리아 Kazan, Elia   201, 308
카펜터, 존 Carpenter, John   161
카프라, 프랭크 Capra, Frank   57
칼메트, 앙드레 Calmettes, André   332
캐플란, E. 앤 Kaplan, E. Ann   241
커닝엄, 숀 S. Cunningham, Sean S.   161
케넌, 질 Kenan, Gil   312
켈너, 더글러스 Kellner, Douglas   241~242
코리건, 로이드 Corrigan, Lloyd   305
코몰리, 장 뤽 Comolli, Jean-Luc   105
코츠, 폴 Coates, Paul   128
코폴라, 프랜시스 포드 Coppola, Francis Ford   73
콕토, 장 Cocteau, Jean   255, 268
쿠커, 조지 Cukor, George   270
쿠퍼, 게리 Cooper, Garry   340
쿠퍼, 메리언 C. Cooper, Merian C.   160
쿡, 팸 Cook, Pam   233
쿨레쇼프, 레프 Kuleshov, Lev   38
큐브릭, 스탠리 Kubrick, Stanley   73, 203
크라카우어, 지그프리트 Kracauer, Siegfried   55
크레이븐, 웨스 Craven, Wes   161
크로슬랜드, 앨런 Crosland, Alan   302
크루즈, 톰 Cruise, Tom   222
크리드, 바바라 Creed, Barbara   164
클레망, 르네 Clément, René   268
키아로스타미, 압바스 Kiarostami, Abbas   104
킨, 마리안 Keene, Marian   234
킹, 배리 King, Barry   231

타르코프스키, 안드레이 Tarkovsky, Andrei   133, 136~140, 145, 150
탁, 존 Tagg, John   26
탤벗, 윌리엄 헨리 폭스 Talbot, William Hanry Fox   21, 287
터너, 테드 Turner, Ted   345
텔포드, 윌리엄 R. Telford, William R.   130
투르니에, 미셸 Tournier, Michel   258
트뤼포, 프랑수아 Truffaut, François   257, 266

파로키, 하룬 Farocki, Harun   273
파스빈더, 라이너 베르너 Fassbinder, Reiner Werner   201
파졸리니, 피에르 파올로 Pasolini, Pier Paolo   130
팔코네티, 마리아 Falconetti, Maria   134
페로, 마르크 Ferro, Marc   64
페어뱅크스, 더글러스 Fairbanks, Douglas   338
포터, 에드윈 S. Porter, Edwin S.   225, 299
폰 트리에, 라스 von Trier, Lars   312
푀이야드, 루이 Feuillade, Louis   272
푸도프킨, V. Pudovkin, V.   38, 56, 93, 97
프랑주, 조르주 Franju, Georges   271
프레민저, 오토 Preminger, Otto, Octavio   308
프레보, 피에르 Prévost, Pierre   24~25
프로이트, 지그문트 Freud, Sigmund   71, 78, 95, 230, 233, 294
프루동, 장 미셸 Prodhon, Jean-Michel   266
프루스트, 마르셀 Proust, Marcel   68
플레밍, 빅터 Fleming, Victor   134, 227
피기스, 마이크 Figgis, Mike   312
픽포드, 메리 Pickford, Mary   338

하빌랜드, 올리비아 드 Havilland, Olivia de   228, 338
하우저, 아놀드 Hauser, Arnold   14, 16, 25~26, 40, 52
하워드, 론 Howard, Ron   127
허드슨, 록 Hudson, Rock   196, 237~239, 242
헤이스, 윌리엄 Hays, William   56, 331, 337
헤인즈, 토드 Haynes, Todd   201
헤티노, 옥타비오 Getino, Octavio   109
헵번, 오드리 Hepburn, Audrey   222
혹스, 하워드 Hawks, Howard   57, 227, 233, 272
홍상수   246
황동혁   178
후퍼, 토브 Hooper, Tobe   197
훅스, 벨 hooks, bell   241
히치콕, 알프레드 Hitchcock, Alfred   157, 165, 181, 198~199, 212